教育部哲学社会科学研究重大课题攻关项目
"'互联网'+教育体系研究"（项目编号：16JZD043）成果

U0573952

泛在学习的资源组织模型及其关键技术研究

—— 学习元的理念、技术和应用

FANZAI XUEXI DE ZIYUAN ZUZHI MOXING

JIQI GUANJIAN JISHU YANJIU

XUEXIYUAN DE LINIAN JISHU HE YINGYONG

余胜泉 著

互联网+教育体系研究丛书

北京师范大学出版集团
BEIJING NORMAL UNIVERSITY PUBLISHING GROUP
北京师范大学出版社

图书在版编目(CIP)数据

泛在学习的资源组织模型及其关键技术研究/余胜泉著. —北京：北京师范大学出版社，2020.9
("互联网＋"教育体系研究丛书)
ISBN 978-7-303-26109-3

Ⅰ.①泛… Ⅱ.①余… Ⅲ.①网络教育—教育产业—研究—中国 Ⅳ.①G434②G52

中国版本图书馆 CIP 数据核字(2020)第 157692 号

营 销 中 心 电 话 010-58802181 58805532
北师大出版社职业教育分社网 http://zjfs.bnup.com
电 子 信 箱 zhijiao@bnupg.com

出版发行：北京师范大学出版社 www.bnupg.com
　　　　　北京市西城区新街口外大街 12-3 号
　　　　　邮政编码：100088
印　　刷：北京溢漾印刷有限公司
经　　销：全国新华书店
开　　本：889 mm×1194 mm 1/16
印　　张：22.5
字　　数：468 千字
版　　次：2020 年 9 月第 1 版
印　　次：2020 年 9 月第 1 次印刷
定　　价：88.00 元

策划编辑：邓丽平 林 子　　责任编辑：王 强 吴纯燕
美术编辑：焦 丽　　　　　　装帧设计：焦 丽
责任校对：陈 民　　　　　　责任印制：陈 涛

随着互联网技术的迅猛发展，数字化学习（e-learning）逐渐成为人们不可或缺的学习方式之一，泛在学习（ubiquitous learning）也得到越来越多的讨论与关注。与传统学习方式相比，泛在学习最直接的优越性就是能够根据学习者所在情境提供更加丰富和优质、更加适切的学习资源，而学习资源则是学习者在泛在学习中最为关心的部分。

从教育技术学科发展角度来看，学习资源的建设、共享和应用，始终是教育技术研究和实践的重要领域。从实践领域来看，以信息技术促进优质教育资源的开发与应用，是我国教育信息化进程中的一条重要主线。

回顾学习资源技术研究与发展历史，有几个清晰的发展阶段。从最初的"积件"理念（同时期国外的说法是 reusable learning unit）到学习对象（learning object），再到学习设计（learning design），每一次理念的发展也伴随着相应学习资源技术研究的深化发展。

积件提出了课堂教学中小课件、小素材的共享的理念；学习对象关于共享的理念与积件相似，但为学习支持系统间的数据交换和学习支持系统的标准化建设提供了基础，在工程层面上实现了异构学习管理系统（learning management system）间资源的高度共享，而且共享的内容从"哑素材"到结构化、可与外界环境交互的学习对象，提升了教育资源共享的层次；IMS 学习设计规范的出现标志着学习支持系统的研究从关注学习对象到关注学习活动的转变，教育资源共享的范围也从学习对象延伸到学习活动，从学习资源扩展到学习过程，对教学策略的支持和关注显示了教育资源共享从技术向教育回归。

移动通信技术的快速发展和移动教育的日渐成熟，促使人类学习生命进程中扮演主要角色的非正式学习逐渐引起国际教育技术界的关注。非正式学习真正体现了学习的本源精神（学习是一种能动性的适应，是一种生活情境中的濡染和熏陶），促使人类的学习最终又回归生活。普适计算（pervasive/ubiquitous computing）的理念是将计算机嵌入到人们日常生活中的形形色色用品上，创造一个以人为本的信息服务新世界。普适计算技术的出现为非正式学习的泛在化提供了坚实的技术支持，推动了泛在学习的发展。

代表教学智慧共享的学习设计技术并不是学习内容共享之路的终结，学习资源技术仍在快速进化，以适应学习型社会人类对随时、随地、随意、按需学习——泛在学习的需求。目前的学习对象技术只关注已建设内容的共享和管理，没有关注到资源在使用过程中的生命历程以及积累的学习智慧，只关注到学习资源的知识属性，没有关注到学习资源的社会属性，无法适应未来泛在学习的发展需求。余胜泉教授针对当前学习技术对数字化学习资源的生成性、情境性、共享的广度和深度等方面支持不足的问题，在学习对象的基础上更进一步，提出一种能更好地支持非正式学习形态、满足泛在学习需求、更好地支持学习资源的群建共享的新型学习资源描述和封装的机制——"学习元"(learning cell)，这种新的资源组织形式满足可进化发展、可支持按需学习、可协同编辑、具备对环境和用户的适应性等要求。学习元突破了基于可共享内容对象参考模型(SCORM)的学习对象技术，弥补了当前学习技术规范在学习的过程性信息缺失、社会知识网络共享缺失、资源情境性不足、内容难以进化等方面存在的缺陷，为泛在学习环境下的学习资源设计与共享提供了很好的理念指引和技术支撑。核心突破点包括：

(1)将"生态进化"和"语义信息"引入学习资源，通过语义知识本体技术控制学习资源有序进化发展。学习元作为一种新的学习资源组织方式，与学习对象或基于 SCORM 的在线课程的核心区别，就是利用语义网络和本体技术，采用动态化、智能化的资源聚合方式，使得学习资源可以像一个生命体，在种子资源的"基因"的控制下持续进化和成长。这种进化过程伴随着学习者的学习过程自然发生，并且不局限于一个固定的范围和群体，支持跨组织的资源共建、共享和共用。

(2)关注了知识的社会属性，设计了学习资源的认知网络仿真计算模型，实现了学习过程中从物化资源共享到社会知识网络共享。考虑到学习资源在使用过程中的社会性因素，学习元将学习资源的内涵从物化资源扩展到人力资源。以知识作为中介管道构建人和人之间的关系网络，进而聚集所有学习者的认知智慧，将物化资源与人力资源结合在一起构成一个可以动态演化、自我发展的社会知识网络，当知识与人相互作用、相互交织的社会知识网络聚合到一定程度，将产生一定的社会智能。学习者不仅能从内容中获取知识，更能通过知识间的语义关联与认知网络掌握学习的方法和获得知识的途径，实现学习过程中从物化资源共享到社会认识网络共享。

(3)提出了学习内容的结构与学习内容本身在部署上是分离的云存储模型，引入动态结构的元数据，实现了泛在学习资源的情境适应性。未来的学习资源不再只有单一的结构和形态，而是向着多元格式适应和动态结构形态的方向发展。多元格式适应体现在学习资源能根据学习者使用的不同终端设备，智能化地转换成适合的格式进行呈现。动态结构形态体现在学习资源具有语义信息，并通过语义信息产生资源与资源间的动态关联，从而根据具体的情景问题、用户需求等，智能化地关联相关资源，且根据用户兴趣、学习偏好和知识结构等在一定结构下自适应调整内容和呈现方式，使得学习者需要什么，就能获得什么，而且是以最合适的组织方式、表现方式、服务方式来获得。

余胜泉教授的研究令我特别关注，对其关于学习元的研究，我尤为欣赏，因为这是国内教育技术界颇具有原创思想的研究之一，也为国际教育技术界贡献了中国学者的智慧。余教授团队的研究非常扎实，既有理论模型的提出，也有平台系统的开发，更有深入一线的实践研究，这种研究风格，值得借鉴。另外，余教授团队能够持之以恒，历经十载，坚持从技术模型的视角来研究学习资源，从最初的思想火花到现在初具规模的知识体系，也体现了研究工作的滴水穿石之真谛。

因此，对余教授巨著的面世，我首先感到欣喜，并认为值得教育技术学界祝贺，也相信值得广大读者期待。

2018 年 8 月于华东师范大学

泛在学习(ubiquitous learning)不仅仅是意味无处不在、无所不在的学习,其实更强调学习的情境性、社会性、适应性。有效泛在学习的发生依赖具有智能性的无缝学习空间,它是属于沉浸层次较高、学习的移动性较好的一种学习环境,而构筑这种学习环境的基本要素除了泛在通信网络、具有情境感知能力的智能学习终端、智能化的云平台之外,学习资源是其核心组成要素。本研究以构建智能化的无缝学习环境为目标,提出了一个泛在学习资源聚合模型——学习元(learning cell)。

学习元是一种支持非正式学习形态、满足泛在学习需求、适应学习资源的群建共享的新型学习资源描述和封装的机制,具有开放性、生成性、进化性、联通性、内聚性、情境性、适应性和社会性的特点。

学习元吸收了普适计算、云计算和语义网络等技术作为落脚点,以联通主义、协同知识建构、情境认知等为理论支撑,采用动态的要素、结构和云存储模式,使其适应非正式学习的特征和组织、实施形式,满足泛在学习随时、随地、随境、随需学习的需求。"学习元"中的"元"字是一种隐喻表达,包含以下三层含义。

"元"即"细胞"。细胞是组建有机生命体的基本单元,有着基本相似的结构,以此体现学习元标准化、微型化、可重用、可组合的特征。

"元"即"元始"。学习元会经历从无到有、从小到大、从大到强、从强到久的过程,它不是固化的,而是随着使用过程发展变化的,反映的是学习元的可进化性和生成性的特点。

"元"即"神经元"。学习元具有类似神经元的感知环境、自适应终端、主动适应用户的智能化特性以及产生丰富联结、构成网络的连通特性,学习元与学习元链接、学习元与人链接,使人和知识组合成社会知识网络,当这种网络达到一定规模,将会具备社会智能。

学习元是对学习对象的进一步发展,是在汲取学习对象、学习活动技术促进教育资源共享理念的基础上,针对现有学习技术在非正式学习支持不足、资源智能性缺乏、学习过程中的生成性信息无法共享、学习内容无法进化等缺陷,提出的一种新型学习资源组织方式。这种新的资源组织形式应当满足可进化发展、可支持随需学习、可支持学习过程信息采集和学习认知网络共享、具备对环境和用户的适应性等要求。其核心思路是将时间维度以及人际认知网络引入学习资源的概念中,学习资源不再是一成不变的,而是随着时间不断进化的,具有生成性和成长性。资源进化过程中的版本更迭、历史记录、生成性信息都被保留,同时通过知识作为中介管道构建出人和人之间的关系网络,形成由知识和人组成的知识关系网络。这有助于学生的知识建构以及理解知识的情境性，并共享知识演化过程中的集体智慧和社会知识网络。

笔者自 2008 年提出学习元的概念以来，近十年围绕这个核心主题开展了三个层次的研究：一是研究学习元模型实现的关键技术，研发了一个学习元平台（learing cell system，LCS），包括社会知识网络构建、学习资源的动态进化、分布式资源存储结构、学习情境描述模型等，以支持以情境性、社会性、适应性为核心特征的泛在学习；二是开展了智能无缝学习空间资源的不同构成及其对泛在学习的影响的研究，探讨了进化性的学习资源、社会性的学习资源、多重情境的学习资源对泛在学习效果的影响；三是在实践领域中开展了基于学习元平台的创新教学应用方面的研究，提出了基于学习元平台的双螺旋深度学习模型，开展了促进深度学习的生成性课程、基于学习元平台的开放共享课设计等方面的应用。

关于学习元的研究，先后得到了国家自然科学基金项目"泛在学习的资源组织模型及其关键技术研究"（项目批准号：61073100）、教育部博士点基金项目"泛在学习环境下的学习资源进化研究"（项目编号：20110003110029）、"移动学习"教育部-中移动联合实验室建设项目"移动学习平台开发及其应用示范"等研究项目的支持，在此对支持本研究的单位表示衷心感谢。本研究是一个团队的集体攻关，先后参与的老师（博士后）有陈玲、马宁、吴娟、杨丽娜，博士研究生有程罡、杨现民、陈敏、丁国柱、吴鹏飞、万海鹏、段金菊、王琦、汪丹、吴焕庆、汪晓凤、崔京菁、王阿习、刘军、刘禹、王冰洁等，硕士研究生有高梦楠、宋杰、徐瑾、彭飞、谭霓、吕啸、唐瑶、贺龙祥、王志军、刘媛、贾勇、孙晓申、郑庆思、高辉、程薇、胡志杰、秦泰、周洁、吕啸、宋倩、孙晓申、李山、郑乐乐、李威、刘旭、张俊、钟伟、陈露、赵飞龙、潘升、王伟、吴琦、王忱哲、汪凡淙、周紫云、彭燕、季尚鹏等，对于他们在不同阶段参与项目研究过程中所做出的贡献，表示衷心感谢。

在开展学习元研究过程中，我们团队在努力构建一个有自身逻辑并能够在实践中得以检验的知识体系，这本书就是近十年研究知识体系的概括整理。我们深知，这个体系还有很多疏漏之处，敬请同行批评指正，任何建议，请发邮件到 yusq@bnu.edu.cn，不胜感谢。

余胜泉

2018 年 8 月于北京延秋园

目　录

第一章
学习元的理念与结构

学习资源是教与学中的一大要素，而在信息技术不断发展的今天，学习资源的表征技术是其适应时代需求的重要方面。而且数字化学习（e-learning）领域发展至今，学习资源技术主要经历了从"积件"技术到"学习对象"技术，再到"学习活动"技术的发展过程（见图1-1）。"积件"提出小课件、小素材组合重用的理念，开创了教学资源共享问题研究的先河①，但由于缺少关于素材重组重用操作流程的设计，其停留在理论阶段；学习对象关于共享的理念与"积件"相似，但为学习资源与学习支持系统间的数据交换和学习支持系统的标准化建设提供了技术解决方案，在工程层面上实现了异构学习管理系统（LMS）间资源的高度共享，而且共享的内容包括从纯素材到结构化、可与外界环境交互的学习对象，提升了教育资源共享的层次，其典型代表为可共享内容对象参考模型（SCORM）。上述阶段实现了学习资源的结构化组织，但由于缺少对教学设计相关要素的描述，难以支持学习有效展开，而"学习活动"通过支持教学方法、教学策略、教学活动的重用，在教学层面上实现了教与学过程、活动的高水平共享。IMS学习设计规范（IMS-LD）的出现则标志着学习支持系统的研究从关注学习对象的阶段向关注学习活动阶段的转变，教育资源共享的范围

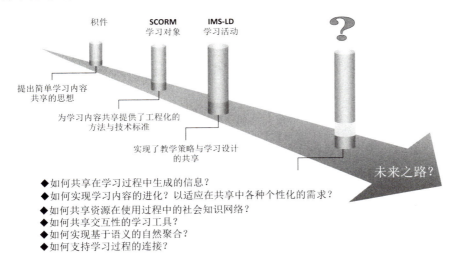

图 1-1　学习资源标准演进

①　黎加厚：《从课件到积件：我国学校课堂计算机辅助教学的新发展（上）》，载《电化教育研究》，1997(3)。

也从学习对象延伸到学习活动，从学习资源扩展到学习过程，对教学策略的支持和关注显示了教育资源共享从技术向教育回归①②③。

然而，代表教学智慧共享的学习活动技术并不是学习内容共享之路的终结，随着时代的变革、技术的变革，学习资源技术也需要快速进化，才能适应学习型社会学习者对学习资源的适应性需求。

第二节　泛在学习的新需求

计算技术的发展不断推动着社会各个领域的变革和突破。泛计算（pervasive computing）旨在创建一个处处包含计算能力的无缝计算空间，将计算机嵌入到日常生活中形形色色用品中，创造一个以人为本的信息服务新世界。泛计算技术的出现又为学习的泛化提供了坚实的技术支持，推动了泛在学习（ubiquitous learning）的发展。泛在学习是任何人在任何时间、任何地点，基于任何计算设备获取任何所需学习资源，享受无处不在学习服务的学习过程。

泛在学习作为未来终身学习的理想模式之一，为学习者提供了随时随地随意获取信息、开展交流和进行学习的理想环境，使得泛在学习表现出一些和传统学习模式所不同的特性：①泛在学习是无时、无处不在的学习；②泛在学习是个性化的、情境化的、基于问题的学习；③泛在学习可能是不连续、短流程的学习；④泛在学习是富交互的学习；⑤泛在学习是去中心化的学习，是融合于生活之中的嵌入性的学习；⑥泛在学习是一种社会性的学习，社会认知互动与连接是学习的一大要素。④⑤

泛在学习的核心特质绝不仅仅是计算设备、通信网络的无处不在，更重要的是要在泛计算环境支持下促进学习方式的变革。学习方式的变革使得当前数字化学习中由专家预设生成、单点集中存储、按照层次目录结构组织呈现的学习资源已经无法适应未来泛在学习的发展需要，新的需求和挑战应运而生。

（1）泛在学习需要适应性的学习资源：泛在学习环境需要为学习者的个性化学习需求提供支持，根据不同的要求，提供"随需应变"的学习资源服务。因此，泛在学习要求更为适应性的学习资源，能够适应学习者不断变化的需求，适应多样化的学习终端，能够支持结构的灵活组织和重

①　IMS Global Learning Consortium，"IMS Learning Design Specification，"http://www.imsglobal.org/learningdesign，2017-12-23.

②　孙迪：《IMS 学习设计规范及其实践》，载《中国电化教育》，2006(6)。

③　Sandy Britain，"A Review of Learning Design：Concept，Specifications and Tools，"http://www.jisc.ac.uk/uploaded_documents/ACF1ABB.doc，2017-12-23.

④　余胜泉、杨现民、程罡：《泛在学习环境中的学习资源设计与共享——"学习元"的理念与结构》，载《开放教育研究》，2009(1)。

⑤　李卢一、郑燕林：《泛在学习的内涵与特征解构》，载《现代远距离教育》，2009(4)。

用，满足个性化的学习需求。

（2）泛在学习需要无处不在的情境化学习资源：泛在学习强调学习的情境性，学习与生活融为一体，学习就是生活，生活就是学习，学习的内容与生活中情境问题的解决是一致的。泛在学习要求能够根据不同的生活情境提供不同的问题解决与学习服务，需要以情境问题为核心组织知识，支持非正式学习中的情境认知，满足学习与生活融合的需要。

（3）泛在学习需要无处不在的海量学习资源：泛在学习资源需要无处不在，按需提供，需要海量的资源支持。这要求变传统的单点集中式资源存储模式为分布式网络存储，支持发挥用户群体的集体智慧和力量"群建共享"学习资源。每个学习者可以贡献小型学习内容，微型内容汇聚可以形成一个可以无限扩展的资源生成链条，满足未来学习资源无限扩展的需要，满足巨大群体的个性化学习需求。

（4）泛在学习需要可进化的学习资源：泛在学习的学习者往往是带着真实情境下的问题参与学习过程，要求学习资源能够实时反映相关领域的进展，符合学习者的实际需要，学习者在学习过程中会创造各种有价值的生成性信息，过去学习者的经验积累、智慧汇聚能给新的学习者提供最直接的帮助。因此，泛在学习环境下的学习资源需要体现资源的成长性和生成性，即学习资源能在使用的过程中吸收使用者的集体智慧不断"进化"，这需要变传统的静态化、结构封闭、内容更新不及时的学习资源为动态生成、持续进化发展、结构开放的学习资源，保留使用过程中产生的生成性信息作为资源进化的养料，体现资源进化和知识建构的历史路径，满足资源自身生命进化的需求。

（5）泛在学习需要整合学习活动的学习资源：学习不仅仅是活动信息，更重要的是有效内化，要从学习角度考虑，将学习内容与学习活动有效结合，通过参与学习活动，激发学习者的信息搜索、分析和综合，人际交流和协作等高水平思维活动，促进学习者知识内化或意义联结。

（6）泛在学习更需要"人"的资源，需要共享社会知识网络：泛在学习中的交互，不仅是学习者与物化的学习资源的交互，更重要的是在参与学习的过程中，将物化的资源作为一个个有血有肉、情感丰富的人的交流中介，吸取他人智慧，构建社会知识网络，收获持续获取知识的"管道"，透过学习资源在学习者、教师之间建立动态的联系，共享学习过程中的人际网络和社会知识网络，满足社会化学习的需要。

第三节 学习资源技术进展

目前学习资源的相关标准和规范，重点集中在对资源的规范化描述和打包上，主要目的是使不同组织或个人构建的学习资源能够在不同的平台共享和重用，主要服务对象是制作各种类型学习资源的专业企业或组织。例如电气和电子工程师协会（IEEE）的学习对象元数据规范（LOM），用专门的词汇表来界定用于描述学习资源属性的元数据；高级分布式学习（ADL）组织的数字课程封装规范 SCORM，定义了将多个学习对象组装成课程的标准化结构，为许多学习资源开发商使用，成为目前应用最为广泛的在线课程的标准。不可否认，这些学习资源技术在促进教育资源的传播与共享上发挥了重大作用。然而，我们身处知识爆炸的时代，知识更新速度极快，当前的学习资源技术主要支持单向来源的信息传递模式，即专家生产、用户消费。这种模式忽视了学习者在学习过程中产生的有价值信息，其弊端在于信息更新周期长，个性化程度低。目前的这些标准比较适用于资源制作方统一制作课程、教师和学生消费课程的单向信息传递模式，适用于学习者个别化学习或以教师为组织核心的教学模式，但是难以支持嵌入在学习者应用过程的协同开发、集体智慧沉淀、基于社会知识网络的共享，对资源的智能性和跨组织整合与重用缺乏考虑，而这些内容恰恰又是未来泛在学习环境资源组织和应用中必须考虑的，将会对泛在学习的有效展开产生重要影响。

泛在学习环境下学习者对学习资源需求的变化使得现有学习资源共享建设规范与学习技术发展趋势产生了分歧和不适应性，而这种变化已经引起研究领域的关注，国际上主要的学习技术标准制定和研究机构已经开始对下一代学习资源的模型进行探索，IMS 全球学习联盟(Instructional Management System Global Learning Consortium)发布了下一代的学习资源共享模型的第一版规范(Common Cartridge v1.0)，制定 SCORM 标准的组织 ADL 也开始规划 SCORM 2.0 版本。

一、Common Cartridge

IMS Common Cartridge(IMS GLC，2008)是 IMS 组织最新提出的、整合了 IEEE LOM、Dublin Core、IMS Content Packaging、IMS QTI、IMS Authorization Web Service v1.0 等多项规范的一种新的资源封装格式规范。Common Cartridge 的设计理念是可以在一个学习平台中整合不同类型和来源的学习资源，目前支持的学习资源类型包括 Web 页面内容、关联内容、QTI 测试、QTI 题库、讨论主题、Web 链接，这些资源可以存储在学习平台中，也可以部署在互联网络的任意位置，并为受保护的内容提供授权访问机制。图 1-2 描述了 Common Cartridge 的详细结构。

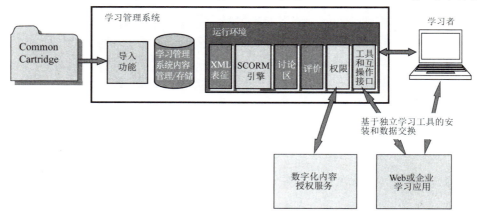

图 1-2　Common Cartridge 详细结构

IMS Common Cartridge 对 SCORM 的改进是将共享资源的类型扩展到了测试、讨论等部分，并且提供了整合分布式资源的机制。Common Cartridge 的包交换文件中，除了元数据描述和对静态资源的组织和排序以外，还包括了对外部 Web 页面、Web 链接、讨论主题、评估项目、题库等多种类型的资源的支持。此外，Common Cartridge 还提供了对外部学习工具整合的策略。

二、 SCORM 2.0

ADL 组织所提出的 SCORM(Sharable Content Object Reference Model)标准是当前国际上应用最广泛，在工业界和学术界都具有相当影响力的学习资源封装标准。其最新版本 SCORM 2004 中详尽描述了如何将学习资源组合成学习对象，将学习对象组合成课程，并提供了统一的运行时环境，允许学习者、学习对象和 LMS 交互，以及基于学习者与学习对象交互结果的适应性排序和导航。然而，随着技术和观念的不断进步，Web 2.0 的模式催生了一大批富有创意和前景的互联网应用，SCORM 已经不能满足数字化学习多方面的需要，特别是泛在学习的需要。因而 ADL 组织于 2008 年 6 月提出了 SCORM 2.0 的计划，由学习、教育和培训互操作(LETSI)组织负责实施，目前处于收集白皮书的阶段。SCORM 2.0 有如下几个大的目标。

(1)支持现有的和正在兴起的技术和结构以及教育学习和培训中的应用创新，如内容创作和教学设计工具、学习管理、内容管理、知识管理、人力资源系统、移动资源交付、Web 2.0、面向服务的体系结构(SOA)、学习活动等。

(2)支持多种教学和学习方式，如沉浸式学习、非正式学习、混合式学习、基于社区的学习、协作学习等。

(3)支持多种学习环境和形式，如课堂学习、职业培训、远距离教育、个人自学等。

目前 SCORM 已经收集了 100 多份来自不同组织和个人的白皮书，内容覆盖了通用模型、体系结构、小组学习、排序导航、元数据、内容集成、测试评价等多个方面，其中大量的建议和提案集中在对 SCORM 标准的简化、对 SOA 体系结构的支持、对新兴的 Web 2.0 技术和资源的共享支持、对外部资源和服务以及对用户自定义特性的支持等方面。从白皮书的数量上看，关注最为广泛的是 SOA 体系结构和跨平台整合的支持(29 份)，通过这种方式解决跨组织的运行时服务调用、异步数据交换、内容交换等问题。此外，对外部内容的聚合和对多种资源格式的支持(13 份)、对测试和评价的支持(13 份)、对教学设计的支持(14 份)也是学习资源标准建设的重要议题。

三、 现有资源技术分析

通过对 SCORM 2.0 和 IMS Common Cartridge 的分析，可以发现目前国际学习标准的研究组织对未来学习技术的研究一方面聚焦于降低标准的复杂性，支持除学习内容呈现以外的多种学习应用，另一方面吸收 SOA 和 Web 2.0 的理念，提升其开放性和易操作性。IMS Common Cartridge 通过实现对多样化学习应用的聚合和分布式的授权机制，促进了对学习资源的组织和管理；而 SCORM 也提供了可扩展的接口为新的应用提供了接入规范，尤其是近年来随着大数据技术的发展，教育领域开始关注学习者行为的采集和分析，ADL 在 SCORM 基础上提出了 xAPI（Experienced API，API 是应用程序界面 application Logramming interface 的缩写）规范，期望解决学习者学习数据跨平台统一采集的问题。

尽管上述学习资源技术标准基于新的需求做出了探索，但在新的时代和学习背景下，目前的标准建设仍然存在问题。第一，虽然它们都提到要整合多种来源和类型的资源，但是几乎没有对资源的可更新特性做出规划和设计（SCORM 2.0 的白皮书中只有一个名为 *Fluid Content Aggregation* 的提案涉及这方面的内容）；第二，它们对共享范围和方式的界定仍然停留在资源包在不同的 LMS 之间导入导出的共享方式，缺少对跨组织、大范围的资源共享和用户交流做出设计，也没有对共享粒度的微型化做出设计，自然也就不适合短时间注意、要求微型学习粒度的非正式学习的要求，xAPI 的提出从学习者数据采集的角度为资源的跨组织、跨平台共享提供了支持，但仍然缺少对资源组织结构的设计；第三，对于学习资源的联系，仍然使用包内树形组织、排序导航的组织结构，难以支持网状的知识分布形态；第四，对于学习资源的智能性缺乏设计，缺乏对语义网络、微格式等用以表征资源语义信息技术的考虑；第五，对学习资源的理解仍然停留在物化资源的阶段，而未来的学习是社会化的学习，资源建设过程缺乏对资源社会性要素的考虑，没有考虑到将人的因素纳入学习资源的范畴，同时也缺乏对不同情境下资源组织形式的详细规划；第六，IMS Common Cartridge 虽然提供了一定程度的服务和内容分离的解决方案，但是仍然需要内容提供者负责文件存储、打包、发布并编写安全验证的 Web 服务，这对学习内容提供者提出了相当高的要求，影响了标准在教育领域的推广。

泛在学习环境下，学习者对资源的实时性、丰富性的要求越来越高，"集中开发、更新迟缓"的预制型静态课件和学习资源将会逐渐被可动态更新、教师和学习者自主参与、协作更新的动态学习资源所代替。目前 Wiki、互动问答、专业论坛等由用户主动参与构建内容的 Web 2.0 社区已经成为很多学习者查找资料、寻求帮助和问题解答的工具，大量研究者和教师也开始研究如何将 Wiki 这种在线协同写作工具应用于教学①②。因此，支持集体智慧汇聚、自我进化和知识建构路径存储将是未来资源建设的重要趋势，也是学习资源建设者要考虑的关键内容。

以学习对象为核心的资源模型只能实现资源或内容等低层面的"重用"与"共享"，而教学过程

---

① 蒋丽清、薛辉：《Wiki 在作文教学中的应用初探》，载《中国电化教育》，2006(1)。
② 张天荣、邓天中、贾巍：《Wiki 在大学英语写作教学中的应用与实践》，载《开放教育研究》，2008(3)。

中高层面的智慧，如"生成性资源""认知网络""教学策略""学习方法""教学过程"等无法在平台内实现共享，对泛在学习形态的考虑和支持明显不足。具体表现如下。

（1）无论是 SCORM 规范还是 IMS 的学习设计及 Common Cartridge 规范，在结构设计上都比较适用于制作完整的课程和教学单元，强调内容开发商和教师单方面对学习内容、活动的设计、组织和传递，主要适合有教师参与的"引领式"正式学习形态。在学习过程中，同伴之间经过碰撞产生的经验更有利于学习者的理解，因此构建"以人为本、群建共享"的开放内容体系，促进学习者在资源应用过程中群体智慧的发挥将是未来资源建设的重要方面。

（2）对学习资源的考虑局限在"物化"资源的层面，缺乏对"人"这种活的资源的考虑。学习对象的概念中，没有将人纳入资源组织中，只是对一系列文件的组织和封装；学习设计在学习对象的基础上进行扩展，将共享的范围扩大到教师的设计智慧，允许学习者依照一定的角色参与预设学习活动，通过人与人或人与资源的交互完成学习过程，但是仍然没有涉及学习者之间相对稳定关系的构建和储存。而学习或教学本质上是人与人的交互，因此未来的学习资源的设计应当从人与资源的交互转化为人与资源、人与人的双重交互。

（3）对学习资源的智能特性挖掘不足，无法满足非正式学习者个性化、多样化、情境化的学习需要。SCORM 标准虽然也实现了一部分的适应性学习的功能，但仍然是依赖手工组合的，局限在一个学习对象、一个课程内部的适应性，并不能提供智能化的、跨课程和组织的适应性资源组织和传递；对资源的描述也缺乏对上下文环境的配置能力，无法满足未来的泛在学习环境对学习资源的智能性、自组织特性等方面的要求。而资源的智能性、情境性、适应性是泛在学习的客观要求，因此泛在学习环境下的资源组织模型必然要对此予以考虑和关注。

在上述问题解决的过程中，学习资源的组织即从封闭、静态、预设转向了开放、动态、跨情境交互，而要实现这种转变，对于资源组织要素的结构化表征和标注至关重要，语义和本体技术即是实现资源有效表征的方式。由此可以总结未来学习资源的建设除了需要具备传统的单元化、可重组的一般特点，在泛在学习时代还需具备如下特点。

（1）支持学习的开放共享和学习内容的协同建构。

（2）支持物化资源和人力资源的融合，实现基于学习资源的社会知识网络的构建。

（3）支持学习资源交互过程中生成新信息的记录，实现基于生成信息的自我完善和进化。

（4）支持跨情境的交互和适应性呈现。

（5）支持对资源组织各要素的语义描述，促进其动态的交互和演化。

基于上述内容，本书希望在学习对象、学习设计等学习资源模型基础上更进一步，整合学习理论和学习技术的最新研究进展，设计出一种符合非正式学习特点、适应未来泛在学习发展趋势的新型的可共享学习资源模型，力图在体现资源动态进化、情境性、认知网络连通性以及基于语义聚合等方面取得突破，并对其技术支撑环境进行设计和实现。

第四节　泛在学习资源聚合模型——学习元

有效泛在学习的发生依赖具有智能性的无缝学习空间（Seamless Learning Space）的创设，从学习环境的分类来看，无缝学习空间属于沉浸层次较高、学习的移动性最高的一种学习环境，而构筑这种学习环境的基本要素主要包括泛在通信网络、具有情境感知能力的智能学习终端、学习资源、教育云平台等。而在这种新的学习环境下，新的学习资源的建设就显得尤其重要。

一、学习元核心理念

学习元是一种支持非正式学习形态、满足泛在学习需求、适应学习资源的群建共享的新型学习资源描述和封装的机制，具有开放性、生成性、进化性、联通性、内聚性、情境性、适应性和社会性的特点。[1][2]

学习元充分吸收了泛计算、云计算和语义网络等作为技术落脚点，以联通主义、协同知识建构、情境认知为理论支撑，采用动态的要素、结构和云存储模式，使其适应非正式学习的特征和组织、实施形式，满足泛在学习随时随地随需学习的需求。"学习元"中的"元"字是一种隐喻表达，包含以下三层含义。

"元"即"细胞"。组建有机生命体的基本单元，有着基本相似的结构，以此体现学习元标准化、微型化、可重用、可组合的特征。在这一点上，学习元与学习对象的设计理念是相似的。

"元"即"元始"。学习元会经历从无到有、从小到大、从大到强、从强到久的过程，它不是固化的，而是随着使用过程发展变化的，反映的是学习元的可进化和萌发性的特点。这一点是学习对象所不具备的。

"元"即"神经元"。学习元具有类似神经元的感知环境、自适应终端、主动适应用户的智能化特性以及产生丰富联结、构成网络的连通特性，学习元与学习元链接、学习元与人链接，使人和知识组合成社会知识网络，当这种网络达到一定规模，将会具备社会智能。这一点同样是学习对象所不具备的。

学习元是对学习对象的进一步发展，是在汲取学习对象、学习活动技术促进教育资源共享理念的基础上，针对现有学习技术在非正式学习支持不足、资源智能性缺乏、学习过程中的生成性信息无法共享、学习内容无法进化等缺陷，提出的一种新型学习资源组织形式。这种新的资源组织形式应当满足可进化发展、可支持随需学习、可支持学习过程信息采集和学习认知网络共享、具备对环境和用户的适应性等要求。其核心思路是将时间维度以及人际认知网络引入学习资源的

---

① 余胜泉、杨现民、程罡：《泛在学习环境中的学习资源设计与共享——"学习元"的理念与结构》，载《开放教育研究》，2009（1）。

② Yu S Q, Yang X M, Cheng G, etl., "From Learning Object to Learning Cell: A Resource Organization Model for Ubiquitous Learning," Journal of Educational Technology & Society, 18（2），2015.

概念中，学习资源不再是一成不变的，而是随着时间不断进化的，具有生成性和成长性。资源进化过程中的版本更迭、历史记录、生成性信息都被保留，同时通过知识作为中介管道构建出人和人之间的关系网络，形成由知识和人组成的知识关系网络。这有助于学生的知识建构以及理解知识的情境性，并共享知识演化过程中的集体智慧和社会知识网络。

　　泛在学习深置于无缝学习空间的情境网络之中①，它可以在合适的时间、合适的地点，为合适的学习者，以合适的方式提供合适的知识，为学习者提供一种智能的、无缝的学习支持，其最大特点就是泛在性和情境感知（context sensitivity）。泛在是指表面上学习无形，它们交织在日常生活中，无所不在，人们很难察觉出它们的存在；情境感知意味着能够通过泛在智能技术从周围收集环境信息以及工具设备信息，并为学习者提供与情境相关的学习活动和内容。要实现上述基本范式逻辑，无缝学习空间必须有泛在网络、具有情境感知能力的泛计算终端以及蕴含可进化的学习资源库、认知网络模型、学习设计、共同体网络、教育云计算中心等基本组成要素。通过"教育云计算中心"，可以聚合权威的知识与领域专家，通过集体智慧的运算算法，聚合人与人、人与知识、知识与知识之间的社会知识网络（Social Knowledge Network，SKN），无数情境化的学习问题及其解答的领域专家相互连接形成领域知识资源库，形成的资源库在云计算技术与新媒体技术的协同下，可以构建出一种支持泛在学习的无缝学习空间，其结构如图 1-3 所示。

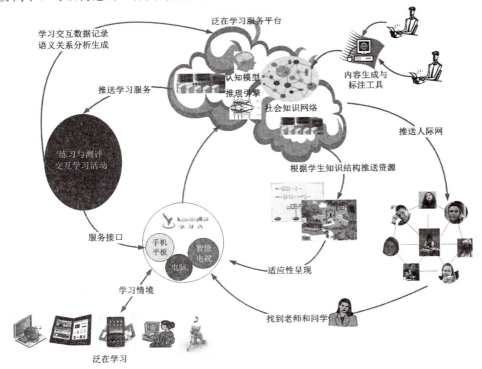

图 1-3　基于学习元的泛在学习模型

　　① Wong L H，Looi C K，"What Seams do We Remove in Mobile-Assisted Seamless Learning？A Critical Review of the Literature，"Computers & Education，57(4)，2011.

当我们在实际工作和生活中，任何时候、任何地点遇到了问题，或者对某些事物产生了兴趣，利用与环境相关的情境感知智能终端设备可以随时感知用户在特定情境下的需求，并将这些情境化需求的信息通过无处不在的通信网络发送到"教育云计算中心"，教育云计算中心根据用户需求以及个性化信息在知识库中进行检索、聚合、计算、变换，找到最适合用户需求的学习内容，同时将内容上附加的学习服务和知识关系网络与学习者联通。

学习元不仅为用户提供了和学习内容相关的资源，更提供了以内容为中心的一系列活动、工具以及社会关系网络。学习元对于学习者来说，已经不止是静态的学习资源，而是一个能持续获得信息和知识的管道。通过知识关系网络的联通，学习者与正在学习的学习者、编辑、专家等产生联系、连接，形成学习共同体，在此过程中不仅可以找到这个知识领域内最权威的知识，更重要的是找到了领域最权威的专家，这种学习不是传统课堂一个教师对多个学生的模式翻版，而是一对一甚至多对一的学习。

在学习过程中，学习者可以了解到学习内容使用的历史记录、关联内容、评估记录、编辑更新记录、附加的学习活动、学习工具等，通过学习者自身与内容的交互记录，学习者可以获得最适合自己的内容，实现按需学习。与此同时学习者通过完成资源中预设的学习活动实现对内容的理解与内化，完善内部认知网络，实现高层次的学习；从资源角度，学习者在获得信息的同时，可以通过协同编辑对学习内容进行补充和完善，将个体对知识的理解外化到学习的知识对象中，实现个体智慧向群体智慧的转化。

二、 学习元结构模型

学习元结构模型采用的是分布式的云存储模型，学习内容的结构与学习内容本身在部署上是分离的，如图1-4所示。学习元是结构化的泛在学习资源，是一个动态的逻辑结构，包括元数据、聚合模型、内容、活动、评价、生成性信息、多元格式等部分，通过各种服务接口（包括协同编辑、学习活动、通信服务、学习测评等）与"教育云"产生连接。"教育云"中存在海量的学习资源以及与资源有关的各种记录（包括活动记录、编辑记录、评测记录、使用记录、学习圈子、生成信息等）。学习内容的结构面向学习过程，描述学习的目标、条件、过程与学习内容需求，而学习内容本身可以存储在世界各地的资源服务器中，这些学习资源采用共建共享的方式建立，分布存储在不同的存储节点内，不同的存储节点之间依靠通信网络建立连接，而资源与资源则通过语义关系动态联系起来。当学习者进入泛在学习环境后，系统会根据用户的不同需求，自动从各异地站点选择最适合的内容，动态聚合到学习元的逻辑结构中，从而形成一个实体资源提供给用户。访问学习元的情境不同，聚合的内容也不同，从而满足学习者个性化的需求。

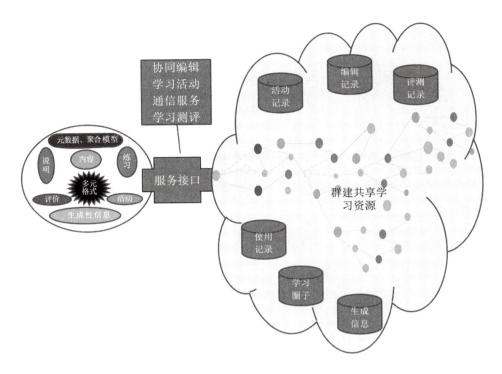

　　学习元存储模型中，以情境为核心进行内容组织，支持泛在学习中的情境认知，满足学习与生活融合的需要；用户通过智能终端访问学习内容时，教育云服务系统根据访问内容的情境参数从云存储中获取适合该情境的内容对学习元结构模型进行填充，动态聚合成情境化内容聚合包，不同学习者访问同一资源时，生成的内容是不同的。

　　从计算技术角度看，学习元是一种可远程访问的、通过统一资源定位器（URL）寻址的学习服务，它根据用户所处情境，提供为情境而设计的学习内容与应用程序的访问。学习元面向具体的学习目标，既能自给自足、独立存在，又可以实现彼此联通，构建以学习者为中心的个性化知识网络，其内部包含元数据、聚合模型、领域本体、学习内容、学习评价、学习活动、生成性信息、多元格式、服务接口等多个部分。

　　（1）元数据：用于描述学习元的基本属性，如名称、类型、创建者、创建时间、权限等，描述形式与学习对象元数据（LOM）一致，通过元数据实现了对学习元的结构描述、分类管理、浏览查找和共享互换等。

　　（2）聚合模型：规定了学习元内部不同要素以及学习元之间的联结方式，与学习对象的层次聚合模型不同，学习元采取基于语义的网络聚合模型，不同元素和学习元之间以网状方式动态联结。它既可以将不同的学习素材聚合成学习元，也可以将不同的学习元聚合成结构更复杂的知识群或知识云。

　　（3）领域本体：是学习元内容所属领域包含的基本概念及概念间的关系的集合，主要用于对学习元内部要素进行语义化表征，构建聚合模型，促进学习元要素之间的内聚、在相同或相似领域的学习元间自动建立动态联结、共享交换信息。

（4）学习内容：是学习元的主要部分，学习者从这里获取学习材料，并对知识进行编码，在长时记忆中将原有的认知结构重组，以建构新的认知结构。内容要有明确的主题和目标，粒度要小并且独立完整。

（5）学习评价：描述了对于特定内容的评价要素和规则，能够确定学习者对于内容的掌握情况，可以根据评价结果调整教学策略的应用。学习元记录学习者所有交互信息，通过对交互信息的分析形成学习者个性化评价报告。

（6）学习活动：是指为了促进学习者与学习内容的深层互动，而进行针对性设计的交互活动，体现面向学习过程的设计，从而实现学习过程、教学策略、教学活动层面的资源共享。

（7）生成性信息：是指学习元在使用过程中的生成性信息，包括用户的基本信息、交互过程中产生的信息、对学习元历次更新的内容等。

（8）多元格式：是指学习元在多种不同终端上显示所需的文件格式，比如网页形态、电子书形态、知识地图形态、视频形态、音频形态等。

（9）服务接口：是学习元与外部云计算环境进行信息交换的核心"通道"，一方面定义了用于获取和更新学习者在学习元内部进行学习活动的过程性信息的函数接口，另一方面定义了更新学习元内部各要素内容与结构的函数接口和数据结构，体现学习元的生成性（例如学习者对某段内容的笔记或者评论，提交的新的切合主题的资源，都会被标注）。

学习元的云存储结构体现了在互联网日益普及背景下，分布式计算和云计算对学习技术产生的影响。未来的学习资源将改变所有内容一体化存储的状态，将学习过程中的资源进行广泛的分布式存储，每个用户的终端都是一个资源节点，每个资源节点通过无处不在的泛在通信网络建立连接，而分布在不同存储节点的内容具备较强的联通性，可依靠丰富的语义建立动态关联，从而形成广泛的智能网络；而未来的学习管理系统需要能够查找和管理这些海量的、分布式的学习资源，并将合适的资源重新组织后提供给学习者。通过内容结构与内容本身分离，引入动态的分布式存储模型，使得学习内容的情境性适应成为可能。

三、 学习元的基本特征

学习元作为学习对象的进化，在保持学习对象的可访问性（accessibility）、适应性（adaptability）、可承受性（affordability）、持久性（durability）、互操作性（interoperability）、重用性（reusability）等特征的基础上，又具有自身独特的特点。其独特性主要表现在开放性、进化性、内聚性、社会性、情境性五大方面。

(一) 开放性

开放学习资源，不仅意味着开放内容访问与共享，更意味着开放内容本身，学习元打破了现有固化、静态的资源模型，设计了动态的资源结构模型，支持对用户使用过程中有价值信息的采集，支持学习资源对网络上有价值内容的整合，支持学习资源与外部学习环境进行信息交换，支持学习资源在使用的过程中不断进化发展。学习元还支持学习内容与学习活动进行整合性设计，它具有较强的开放性，可以与外部媒介、生态环境实现信息交换。每个学习元都内置了学习系统服务接口，通过类似 SCORM 运行时环境（RTE）中的应用程序编程接口（API）函数实现系统对用户学习过程性信息的追踪以及学习元与运行环境间的信息交换和状态更新。如图 1-5 所示。

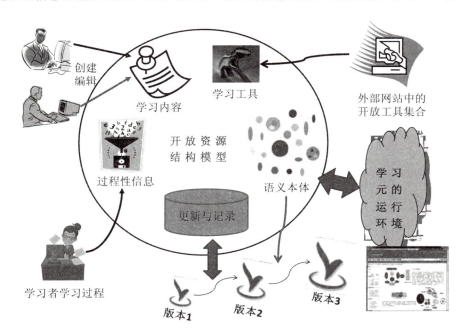

图 1-5 学习元的开放结构模型

(二) 进化性

传统的学习内容是固定不变的，既成的课程资源难以改造。SCORM 课程包也只能实现对内容的重组和拆分，难以对内容本身进行二次编辑，也就是说学习内容的生成是静态的。学习元即要改变资源一次生成难以更新的问题，让学习内容由"静"到"动"，在使用过程中根据反馈信息不断对信息单元进行重组改造，包括内容的更改以及格式的转换。学习元在设计上借鉴了 Web 2.0 "以人为本，群建共享"的理念，内容的提供不再仅仅依赖少数内容创建者，而是充分发挥群体的智慧和能动性，通过网络将分布式知识联结起来，实现其持续进化发展，最终创造一个人人贡献学习元，人人利用学习元的共创共享的新局面。与学习对象不同，学习元除了保存创建者预先设置的课程内容、练习、学习活动以外，还能保存学习者在使用过程中产生的生成性信息，如讨论、回答、对学习内容的评论和注释以及学习者的学习进度和详细学习记录，将此信息作为促进资源和学习者共同进化的重要支撑。学习元在吸收生成性信息的基础上，为满足学习者的各种动态的、个性化的学习需求，可以进行自身内容和结构的调整，以不断适应变化的学习环境。

内容是学习资源的核心要素，开放的内容组织可实现多用户参与下的协同内容编辑，从而实现学习内容的快速更新、持续发展。用户首先生产学习资源，然后对外发布，邀请协作者来编辑资源内容，由于资源对外开放，任何普通学习者都可以编辑已有的资源内容，添加图片、修改文字、嵌入外部的简易信息聚合(RSS)资源等。随着资源的生长，越来越多的用户开始接触到该资源，发表评论、写笔记、做批注等。用户基于该资源，在编辑、学习、评论、批注的过程中围绕当前的学习资源形成了一个微型的人际网。当更多的使用者参与到资源内容的编辑完善中，更多的用户将会对更多的外部资源进行关联和附加，而网络中的人和资源也就越来越丰富。随着时间的推移和用户集体智能的不断汇聚，资源的版本不断升级更迭，最终形成高质量的、满足不同用户需求的学习资源。如图 1-6 所示。

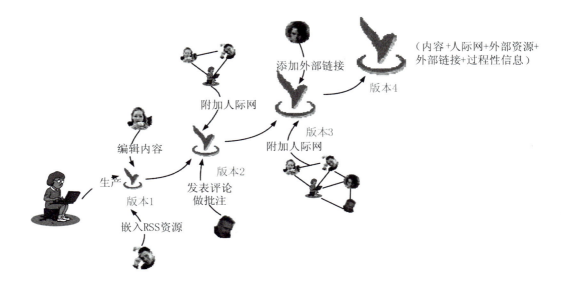

图 1-6　学习资源的内容进化

结构决定功能，资源内部要素之间的关系及其组织方式构成了资源的结构，结构的不断完善能使学习资源的功效达到最优，学习者也将获得更好的学习绩效。学习资源在不断生长的过程中会与其他资源通过手动(用户在自己创建的资源间通过可视化关系编辑器建立语义关联)或自动(系统通过语义关联器自动在资源间挖掘语义关系)的方式建立某种语义关系，如相似关系、上下位关系、前驱关系、包含关系、等价关系等。依据学习资源进化的定义，关联也是一种宝贵的学习资源，资源之间语义关系的挖掘可以用于知识导航，引导学习者总体了解某领域的知识关系。随着资源关联的不断生长，相似资源之间将依据资源进化的关联机制自动形成主题资源群。另外，用户还可以将具有语义关联的资源之间按照知识的内在逻辑组织成结构化的课程，用于学习者对某方面知识的系统学习。最终，所有的资源都将成为资源网的一个节点，在与其他资源结点的动态关联中实现自我发展。如图 1-7 所示。

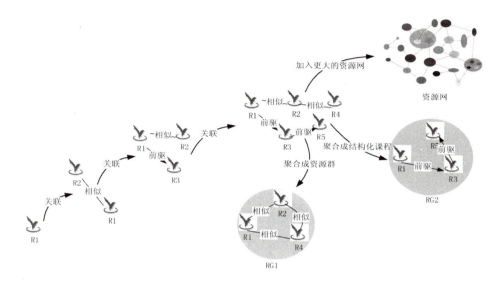

图 1-7　学习资源的关联进化

注：R 代表资源（resource），RG 代表资源群（resource group）。

（三）内聚性

学习元的内部结构并不是简单地对学习资源进行罗列，而是根据其隐含的知识结构，将支持完整学习流程的要素有序地组织成结构化的整体，具有很强的内聚性。学习元内部由本体描述的知识结构与聚合模型决定了这个学习元的"基因"，也就决定了它未来成长的方向，使得学习元的进化生长不是漫无目的的，而是始终围绕一个相对稳定的知识结构进行，这也是它作为一种结构化的学习资源与松散组织的博客、论坛等一般性的 Web 资源的区别所在。因此，学习元构成的网络不仅仅是学习资源的简单累加，而且构成了一个动态的知识网络，这个网络既能为学习者提供直接的服务，也能为其他的应用程序和工具所识别和处理，为学习者提供更丰富、更个性化的学习体验。

学习元作为一种新的学习资源组织方式，与学习对象或基于 SCORM 的在线课程的核心区别在于利用语义网络和本体技术，采用动态化、智能化的资源聚合方式，使得学习元可以像一个生命体，在内部"基因"的控制下持续地进化和成长。如图 1-8、图 1-9 所示。

基于语义的聚合包含三层含义：一是学习元可以基于领域本体在具有相似内容的学习元之间自动建立连接，形成可以持续扩展的主题语义网，彼此更新的信息可以及时获取，以不断丰富自身内容；二是学习元不是固化的学习内容，而是能够在使用中根据语义进行进化发展的智能化内

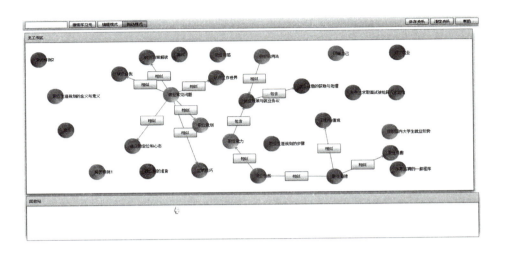

图 1-8　学习元语义关系的可视化编辑

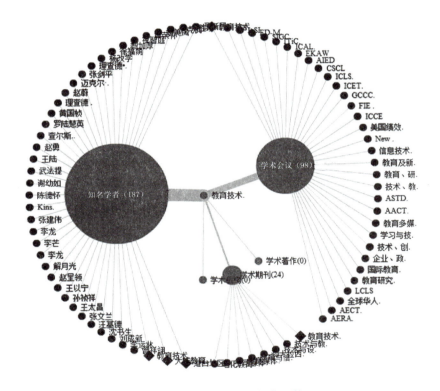

图 1-9　基于语义的可视化导航

容，学习元具有与神经元类似的生长和分裂功能，能够通过设定的领域知识本体，借助一定的语义分析功能，自动查找具有相同或相似主题的学习元和资源，产生动态联结；三是指学习元自身的内聚性，即学习元虽然是不断生长的，但不是漫无边际的生长，其学习内容是根据学习元的领域语义本体结构进化而来的，基于领域知识本体的聚合模型控制着学习元的生长方向，类似基因控制生物体生长的过程。

(四)社会性

在泛在学习过程中，学习内容背后的人在学习过程中扮演着重要角色。泛在学习中的交互，不仅是学习者与物化的学习资源的交互，更重要的是在参与学习的过程中，吸取他人智慧，透过学习资源在学习者、教师之间建立动态的联系的过程。这种趋势使得"人"也被纳入学习资源的范畴，成为一种重要的资源。

学习元不仅包括实体学习资源，还附加了在进化过程中形成的人际交互网络。学习资源是人际网络的中介，学习元通过内容管道来连接人，形成泛在学习空间中的社会知识网络（Social Knowledge Network，SKN）。与社会网络界定的一般交际网络不同，社会知识网络是由知识和人共同构成的网络，是由人与知识的深度互动过程中构建起来的。在社会知识网络中，一方面，学习资源作为一个独立完整的学习单元，通过语义属性建立不同学习资源之间的关联，如包含、属于、上下位、前序等；另一方面，学习资源还可以作为学习者认知网络联通的中介，学习相同或相似主题内容的学习者可以透过学习资源实现社会知识网络的构建，这与联通主义学习观所倡导的"联结和再造"价值取向是一致的。随着学习者之间的不断交互，便会逐渐形成一个具有相同学习兴趣和爱好，交互丰富的认知网络。每个学习者都是认知网络空间中的节点，可以与不同的学习者节点以学习资源或者其他学习者为中介建立连接，节点之间连接的强弱通过多因素复合的认知模型来表示，随着学习者不断的学习和交互，学习共同体网络中节点状态和联系也会得到持续更新。学习者通过社会知识网络不仅能获取所需要的物化资源，还能找到相应的人力资源，如通过某个学习内容，可以快速定位到该内容领域最权威的专家或适合的学习伙伴，从而从他们身上获取帮助，促进学习者的学习，如图 1-10 所示。

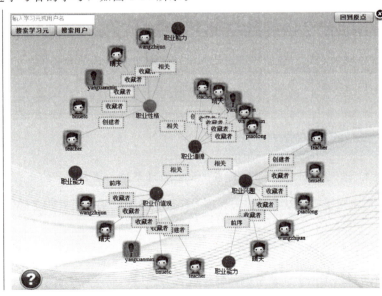

图 1-10　社会知识网络仿真

（五）情境性

泛在学习的核心特征是学习的情境性，能够根据不同的学习情境提供不同的学习服务，即利用智能学习设备感知用户需求，根据用户需求提供最适合的学习形式与服务。要想实现这种理想化的情境认知支持的学习，除了要提升学习系统感知用户情境的能力以及适应性推荐的能力之外，还要对学习资源的聚合模型进行重新设计，使其具备根据不同上下文情境进行弹性调整的能力。

学习资源的情境性体现在两个方面：一是实现资源对学习终端的智能适应，二是学习内容的适应。学习者需要什么，就能获得什么，而且是以最合适的组织方式、表现方式、服务方式来获得，是一种按需学习。学习元的情境性体现在三个方面：一是通过内置多元格式，实现资源对学习终端的智能适应，能针对学习者使用的不同终端，将资源转换为适合的格式（例如视频文件根据终端的不同转换成不同的文件类型、码率、解析度等）；二是给资源附加语义信息，使其具备被机器识别和自动处理的能力，为智能检索、匹配、联结、发送等过程提供数据基础；三是通过动态的资源结构，赋予学习内容调整的能力。

目前的学习资源标准对学习资源的描述，是基于静态结构的元数据模型，只能对最通用的属性进行描述，而无法根据不同的学科领域和应用场景予以更丰富的描述。对资源结构的组织，则采用线性或树形的结构，只能表达最简单的资源关系。大部分学习资源只能提供静态的学习内容和知识结构，使得拥有不同的学习起点、学习进度、学习需求、学习风格和习惯的学习者都只能使用完全相同的学习资源。这种描述和组织无法满足泛在学习对学习资源情境性的高标准要求，无法实现根据情境语义动态适应，无法满足学生个性化的要求。要想实现学习内容本身动态聚合以及格式的自适应，需改变原有学习资源的静态化结构模型，使得每一个学习内容，既有固定的面向学习过程的逻辑结构，又能实现内容的动态表征和生成，即在感知用户情境性需求后，根据情境，利用网络服务技术，从分布于网络各处的学习资源中挑选最适合的资源，动态聚合形成个性化学习资源包提供给学习者。

第五节　学习元运行环境的实现

学习对象的运行离不开支持 SCORM 标准的学习管理系统，学习活动的运行离不开符合 IMS-LD 规范的学习平台。同样，学习元作用的发挥同样离不开特定系统环境的支持。

一、学习元运行环境体系架构

学习元运行环境提供了一个支持学习元数据流转的集成环境，其体系架构如图 1-11 所示，核心部件包括情境感知模块、推荐决策模块、学习元库、学习元运行引擎模块、格式适配模块、学习服务模块。情境感知模块负责接受从泛在网络传递过来的用户请求信息，并对信息进行智能分析，以确定下一步的信息流向；推荐决策模块负责管理资源索引、搜索用户请求的学习资源并在资源库中自动查找；学习元库是学习元及其他资源的核心存储区域，一般包括学习元、生成信息库、学习元之间的语义关系库、用户信息模型库以及各种终端设备的信息库；学习元运行引擎是学习元正常运行的核心，负责学习元与外界系统的信息交换，由一系列 API 函数组成，包括负责学习元进化的函数接口、学习元语义推理的函数接口以及学习元运行跟踪的函数接口，通过学习元运行引擎，学习元可以快速实现学习内容的进化、基于语义的社会知识网络仿真；格式适配模块通过接收信息传送控制器传来的设备信息，对设备的类型、屏幕的分辨率等决定内容显示效果的数据进行综合分析，动态传递与显示设备相适应的学习内容；学习服务模块为用户提供一系列"交互式"的学习服务，包括学习工具、学习圈子、学习内容、学习活动、学习评估、学习记录、语义关联等，学习者可以根据自身需要通过无处不在的泛在网络快速调用这些学习服务接口，随时获取学习支持服务。

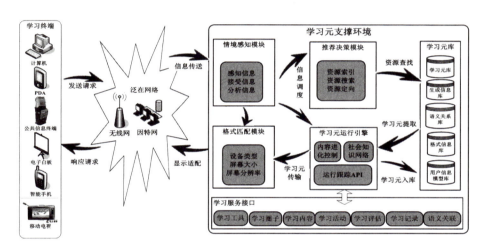

图 1-11 学习元平台的体系结构

　　泛在网络包括互联网络、数字电视网络、无线通信网络等，在其支持下，用户可随时随地通过多样化终端设备进入学习元平台。学习内容的前端显示区域为学习者操作(浏览、查找、输入信息等)学习元提供了图形化的操作界面，每个显示终端内置浏览器支持学习元的运行。目前，常用的显示终端有台式电脑、掌上电脑、公共信息终端、电子白板、智能手机、移动电视、平板电脑等。泛在网络主要负责数据的传输和与通信设备的互联，是学习元内容传递的基础。泛在学习环境中的网络就如同空气和水一样，自然而深刻地融入了人们的日常生活及工作中。多种格式的显示终端、泛在网络和学习元运行环境，三者既相互独立又彼此合作，共同组成基于学习元的无缝学习环境。

　　从技术实现的角度看，学习元平台采用Java 2平台企业版(J2EE)技术路线和面向服务的架构(SOA)的架构模式，是由数据存储层、服务层、应用层和终端显示层构成的四层体系架构。

数据存储层存储学习元平台中的各种数据。存储层主要包括资源库、本体库、用户库、活动库、工具库和日志库等几大部分。资源库主要存储平台中所有资源的数据，如学习元、知识群以及各种类型的附件资源。本体库主要存储平台中所有的知识本体，包括已有的领域知识本体以及由用户创建的本体等。用户库主要存储平台中所有用户的信息，包括用户的基本信息、用户信任度等。活动库主要存储平台中所有资源不同类型的活动信息，如讨论交流、提问答疑、投票调查、在线交流、学习反思、六顶思考帽等。工具库主要存储平台中的所有小工具。日志库主要存储平台中的各模块的操作日志，包括学习元日志、知识群日志、学习活动日志、用户操作日志等。

服务层在存储层提供的数据基础上提供个性化学习服务，包括学习记录、学习评价、版本控制、本体编辑、资源管理、资源聚合、资源检索、格式匹配和学习活动。

应用层通过对应用服务接口的调用提供个性化的应用支持，为平台用户提供了六大应用：学习元、知识群、知识云、学习工具、个人空间和学习社区。这六大应用为用户的学习提供了丰富的支持。

终端显示层根据用户所使用的终端设备，如移动电视、台式电脑、智能手机、公共信息终端等，将平台中的学习元进行格式转换，从而使学习元在不同的终端设备上进行适应性呈现。

二、 学习元应用层功能结构

从应用层看，学习元平台主要包括学习元、知识群、知识云、学习工具、个人空间和学习社区六大功能模块，学习元平台的应用层功能架构如图 1-12 所示。

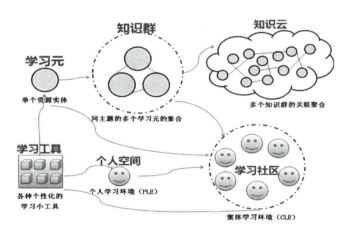

图 1-12　学习元平台的应用层功能架构

学习元模块是平台中所有学习元的集合。每个学习元是单个的资源实体，如一节课、一个知识点都可以成为一个学习元。一个学习元是多个学习要素的聚合体，不仅包含学习内容，还包括学习活动、SKN网络、语义信息、生成性信息、多元格式等部分。学习元既可作为一个独立的资源，又可被学习社区所引用，同主题的不同学习元还可聚合成一个知识群。在学习元中，可通过引入或上传相关辅助的学习工具来支持学习者的学习。图 1-13 呈现了多元格式的学习元。

图 1-13　多元格式的学习元

知识群模块是平台中所有知识群的集合。每个知识群是同主题的多个学习元的集合，在教育教学中，一门课程可以作为一个知识群，该课程的每节课或每个知识点可以做成一个学习元，引入到该知识群中。学习者进入该门课程的知识群后，可以看到该课程包含的所有知识点学习元。如图 1-14 所示。

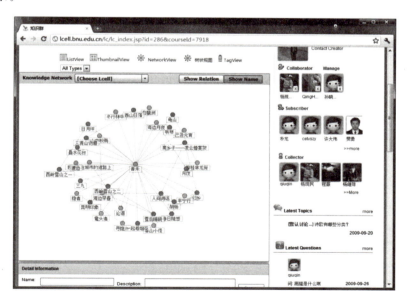

图 1-14　基于语义聚合的多个学习元组成知识群

知识云是多个知识群的关联聚合。不同的知识群，基于语义关联，形成了知识云。在知识云中，用户可方便地找到与某个主题相关的所有知识群。如图 1-15 所示。

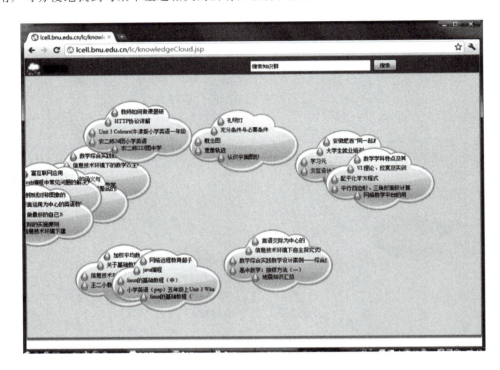

图 1-15　基于语义聚合的多个知识群组成知识云

学习工具是各种个性化的学习小工具的集合。在学习工具模块中，用户可预览、收藏小工具，还可将自己的小工具上传。学习元平台将符合 Open Social 规范的小工具都集成到学习工具中。这些工具可被学习元、知识群、个人空间、学习社区等引用，如在创建或编辑学习元内容时，可在内容中嵌入特定的小工具，为学习者的学习提供支持。学习者在学习时也可寻找并使用一些小工具辅助自己的学习，如在学习英文课文时，可使用英文翻译小工具来支持学习。

个人空间是单个用户的个人学习环境（personal learning environment，PLE），包括个人资源管理、好友管理、日程管理、工具管理、个性化学习推荐等。系统中每个用户都有自己的个人空间。在个人空间中，用户可对个人的基本信息进行修改，可对创建的、协作的或订阅的学习元、知识群进行管理，还可从系统推荐的资源中选择感兴趣的资源进行学习。与此同时，用户可以在个人空间中管理好友信息，管理站内消息，管理日程，设置个人心情，选择个性化的学习工具，促进社会化的学习。

学习社区是平台中所有学习社区的集合。学习社区是一个集体学习环境（collective learning environment，CLE），社区成员围绕一定的学习主题进行交流、协作与分享。在学习社区中，成员可通过发布公告进行事项通知，可通过发布帖子进行某主题的讨论，还可分享一些有意义的资源、发起一定的活动等。另外，学习社区与学习元模块、知识群模块、学习工具等均有联系，可将相关的学习元、知识群、学习工具引入到社区中来，供社区成员学习。除了学习社区这个集体的学习环境外，社区中的每个成员还有自己的个人的学习环境。

第六节 学习元与学习对象的多维比较

20 世纪末，为了解决教育资源的混乱无序、独占隔离、简单重复、缺乏共享、低效检索等问题，以重用、共享为核心的学习对象技术开始出现。代表为 SCORM 规范，它采用工程化的思想将学习资源看作学习对象，并对其进行标准化，从内容聚合、运行时环境和排序导航等方面进行了严格规定，促使学习对象技术逐步成为 e-learning 领域的核心技术标准之一，得到越来越多的企业、教育机构和资源生产商的青睐。但是，随着 Web 2.0、语义网、网格计算、云计算、泛计算、传感技术等各种新技术的产生以及社会建构主义、联通主义、分布式认知、情境认知等新型学习理念的出现，网络教学正在经历着从接受认知范式到建构认知范式再到分布式情境认知范式的转换。支持传递接受认知范式的学习对象正在面临着新技术与新学习理念的双重挑战，新的网络教学服务体系架构与学习资源组织方式亟待构建。目前国际上的学习技术标准研究组织也已经开始关注这些方面的内容，例如 IMS 组织的 Common Cartridge，ADL 的 SCORM 2.0，xAPI 中的内容，都体现出上述方面的一些发展趋势。

随着泛计算与物联网技术的发展，信息空间与物理空间将无缝融合，形成虚实结合、无处不在的信息空间，在此背景下学习将越来越泛在化。当前关于泛在学习的研究，主要集中于概念模型、感知技术与支持环境等方面，而如何组织学习资源，使其满足无处不在、按需提供、适应呈现等泛在学习的需求，是学习技术研究中面临的新问题。本书通过对学习对象技术的分析，结合泛在学习的特征和实际需求，设计了一种新型的学习资源——学习元，可以为未来泛在学习环境资源层面的架构提供理论和实践基础。

为了进一步帮助理解"学习元"这一新型资源形态的本质，表 1-1 对学习元和学习对象进行全方位、多维度的对比，分析了二者在历史背景、概念及特征、学习理念、信息组织、信息模型、存储结构、质量控制、共享范围等多个层面的不同。

表 1-1　学习元与学习对象的多维比较

项　目	学习对象	学习元
历史背景	语义网、云计算、泛计算等新技术的涌现与发展；网络教学范式的转变	解决 e-learning 领域教育资源的混乱无序、独占隔离、简单重复、缺乏共享、低效检索等问题；面向对象计算机科学思想的引入
核心特征	强调可重用、进化、智能、人际网络、过程性信息；生成性、开放性、联通性、社会性、进化性、内聚性、情境性、适应性	强调可重用、数字化、支持学习；可访问性、适应性、可承受性、持久性、互操作性、重用性

续表

	学习对象	学习元
学习理念	社会建构主义、情景认知理论	行为主义和认知主义学习理论
信息组织	自组织、双向信息传递	他组织、单向信息传递
信息模型	学习内容基础上附加学习活动、生成性信息、SKN 和语义本体	以学习内容为核心
存储结构	云存储模型	单点独立存储
质量控制	基于社会信任机制的质量控制、知识本体控制	专门的资源建设团队控制质量
共享范围	高层次的教学智慧共享，包括学习活动、学习工具、人际信息、学习的过程性信息等	低层次的内容共享

目前，北京师范大学学习元研究团队已经基于学习元的理念成功开发了学习元系统，实现了理论到工程的转化，并在多个领域进行了应用和探索；关于学习元的研究涉及学习元资源组织模型研究、支持学习元的学习关键技术研究、教育领域的应用实践研究。学习元现已在资源有序可控进化、支持学习的关键技术研究、基于情境的计算和个性化推荐等方面取得了一些进展，相关研究成果也已应用到了实际教学中，形成了一些教学和学习模式；但在更深入、通用的资源模型构建方面，在如何利用已有模型促进学习效率的大幅度提升方面仍需更深入的探索。而本书中，我们希望通过已有的系列研究，为泛在学习环境下的学习资源设计与共享提供前瞻性的参考。

第二章
学习元平台的功能结构

学习元平台是基于学习元的核心理念设计开发的一套支持泛在学习的开放资源平台，主要服务于社会各级各类组织和个体的非正式学习。学习元平台包括学习元、知识群、知识云、学习工具、个人空间、学习社区六大功能模块。核心功能点包含学习元创作、内容协同编辑、历史版本对比、学习活动管理、个人空间展示、好友管理、知识网络导航、学习工具上传与分享、资源检索、人际网络构建与分享、知识本体协同创作、标签导航、标签聚类、社区学习与交互等。如图2-1所示。

图 2-1　学习元平台

在学习元平台中，学习元、知识群、知识云、学习社区是更加学术化的概念，而从通俗角度看，学习元就是单个知识点的学习资源，知识群就是一门课程中所有的知识资源的集合，知识云类似主题下所有的课程资源的集合，学习社区就是特定学习主题下的一个班级或者兴趣小组。

第一节　学习元功能模块

一、学习元

学习元模块是学习元平台的核心模块，是进行学习的基本模块，基于学习元平台的学习资源发布以及对于资源的学习、管理都将围绕该模块进行。该模块包含几个重要子模块：学习元二级门户、学习元内容页面、创建学习元和个人学习元管理。

（一）学习元二级门户

学习元二级门户页面用于按学科分类或标签动态呈现学习元列表，页面中可按学科分类或标签动态呈现学习元列表，并含有最新学习元、推荐学习元模块。这是对系统中的学习元进行综合管理的模块。如图 2-2 所示。

图 2-2　学习元二级门户

对平台中的学习元进行综合管理的目的就是让教师、学生、家长等终端用户可以方便地使用这些学习元，包括对学习元进行浏览、查看、评价、上传和下载等，而要进行这些操作的前提就是对该学习元进行快速准确定位。随着计算机的普及、信息资源的指数级增长，在海量资源中迅速定位所需内容是促进学习高效开展的重要方面。二级门户主要提供了资源的检索功能、基于分类的导航功能，从而促进了资源的精准定位。

资源的检索主要实现从数据库中根据资源的分类、属性标注、简短描述等抽取适合用户的资源。为了提高检索的效率，系统的资源检索模块提供多种检索方式和检索策略，满足不同用户的检索需求。信息资源检索的常见方法是基于分类的检索，但从检索技术的发展看，基于主题词的检索应用已越来越多。学习元平台上对于学习元的检索具体表现为基于分类的导航浏览检索、基于关键词的一般检索、基于多字段的高级检索和基于多种排序方式的内容过滤。

（1）基于分类的导航浏览检索。它是资源检索浏览的一种常用方式。学习元平台中提供了基于学科类别的、基于标签聚类的和基于热门标签的分类检索方式。

基于学科类别的分类检索，就是按照各个资源的学科层次结构逐层展开，指导用户对具体学习的浏览，达到对学习元的精确定位检索的目的。如图 2-3 所示。

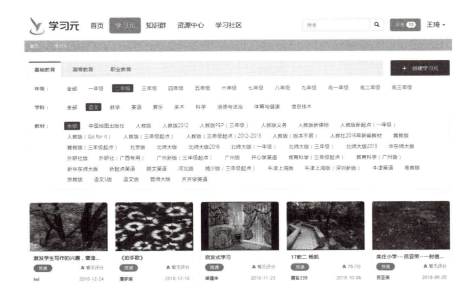

图 2-3　基于学科类别的分类检索

基于标签聚类的分类检索，就是根据预先定义好的由标签聚类形成的相关相似标签和同类标签，得到与之关联的学习元。如图 2-4 所示。

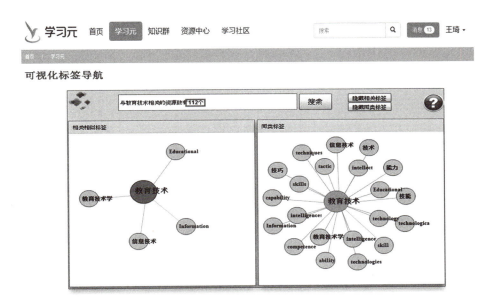

图 2-4　基于标签聚类的分类检索

基于热门标签的分类检索，就是根据系统中使用频率最高的标签，给用户提供和热门标签关联的学习元，这样有助于用户发现系统中最热门的学习元。

（2）基于关键词的一般搜索。只要输入关键词，即可完成学习元的搜索。如图 2-5 所示。

图 2-5　基于关键词的一般检索

（3）基于多字段的高级检索。提供复杂检索的功能，通过组合检索条件，如学习元类型、创建时间、创建者、标题关键词、按时间排序的方式等，完成精确检索。基于多字段的组合条件检索也是资源检索中常用的方式。基于多字段的组合条件检索可以对资源进行详细信息进行检索，如针对教育教学资源库中的关键词、标题、作者、来源、内容简介、所属学科和年级、文件类型、语言等进行检索；在逻辑条件方面可以选择"AND""OR"或者"NOT"；在字符串匹配精度方面可以选择"全文匹配"或者"完全相同"；在时间匹配上可以选择在什么时间以前或者以后的资源。这些检索条件可以组合起来查询，其查询结果基本能够准确满足用户的查询需要。如图 2-6 所示。

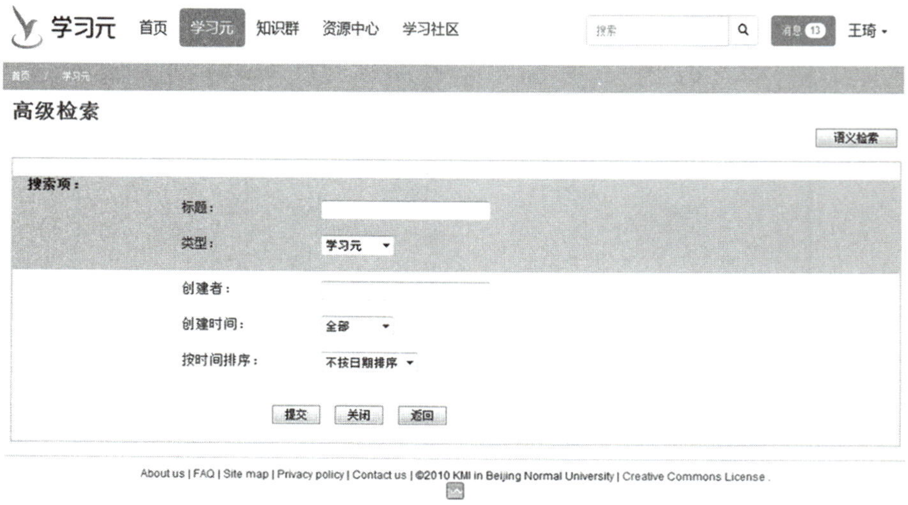

图 2-6　基于多字段的高级检索

（4）基于多种排序方式的内容过滤。该方式主要针对不确定检索内容的用户，通过为用户提供多样的排序方式辅助用户快速地找到自己需要的资源。学习元二级门户页面提供了按时间、按得分、按内容类型、按浏览次数、按学科等多种进行排序的方式。如图 2-7 所示。

（二）学习元内容页面

学习元内容页面是学习元平台的核心页面之一，它不仅提供了学习内容，还包括了协同编辑、关联学习活动、关联小工具、引入资源等一系列的特色功能。学习元内容页面如图 2-8 所示。

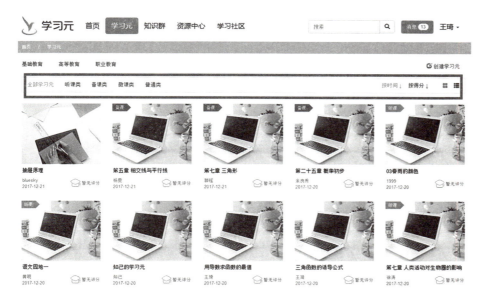

图 2-7　基于多种排序方式的内容过滤

图 2-8　学习元内容页面

（1）协同编辑。学习元的理念强调学习资源的不断进化与生长，为了达到这个目的就需要让普通用户参与到学习元内容的编辑中来，为此学习元系统提供了协同编辑功能。协同编辑包括编辑全文以及编辑某段，不同用户权限的学习者可以选择不同的方式进行编辑。在编辑页面中，可设置段落标题、字体样式以及插入数学公式、嵌入学习活动和 Gadget 小工具等，每次进行编辑时需要写明更改原因，方便在编辑历史中查看资源生长进化的路径。如图 2-9 所示。

图 2-9　协同编辑

所有学习者都可以参与对学习内容的协同编辑，但是在编辑过程中为了控制编辑内容的质量，普通用户对内容的编辑需要审核后才能通过。

（2）批注。如果对学习元的某段或者全文有什么需要解释的或者有什么疑问等，可以通过点击"批注"对整个学习元或者某段进行批注。如图 2-10 所示。

图 2-10　批注

（3）关联学习活动。学习元不仅是内容的简单呈现，而且还支持将学习活动插入到内容中去，使学习者在学习的过程中方便地参与学习活动，提高其学习效率。学习元平台目前提供了 14 种学习活动：讨论交流、投票调查、提问答疑、在线交流、作业提交、六项思考帽、画概念图、学习反思、练习测试、在线辩论、策展活动、操练活动、SWOT 分析、社会化批阅。图 2-11 展示的是嵌入内容中的学习活动，图 2-12 展示的是一个学习元关联的学习活动的管理页面。

图 2-11　嵌入内容中的学习活动

图 2-12　学习活动管理页面

（4）关联小工具。学习元平台是一个开放的平台，为了在学习者学习过程中为其提供恰当的学习工具，平台选择使用符合 Open Social 规范的 Gadget 小工具，而不是自己去开发。和学习活动类似，学习元平台支持将小工具嵌入到学习内容中去，从而辅助学习者的学习。图 2-13 显示了平台中对于小工具的管理。

图 2-13　小工具管理页面

（5）版本管理。协同编辑的过程中会产生很多用户版本，这些版本承载着不同用户对学习资源协同共建的生成性信息，为了促进对于各个版本的管理和生成信息共享利用，学习元平台一方面提供了查看各个历史版本的功能，另一方面提供了对比任意两个版本差异的功能，方便用户了解学习元的生长过程。图 2-14 展示了一个学习元的所有版本，图 2-15 展示的是两个版本的对比情况。

图 2-14　学习元历史版本

（6）创建评价方案。创建评价方案能从多个角度对学习元的学习者进行评价，全面评价学习者的学习效果。这些评价的角度包括：学习者参与态度（学习时间），学习者参与学习活动的情况，学习者与内容交互的情况，学习工具应用情况，评价反馈情况；等等。学习元平台中可以建立多个层次的评价方案，从而实现对学习者的分层评价。图 2-16 展示的是创建评价方案的详情，图 2-17 展示的是对一个学习者的评价结果。

图 2-15 版本对比

图 2-16 创建评价方案

图 2-17　对学习者的评价结果

（7）SKN 网络查看。SKN 是学习元在进化过程中通过与其他学习元和学习者建立语义关联而产生的认知网络。通过点击"SKN"，可以查看该学习元的社会知识网络。如图 2-18 所示。

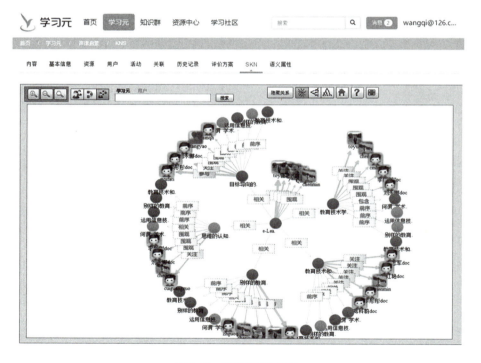

图 2-18　SKN 网络查看

（8）语义信息编辑。学习元的语义信息提供了基于本体的学习元之间在语义层面上的关联，通过编辑学习元的语义信息，能够丰富学习元之间的关联关系，能够为整个学习元平台的智能化应用提供底层的支持，比如学习资源的自动聚合、学习资源的个性化推荐等。语义信息的编辑页面如图 2-19 所示。

图 2-19　语义信息编辑

此外，为了方便教师、学习者对内容的学习和管理，学习元内容页面还提供了加入学习、加入收藏、申请协作、分享推荐等功能，实现了对学习元的管理和共享。

(三)创建学习元和个人学习元管理

学习元平台提供多种方式创建学习元，具体说来有以下创建方式：手动录入内容创建学习元，上传文件创建学习元，模板方式创建学习元，动态方式创建学习元和分裂方式创建学习元。

1. 手动录入内容创建学习元

学习元手动录入内容创建过程中，系统提供的富文本编辑器支持在线录入内容功能，学习元内容编辑集成了 Word 和 Frontpage 功能，用它可实现图文混排，插入表格，插入超级链接，插入附件，上传动画文件，插入公式符号、表情符号等功能。另外，学习元编辑过程中还集成了插入学习元平台独有的学习活动段落、图片集和资源段落等功能。图 2-20 所示为内容编辑，图 2-21 所示为插入活动段落。

图 2-20　内容编辑

图 2-21 插入活动段落

插入的活动包括 14 种类型：讨论交流、画概念图、作业提交、投票调查、在线交流、提问答疑、学习反思、六顶思考帽、练习测试、社会化批阅、在线辩论、策展活动、操练活动、SWOT 分析。

（1）讨论交流。通过设置一定的主题，引导学习者进行思考，展开讨论。设置的主题不仅要与学习内容相关，还要能引起学习者兴趣。且创建者最好能不定时地对讨论内容进行总结，把握讨论的方向。如图 2-22 所示。

图 2-22 讨论交流

（2）画概念图。类似于画概念图的软件的功能，适合于考查学习者对某个知识点、概念的理解，或考查学习者自身知识框架、体系的组织，还可供头脑风暴使用。如图 2-23 展示的是"用概念图画出学习活动的组成部分"。

■画概念图

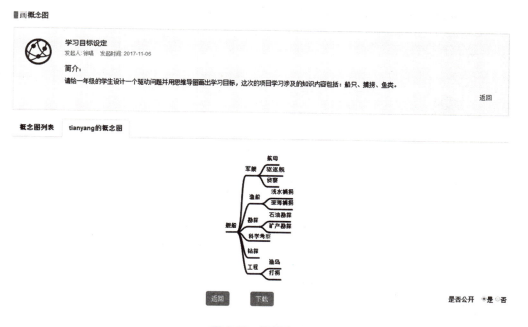

图 2-23 画概念图

（3）作业提交。作业提交主要是考查应用能力的学习活动。学习者学习了相关内容后，让学习者提交作业，而教师可以对作业进行评价，从而考查学习者是否真的学会。如学习者在学习了"复杂系统"的内容后，可设计一个关于"复杂系统"的作业。如图 2-24 所示。

图 2-24 作业提交

（4）投票调查。投票调查可用于考查学习者情感态度价值观、对知识的理解和逻辑判断能力，还可以用于获取学习者对学习内容的反馈信息。如图 2-25 所示。

图 2-25   投票调查

(5)在线交流。在线交流是一种方便学习者针对某个主题及时地与他人进行沟通的学习活动。当学习者在学习过程中遇到某个难题，在线交流活动可以为其提供在线的专家和同伴，促进问题的及时解决和高效反馈。如图 2-26 所示。

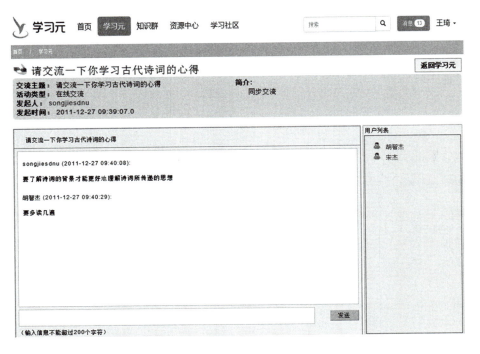

图 2-26   在线交流

(6)提问答疑。当在学习过程中遇到任何疑问，可使用提问答疑活动，发布自己的问题，寻求他人的解答。创建者在创建内容之初，可以提出一些问题供学习者回答，以此考查学习者对内容的掌握程度。如图 2-27 所示。

图 2-27 提问答疑

（7）学习反思。学习反思类活动能够促使学习者在学习之后进行反思，在反思中深化对学习内容的理解。教师可查看学习者的反思，从反思中考查学习者的学习情况，并从中得到反馈。如图 2-28 所示。

图 2-28 学习反思

（8）六顶思考帽。所谓六顶思考帽，是指使用六种不同颜色的帽子代表六种不同的思维模式。它是一种"平行思维"的工具，避免将时间浪费在互相争执上。强调的是"能够成为什么"，而非"本身是什么"，是寻求一条向前发展的路径，而不是争论谁对谁错。教师抛出一个问题，学习者运用六顶思考帽的方式进行讨论，将会使混乱的思考变得更清晰，使无意义的争论变成集思广益的创造，使每个人变得富有创造性。如图 2-29 所示。

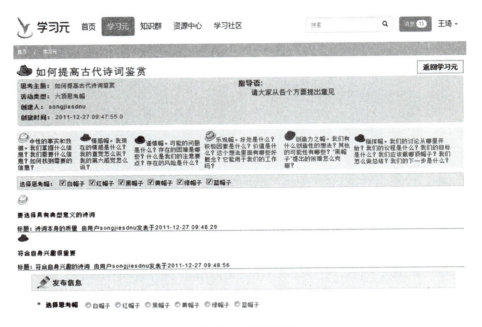

图 2-29　六顶思考帽

（9）练习测试。练习测试活动主要用来在内容学习结束后对学习的成效进行测试，在练习测试活动中可以设置单选题、多选题、判断题和主观题，教师端可以查看所有参与练习测试的学习者的测试结果，形成一个系统性的认识。如图 2-30 所示。

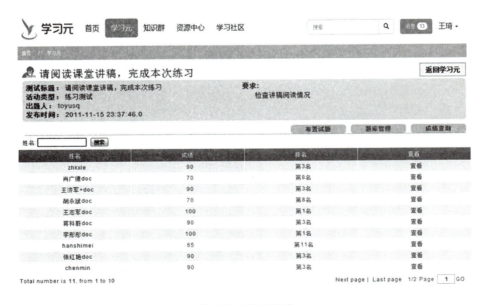

图 2-30　练习测试

（10）社会化批阅。该活动主要用来对学习者的作业进行批阅，批阅的主体为社会化批阅专家（专家及具备社会化批阅资格的其他社会成员），其目的是通过具备作业批阅资格的社会化批阅专家的辅助减轻教师作业批阅的压力，促进作业的及时反馈。如图 2-31 所示。

图 2-31　社会化批阅

（11）在线辩论。学习者围绕某一个辩论主题，在老师的指导下，通过可视化在线交互的方式陈述观点，对他人观点进行反驳，对他人的反驳进行澄清等。

（12）策展活动。策展活动是资源汇聚的重要方式，学习者在学习过程中遇到难以理解的问题时，可以通过发布策展活动，让领域内的专家帮助组合关于该主题的合适的内容，从而辅助自己对内容的理解。与此同时，教师也可以将策展活动作为学习者资源收集的方式，让学习者在课前自主收集课程材料，促进学习者对内容的理解。如图 2-32 所示。

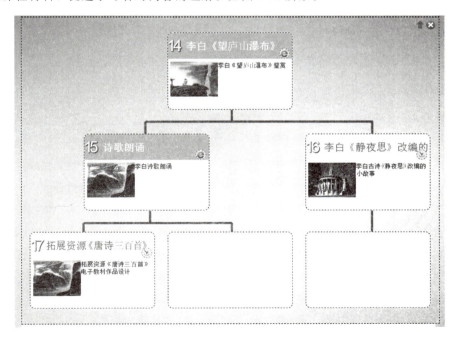

图 2-32　策展活动

(13)操练活动。围绕某一个核心知识，系统自动呈现交互性试题，学生进行练习交互，系统判断对错并呈现新的练习，直到学习者掌握为止。

(14)SWOT 分析：SWOT 分析活动则是结合对问题的优势劣势分析，从而辅助学习者进行决策的学习方式。如图 2-33 所示。

图 2-33　SWOT 分析

2. 上传文件创建学习元

如果要创建的学习元的内容已经以文档形式存在，那么可以通过上传文档的方式创建学习元。如果上传内容为压缩文件格式，系统会对文件进行自动解压和提取。如图 2-34 所示。

图 2-34　上传文件创建学习元

3. 模板方式创建学习元

为了方便不同用户创建学习内容，可以根据不同情境下用户创建的一般流程设计学习元的内容模板，从而支持用户基于模板进行学习元的创建。如图 2-35 所示。

图 2-35 模板方式创建学习元

4. 动态方式创建学习元

动态方式创建学习元主要针对学习元情境的动态性，即创建者在创建过程中可以对添加的段落进行动态语义标注，如当前段落适合何种情境下的何种学习风格的学习者使用，其他学习者在学习过程中该段将不显示，通过这种方式实现内容的动态适应。如图 2-36 所示。

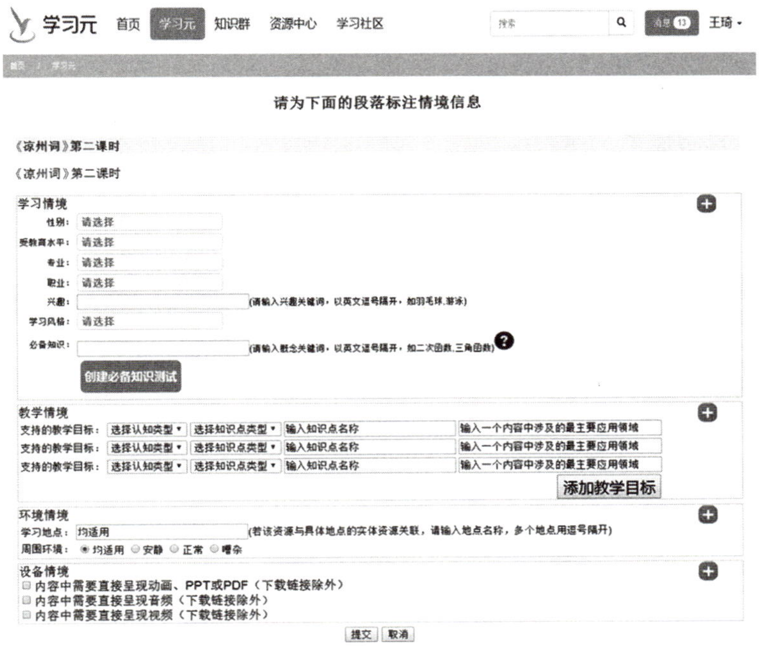

图 2-36 动态方式创建学习元

5. 分裂方式创建学习元

分裂方式创建学习元是学习元创建和进化的重要方式。一般的教师在教学过程中，针对同一个内容可能会教多个班或者多年教同一主题内容，为了减少教师的重复工作，学习元提供了关于内容的分裂，使得原学习元的基本内容可以直接进行复制形成新的学习元，而关于内容中的活动用户则可以进行自主选择。如图 2-37 所示。

图 2-37　分裂方式创建学习元

6. 个人学习元管理

个人学习元管理包括我创建的学习元、我协作的学习元、我订阅的学习元、我收藏的学习元和我编辑的学习元的管理，可以通过几种方式对学习者正在操作的学习元有一个系统归类，方便学习的有效开展。

(1)我创建的学习元：页面以列表的方式显示用户创建的学习元。

(2)我协作的学习元：协作是学习元中的一种高级内容共建形式，由于内容是开放共享、协同共建的，学习者可以申请成为协作者参与对内容的协同管理。我协作的学习元页面以列表的方式显示用户协作的学习元。

(3)我订阅的学习元：页面以列表的方式显示用户订阅的学习元。

(4)我收藏的学习元：页面以列表的方式显示用户收藏的学习元。

(5)我编辑的学习元：页面以列表的方式显示用户曾经编辑过的学习元以及编辑的测试等信息。

二、 知识群

知识群是具有某种内在逻辑或语义关系的多个学习元的集合。一个知识群可以包含多个学习元，一个学习元可以从属于多个知识群。

知识群是相关主题的学习元的集合，如平台中的大学生就业培训知识群，该知识群下有职业性格、职业兴趣、职业道德、职业能力等学习元；也可以是某门课程学习元的集合，如教育技术新发展知识群，其下的学习元由该门课程的老师创建供学生学习。

知识群模块主要包含几个重要页面：知识群二级门户、知识群学习页面、创建知识群、个人知识群管理（我创建的知识群、我协作的知识群、我订阅的知识群、我收藏的知识群）。

（一）知识群二级门户

点击顶部导航的"知识群"，进而知识群二级门户页面。该页面与学习元二级门户类似，页面内可以创建知识群，按时间、得分、学科门类浏览知识群列表。同时该页面内呈现最新的知识群，以及系统推荐的部分知识群。如图 2-38 所示。

图 2-38　知识群二级门户

（二）知识群学习页面

知识群学习页面主要呈现了知识群中的学习元，其呈现方式有列表、缩略图、标签、树状四种，用户可以对知识群进行以下操作：点击学习元进行学习、引用和管理；对知识群进行评论、打分、收藏、订阅和分享，查看知识群的知识网络与人际网络，查看、丰富知识群的本体库；如果用户对知识群的内容感兴趣，期望协同参与贡献，可以申请协作；同时用户还可以在问答区提出问题与回答别人的问题；对于创建者和协作者来说还能对知识群进行管理。

（1）列表视图。在列表视图中，用户可以查看知识群内各学习元的评分以及被引用次数。如图 2-39 所示。

图 2-39　列表视图

（2）缩略图视图。呈现了知识群中的所有学习元的缩略图，可以让用户了解知识群内学习元的状态，鼠标移上缩略图还会显示当前学习者对当前学习元的学习状态。如图 2-40 所示。

图 2-40　缩略图视图

（3）标签视图。通过知识群标签视图，可以查看该知识群内出现频率较高的标签。如图 2-41 所示。

图 2-41 标签视图

(4)树状视图。通过知识群的树状视图，用户可以查看该知识群内学习元与学习元之间的联系，而树状视图的左侧管理树中可以进行类别的管理，通过新建类别，可以将主题、内容相似的学习元划分在一起。如图 2-42 所示。

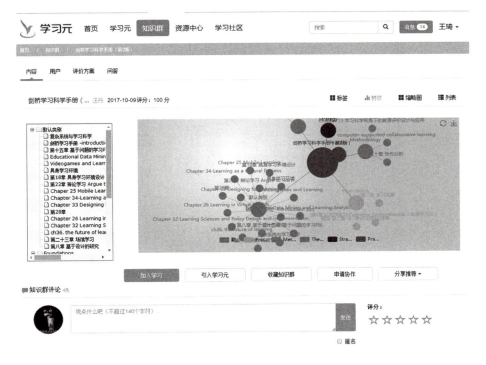

图 2-42 树状视图

（5）学习元引用。知识群是学习元的集合，学习元由用户引入，由该知识群的创建者及协作者审核，图2-43是学习元引用的页面。

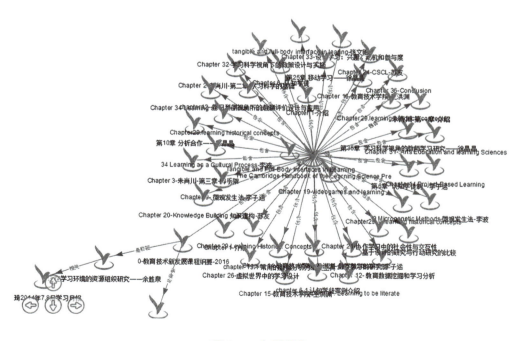

图 2-43　学习元引用

（6）知识网络。知识网络是学习元在进化过程中通过与其他学习元建立语义关联而产生的网络。传统的课程、学习对象间的关系多是树状的、静态的结构，资源在进化的过程中会与其他资源建立某种语义关联（基于本体自动构建或资源用户手动建立），资源用户也会在编辑、学习、评价、引用资源的过程中自动建立某种关系，随着资源的学习群体越来越多以及资源自身的不断生长进化，基于资源的关系网络和知识网络便自动产生。知识网络如图2-44所示。

图 2-44　知识网络

（7）人际网络。人际网络是学习元平台中基于用户与用户、用户与资源的交互而建立的人与人之间的关系网络，区别于一般的社交网络服务（SNS）中人际网络，学习元平台中的人际网络是以学习为目的，以"学习元"或"知识群"为中介点而自动生成的关系网。在实际教学中，教师通过人际网络可以查看学生对学习的参与程度。人际网络如图 2-45 所示。

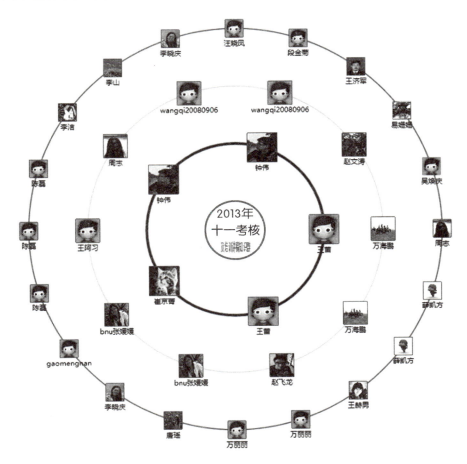

图 2-45　人际网络

（8）本体库。本体，可以简单地将它理解成特定知识领域中满足共同约定的常识。本体是对概念化对象的明确表示和描述，是一种概念化的规范说明。概念表示一定领域中实体或事物的集合或者类，关系描述了概念之间的交互作用或者概念的属性，实例是概念的一个元素，即某个实例属于某个概念，如"Word 2016"是办公软件的一个实例。在平台中与之相对应的是知识类、知识属性和知识实例（即学习元）。普通用户可以添加类、属性和实例，知识群创建者和协作者可以审核类、属性和实例。本体库如图 2-46 所示。

（9）协作者管理。点击"协作者"，可以进入协作者中心。在这里创建者可以根据其他用户的申请或者主动邀请他人成为该知识群的协作者，共同管理知识群，普通用户也可以在知识群页面申请成为协作者。如图 2-47 所示。

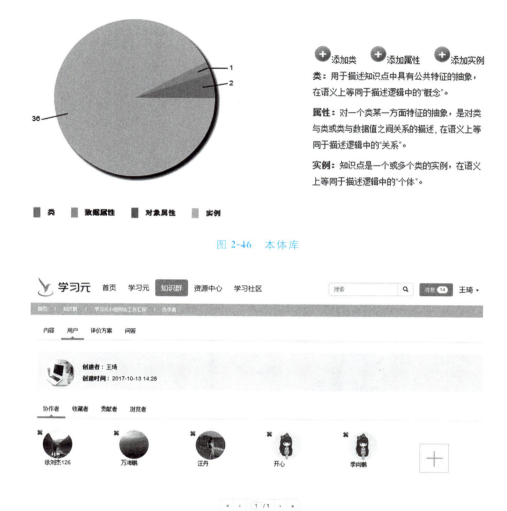

图 2-46　本体库

图 2-47　协作者管理

（10）问答。知识群创建者可以在知识群中创建关于该主题学习的问答区，方便学习者在学习过程中根据遇到的问题和对课程的反思进行提问、答疑和交流。如图 2-48 所示。

图 2-48　问答区

（11）知识群管理。知识群提供了对当前知识群以及其引入学习元的管理功能，包括对自身的访问权限管理，对引入学习元的审核、类别管理、关系编辑，以及知识群访问快捷域名的设置。

访问权限管理界定了知识群对用户的可见性，包括对指定社区可见、指定用户可见或协作者和创建者可见，这也是知识群内容权限和权威性控制的重要方式。如图 2-49 所示。

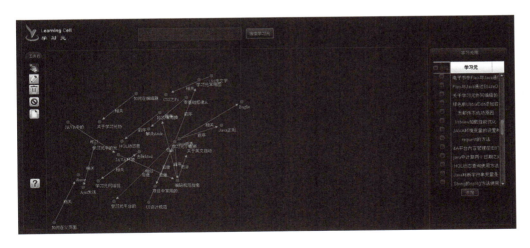

图 2-49　访问权限管理

对学习元的审核、类别管理实现了对知识群引入的学习元的有序组织，而针对学习元也可以进行语义关系编辑，可以使知识群内的资源在语义层面更好地组织。如图 2-50 所示。

图 2-50　关系编辑

快捷域名设置则提供了用户自主设置访问链接的功能，使用户每次登录自己想要学习的知识群时不必记住系统提供的复杂链接，通过个性化的域名即可访问。如图 2-51 所示。

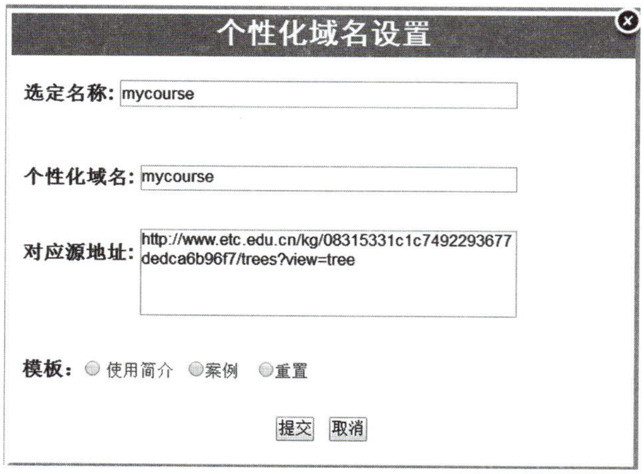

个性化域名设置

选定名称: mycourse

个性化域名: mycourse

对应源地址: http://www.etc.edu.cn/kg/08315331c1c7492293677dedca6b96f7/trees?view=tree

模板: ○ 使用简介　○ 案例　○ 重置

提交　取消

图 2-51　快捷域名设置

(三)创建知识群

在知识群的二级页面,点击"创建知识群",进入知识群创建页面。填写标题、选择学科门类即可创建新的知识群,创建完成后可以进行学习元的聚合和引入。创建的知识群类型有普通类、听课类、备课类和课程类。如图 2-52 所示。

图 2-52　创建知识群

(四)个人知识群管理

(1)我创建的知识群。该页面呈现由用户创建的知识群列表。用户可以进行知识群的基本信息编辑及知识群的管理和删除。点击知识群的链接可进入知识群学习页面。

（2）我协作的知识群。该页面呈现用户正参与协作的知识群列表，用户可以对这些知识群进行协同管理，也可以取消对知识群的协作。

（3）我订阅的知识群。该页面呈现用户订阅的知识群列表，可以进行取消订阅的操作。

（4）我收藏的知识群。该页面呈现用户收藏的知识群列表，可以进行取消收藏的操作。

三、 知识云

学习元平台为用户共建共享资源提供了开放的云平台，用户可以按需创建或者编辑资源。知识云模块能够充分挖掘系统已有的特色资源，并以可视化的方式展现给用户。知识云提供了多种方式的内容呈现：标签云、语义标签导航、领域资源聚合、标签聚类。

（一）标签云

标签云用以表示学习元平台的热门内容标签。当前热门标签呈现系统中被使用次数最多的150个标签。标签按照热门程度确定字体的大小，字体越大代表标签越热门，所标记的资源越多。标签的颜色和顺序随机分配。用户可以依照热门程度寻找需要的信息。标签通常是超链接，指向分类页面，点击任一标签，可以查看有关该标签的学习元和知识群列表。

标签云有两种视图方式，一种是静态平面图，如图 2-53 所示；另一种是动态球状图，如图 2-54所示。

图 2-53　标签云静态平面图

图 2-54   标签云动态球状图

(二)语义标签导航

语义标签导航是一种辅助用户快速浏览学习元平台中动态分类的小工具，主要用来呈现与某一标签具有相关相似关系、同类别关系的可视化标签图形，并显示关联资源的数量。用户可以搜索学习元平台中已有的标签。如图 2-55 所示。

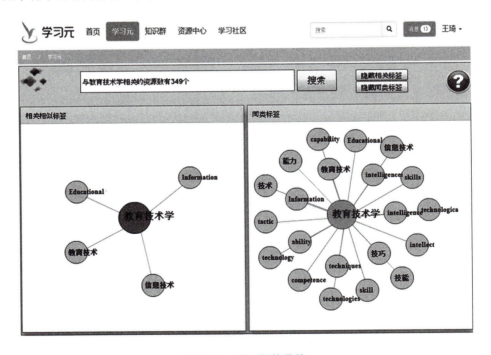

图 2-55   语义标签导航

学习元中对学习资源的元数据描述，是一个基于本体的、可扩展的模型，不同的学习系统、用户可以根据具体需求的不同，灵活地扩展资源的语义元数据，这些附加的语义信息是学习资源进一步被检索、复用和重组的关键性信息。基于语义的聚合包含三个层面的意思：一是指学习元可以基于领域本体在具有相似内容的学习元之间自动建立连接，形成可以持续扩展的主题语义网，彼此更新的信息可以及时获取，以不断丰富自身内容。二是学习元具有与神经元类似的生长和分裂功能，通过设定的领域知识本体，借助一定的语义分析功能，自动查找具有相同或相似主题的学习元和资源，产生动态联结。用户在使用过程中可以不断地丰富修正学习元的内容，当领域知识丰富到一定程度时，学习元还可以分裂成更小知识领域的学习元，分裂后新旧学习元自动建立母子联结。三是指学习元自身的内聚性，即学习元不是漫无边际地杂乱生长，其学习内容是根据学习元的语义本体结构进化而来的，领域知识本体控制着学习元的生长方向，类似基因控制生物体生长的过程。

（三）领域资源聚合

领域资源聚合工具呈现与某一领域相关的标签及资源。用户通过检索领域名称，就可以获得与该领域相关的标签及资源图像。中间的节点是用户搜索的领域名称，第一层节点表示该领域的相关标签，末端节点表示关联标签的相关资源，圆形代表学习元，方形代表知识群。如图 2-56 所示。

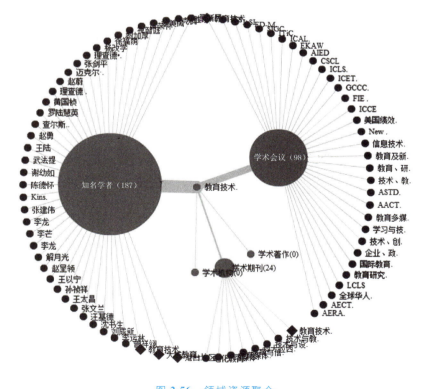

图 2-56 领域资源聚合

（四）标签聚类

标签聚类工具可以按层级倒树状的方式显示学习元平台中已有标签的关系。现有的标签聚类可以显示四级关系。如图 2-57 所示。

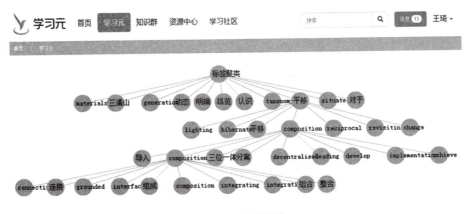

图 2-57　标签聚类

四、学习工具

学习元平台中除了提供丰富的资源外，还有丰富的学习活动库和各种学习小工具。学习元平台实现了对外部个性化工具服务的整合，扩展了学习元平台的功能，给学习者提供了更加丰富的学习体验。学习元平台支持的学习工具来自 Gadget，支持 Open Social 规范，可以将外部的工具包引入学习元平台进行无缝迁移和应用，而学习元平台自主研发的新的学习工具也可以对外发布，供其他支持 Open Social 规范的平台使用。

学习元平台小工具主要支持对工具的浏览、收藏和管理。

(一)浏览学习工具

学习元平台对小工具进行了分类，用户可以使用图 2-58 所示页面中的左侧导航浏览相关类目下的小工具列表，也可以通过关键字搜索的方式查找需要的学习工具。

图 2-58　学习工具列表

点击某个学习工具的名称可以预览学习工具，显示效果和插入到学习元中的效果一致，以此支持学习者的学习。

(二)收藏学习工具

用户在使用学习工具的过程中，可以结合自己的教学和学习需求将适合学习应用或者喜欢的小工具添加到自己的收藏列表中。当下一次使用的时候可以直接点击导航中的"我收藏的"链接进入自己的收藏列表进行选择，方便了工具的使用。如图 2-59 所示。

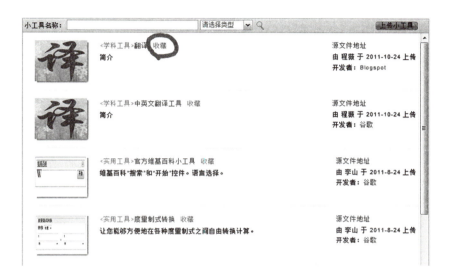

图 2-59　收藏学习工具

(三)管理学习工具

学习元平台支持用户上传共享自己发现或者开发的小工具，将自己的成果公开到网络平台上。用户在上传过程中需要对小工具的基本信息进行描述，如图 2-60 所示。用户对自己上传的小工具有修改、删除和取消发布的权限。

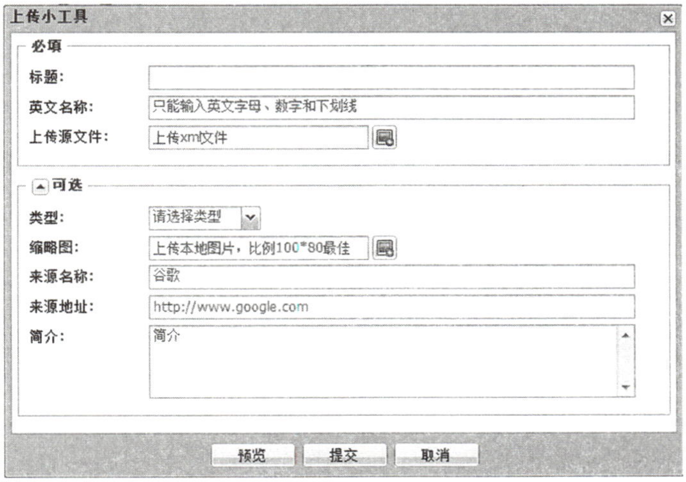

图 2-60　上传学习工具

五、 个人空间

个人空间主要是对用户在平台上的操作以及个人注册信息进行管理，主要模块有我的空间、资源空间、知识地图、好友中心、个人信息。

（一）我的空间

我的空间实现了对自己创建的、协作的、订阅的、收藏的所有的学习元、知识群、学习社区这些个人知识的管理，对于自己创建的内容，用户可以进行编辑或删除，而对于自己订阅和收藏的内容，我的空间则提供了一个统一查看的入口，方便学习者对资源的管理。如图 2-61 所示。

图 2-61　我的空间

（二）资源空间

资源空间是用户建立的个体资源库，包含了用户创建的、收藏的和下载过的所有实体资源，方便用户学习过程中随时可以对自己的历史资源进行查看和重用。如图 2-62 所示。

图 2-62　资源空间

(三)知识地图

知识地图是指一种能在语义和知识层面上表征学习者知识结构与认知状态、学习者知识学习目标的可视化学生模型，能够为学习者提供学习路径、学习资源和人际网络的自适应服务。如图 2-63 所示。学习元平台通过知识地图实现了如下功能。

(1)知识关系的表征。知识地图能够表征学科知识之间的多种关系，包括父子、先修、关联三种类型，其中父子关系由学科教师预设，而先修和关联关系则通过对学习过程交互数据的挖掘而自动获得。

(2)知识结构的表征。知识地图能够基于学习者个体交互数据表征学习者对知识的迁移能力，并以学习者掌握的知识关联关系数量来刻画迁移能力的水平。

(3)学习目标的表征。知识地图能够表征学习者的知识学习目标，包括已达目标、未达目标以及未来目标三种类型，按照布卢姆认知领域教育目标分类体系，根据认知水平由低至高依次分为知道(识记)、领会(理解)、运用、分析、综合、评价六个层次。

(4)认知状态的表征。知识地图能够表征学习者的知识学习状态，包括已掌握、未掌握、缺数据三种状态，且能够基于贝叶斯网络预测缺乏学习者学习过程数据覆盖的知识学习状态以及由子知识点学习状态预测父知识点学习状态。

(5)学习路径的适应。知识地图能够根据学习者的不同学习目标要求自动生成适应不同学习者群体的个性化知识学习路径——学科知识的学习先后序列。

(6)学习服务的推荐。知识地图能够根据学习者的不同学习目标要求推送最适合学习者的学习资源(数字资源、学习活动)和人际网络(学习同伴、知识专家)。

图 2-63　知识地图

（四）好友中心

好友中心可实现对用户在线学习过程中同伴、专家和好友的管理，包含了用户状态的发布以及与好友之间的动态交互，促进了学习过程中的交流沟通。如图 2-64 所示。

▍好友中心

好友动态　好友管理

快来发表状态，分享资料吧。

还可以输入140个字

🖼图片 🔗链接　　　　　　　　　　　　　　　公开 ▼　发表

王琦
2017/12/22 18:14:59
创建了 学习元：2017年11月学习元小组例会…　　　⚫⚫⚫

王琦
2017/12/22 18:14:19
创建了 学习元：2017年11月学习元小组例会…　　　⚫⚫⚫

王琦
2017/12/22 18:14:10
创建了 学习元：2017年11月学习元小组例会…　　　⚫⚫⚫

图 2-64　好友中心

（五）个人信息

个人信息模块包括个人信息的管理与统计，个人信息的设置修订和更新等。个人信息统计包含了对学习者或者用户在学习元平台上所有的操作记录的统计，如学习者在平台上创建了多少学习元、知识群、学习社区，参与了多少门课程的学习，每个学习元的完成状态如何，以及自己创建的学习元的浏览状态、收藏状态和学习状态，都会通过个人信息统计模块对学习者进行展示，方便了学习者在线学习过程中的信息管理。如图 2-65 所示。

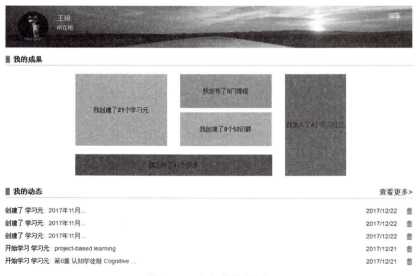

王琦
所在地　　　　　　　　　　　　　　　　　　编辑

▍我的成果

我创建了21个学习元　　　我发布了0门课程

我创建了5个知识群　　　我加入了4个学习社区

我收藏了41个学习

▍我的动态　　　　　　　　　　　　　　　　　　查看更多>

创建了 学习元：2017年11月…　　　　　　　　　2017/12/22 🗑
创建了 学习元：2017年11月…　　　　　　　　　2017/12/22 🗑
创建了 学习元：2017年11月…　　　　　　　　　2017/12/22 🗑
开始学习 学习元：project-based learning　　　　　2017/12/21 🗑
开始学习 学习元：第6章 认知学徒制 Cognitive …　　2017/12/21 🗑

图 2-65　个人信息统计

六、 学习社区

学习社区是同一领域或者拥有共同兴趣爱好的人的集体学习环境，在学习社区中，这些人可以一起进行活动，一起对某个问题进行探讨，还可以一起来分享资源等。社区的类型因功能的不同又分为班级社区、主题社区和课程社区，其中班级社区主要实现班级的管理，主题社区主要实现针对特定兴趣主题的小组学习和交流，课程社区主要实现针对特定课程的学习者管理和内容发布。目前关于学习社区的主要页面有学习社区二级页面、创建学习社区、学习社区主页面等。

(一)学习社区二级页面

点击一级导航中的"学习社区"，进入学习社区二级页面。页面中的社区按照主题社区、班级社区和课程社区进行一级分类，然后按照时间和社区中用户量进行筛选。如图 2-66 所示。其中点击"申请加入"即可向社区管理者发送加入社区申请，方便学习交流。

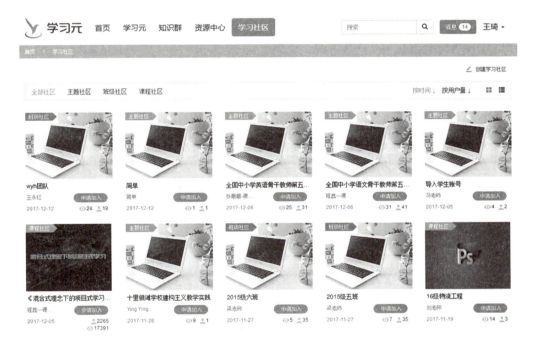

图 2-66　学习社区二级页面

(二)创建学习社区

点击创建学习社区，可以按步骤填写学习社区的信息、内容以及参与要求来创建。如图 2-67 为学习社区的创建页面。

(三)学习社区主页面

学习社区主页面包含了社区的核心模块，并视社区类型(主题社区、班级社区和课程社区)不同而略有差异。如图 2-68 所示。汇总起来，学习社区包含的功能模块有：社区动态、社区公告、讨论区、任务区、共享资源、活动集、作品集、社区管理和社区小组，针对课程社区还有对课程的管理。

图 2-67　创建学习社区

图 2-68　学习社区主页面

（1）社区动态。社区动态模块的设置是为了让社区成员能够及时看到社区的新情况、新资源，如社区管理员或者副管理员发布了公告或者成员新建了帖子、活动等，都可以第一时间在动态中看到。社区动态分为六个部分：全部内容、帖子动态、资源动态、任务动态、活动动态、作品动态。全部内容包含了社区发生的所有新鲜事，而其他五个部分则分别显示各模块的新鲜事。

（2）社区公告。管理员和副管理员有重要通知的时候可以在社区公告中发布公告，并且可以修改、删除公告，而社区成员只有查看的权限，不能修改、删除公告。当社区管理员发布或者修改一个公告时，会给社区所有成员发送邮件，以及时通知大家公告内容。

（3）讨论区。在讨论区中，社区成员可以针对自己感兴趣的领域或研究创建板块，然后在里面与志同道合的用户进行问题研讨和交流分享，分享自己的观点，吸取别人的意见。

（4）任务区。学习社区中会根据用户的兴趣和课程的进展，定期发布任务，辅助学习者更好地参与学习。教师和管理者可以对任务进行创建、管理和监控，督促参与者在任务要求时间期限内完成各自的任务。而参与者如果觉得任务较难，可以申请延期。

（5）共享资源。共享资源是学习元平台其他模块和社区模块打通的入口，社区成员可以在这里引入学习元、知识群和实体资源，实现学习者更方便地参与学习。如图 2-69 所示。

图 2-69　共享资源界面

（6）活动集。社区成员可以通过活动的形式加深彼此间的交流，使这个社区更加紧密地联系在一起。社区成员可以在社区中活动标签子页面中发布活动，而社区管理员可以更改活动的相应信息。

（7）作品集。社区成员可以在作品子标签中创建自己的作品集并发布到社区中，供社区成员进行互评、改进。而教师和管理者同样可以创建提交作品任务，方便学习者在完成某项学习任务后，按照要求提交相应的作品作为自己学习的过程性成果。

（8）社区管理。社区管理只有社区的管理人员即管理员和副管理员可见，管理人员可在此模块中统一管理社区中的各模块的资源，也可以修改社区的基本信息，还可以审核社区成员，邀请好友加入社区。与此同时，社区管理员还可以批量导入社区用户，实现教育教学过程中课程用户的批量创建，从而减少学习者自己注册账号、加入社区的麻烦。

（9）社区小组。社区小组的设置是便于社区成员按照不同的属性加入不同的小组。社区小组在课程教学中非常有用。一个社区中往往聚集了一个班级的所有学习者，而教师在教学过程中往往会将所有学习者分组，以便更加高效地开展教学和协作学习。

第二节　特色功能和关键技术

学习元平台是以学习元为基本资源组织单位的支持正式学习和非正式学习的学习型平台。从功能上来说，学习元平台是课程管理系统(CMS)和学习管理系统(LMS)的结合体，兼容了资源管理和学习管理的功能，相对于一般的网络教学平台来说，学习元平台的特色主要体现在如下几个方面。

一、基于本体的资源组织，实现资源的语义化描述和管理

传统在线学习平台的资源管理主要采用基于分类的管理和组织，而学习元平台采用基于语义网的本体技术来组织平台中的各类学习资源。在学习元平台中，除了使用我国教育资源建设规范中定义的标题、语言、描述、关键字等静态元数据外，还设计了一个可扩展的学科知识本体模型，用于表达学习元中的学习资源的内在逻辑联系。这个语义元数据模型的关键，是要能表达不同类型的学习资源可能包含的共同语义。针对同一个主题，可能存在不同呈现形式、表达方法和媒体类型的学习资源，但是从中抽象出的内在学科知识结构是相对稳定的，利用本体来表征学习资源中包含的知识结构，就有效地表征了学习资源所包含的与学习相关的语义信息。这个学科知识的本体模型默认包含最基本的知识类型，以及基本的知识属性和关系。在此基础上，参与资源建设的用户可以通过填充这些属性和关系，生成各种知识类型的实例；或者扩展新的知识类型和属性，提供更为丰富的语义表达，最终形成一个与主题相关的、高度内聚的知识网络。各种不同类型的学习资源通过这种基于知识本体的动态元数据描述方式实现有机聚合，形成具备更加丰富的逻辑层次和关联的整体，而不是一个简单的树状结构。图 2-70 展现的是学习元的通用知识本体模型，该模型分为两大部分：资源实体和知识本体。资源实体描述了学习元组织过程中所有的实体资源，知识本体包括了知识模型和知识实例，其中知识模型是描述学习元的知识的组织结构，而知识实例则表征了领域内的所有知识点。

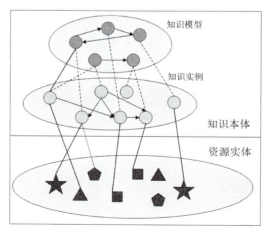

图 2-70　通用知识本体模型

二、 开放的资源结构， 允许多用户对内容的协同编辑

目前在线学习中的资源模型普遍是预设的、静态的、固化的，难以满足学习者不断变化的学习需求，而学习元平台中的学习资源采用开放的、动态的资源结构模型，是一种开放性的资源。学习元平台中学习资源的开放性体现在资源结构的开放和内容的开放。开放的资源结构指学习元中资源组织结构面向外部环境开放，可以通过与外部的交互和信息交换而动态调整，以便获取学习的过程性信息，从而分享与分析学习者在学习过程中产生的生成性信息，利用生成性信息促进资源进化和学习者的学习。与此同时，学习元可以通过吸纳网络上有价值的内容更新内容的组织。内容的开放意味着学习元面向所有用户开放，允许任何人根据自身理解对内容进行协同编辑和完善，依靠群体的力量动态生成资源，利用群体智慧促进学习资源的不断完善、进化发展。如图 2-71 所示。

新版学习元改进建议汇聚

浏览版本	贡献者	审核者	更改原因	更新时间	操作
第8版	汪丹	汪丹		2017-10-23 20:36	加入对比
第7版	汪丹	汪丹		2017-10-23 20:36	加入对比
第6版	汪丹	汪丹		2017-10-23 16:29	加入对比
第5版	y***@bnu.edu.cn	汪丹		2017-10-23 15:53	加入对比
第4版	徐涛	汪丹		2017-09-19 17:35	加入对比
第3版	青禾	青禾		2017-09-14 21:54	加入对比
第2版	y***@bnu.edu.cn	青禾		2017-09-11 15:19	加入对比
第1版	王琦	青禾		2017-09-10 11:26	加入对比

图 2-71 内容协同编辑

三、 完备的版本控制技术， 展现资源进化的整个历程

由于学习元结构和内容是开放的，允许不同用户进行协同编辑，为了保证资源在充分吸取群体智慧精华的基础上，所吸收内容的高质量和与内容进化的适应性，平台采用完备的版本控制技术，控制学习内容的进化发展。对于每个用户增加的编辑内容，平台会生成新的版本，对于新增版本的审核，学习元设置了自动审核和手动审核两种机制。自动审核系统主要根据用户的信任度进行审核，当用户信任度超过系统设置的阈值时，内容编辑自动通过；而对于手动审核，学习者编辑的内容需要管理员审核，管理员若认为内容编辑符合内容的发展逻辑，是对原有内容的改进，则通过审核，使学习资源产生一个新的版本。新版本的产生意味着学习资源完成了一次进化。学习者可通过查看资源的历史版本从整体上了解资源进化的历程以及进化过程中的贡献者。如图 2-72 所示。

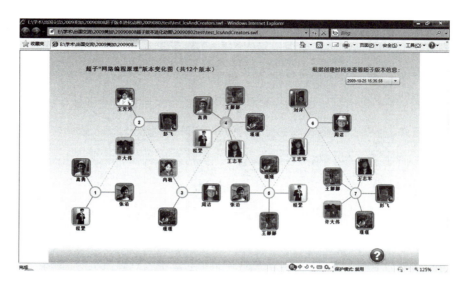

图 2-72　历史版本可视化

四、 学习内容与活动整合， 支持面向学习过程的资源设计

随着技术的发展和 e-learning 理念的不断深化，人们对学习资源的关注不再仅仅停留在内容本身，学习者开始从关注资源承载的内容向关注内容与学习过程结合的方向转变。由此，学习资源的内涵也从单一的内容扩展到与学习有关的各方面因素，学习资源的设计也将从面向内容设计转向面向学习过程设计。这就要求在资源设计过程中不仅要考虑学习内容的表现形式设计，更需要考虑如何通过活动的形式串联这些内容，促进学习者对内容知识的深度加工。

学习元平台在学习资源单一内容组织的基础上，围绕所学内容的教学目标，融入了学习活动过程与学习交互的设计，形成了内容和活动无缝融合的交互式学习资源，以此促进学习者在学习过程中的交流与互动。同时，通过学习活动的参与效果，过程性地评估学习者对知识的掌握，实现基于内容与活动有效整合的学习设计。如图 2-73 所示。

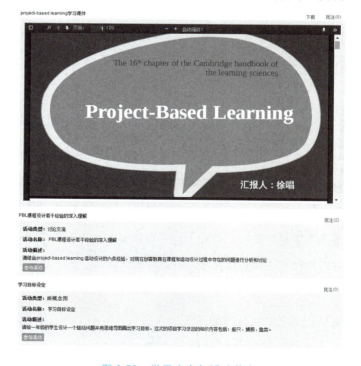

图 2-73　学习内容与活动整合

五、 支持社会知识网络的动态生成与共享

在泛在学习过程中，学习者通过学习从内容中获得知识，而内容背后的人在这一学习过程中也扮演着重要角色。因此在泛在学习过程中，不仅要关注学习者与物化学习资源的交互，还要考虑学习资源背后的专家和同伴智慧对学习者学习的促进作用。学习元平台对学习资源的描述在内容和活动的基础上附加了社会知识网络属性。与社会网络界定的一般交际网络不同，社会知识网络描述了学习过程中的知识以及相关的专家、学习者，通过人与人、人与资源的交互促进深度学习的发生。在社会知识网络中，一方面，学习资源作为一个独立完整的学习单元，通过语义，彼此之间建立各种关系，如包含、属于、上下位、前序等；另一方面，学习资源还可以作为学习者认知网络联通的中介，使得学习相同或相似主题内容的学习者连通起来实现社会知识网络的构建。随着学习者之间交互的深入，学习内容背后便形成了一个知识与人关联的网络——社会知识网络。通过该社会知识网络不仅能获取所需要的物化资源，还能找到相应的人力资源，如通过"机器学习"这一内容，可以快速定位到这个领域最权威的专家或适合的学习伙伴，从而从他们身上获取帮助，促进学习的不断提高。社会知识网络的结构如图 2-74 所示。

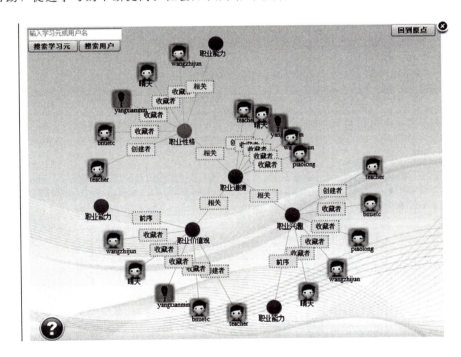

图 2-74 社会知识网络

六、 支持动态元数据检索， 实现资源的精准检索

随着知识的不断涌现和资源的海量增长，提供精准的资源检索服务变得愈发重要，学习元平台除了支持基于关键词和静态元数据的检索，还借鉴 Google Base 和 Freebase 的设计理念，构建

了教育领域的知识本体库，实现基于动态元数据和本体库的语义检索，从语义层面上寻找匹配的资源，增强搜索的目的性，提高搜索的准确率。平台采用动态元数据对资源进行语义描述，允许用户为资源动态添加语义属性，以使得资源的描述更加准确，从而方便用户更加快速而准确地获取所需要的资源。动态元数据检索过程如图 2-75 所示。

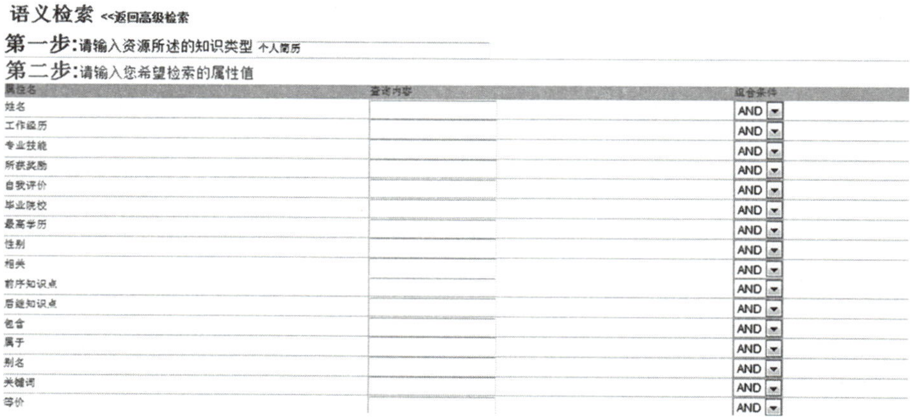

图 2-75　动态元数据检索

七、 支持 Open Social 规范， 实现开放工具服务共享

学习元平台不仅为学习者提供学习资源，还为学习者提供认知工具，支持学习者的学习。平台将符合 Open Social 规范的 Gadget 小工具集合起来形成开放工具集服务。这些工具可单独使用，也可直接嵌入到学习内容中，从而为学习提供帮助。例如，学习者在学习英文时，可利用平台提供的词典工具；学习者在学习算术时，可利用平台提供的计算器工具；等等。此外，学习者也可将自己的工具上传到平台中与他人共享。如图 2-76 所示。

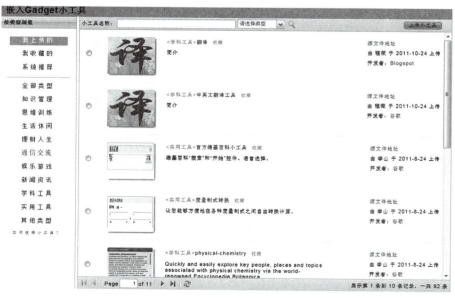

图 2-76　Gadget 小工具

八、 强大的可视化呈现技术， 增强用户体验

传统的在线学习平台主要通过对学习者行为的文字性记录为学习者提供反馈，缺乏对对象发展脉络、整体结构等方面的有效呈现，而近年来可视化技术的发展为对象发展脉络的呈现提供了重要支撑。学习元平台采用强大的可视化呈现技术，不仅从图形图像的角度给予用户直观的视觉刺激，而且很好地呈现了对象之间的"关系"、对象发展的脉络和整体结构，允许用户基于可视化的图示进行互动操作，提升了学习者学习的体验和直观性。目前，学习元平台的可视化主要包括知识网络可视化、人际网络可视化、社会知识网络可视化、关系编辑可视化、历史版本可视化、可视化个人认知地图、可视化标签导航、可视化领域资源聚合等。

知识网络可视化(图 2-77)、人际网络可视化(图 2-78)、社会知识网络可视化直观地为用户呈现知识与知识、知识与人、人与人之间的关系，有利于用户从整体上把握知识结构，构建自己的社会知识网络。关系编辑可视化(图 2-79)可支持用户通过点击、拖动等操作直接编辑多个知识间的关系，直观、快捷、互动性强。历史版本可视化可帮助用户直观全面地了解资源的整体成长历程。可视化个人认知地图(图 2-80)可帮助用户系统化地了解自己目前已有的知识结构，为制订下一步的学习计划提供参考。可视化标签导航可以辅助用户快速发现相关的标签，从而获得相关资源。而通过可视化领域资源聚合，学习元平台为用户提供了更加方便、快速获取领域资源的方式。

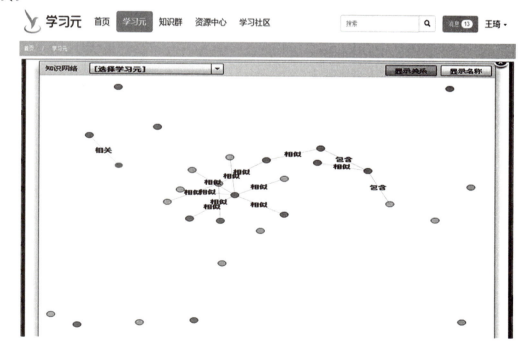

图 2-77　知识网络可视化

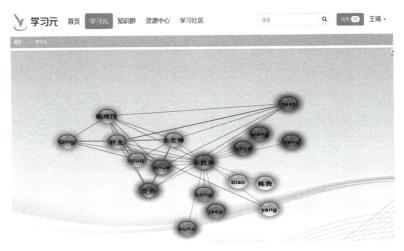

图 2-78　人际网络可视化

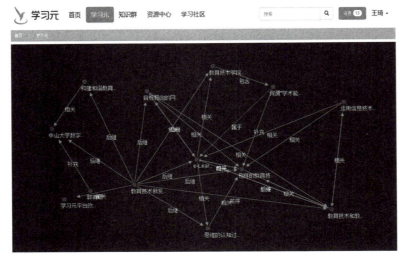

图 2-79　关系编辑可视化

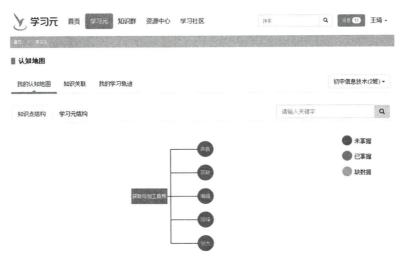

图 2-80　可视化个人认知地图

九、 多种资源展现模板， 实现资源的灵活呈现

在线学习可以为用户提供更加个性化的体验，因此在线学习需要更多地考虑不同用户的学习习惯和偏好，而传统的以预设网页形式呈现学习资源的方式并不适用于所有的学习者。学习元平台针对这个问题动态地提供多种资源展现模板，使得不仅可以以网页的形式呈现学习资源，还可以以电子书、知识地图的形式灵活地浏览学习资源，从而通过多样化的资源呈现形式满足个体不同的偏好，促进个性化学习的有效展开和资源的灵活组织。如图 2-81、图 2-82 所示。

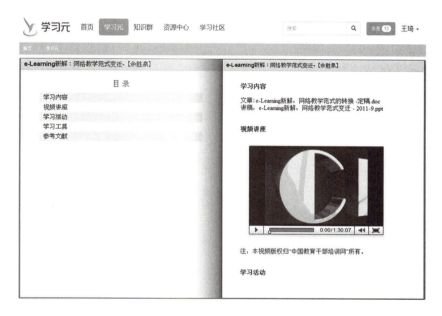

图 2-81　电子书形式呈现

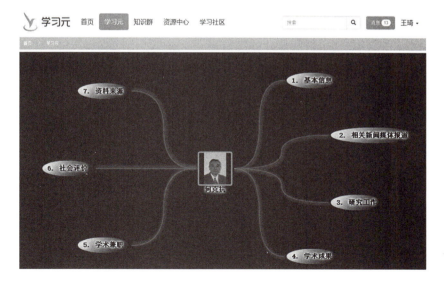

图 2-82　知识地图形式呈现

十、　语义标签导航，　辅助用户快速发现相关相似和同类标签

学习元平台具有语义标签导航功能，可辅助用户快速发现相关相似和同类标签。平台中的学习资源一般具有若干个标签，系统基于语义技术，发现不同标签间的语义关系，挖掘资源背后潜在的知识，将相关相似及同类的标签进行聚合，进而实现资源的语义标签导航。用户进入系统后，输入某个标签，系统即可以可视化地向用户呈现该标签的语义标签导航，而在导航视图中，用户可以直观、快速地发现与该标签相关相似及同类的其他标签。进而用户便可根据这些相关相似及同类的标签在系统中寻找相关的学习资源，促进个性化学习的开展。可视化标签导航如图 2-83 所示。

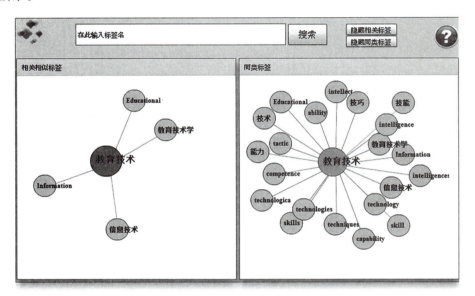

图 2-83　可视化标签导航

十一、　动态领域资源聚合，　将领域相关资源集中展现

学习元平台的动态领域资源聚合可将某领域的相关资源聚合在一起，进行集中可视化展现。用户只要输入领域关键词，系统即可向用户可视化地呈现该领域的所有相关资源。这样，用户一方面可从整体上了解该领域涉及的知识及其关系，另一方面可方便快速地获得符合自身需求的知识。如图 2-84 所示。

十二、　支持各种 Android、　iOS 设备，　多终端自适应呈现资源

作为泛在学习平台，学习元平台支持正式和非正式的学习情境，因此平台考虑了学习者学习过程中多终端的个性化需求，实现了基于多样化设备终端的自适应呈现，以满足泛在学习提出的学习者采用任何设备均可进入学习的需求。鉴于目前越来越多的人拥有 Android、iOS 设备，学

习元平台已成功实现对各种 Android 和 iOS 设备的支持，学习者不再必须通过电脑登录平台进行学习，只要拥有一台支持 Android 或 iOS 的终端设备即可在泛在网络的支持下进入平台学习。与此同时，学习元平台可以获取设备的物理参数，如屏幕大小、支持的文件格式、操作系统的版本等，通过对这些参数的匹配实现自适应地进行资源格式的转换、组织和呈现。如图 2-85 所示。

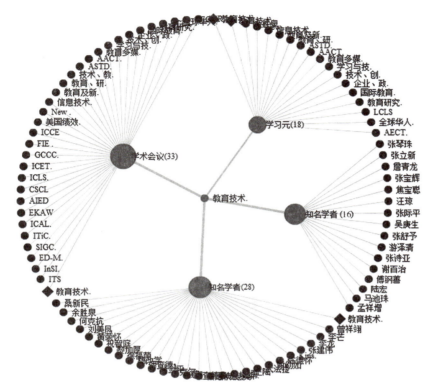

图 2-84　动态领域资源聚合

图 2-85　手机端的内容呈现

十三、 支持情境的自动匹配

情境性是泛在学习的重要属性，学习元平台建立了双情境（即资源情境和学习情境）匹配模型，实现了学习者在学习过程中能够根据学习者所处情境、资源适合情境的无缝匹配，从系统资源库中抽取最适合学习者学习的资源进行推送，促进了学习的适应性和个性化。如图 2-86 所示。

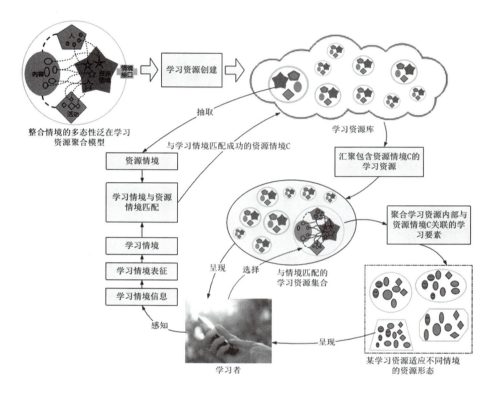

图 2-86　学习元平台双情境匹配模型数据流转

十四、 支持基于语义网络的专家发现和知识发现

学习元平台通过本体库建立起了学习者与知识、知识与知识、学习者与学习者之间的描述关系，从而使得学习者可以在自主学习过程中，根据知识或者相关用户进行知识的自动挖掘和专家的自动发展，并使得学习者遇到问题的时候不依赖于教师的延迟反馈，而是可以在在线专家和相关资源的帮助下实现自我提高和反思。如图 2-87、图 2-88 所示。

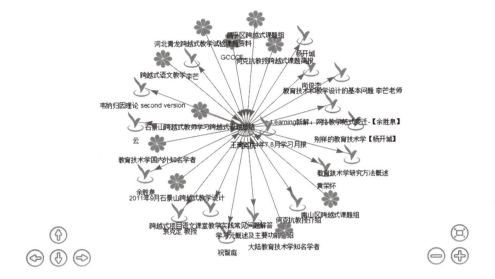

图 2-87 知识发现

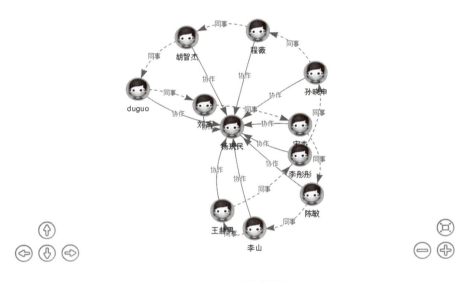

图 2-88 专家发现

第三章
学习元平台的关键技术

　　语义网强调对网络资源附加可供机器理解和处理的语义信息，可以使人与计算机之间更好地协同工作，同时也使资源的大规模重用和自动处理成为可能，是实现未来智能型网络的数据基础。近年来，随着语义网技术的不断发展，各种语义网的应用项目开始不断涌现，如 DBpedia、FOAF、SIMILE、Linking Open Data(LOD)、GoPubMed 等。语义网技术在知识表示、信息共享、智能推理上的优势，引起了 e-learning 领域研究者的广泛关注。各种 e-learning 平台(适应性学习系统、智能导师系统、语义化知识社区等)纷纷尝试引入语义技术来为用户提供更加个性化和智能化的学习服务。

　　学习元是一种语义化组织的学习资源，学习元平台是为泛在学习环境设计开发的一种开放知识社区(http://www.etc.edu.cn)，包括学习元、知识群、知识云、学习工具、个人空间、学习社区六大功能模块。学习元平台以学习元作为基本的资源单元，多个学习元可以聚合成知识群。学习元平台在系统设计时充分考虑了语义技术的优势和应用模式，在语义技术方面的架构设计和开发应用上做了有价值的探索。

第一节　学习元平台的语义技术架构及其应用

一、语义技术在 e-learning 领域的应用现状

　　目前，语义网技术中的本体技术和推理技术在 e-learning 领域的应用最为广泛，主要集中在自适应系统开发、学习资源管理与共享、适应性资源配送和个性化学习内容推荐、语义检索、智能答疑等方面。

　　基于本体设计和开发新型的 e-learning 系统已经成为国内外研究的热点。曹乐静、刘晓强利用本体和 Web 服务技术构建了一个四层架构(资源层、语义层、集成层、服务层)的开放的适应性 e-learning 系统，利用本体来描述学习资源的语义，通过 Web 服务支持个性化学习和系统间的资源共享。[1] 刘卫红、吴江提出了基于本体的 e-learning 系统层次结构模型，该系统模型共分为五层结构，自下而上依次为数据层、元数据层、本体层、知识层和服务层。[2]。基于本体的

---

[1]　曹乐静、刘晓强：《基于本体和 Web 服务的适应性 e-learning 系统》，载《计算机系统应用》，2005(4)。
[2]　刘卫红、吴江：《本体在 E-learning 系统中的应用研究》，载《计算机应用研究》，2006(4)。

e-learning系统与一般 e-learning 系统在架构上的主要区别是在元数据层之上增加了本体层，通过构建不同类别的本体来对资源进行一致性的、规范化的语义标注。另外，除了基于本体的新型 e-learning系统的开发外，国外学者莫塔（Mota）、费尔南德斯（Fernandes）开发了一个智能代理①，可以将基于本体和e-learning标准的适应性学习系统与当前国际流行的 Moodle 平台进行整合，辅助实现更加有意义的个性化学习。如何将传统 e-learning 系统与基于本体的适应性 e-learning 系统进行快速、无缝整合，充分发挥二者的优势，将成为 e-learning 的重要发展方向。

　　学习资源的设计与共享一直是 e-learning 领域的重要研究方向。基于本体的教育资源具有权威性、规范性、可共享性等特点。② 基于本体的资源组织与管理方面，已经出现了大量的研究。邵国平等人在分析现有 e-learning 在资源管理方面存在的资源缺乏关联性、检索效率低、描述标准不一致等问题的基础上，认为通过学习课程本体建模、智能搜索代理和个性化内容导航等关键技术可以促进 e-learning 资源管理。③ 李艳燕基于语义网的思想，提出了一个基于语义的学习资源组织模型。④ 尼尔森（Nilsson）等人对基于本体技术的元数据方案和传统的基于静态词汇表的元数据方案进行了对比研究，建议用资源描述框架（RDF）代替可扩展标记语言（XML）来对元数据进行标注，使得 e-learning 中所用到的元数据更为灵活和动态，并且降低多个基于不同元数据的系统互操作和共享的难度。⑤ 约万诺维奇（Jovanović）等人认为现有的对学习内容的描述规范（如 LOM）和对学习活动的描述规范（如 IMS-LD）不足以包含高级学习服务所需要的全部信息，并提出了一个针对学习对象的本体描述框架，来描述学习对象的上下文信息。⑥

　　上面提到应用本体技术对学习资源的内容和结构进行语义描述，其实，除了对资源进行本体化的描述外，还可以对学习者、学习的情境等进行语义建模，从而实现 e-learning 资源的适应性推荐和用户的个性化学习。布泽高浩波（Bouzeghoub）等人利用基于本体的领域模型、学习者模型、学习对象模型来描述了一个适应性的学习系统。⑦ 黄海江、杨贯中研究了基于本体的学习内

　　① J. D. R. Mota & M. A. Fernandes，"Adaptivity and Interoperability in e-learning Using Ontologies，"in A. Kuri-Morales & G. R. Simari，*Advances in Artificial Intelligence—IBERAMIA*2010，Berlin，Springer-Verlag，2010，pp. 592-601.

　　② 刘革平、赵嫦花：《基于形式化本体的数字化学习资源共享技术研究》，载《西南师范大学学报（自然科学版）》，2009(6)。

　　③ 邵国平、余盛爱、郭莉：《语义网对 E-Learning 中资源管理的促进》，载《江苏广播电视大学学报》，2008(5).

　　④ 李艳燕：《基于语义的学习资源管理及利用》，博士学位论文，中国科学院，2005。

　　⑤ M. Nilsson，M. Palmér & A. Naeve，"Semantic Web Metadata for e-learning—Some Architectural Guidelines"，http://wwwconference. org/proceedings/www2002/alternate/744/index. html，2018-08-10.

　　⑥ J. Jovanović，D. Gašević，C. Knight，et al.，"Ontologies for Effective Use of Context in e-learning Settings"，Educational Technology & Society，10(3)，2007.

　　⑦ A. Bouzeghoub，B. Defude，J. F. Duitama，et al.，"A Knowledge-Based Approach to Describe and Adapt Learning Objects，"International Journal on E-Learning，5(1)，2006.

容个性化推荐，指出个性化推荐设计的一般思路为：①建立用户个性化的兴趣模型，称为用户概貌（user profile）、兴趣模板或兴趣剖像；②根据用户概貌对新信息进行过滤，把用户可能感兴趣的信息自动推送给用户；③根据用户的反馈，对兴趣模型进行修正。① 詹青龙等人指出用户知识需求的获取对于适应性学习系统来说非常重要，并基于课程本体研究了如何利用问答历史记录和阅读历史记录来获取用户的知识学习需求，并通过两组实验验证了此方法的有效性。② 陈和平等人设计了一个基于 Ontology 和 Jena 推理机制的个性化 e-learning 系统模型，并阐述了推理技术在个性化 e-learning 系统中的应用。③ 迪亚科约斯库（Diaconescu）等人通过语义网和 Jena Rules 技术的结合来增强 Moodle 平台的功能，重点研究了如何在当前 Moodle 课程资源的基础上使用 Jena 规则进行内容推理，实现课程内容的适应性推荐。④ 孔德华、王锁柱提出了一种新的基于 XML 的适应性 e-learning 系统模型，该模型采用了贝叶斯网络的推理机制来建立学生学习模型，以处理学生学习过程中产生的众多不确定因素。该模型主要用于解决学习内容的动态组织、学习策略和学习诊断。⑤

　　语义检索是语义网的重要应用领域之一，也是目前信息检索领域的热门研究课题之一。通过对语义标注匹配和推理，基于语义的检索系统能有效地提高检索的精确性和覆盖率。同样，在 e-learning 领域，基于语义的智能检索工具的目标也是尽量减少简单的人工重复劳动，提高教师和学习者找到最相关的学习资源的可能性和效率。塔内（Tane）等人设计了一种从含有语义标注的学习材料中自动寻找和组织所需的课件资源的工具，它借助本体来反映用户的需求，然后通过对需求的语义分析在语义网中抓取合适的资源，并组织成有意义的课件。⑥ 李艳燕提出了一种语义搜索算法来查找事实或语义相关的资源，利用学习对象的语义信息对用户请求进行自动语义标注来确定用户的搜索目标，再采用语义关联路径的启发式规则来指导搜索，可以为用户提供丰富的语

　　① 黄海江、杨贯中：《基于本体的学习内容个性化推荐》，载《科学技术与工程》，2007(14)。

　　② Qingtian Zeng, Zhongying Zhao & Yongquan Lianga, "Course Ontology-Based User's Knowledge Requirement Acquisition from Behaviors within E-Learning Systems," Computers & Education, 53(3), 2009.

　　③ 陈和平、郭晶晶、吴怀宇等：《基于 Ontology 和 Jena 的个性化 E-Learning 系统研究》，载《武汉理工大学学报（交通科学与工程版）》，2007(6)。

　　④ Ion-Mircea Diaconescu, Sergey Lukichev & Adrian Giurca, "Semantic Web and Rule Reasoning inside of E-Learning Systems," http://pdfs. semanticscholar. org/b7b1/8d6f67duaf7f80fefbbf6dezeede3c562ed4. fdf, 2012-08-10.

　　⑤ 孔德华、王锁柱：《基于 XML 的自适应 e-learning 系统模型的研究》，载《山西师范大学学报（自然科学版）》，2006(2)。

　　⑥ J. Tane, C. Schmitz, G. Stumme, et al., "The Courseware Watchdog: An Ontology-Based Tool for Finding and Organizing Learning Material," https://www. kde. cs. uni-kassel. de/wp — content/uploads/schmitz/publ/mobillernen. pdf, 2012-08-10.

义互连资源。① 维加-戈尔戈霍（Vega-Gorgojo）等人对网格环境下学习服务的语义检索进行了研究，他们摒弃传统的服务发现机制（服务索引、UDDI），而是采用本体来描述学习服务，实现了学习服务的语义检索，服务提供者可以使用本体词汇描述服务，教育工作者可以使用领域概念进行学习服务搜索。②

智能答疑和学习评估方面，也有一些研究成果。刘艳、张锐建立了基于知识关系的覆盖型贝叶斯网络学习评估模型，并开发了基于贝叶斯网络学习评估模型的 e-learning 原型系统。该系统能够对学生的知识掌握水平进行评估，并根据学生的评估结果，为学生提供个性化的导学建议。③ 姜少峰、朱群雄研究了贝叶斯网络推理在远程答疑专家系统中的应用，重点分析了贝叶斯网络推理与决策的方法及知识表示与知识库设计技术。④ 郑耿忠将基于范例的推理（CBR）引入到答疑系统的设计中，研究了基于 CBR 的智能答疑系统范例库的构建方法，对 BP 神经网络和范例匹配算法在 CBR 范例库检索中的应用进行了分析。其研究结果表明基于 CBR 的推理能有效地提高答疑系统的效率和准确性，进一步提高答疑系统的智能性。⑤

2006 年，互联网之父蒂姆·伯纳斯-李（Tim Berners-Lee）在继 1998 年首次提出"语义网"之后又提出"关联数据"（linked data）的概念，并在《关联数据构建笔记》等一系列文章中分析了 Web 的发展和演化，提出了当下发展数据网络（web of data）的思想，其认为关联数据基于分布式数据集和其自主定义内容格式，利用标准的本体知识表示与 SPARQL 检索协议，采用可逐步扩展的机制来实现可动态关联的知识对象网络，并支持语义知识组织和知识发现。⑥ 关联数据是一种推荐的最佳实践，用来在语义网中使用 URI 和 RDF 发布、分享、连接各类数据、信息和知识，发布和部署实例数据和类数据，从而可以通过 HTTP 协议揭示并获取这些数据，同时强调数据的相互关联、相互联系以及有益于人机理解的语境信息。关联数据强调建立已有信息的语义标注和实现数据之间的关联，它具有框架简洁、标准化、自助化、去中心化、低成本的特点，为构建人机理解的数据网络提供了根本性的保障，为实现语义网奠定了坚实的基础。⑦ 关联数据的构建和实现

① 李艳燕：《基于语义的学习资源管理及利用》，博士学位论文，中国科学院大学（中国科学院计算机技术研究所），2005。

② G. Vega-Gorgojo, M. L. Bote-Lorenzo, E. Gomez-Sanchez, et al., "Semantic Search of Learning Services in a Grid-Based Collaborative System,"Fifth IEEE International Symposium on Cluster Computing and the Grid（CCGrid 2005），Cardiff, 2005.

③ 刘艳、张锐：《基于贝叶斯网络的学习评估模型及其在 E-learning 系统的应用》，载《滁州学院学报》，2009（4）。

④ 姜少峰、朱群雄：《Bayesian 推理在远程答疑专家系统中的应用》，载《北京化工大学学报》，2003（6）。

⑤ 郑耿忠：《基于范例推理的智能答疑的研究与实现》，载《微计算机信息》，2008（12）。

⑥ Berners-Lee, "Linked Data,"http://www.w3.org/DesignIssues/LinkedData.html, 2012-07-01.

⑦ 刘炜：《关联数据的意义与实现》，http://202.114.9.60/dl6/pdf/24.pdf，2012-06-01。

原则要求关联数据在构建过程中要满足 4 个基本条件，即 URI 唯一标识、HTTP 协议访问、集成内部相关资源和集成外部相关资源，从而使得内部外部资源相互关联，内部资源融入网络，网络资源集成到内部，以方便用户查询，提高用户发现和拓展网络信息资源的能力。

关联数据作为语义网的一种轻量级实现形式，已经成为语义网环境下知识组织、知识关联、知识集成、知识共享与知识服务的一种新的模式、工具和途径，这使语义网研究又向前迈进了一步。关联数据自 2006 年提出以来，引起了学术界极大的关注，特别是近三年的国际学术会议如国际语义网大会(ISWC)、国际人工智能协会（AAAI）年会等都对关联数据研究给予了极大的关注，并多次举办有关的主题会议。与此同时，美国国会图书馆、瑞典国家图书馆、美国政府、英国政府、英国广播公司、纽约时报、DBpedia 等其他政府、媒体、企业相关领域组织也积极参与关联数据的研究与应用。教育领域中的关联数据应用也已经引起了众多研究团队的关注和实践，例如英国开放大学、加拿大阿萨巴斯卡大学、德国 L3S 研究中心等，并且出现了多个关联数据教育应用项目[①]，如英国教育领域的 SemTech 项目、欧盟教育学术机构的 mEducator 项目、英国开放大学的 LUCERO 项目等。另外，欧洲语义网大会(Extended Semantic Web Conference，ESWC)和国际万维网大会(International Conference of World Wide Web，WWW)对关联数据教育应用特别关注，在 2011 年的 ESWC 大会上就成立了一个关联学习工作坊(Linked Learning Workshop)，目的是充分利用语义网数据、资源和技术特别是关联数据来服务教学和学习。从 2012 年开始，WWW 大会连续设立了关联学习工作坊(LILE Workshop)来交流探讨关联数据教育应用问题。

可见，基于关联数据的教育应用是语义网教育应用研究的前沿热点问题，基于关联数据的学习内容知识组织、学习环境创建、语义社会网络构建、学习资源整合共享、学习知识库构建是语义网新的教育应用形式。[②] 关联数据教育应用是语义网教育应用的最新研究方向和发展趋势。联通主义学习理论认为学习是在知识网络结构中一种关系和节点的重构和建立，学习是一个联结的过程。关联数据为全球范围的知识网络的形成提供了技术和环境支撑，为联通主义学习实现奠定了坚实基础。

总的来说，语义网技术的发展逐步成熟，正在从实验室慢慢走向商用。本体和推理作为语义网体系架构的核心技术，引起了 e-learning 领域研究者的极大关注，国内外众多研究机构和学者开始借助本体和推理技术来解决当前 e-learning 领域存在的资源重复建设、检索效率低、个性化支持不足等问题。除此之外，语义网技术也开始在 e-learning 课程构建[③]、e-learning 测试与评估[④]、

①　吴鹏飞、马凤娟：《国外关联数据教育应用项目研究与启示》，载《电化教育研究》，2013(4)。
②　吴鹏飞、余胜泉：《语义网教育应用研究新进展：关联数据视角》，载《电化教育研究》，2015(7)。
③　李好、杨贯中：《基于本体的 e-learning 课程构建》，载《计算机工程与设计》，2010(4)。
④　郭成栋、杨贯中、唐金鹏等：《e-learning 中基于对象本体的测试与评估》，载《计算机工程》，2006(24)。

学习组织记忆[1]、学习设计[2]等方面应用。关于语义网技术在 e-learning 领域的应用，国外教育领域已经开展了许多研究和实践探索，为我们提供了新的思路和有益的借鉴，尤其是在资源组织和共享方面的应用思路为学习元平台的语义技术架构提供了指导。

二、 学习元平台中的语义技术架构

学习元平台整体语义架构(见图 3-1)的核心，是应用了语义网体系框架中的本体技术和推理技术。[3] 最底层是 Ontology API 层，学习元平台(LCS)使用 Java 版的 Jena 本体操作 API 构建本体编辑与管理环境，进行本体相关操作，包括概念与属性的添加、编辑、删除、查询，本体模型的创建、读取，本体的导入、导出等。本体和语义词典共同组成语义层，是学习资源语义信息的标注与提取的基础。LCS 中的本体组织由知识本体、用户本体和情境本体组成。语义词典主要集成了哈尔滨工业大学扩展版的同义词词林和中文 WordNet。语义层之上是标注层，语义标注信息的获取与存储是 LCS 开展更多上层智能应用(如资源语义聚合、资源语义检索、适应性资源推荐、社会知识网络构建等)的数据基础。LCS 中的语义标注信息，一方面通过学习资源的半自动化语义标注程序产生，另一方面通过学习资源的语义基因提取程序产生。在语义标注层之上是推理层，通过编辑推理规则，借助 Jena 内置的推理机，可以完成各种推理应用(如资源关系推理、人际关系推理等)。

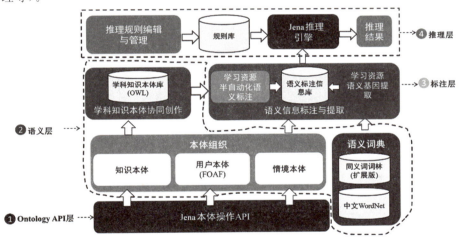

图 3-1 语义技术整体框架

---

① Abel，A. Benayache，D. Lenne，et al.，"Ontology-Based Organizational Memory for E-Learning,"Educational Technology & Society，7(4)，2004.

② Miguel-Ángel Sicilia，Miltiadis D. Lytras，Salvador Sánchez-Alonso，et al.，"Modeling Instructional-Design Theories with Ontologies：Using Methods to Check Generate and Search Learning Designs,"Computers in Human Behavior，27(4)，2001.

③ 杨现民、余胜泉：《学习元平台的语义技术架构及其应用》，载《现代远程教育研究》，2014(1)。

（一）本体组织架构

本体的构建是实现泛在学习环境智能化、支持个性化学习、实现学习资源适应性推荐的数据基础。LCS 包括三类本体，分别是知识本体（knowledge ontology）、用户本体（user ontology）和情境本体（context ontology），如图 3-2 所示。每类本体的构建遵循万维网联盟（W3C）的网络本体语言（OWL）规范，本体的查询使用 W3C 推荐的 SPARQL 语言。其中，知识本体是指面向不同学科领域的教学内容本体；用户本体是对 LCS 中用户基本信息及用户关系的规范性说明；情境本体是对学习者的学习情境和学习资源情境进行的规范性说明，包括时间、地点、学习设备等信息。

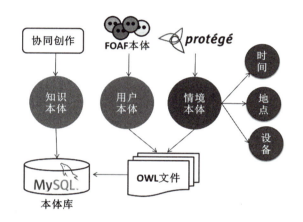

图 3-2　本体组织架构

由于知识本体所属学科领域的多样性和复杂性，LCS 中采用协同创作的本体构建模式，鼓励普通用户和学科专家通过协作来动态构建学科知识本体。LCS 中的用户本体直接引入了当前国际上比较流行的 FOAF 本体（http://www.foaf-project.org/）。情境本体采用 Protégé 工具进行构建，直接导出 OWL 文件，然后通过 LCS 的本体导入接口将 OWL 文件中的内容存储到 MySQL 的本体数据表中。

（二）语义词典集成

除了引入本体技术外，LCS 还集成了哈尔滨工业大学扩展版的同义词词林和中文 WordNet 作为语义词典。同义词词林共包含 77 343 条词语，通过为每条词语进行特定格式的编码来表征词语之间的同义和同类关系。WordNet 是由普林斯顿大学的心理学家、语言学家和计算机工程师联合设计的一种基于认知语言学的英语词典。C-WordNet 包含约 118 000 个中文词和 115 400 个同义词集。C-WordNet 中词汇概念间的语义关系主要包括上下位、同义、反义、整体和部分、蕴含、属性、致使等不同的语义关系。语义词典主要提供语义词汇及其语义关系服务，可用于学习资源的语义标注、语义检索、动态关联与动态聚合，也可用于相似用户的识别与用户聚类。为了将一些新的词语及时添加进来，LCS 还提供了语义词典编辑功能，管理员可以按照同义词词林和中文 WordNet 的编码规则动态扩充语义词典。

(三)学科知识本体协同创作

本体协同开发机制可以改变采用传统本体构建方法构建本体时参与人数较少,构建的本体较为片面、难以推广的缺陷。随着语义网的快速发展,本体的重要性越来越突出,需求量越来越大,单靠某个人或组织的力量无法实现本体的有效开发和演化发展,本体的协同创作与进化已成为本体领域的重要研究内容。基于协同创作与进化的指导思想,LCS 基于 Jena 框架开发了在线知识本体的协同创作与管理环境,如图 3-3 所示。通过开放本体的创建权限,允许任何用户参与本体创作,从下到上构建学科知识本体,并在系统运行过程中,实时监控、评价知识本体的应用效果。一方面,采用本体精炼技术自动将部分过时的、不合格的本体淘汰掉;另一方面,不断将趋于稳定的、被普遍接受的知识本体纳入到系统本体中,逐步形成各个学科领域的以群体智慧为基础的、可进化的知识本体。当前,LCS 中知识本体的产生途径主要有三种,一是由普通用户创建,二是由系统管理员将外部成熟的本体直接从后台导入,三是通过系统自动挖掘(如一些热门标签、应用较广的知识群内的私有本体等)。知识本体的类型包括两类,分别是私有本体(只能在局部范围内试用)和公共本体(可在系统全局中正式应用)。

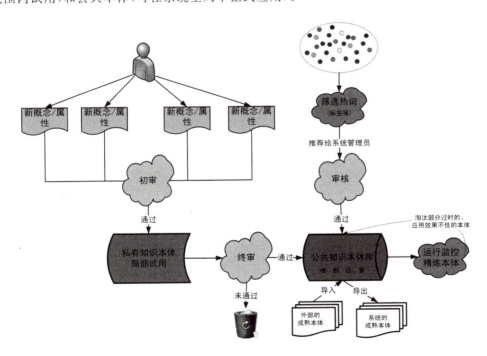

图 3-3 学科知识本体的协同创作

(四)学习资源半自动化语义标注

通过语义标注可以将 Web 上资源的状态从机器可读提高到机器可理解,这是发展和实现语义网的基础。语义标注是用本体来描述网页中的概念或概念实例,具体实现是给网页上添加语义信息。传统的语义标注方法主要分为手动标注、半自动标注和自动标注三类①②：手动标注大多集中在建立标注及分享标注工具上；半自动标注是利用词汇语义分析对网页进行标注；自动标注主要利用机器学习的方法从统计学的角度为网页建立标注。这三种标注方法各有优劣，手动标注准确性高，但耗时耗力；自动标注省时省力，但准确性不高；半自动方式一定程度上可以节省人力，但仍需要人工干预，方可保证标注的质量。

基于领域本体的语义标注便可以理解为将自然语言中的句子转换成本体中 RDF 陈述的过程，也就是将人可理解的语言转换成计算机可理解的语言的过程。图 3-4 描述了 LCS 中学习资源半自动化语义标注的技术路线。本体解析器的目的是解析领域本体，生成一系列的 RDF 三元组。这里可以借助惠普公司的 Jena API 进行领域本体的解析，解析之后的结果是一系列的 RDF 三元组，形如：（类，属性，实例）。文本解析器的目的是借助自然语言处理技术，生成文档中句子的语法关系三元组，形如：（主语，谓语，宾语）。得到 RDF 三元组和语法关系三元组之后，将两者进行匹配，对于匹配成功的语法关系三元组进行语义标注；匹配不成功的，可以根据不成功的情况进行本体的扩展或者不进行语义标注。

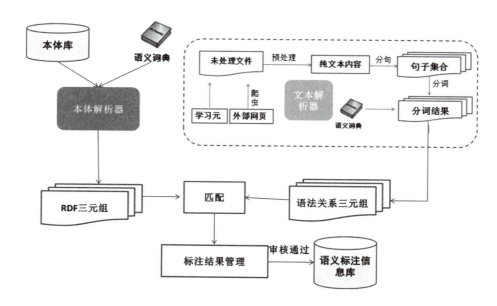

图 3-4　基于领域本体的学习资源半自动化标注

（五）学习资源语义基因提取

语义基因是指能够反映资源内容所要表达含义的基本信息单元，形式上表现为基于本体描述

① 陈星光、张文通、汪霞：《基于领域本体的自动化语义标注方法的研究》，载《科学技术与工程》，2009(8)。
② 张玉芳、艾东梅、黄涛等：《结合编辑距离和 Google 距离的语义标注方法》，载《计算机应用研究》，2010(2)。

的带有权重的概念集合（包括核心概念以及概念间的关系）。语义基因不是简单的关键词集合，而是资源背后所隐藏的语义概念网络。形象地说，语义基因就好比一棵大树的"树根"，控制着大树的性状和生长方向。

语义基因可以被形式化地表示为有序三元组，即 $SG=<CS，WS，RS>$，其中 CS 是核心概念集合，WS 是概念项的权重集合，RS 为核心概念间的关系集。

提取学习资源语义基因的前提条件是领域本体库的建立，语义基因本质上是基于本体的资源内容特征项，即用标准化的本体数据来表征资源的核心内容。LCS 中关于语义基因的设置主要有两种方式：一是手动设置，即让资源的创建者手动添加语义基因，从领域本体库中选择能够准确表征资源内容的本体类，并赋予不同的权重；二是自动提取，即通过程序自动从资源的文本内容中提炼出核心的语义特征项（概念）及关系，并通过一定的规则为每个语义特征项赋予不同的权重。学习资源语义基因自动提取的总体技术框架如图 3-5 所示。

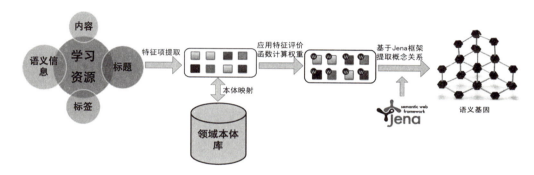

图 3-5　学习资源语义基因自动提取总体技术框架

首先，将资源的标题、标签、内容和语义标注信息作为学习资源语义基因提取的四种数据来源，并根据各自的重要性赋予不同的权重；接下来，借鉴 Web 数据挖掘领域较为成熟的文本特征项提取技术，同时结合领域本体库从资源中提取出一系列的特征项（核心概念），并将这些特征项映射到本体，存放到 CS 集合中；然后，通过预先设定好的特征评价函数为每个特征项赋予不同的权重，将这些权重值放到 WS 集合中；最后，通过 Jena 框架将这些特征项在领域本体库中存在的语义关系以三元组的形式提取出来放到 RS 集合中。

（六）推理规则与推理机应用

Jena 自身提供了基于规则的推理机（Rule-Based Reasoner）。该推理机可以应用于 RDFS 和 OWL 本体中，支持基于 RDF 有向图的规则推理，提供前向、后向及混合推理模式。规则集合被绑定到数据模型中，形成新的推理数据模型，用于用户查询操作，返回的查询结果不仅包含原始数据集中的三元组，还包括使用推理规则得出的数据。

Jena 的每条规则都采用产生式表示，"－＞"左侧的部分表示推理的条件，"－＞"右侧的部分表示推理的结果，条件项和结果项都采用 RDF 三元组（Subject，Predicate，Object）的形式描述。一个简单规则如下：

String rule6＝"［(? x lc:isPartof ? y)－＞(? y lc:hasPart ? x)"

该规则表达的含义是：如果 x 是 y 的一部分，那么 y 包含 x。

LCS 中基于 Jena 框架开发了在线的推理规则编辑与管理功能，系统管理员可以根据业务需求动态添加、编辑、删除推理规则，也可以通过"启用"和"禁止"功能控制推理规则的活跃状态。若规则被禁用，Jena 推理机将不会加载该规则。

LCS 中应用 Jena 推理机的基本思路如图 3-6 所示：按照 Jena 规定的规则语法要求编写推理规则；创建推理机实例；将推理规则（集）加载到推理机中；应用推理机对本体数据模型进行推理；生成推理后的新本体数据模型；编写 SPARQL 查询语言提取需要的三元组数据。LCS 中的推理功能既可以用于资源关联关系的计算，也可以用于社会知识网络的构建，还可以用于学习路径和资源的推荐。LCS 中开发了推理规则的编辑与管理环境，可以根据需要动态生成新的推理规则或淘汰陈旧的、失效的推理规则。

图 3-6　推理机应用的基本思路

三、 学习元平台中的语义技术应用

语义技术架构的最终目的是构建更加智能化的应用服务，LCS 中依托上述语义技术的整体架构，分别在学科知识本体构建、学习资源进化的智能控制、学习资源的动态语义关联、学习资源的动态语义聚合、学习资源的情境化适应性推荐以及社会性知识库构建等方面进行了探索性研究。

（一）学科知识本体构建

学科知识本体是学习元的一个重要特色，是语义检索的基础。经过语义标注的学习资源，其资源文件紧紧围绕内部的领域知识本体展开。因此，LCS 可以提供比基于简单文本匹配的检索更为强大的语义检索功能。完整的学习资源语义检索的流程如图 3-7 所示。

目前 LCS 提供了基于关键词的初级检索和基于复合知识属性的高级检索两种检索功能。基于关键词的语义检索相对于文本匹配的关键词检索，优势主要体现在查全率方面。检索结果不仅包括标题、标签等文本中包含检索词的学习资源，而且包含那些与检索词在语义上等价或近似的主题词的学习资源，例如用户检索"数字化学习"，检索结果不仅会包括含有"数字化学习"主题词的内容，而且会返回包含"e-learning""数位学习"的内容，并提示一些相关度较高的主题词如"移动学习""混合式学习""远程学习""网络教学"等，并依据其语义关系形成一个动态的网状图，供学习者进一步了解和检索。

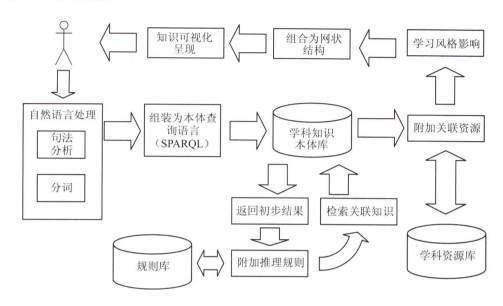

图 3-7　学习资源的语义检索流程

两个知识点是否具有语义上等价的关系，是通过学习元本体模型中的内置属性"别名"和内置关系"等价"来判断的。当用户声明两个知识点是"等价关系"，或一个知识点的名称与另一个知识点的一个"别名"相同，我们就认为它们具备语义上的等价关系。当一个知识点作为搜索的候选结果呈现时，与其具备语义上等价关系的知识点也会并入到搜索的候选结果列表。

这些语义关系的构建，一方面通过用户手动的直接填写知识点的属性和语义关系来完成，如为创建的知识点的"别名"属性添上关键词"嬴政"，当用户检索"嬴政"的时候，"秦始皇"也能作为匹配的结果呈现。另一方面，通过基于本体的推理规则，能发现一些用户没有直接声明的语义关系，例如：知识点 x 与 y 等价，y 与 z 等价，知识点 x 有别名 a、b，而等价属性具有传递性质，则借助推理规则可推出知识点 y、z 也有别名 a、b。上述规则用简化的规则描述语言表示如下。

规则 1：等价(? x,? y)^ 等价(? y,? z)→ 等价(? x,? z)；

规则 2：别名(? x,? a)^ 等价(? x,? y)→ 别名(? y,? a)；

类似地，可以通过设定推理规则，结合用户自定义的知识类型和属性，实现更复杂的推理逻辑，例如亲属关系的推理：

父亲(? x,? y)^哥哥(? x,? z)→叔叔(? z,? y)

另外，通过学习元的知识本体模型，LCS 还为学习资源提供了一种可由用户定制的动态元数据描述，使得用户对不同知识类型，能够输入不同的检索条件，过滤一些在文本上匹配，但是语义上不符合查询者要求的结果，实现较为精准的查询。例如，对"历史人物"类型知识的检索，其检索条件如图 3-8 所示。

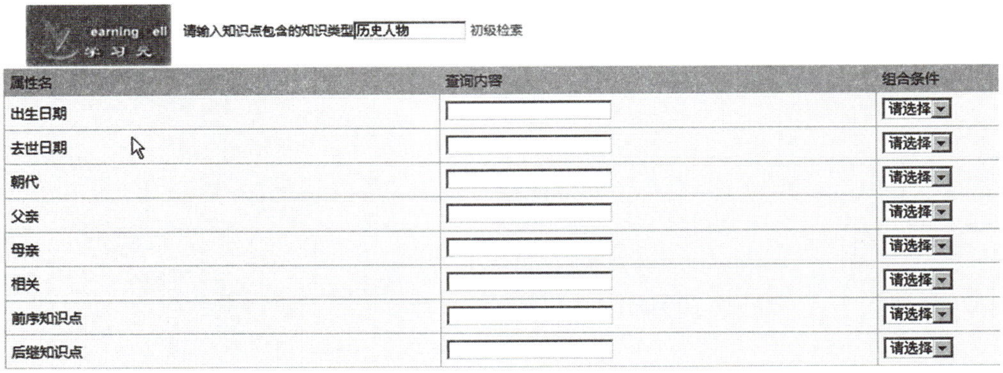

图 3-8　复合条件的语义检索

当检索别的知识类型如"历史事件"时，可供组合为检索条件的属性项又会发生变化，动态地调整为"历史事件"这个知识类型包含的属性。这种基于知识本体的动态元数据检索，比 LOM、Dublin Core 等静态元数据标准更具灵活性和扩展性，能根据不同的应用领域、用户的具体需要而随时调整，有助于学习者更准确地找到他所需要的学习资源。此外，借助用户模型中的学习风格（包括设备偏好、感觉通道偏好、活动类型偏好），当用户开启基于用户模型调整的功能时，可以实现对检索结果进行再次排序，能够将用户偏爱的资源类型优先呈现给用户。

（二）学习资源进化的智能控制

Web 2.0 时代人人可以生产、消费、传播资源，开放环境下用户群体的复杂性和生产的自由化直接导致数字资源的爆炸式增长和无序进化。学习资源进化过程的智能控制，对于促进开放环境下学习资源的有序建设和进化发展具有重要意义。LCS 作为一种开放的知识社区，允许任何用户开放创作学习资源，协同编辑资源内容。因此，同样面临维基百科所无法避免的"信任"问题。为了解决此问题，LCS 提出一种有效的资源进化智能控制方法。如图 3-9 所示。

图 3-9 描述了基于语义基因和社会信任评估模型的内容进化智能控制技术的总体框架。其中，社会信任模型是参照现实社会中的信任关系构建的一套可计算的信任评估技术，可用于评价代理、用户、资源等任何参与网络交互实体的信任度。上述技术框架的核心是综合两方面的信息进行内容编辑的可信度计算：一方面应用新添加内容的特征信息和当前资源的语义基因进行语义相似度计算，另一方面基于用户的交互操作数据应用社会信任模型计算用户的信任度。设定内容编辑可以被接受的可信度阈值，如果此次内容编辑的可信度超过阈值则自动接受此次内容编辑结果，否则自动拒绝。资源进化智能控制功能模块目前在 LCS 中运行效果良好，大大减轻了资源管理者的内容审核负担，促进了 LCS 中学习资源的快速、有序进化。

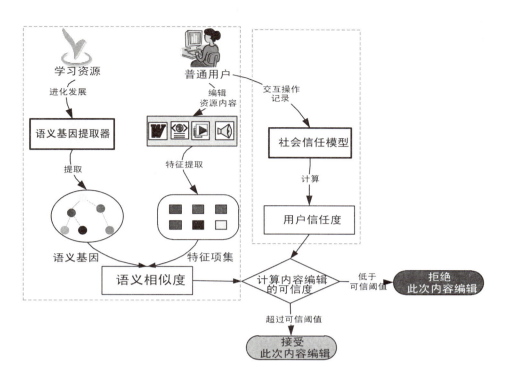

图 3-9 学习资源进化中的智能控制

(三)学习资源的动态语义关联

当前的 e-learning 资源普遍缺乏内在知识逻辑的关联性，因为资源之间的联系是通过一般的超链接形成的外在关联，基于 HTML 的数据组织或资源库中的分类不能体现数据内在的语义联系。[①] 为了实现学习资源间的动态语义关联，LCS 构建了如图 3-10 所示的技术框架。

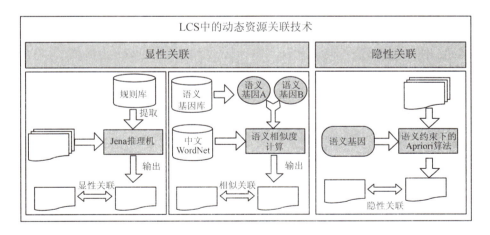

图 3-10 学习资源的动态语义关联

---

① 邵国平、余盛爱、郭莉：《语义 Web 对 E-Learning 中资源管理的促进》，载《江苏广播电视大学学报》，2008(5)。

(四)学习资源的动态语义聚合

学习资源的动态语义聚合不是简单地将多个学习资源组成一个资源集，而是通过技术手段实现具有内在逻辑关系的学习资源之间有意义的结合。资源聚合的价值和意义集中体现在两个方面：一是可以实现多个小粒度的具有内在逻辑关系的资源单元集中呈现，通过资源的内聚，减轻学习者"机械性"检索资源的负担；二是可以将碎片化、零散性的知识组织成更加完整的知识单元，有助于学习者系统、全面地进行知识建构。LCS中根据资源聚合结构的不同，将学习元的聚合划分为主题资源圈和有序知识链两种形态，每种形态具有各自的结构特点和适用情景。LCS中学习资源的动态语义聚合的技术框架如图3-11所示。

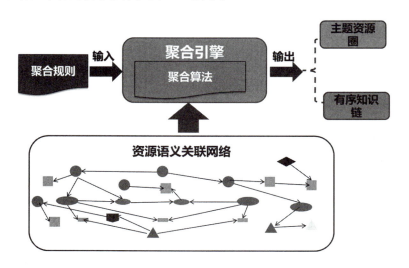

图 3-11 学习资源的动态语义聚合

(五)学习资源的情境化适应性推荐

学习元是一种特殊的结构化资源，它不仅包括学习内容，还包括学习活动、人际资源等。因此，向用户推荐个性化的学习元也就是将个性化的学习内容、学习活动和人际资源同时推荐给了用户，利于用户在学习所需知识的同时通过参与相应的活动进而加深对知识的了解，通过与相关用户的交互消除学习时的孤独感，吸取他人经验，促进社会性学习。此外，情境性是泛在学习的核心特征之一，泛在学习情境是持续的、动态的，在这个过程中，提供满足当前情境需求的资源，对于学习者的知识建构和情境问题解决都具有重要作用。学习元团队设计了整合情境的多态性泛在学习资源聚合模型，通过对资源情境和学习情境建模，借助本体技术和推理技术，实现了双情境匹配，旨在为学习者提供更符合情境需求的多态性的泛在学习资源。

图3-12描述了学习资源的情境化适应性推荐应用，当学习者进入一个新的学习情境，发出资源请求后，学习元平台一方面感知当前泛在学习情境，另一方面从资源库中一次获取所有资源情境，并逐一与泛在学习情境匹配。若找到与当前泛在学习情境匹配的资源情境，利用资源聚合模

型中资源情境与学习资源的关联关系，获得包含该资源情境的学习资源集合，并返回学习终端；当学习者从学习资源集合中选择某个学习资源时，系统利用资源聚合模型中资源情境与学习要素（内容、活动、人）的关联信息，将学习资源中与该资源情境关联的学习要素（内容、活动、人）以及没有与任何资源情境关联的学习要素（即认为在任何情境下均需要呈现，如定理、公式等）进行聚合，将聚合后形成的资源形态呈现给学习者，学习者利用该形态的学习资源开展学习；若没有找到与当前泛在学习情境匹配的资源情境，则表示找不到与当前情境匹配的学习资源，系统可选择将所有学习资源均呈现给学习者供其参考，当学习者进入某个学习资源时，学习资源仅呈现那些没有关联任何资源情境的学习内容、活动等学习要素。

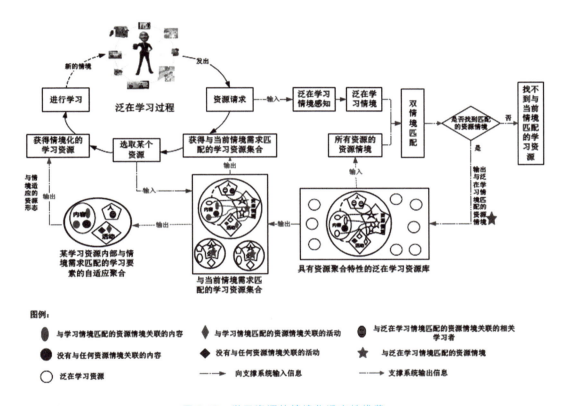

图 3-12　学习资源的情境化适应性推荐

(六)社会性知识库构建

开放环境下的学习资源除了可以作为独立完整的学习单元存在外，还可以作为学习者认知网络联通的中介点。也就是说，学习相同或相似主题学习内容的学习者还可以透过学习资源实现社会知识网络的构建，这与联通主义学习观所倡导的"联结和再造"价值取向是一致的。随着学习者之间的不断交互，便会逐渐形成一个具有相同学习兴趣和爱好，交往频繁的认知网络。与社会网络界定的一般的交际网络不同，社会知识网络是社会性知识库的表征模型，由知识和人共同构成，是在人与知识的深度互动过程中构建起来的。学习者通过社会知识网络不仅能获取所需要的物化资源，还能找到相应的人力资源，如通过某一个学习内容，可以快速定位到这个内容领域最权威的专家或适合的学习伙伴等。图 3-13 描述了 LCS 中社会知识网络构建的技术实现框架。

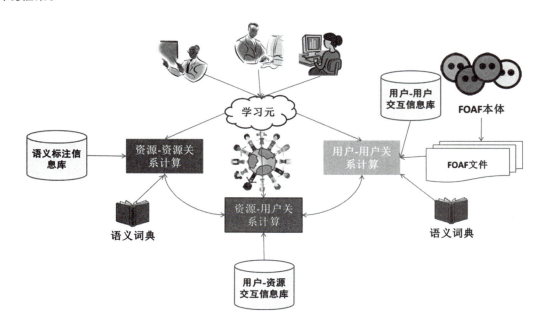

图 3-13　社会知识网络的动态构建

　　LCS 中存在用户与资源的交互（浏览、编辑、创建、评论、批注等）和用户与用户的交互（添加好友、邀请协作、发短消息等），这些交互信息将分别存入用户-资源交互信息库和用户-用户交互信息库。每个资源实体通过半自动化的语义标注程序将获得语义标注信息，这些信息将存入语义标注信息库。每个用户实体的信息都基于 FOAF 本体进行规范化描述，并自动生成对应的 FOAF 文件。

　　LCS 中的社会知识网络主要通过三种关系的计算而生成，分别是资源与资源的关系（如相似、相关、前序、等价等），用户与资源的关系（如参与、贡献等）以及用户之间的人际关系（如协作、好友、竞争、师徒等）。资源之间的语义关系利用语义标注信息库和语义词典进行推理、计算和动态更新。用户与资源之间的关系通过用户-资源交互信息库中的数据进行挖掘，动态建立和更新用户与资源之间的关系。用户之间人际关系的计算一方面利用用户-用户交互信息库中的数据，通过设定相应的规则，比如用户 A 如果频繁访问用户 B 的个人空间，则可推出用户 A 是用户 B 的关注者；另一方面，对用户 FOAF 文件中的相关字段进行计算处理，比如通过比较 Organization 字段，若相同，则视为同事，还可以借助语义词典对用户 FOAF 中的 Interest 字段进行相似度计算，判断二者是否兴趣相投。图 3-14 显示了 LCS 中的社会知识网络。

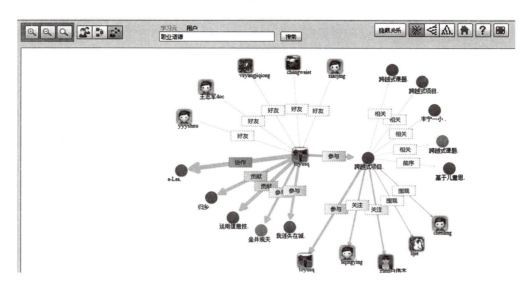

图 3-14 LCS 中的社会知识网络

第二节 学科知识本体构建技术

一、 学习元的知识本体模型设计

知识本体是对领域中的概念及其关系明确化、形式化的描述，用于知识组织和共享。知识本体的表示方式有多种，常见的如语义网络（semantic network）表示法、框架表示法、面向对象表示法等。语义网络表示法用节点和弧共同构成的有向图来表示事物和事物之间的联系，但没有赋予结点和弧以确切的含义，结点和弧可以赋予完全不同的解释，造成了对其推理的困难。框架表示法和面向对象表示法结构比较类似，知识都可以按一定层次结构来组织，通过刻画类的属性来确定个体应该具有的属性值。

本体表示语言的研究从 20 世纪 90 年代初开始产生了一系列的成果，如基于谓词逻辑的 KIF（knowledge interchange format，知识交换格式）；以框架表示法为基础的 Ontolingua、SHOE（simple HTML ontology extensions）、DAML＋OIL、RDF/OWL 本体描述语言等。

知识本体中又分为知识模型层和知识实例层，知识模型层是对知识本体中的抽象概念类、对象属性、关系属性、公理、规则进行定义，而知识实例层则存储抽象概念类下的具体的知识实例，以及知识实例的具体属性值。学习元中的每个学习资源实体都对应一个或多个知识本体中的实例，知识点之间通过关系属性建立丰富的多维度语义关联，从而使学习资源实体之间形成多种类型的语义关联。如图 3-15 所示。

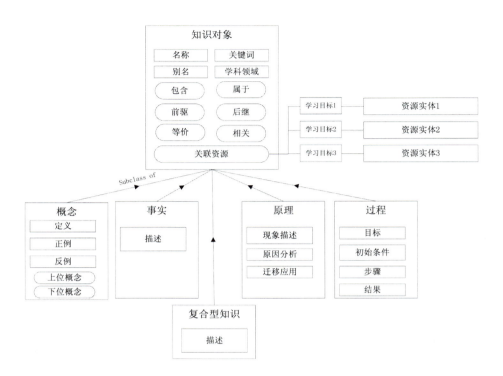

图 3-15 学习元知识本体中的通用知识类型结构

学习元中的知识本体不仅可以用于表示学习元内部的知识结构，而且还能被其他学习元复用，形成学习元之间的动态联系。一方面，学习元中知识点关系的构建，不局限于一个学习元中，如在"五四运动"的学习元中的知识点与"现当代文学"中的"鲁迅"知识点建立关联。另一方面，学习元的编辑者在经过验证的前提下，可以直接引用其他学习元中的知识点到本学习元中，有效地实现资源的复用。如图 3-16 所示。

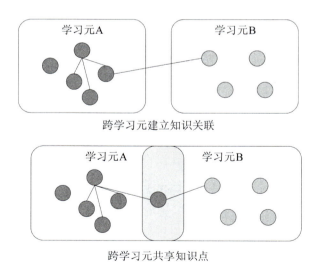

图 3-16 基于知识点的学习元联结与聚合

通过这种方式，能更好地实现"创作共用"的理念，促使多学科、多背景知识在使用的过程中动态地交叉与融合，也为学习者提供更多不同来源的灵感和智慧，而不是局限在由某个特定的个人或组织开发的课程中。

二、 学科知识本体构建方法

20世纪90年代以来，国内外学者围绕学科本体构建做了不少研究，涉及的学科领域包括生物学科、化学学科、物理学科、英语学科、语文学科等。从已有的研究来看，研究者不约而同地从教学大纲或课程标准出发建构学科本体，但没有考虑教材组织的不同而对学科知识本体构建的影响，同时缺乏对学科教学本体的研究。此外，这些研究主要通过领域专家手工构建本体，学科知识是非常庞大的本体，单纯靠领域专家构建成本很大，如何利用机器自动构建降低本体构建的成本尚待研究。另外，一些研究基于Protégé构建本体，如果本体容量超出JDK内存限制就会出现内存溢出导致无法使用。在实际应用中，含有大量实例的社会人文学科本体基本上无法在Protégé上运行，构建的本体要在互联网领域内应用还需要做出很大的努力。

本体学习是指从数据源中提取概念及其关系，数据源主要包括计算机可以识别的各种文本数据，如HTML、XML、Office文档、数据库文件等。目前主要有以下三种概念获取方法：

（1）基于语言学的方法，即利用语言规则编写特殊词法结构或模板来提取相关概念。这个方法依赖于具体的语言环境，适合提取概念与概念的层级关系。李丽双的博士学位论文对此有较详细的阐述[①]，该研究以同义关系、并列关系、上下位关系、相反关系为例。

（2）基于统计学的方法。主要根据领域概念与普通词汇拥有不同的统计特征，如关键概念会反复在领域文档中出现，相关度高的概念会在多个文档的同一句子中出现等。常用的算法有互信息、信息熵、TF-IDF算法、关联规则等。

（3）混合方法，即结合语言学和统计学方法。单纯地基于语言学方法或基于统计学的方法在召回率上可能不太令人满意，结合两种方法的优势可以提高概念的提取效果。

无论通过哪种方法来实现本体学习，相当数量的领域文档是必不可少的，恰当的领域文档有助于本体的自动构建。

三、 中小学语文学科知识本体构建

本体学习能够利用机器从海量领域文档中提取相对数量的概念，然而到目前为止还无法通过机器构建一个足以和领域专家媲美的本体，经机器处理生成的本体往往都要人工干预后方能使

---

① 李丽双：《领域本体学习中术语及关系抽取方法的研究》，博士学位论文，大连理工大学，2013。

用。所以，由领域专家构建骨架本体，机器辅助完善本体是一个较为可行的方案。整体框架如图 3-17 所示。

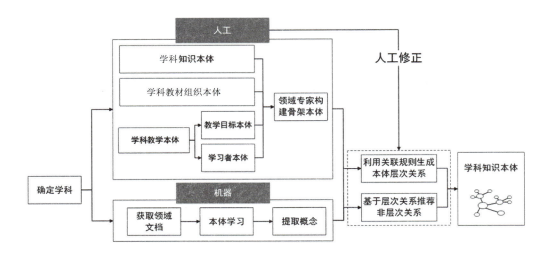

图 3-17 学科知识本体构建思路框架

这里以中小学语文学科本体构建为例，整体研究路线描述如下。

(1)确定学科，准备学科材料。不同的学科需要不同的领域专家参与，同时也确定了领域文档的范围。这里以语文学科为例，教材、教辅、教研文章、试卷练习、教学设计、教案、学情分析、教学笔记、教学论文、学习心得、教学课件等是领域文档的重要来源。为了能更全面地挖掘到学科概念，还可以将领域文档按照不同学段分开，提高不同学段中重要概念的提取覆盖率。

(2)领域专家构建骨架本体。分析语文学科知识分类体系，得到语文学科主要知识分类及其组织形式，如语文学科主要的知识有字、词、句、篇、章、修辞、语法等基本概念，每个基本概念又包含若干重要概念，如字包含读音、偏旁、结构，句子有表达方式、句子结构、修辞手法等子概念。导入不同版本的中小学语文教材，深入分析语文课程标准，提取课程标准中的重要知识点，结合语文学科教学法，构建语文学科知识骨架本体。

(3)利用本体学习完善本体。①获取学科领域文档，领域文档可以编写垂直爬虫，从互联网上抓取。②利用本体学习算法从领域文档中提取概念，本研究采用 TF-IDF 算法实现。③利用语言学方法，结合骨架本体构建概念层次关系。

(4)利用关联规则可获取没有在领域文档显性表达的概念间关系。如通过关联规则算法可以发现"人物描写"与"概念外貌描写""语言描写""行动描写""心理描写"关联程度较高，但"人物描写"出现的频度要比其他四项高，可以假设"人物描写"是其他四个概念的上位概念。

语文学科知识本体包含语文知识本体、语文教材组织本体、语文学科教学本体(包括教学目标本体和学习者本体)，如图 3-18 所示，本研究从这三部分进行语文骨架本体的构建。

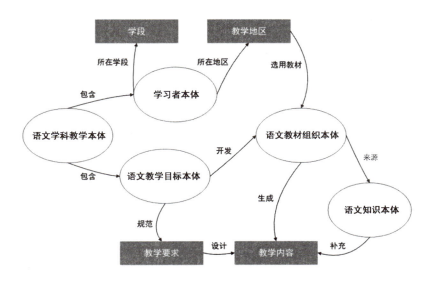

图 3-18 语文学科知识本体模型

(一)语文知识本体

语文学科知识体系不但包含单纯的工具性知识，还有人文性知识、价值性知识，是工具性和人文性的统一。对于构建语文学科知识本体的启示是：既要考虑工具性的"字、词、句、篇、语、修、逻、文"，也要考虑语文本身蕴含的人文性，如中国源远流长的文学、宗教、风俗、艺术、哲学里包含的情感性知识、态度性知识、价值取向知识、思想性知识等，应该从多个综合维度考虑。本研究主要从语文的工具性知识和人文性知识两个维度构建骨架本体。

（1）工具性知识可以参考王冰洁小学英语学科本体的构建方法[①]，从课标中提取最关键的概念，包括汉字、词汇、句子、修辞、逻辑、语法、文章、文学等。考虑到实例填充时部分概念可以被其他概念使用，其实例也依赖于其他概念，如修辞和语法的实例依赖于句子，文学依赖于文章。如果将这类关键概念单独作为一个维度来构建本体会产生大量的数据冗余，同时也增加了后期对本体维护的成本，因此可以对一些关键概念进行裁剪，最后确定汉字、词汇、句子、文章、作家作为工具性知识的顶级概念，由这些顶级概念的实例关联其他关键概念如修辞、语法等。

（2）人文性知识到目前为止还没有一个较为权威的分类，薛为春认为"人文知识是人类认识、改造自身和社会的经验总结，人文精神则是人文知识化育而成的内在于主体的精神成果"[②]。人文的核心是重视人的文化，相比工具性知识，人文性知识具有一定的主观性，不同人看待一件事物的角度和态度有可能不同。

---

① 王冰洁：《基于语义网的小学英语资源动态聚合系统设计与开发研究》，博士学位论文，北京师范大学，2013。

② 周彩群：《中学语文课程人文知识内容及其教学研究》，硕士学位论文，湖南科技大学，2012。

　　本研究认为人文性知识可以通过人、事、物、情表达出来，如松、竹、梅被古人誉为"岁寒三友"，不少文人墨客留下名句借它们来表达高尚的情操，而表达自己情感的背后可能有一些相关事件，如此人、事、物、情就有机地联系起来。如图 3-19 所示。

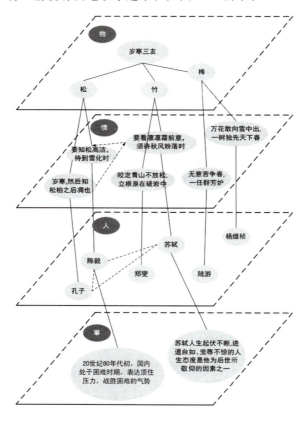

图 3-19　人、物、事、情的关联表征人文性知识

(二)语文教材组织本体

　　中小学语文教学中，语文知识的组织形式通过教材呈现，一线教师和学生最终通过教材分别完成对语文知识的传授和学习。如果说语文知识本身是内容，那么教材则是对内容的组织，如李白的《静夜思》，在《唐诗三百首》中是一种组织形式，在不同语文教材版本中又是另一种组织形式。把语文知识内容与教材课文关联有助于学习资源的组织，学生学习往往以教材教学顺序展开，学科知识本体就可通过教学流程进行整合，为学习资源深度聚合、情境导航、资源推荐、智能导学等应用打下基础。同时，也较好地解决同一个语文知识出现在不同教材版本的语文教材中的情况，使得不同教材都能用到同一个语文知识相关的资源。语文教材组织本体如图 3-20 所示。

(三)语文学科教学本体

　　只有语文知识本体和语文教材组织本体还不能反映语文知识应该如何教授，也无法表征不同层次的学生对同一个知识点的教学要求，因此必须深入语文课程标准，认真分析其对语文知识的

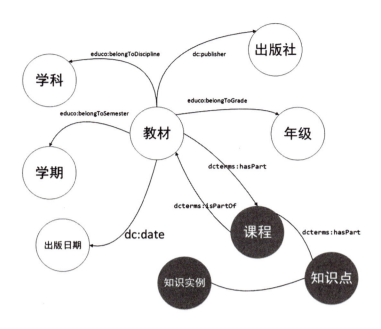

图 3-20　语文教材组织本体

选择、对不同学习层次学生的要求、对教学方法的指导意见等，这就是语文学科教学本体。同一个知识点，小学二年级的要求是记忆，高中二年级则可能是评价；同一个知识点对不同年龄阶段学生适合采用的教学方法也可能不一样。语文学科教学本体包含相关知识实例的教学方法、学习方法、教学目标、教学内容、教学测量和评价等。从教育部颁布的课程标准的行文逻辑，我们可以看到课程性质、课程基本理念、课程设计思路是整个语文学科课程设计、教学、评价、资源制作的起点，指导着课程目标与内容的构建。

不同学段的教学目标与内容规范了语文知识内容的选取和语文知识组织的形式。课程标准根据不同学段学生的认知水平和学习能力，针对不同学段的学生设定了学段教学内容与目标，其中义务教育阶段为识字与写字、阅读、写作（第一学段为写话，第二、第三学段为习作）、口语交际、综合性学习，普通高中阶段为阅读与鉴赏、表达与交流、诗歌与散文、小说与戏剧、新闻与传记、语言文字应用、文化论著选读与专题研讨、高中语文基础知识等，各个学段相互联系，螺旋上升，最终全面达成总目标。学习者所在区域和使用的相关教材也可以关联起来。语文学科教学本体模型如图 3-21 所示。

综上，课标规范了语文知识内容和针对不同学段学生的教学目标与要求，教材根据课标的指导，将语文知识内容按照一定的方式组合排列形成相应的知识内容组织本体。一个较完整的语文本体，应该对每一个知识实例说明其知识类型，在什么教材中出现，对不同学习能力、不同年龄层次的学生的学习要求及教学方法，基本能够指导老师如何教学，指导学生如何学习。通过课程标准的教学教材内容规范教材编写，而教材内容的来源则是语文的学科知识。同时，学段教材内容、教学目标和实施建议指导语文教学、教材编写、课程资源开发等工作的开展。

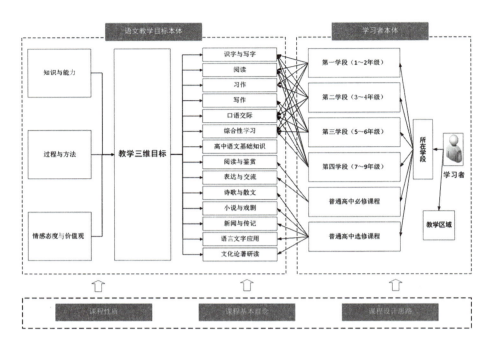

图 3-21　语文学科教学本体

(四)构建结果

语文学科知识本体树状图如图 3-22 所示(图片左侧为树状结构，未展形)，其主要包含数据如表 3-1 所示，其中知识实例数 269 012 个，对应的三元组有2 401 244 个。

图 3-22　本体树状显示

表 3-1　语文学科知识本体数据

概念	知识实例数(个)	三元组数(个)	主要关系
汉字	21 675	1 194 571	字义、同音字、反义字、近义字、拼音、声调、声母、韵母、笔画、偏旁等
词汇	153 095	836 848	词义、同义词、反义词、近义词、同音词、出处、情感维度、情感强度等

续表

概念	知识实例数(个)	三元组数(个)	主要关系
句子	17 254	122 545	出处、句类、句型、修辞、构成、主题词、语法、相关句子、前序句子、后续句子等
作家	894	13 675	人物简介、朝代、国籍、出生年月、籍贯、代表作、作品、逸事典故、后世评价、主要成就等
古诗词	71 893	206 920	作者、标题、赏析、创作背景、翻译、诗意、相关诗词等
教材课文	1 601	16 007	文章类型(体裁)、作者、标题、赏析、创作背景、中心思想、主题句、表达方式(方法)、相关人物、相关情感、写作手法、后世影响、作品评价、关联文章等
人文性知识	2 600	10 678	相关人物、相关情感、关联价值观、相关名句、相关事件等
总计	269 012	2 401 244	

中小学学科知识本体构建工作量巨大，本研究提出通过分析学科知识结构，梳理知识分类，结合领域专家和本体学习的方法进行学科知识本体构建，并以语文学科为例，验证框架思路的可行性，对中小学其他学科知识本体的构建有一定的启示作用。

第三节　基于学习元的个性化内容推荐模型

学习资源是开展数字化学习的基础，随着数字化学习研究与实践的不断深入，具有个性化、智能化与适应性特征的学习资源已经成为当前数字化学习研究的主要议题。数字化学习虽然丰富了人们的学习方式与学习体验，但海量的学习资源并没有让人们走出"资源需求的饥渴"，反而加剧了资源获取的负担，真正的资源需求被淹没在大量的无序资源之中。

要实现个性化的学习，一方面需要大量的学习资源以满足不同人的不同需求，另一方面需为单个学习者提供满足其个性化需要的有限资源。既要满足庞大的资源数量的要求，又要让学习者在资源海洋中能快速找到适合自己的资源，这是在线教育资源建设中存在的一个矛盾，也是一个急需解决的问题。如图 3-23 所示。

在线学习不仅有个性化特点，还有即时性的特点，这也需要个性化推荐的支持。资源数量越大，学习者寻找适合自己的资源的时间就越多，缺乏学习资源个性化推荐，使得原本计划的一些短暂的、零碎的时间就不得不花费在搜索上，导致"无时、无处不在"的学习变成"无时、无处不在"的"搜索"。因此，为了真正实现泛在学习的"无时、无处不在"，体现泛在学习的个性化特点，对个性化学习资源的推荐进行研究是十分必要的。

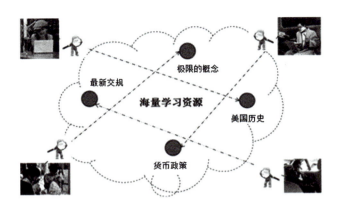

图 3-23　海量资源中搜索个性化资源

一、 个性化资源推荐研究现状分析

从 20 世纪 90 年代雷斯尼克(Resnick)等[1]首先将个性化推荐研究作为一个独立的概念提出至今，个性化推荐已有了较大的发展。按推荐的资源对象分，可将个性化推荐分为一般性资源推荐和学习资源推荐。

一般性资源推荐主要包括电子商品、门户网站资源、专业服务资讯、图书文献、新闻、音乐、网页等的推荐。推荐系统通过收集用户信息，建立和更新用户兴趣模型或得到相似用户，进而根据用户兴趣或相似用户兴趣向用户推荐可能感兴趣的资源。

学习资源的个性化推荐根据应用环境的不同主要分为基础资源库的推荐、虚拟学习社区中的资源推荐、虚拟学习环境的资源推荐和学习系统中的资源推荐。前三者不针对某个学习过程，只是从用户兴趣出发，推荐用户可能感兴趣或需要的资源。如辽宁省基础教育网，它通过基于内容和协作的信息过滤技术实现了个性化的资源推送服务[2]。学习系统中的资源推荐主要从用户学习的角度，如学习风格、认知水平、学习偏好模式等方面考虑，向用户推荐与某个学习过程有关的资源。如从学习风格角度考虑的系统有采用蚁群算法和 Kolb 学习风格模型的 AACS 系统[3]，该系统能够依据学习者属性(如学习风格和学习对象)，将资源按照文本、视频、动画等类型和介绍性知识、专业性知识等层次，为学习者提供个性化学习资源。同时考虑认知水平和学习风格的系统有东北师范大学的 SAELS 系统，该系统引入本体，对学习资源进行语义描述，对学习风格、

① P. Resnick，N. Iacovou，M. Sucaek，et al.，"Grouplens：An Open Architecture for Collaborative Filtering of NetNews，"Proceedings of ACM 1994 Conference on Computer Supported Cooperative Work，Chaple Hill，1994.

② 荆永君、李兆君、李昕：《基础教育资源网中个性化资源推荐服务研究》，载《中国电化教育》，2009(8)。

③ Yaojung Yang，Chuni Wu，"An Attribute-Based Ant Colony System for Adaptive Learning Object Recommendation，"Expert Systems with Applications，2009(36)。

认知水平进行语义诊断，使学习资源和教学策略根据用户模型动态呈现，实现了资源共享、重用和个性化推荐。[①] 从学习偏好模式考虑的有杨丽娜等提出的根据用户学习偏好模式，向用户推荐个性化学习资源。[②]

从目前个性化资源推荐，特别是学习资源个性化推荐的研究成果来看，学习资源的个性化推荐已有了一定的发展，但仍存在以下几方面不足。

(一)忽视资源的语义关联信息

学习资源之间存在复杂的语义关联。当前的学习资源推荐仅仅做到了相似学习资源的推荐，而忽略了存在其他语义关系如包含、相关、等价、上下位、因果、例子等资源的推荐。当学习者学习某个资源时，向学习者推荐与当前学习资源存在一定语义关联的资源而不仅仅是主题上相似的资源，如当前资源的下位资源，对学习者的学习来说是十分有意义的。

(二)忽视学习的过程性信息

学习者在利用学习资源进行学习的过程中会产生很多生成性信息，如对某段学习内容的批注、添加新的内容等，这些生成性信息为资源推荐提供了新的信息。从学习者的角度，通过挖掘用户对资源的批注、评价、提问等可获得学习者学习偏好的信息，从而动态更新用户模型。从资源的角度，通过分析学习者对资源的评价、批注等获得有关该资源质量等方面的信息，从而有助于将质量高的资源推荐给学习者。目前的资源推荐忽略了过程性信息对推荐的重要作用。

(三)忽视人际网络信息

在学习过程中，人不仅建立起与学习内容间的关系，通过学习过程中与其他学习者的交流、互动、协作，还能建立起人与人之间的关系，即形成人际网络。在交往中，他人的学习经验对学习者的学习总是有或多或少的帮助的，在与他人的交互中还可以降低学习者的孤独感，因此，"人"也是学习资源的一个重要部分，其对学习起到的作用并不亚于学习内容。在当前的学习资源推荐中，虽然协同过滤推荐时也提及相似兴趣用户，但并没有对"人"这种特殊的学习资源进行推荐，且"人"作为一种学习资源，他们之间也不单单是相似关系，还存在诸如好友、协作、竞争等更加丰富的人际关系。

(四)忽视学习流程的完整性

泛在学习虽然是一种短流程的学习，但它仍是一个完整的学习过程，仍然需要学习内容、学

---

① 姜强、赵蔚、杜欣等：《基于用户模型的个性化本体学习资源推荐研究》，载《中国电化教育》，2010(5)。

② 杨丽娜、刘科成、颜志军：《面向虚拟学习社区的学习资源个性化推荐研究》，载《电化教育研究》，2010(4)。

习活动、评价、练习等各种学习资源。当前的学习资源推荐系统大部分都忽略了学习活动，仅对学习内容进行推荐，少部分在推荐学习内容时也推荐相应的学习活动，但学习活动的推荐主要是在当前已有的学习活动的基础上对学习活动序列进行推荐，而没有考虑学习活动的质量。由于泛在学习是一种短流程的学习，大部分用户不会像正式学习那样按既定序列依次参与所有的学习活动，往往只是在较短的时间内参与1～2个学习活动。因此，在泛在学习中，学习活动的质量相对于学习活动序列显得更为重要。

（五）忽略已有知识的推荐

学习是一个知识的不断扩展和加深的过程。用户进行学习有两种结果：一是获得了新知识，扩展了知识面，即知识体系的横向发展；二是加深了对原有知识的认识，即知识体系的纵向发展。故从学习者已有知识出发，通过对学习者已有知识建模，向用户推荐与其已有知识结构紧密关联的学习资源将对用户学习的扩展和加深有很大帮助。

二、 学习元对个性化推荐的支持

学习是一个交互和深度思考的过程，学习内容不应仅仅是信息呈现，应该包括活动、知识之间的语义关系、人与知识交互形成的关系等，这些可以为推理提供支持。

在实际的学习过程中，内容、活动、语义关系等学习扩展信息是应该聚合在一个信息模型中的，如我们研究的学习元模型。图3-24是学习元资源信息模型。

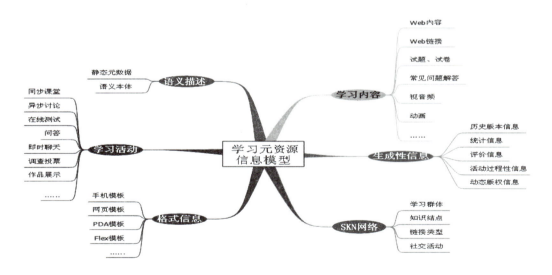

图 3-24　学习元资源信息模型

与一般的学习资源不同，学习元是一种结构性的资源，它由学习内容、语义描述、学习活动、格式信息、生成性信息和SKN网络六部分构成。其中语义描述、SKN网络、生成性信息和学习活动为学习资源的个性化推荐提供了重要的支持。

语义描述是对学习元内部各要素及其整体结构进行的描述。它采用静态元数据与语义本体相结合的方式，不仅保证了描述的一致性，而且还从语义层面上对学习元的属性和关系进行描述。语义描述为学习元间自动建立语义关联提供了数据基础，从而能快速方便地获得具有各种关联的学习元。

SKN 网络是学习元在进化过程中通过与其他学习元、学习者群体建立语义关联而产生的知识网络。在 SKN 网络中，学习元与学习元间存在某种语义关联，如相似、相关等；学习元与学习者间存在某种关系，如创建者、贡献者、协作者等；学习者与学习者间也具有某些关系，如好友、相似等。有了 SKN 网络的支持，不仅可以方便快速地获得资源与资源的关联，而且还能获得人与资源、人与人之间的关系，从而为得到存在某种语义关联的学习资源集合或学习者集合提供良好支持。

生成性信息是指学习元在使用过程中产生的各类信息，包括学习元的历史版本信息、统计信息、用户评价信息、各种学习活动的过程性信息等。通过分析挖掘生成性信息，可得到对推荐有帮助的信息，如为筛选推荐候选集提供重要依据等。

学习元不仅具有学习内容，还具有与学习内容相对应的学习活动，学习者通过学习活动与学习内容深度交互。当系统向用户推荐学习元时，就同时将与当前学习内容有关的学习活动一并推送给用户，并从该学习活动相关联的其他学习资源处获取可以推荐的信息。

三、 基于学习元的个性化内容推荐模型

基于学习元的个性化内容推荐模型是一种在思想上考虑整个学习流程，在技术上基于本体的综合性推荐模型，推荐时充分考虑了资源间的语义关联，利用过程性信息对资源推荐候选集进行筛选，从而保证推荐资源的质量。由于学习元是一种特殊的结构化资源，它不仅包括学习内容，还包括学习活动、人际资源等，故向用户推荐个性化的学习元其实也就是将个性化的学习内容、学习活动和人际资源同时推荐给了用户，利于用户在学习所需知识的同时通过参与相应的活动进而加深对知识的了解，通过与相关用户的交互消除学习时的孤独感，吸取他人经验，促进社会性学习。此外，该模型考虑到泛在学习与其他学习的不同，将资源库中的资源推荐方式和学习系统中资源的推荐方式结合起来，从用户兴趣、已有知识和学习偏好三方面进行推荐。图 3-25 是基于学习元的个性化内容推荐模型图。

该个性化推荐的整体思路是首先从用户兴趣、已有知识和学习偏好三个角度出发，从学习元库中获得对应的推荐结果。其次，利用聚类算法，将三方面推荐结果进行综合筛选，最终得到最符合用户需求的推荐结果。用户模型、学习元库和聚类算法是该模型中最重要的组成部分。

用户模型由兴趣模型、知识模型和学习偏好模式组成。兴趣模型主要描述了用户的兴趣特征。通过静态和动态方法收集用户兴趣信息，从本体库中抽取出相应的本体，作为兴趣本体，从

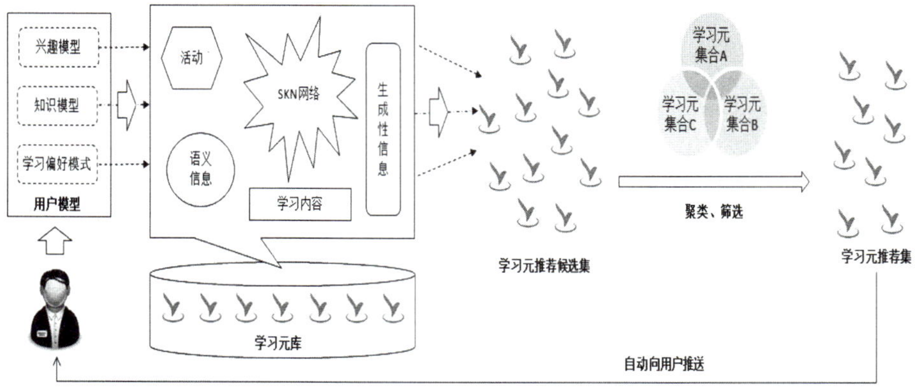

图 3-25　基于学习元的个性化内容推荐模型

而构成兴趣模型。知识模型描述了用户的知识信息。通过从用户已学过的知识网络中获得用户已学过的知识本体及它们之间的语义关联，从而建立知识模型。学习偏好模式是指用户喜欢的学习进行方式，如按进度学习、按兴趣学习或按学习策略学习等。通过挖掘用户学习轨迹，可得到学习偏好的相关信息，从而建立起学习偏好模式。

学习元库是整个推荐的重要基础，是由系统中所有学习元构成的。与一般的资源不同，学习元是一种结构化的学习资源，不仅包括学习内容，还包括语义信息、SKN 网络、学习活动和生成性信息等，它们可为推荐提供重要信息。利用语义信息和 SKN 网络，可以较为容易地得到具有某种语义关联的子网络，如相似学习元网络、人际网络等。利用生成性信息可筛选出高质量的资源。利用学习活动可得到与当前学习元相关联的其他资源，也可作为推荐候选集的一部分。学习元结构化信息不仅能为推荐提供重要信息，而且作为被推荐的对象，用户获得的将不仅仅是学习内容，还包括学习活动和人际资源。

从兴趣出发，将得到符合用户兴趣的推荐结果；从知识出发，将得到与当前知识相关的推荐结果；从学习偏好出发，将得到符合用户学习方式的推荐结果。综合筛选算法的主要作用是从三种推荐结果中筛选得到最符合用户需求的质量相对较高的推荐结果。

（一）基于兴趣模型的推荐

借鉴内容过滤和协调过滤组合推荐的思想，基于兴趣模型的学习元推荐由两部分组成：基于当前用户兴趣模型的推荐和基于相似兴趣用户群体兴趣模型的推荐。图 3-26 是基于兴趣模型的推荐过程。

基于当前用户兴趣模型的推荐：根据当前用户自身的兴趣模型，可得到用户兴趣本体，以本体为桥梁，在 SKN 网络中寻找语义特征描述层面上与用户兴趣本体存在相似或相同关系的学习元，形成兴趣学习元候选集合。将候选集合中的学习元本体向量与用户兴趣本体向量进行相似度计算，同时综合考虑学习元的生成性信息（如用户对其的评论、批注）等，从而筛选出高质量的学

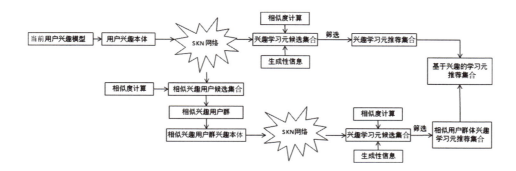

图 3-26 基于兴趣模型的推荐过程

习元，作为兴趣学习元推荐集合的一个子集。

基于相似用户群兴趣模型的推荐：根据当前用户自身的兴趣模型，基于用户本体库，在 SKN 网络中寻找兴趣本体向量相似的用户，构成相似兴趣用户候选集合。将候选集合中的用户兴趣向量与当前用户兴趣向量进行相似度计算，同时综合考虑该用户的生成性信息，如参与活动数量、评论数量等，从而筛选出最佳的相似兴趣用户群。根据相似用户群中个人的兴趣本体得到相似用户群的兴趣本体。采用与基于当前用户兴趣推荐相同的方法得到相似用户群体感兴趣的学习元集合。

将上述两种方式得到的学习元集合组合起来作为基于兴趣模型的学习元推荐结果。

（二）基于知识模型的推荐

向用户推荐与当前已有的知识体系相关的知识，有利于扩大用户对知识的认识范围，加深用户对知识的认知程度，对用户的学习有很大帮助。因此，系统将依据用户的知识模型为用户推荐与已有知识相关的学习元，以扩展知识学习的广度，加深知识学习的深度。图 3-27 为基于知识模型的推荐过程。

图 3-27 基于知识模型的推荐过程

从用户的知识模型中可得到用户已有的知识网络，当用户进入系统时，系统根据用户已有的知识网络，从 SKN 网络寻找与用户知识网络具有语义关联的用户未学过的知识子网络，即关联知识网络。根据关联的程度，从关联知识网络中得到与用户知识网络关联性强的知识，构成推荐知识网络。利用学习元的生成性信息，如评价情况、得分、批注的数量、版本更迭情况等，对学习元质量进行判断，从而得到质量较高的学习元集合作为学习元推荐集合。

(三)基于学习偏好模式的推荐

学习偏好模式是指用户在学习过程中倾向的学习方式，如兴趣导向、进度导向、策略导向等。根据用户的学习偏好模式，当用户正在进行学习时，系统就能个性化地向用户推荐相关学习元。图 3-28 为基于学习偏好模式的推荐过程。

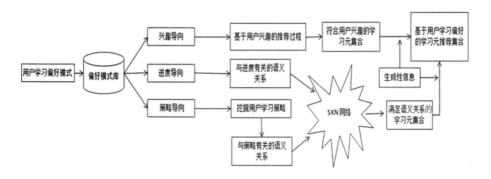

图 3-28　基于学习偏好模式的推荐过程

在推荐时，系统将用户学习偏好模式与偏好模式库预设好的偏好模式进行匹配，从而根据用户的学习偏好模式得到相应的学习元集合，再利用学习元的生成性信息对学习元集合进行筛选，最后得到基于用户学习偏好的学习元推荐集合。

系统中预设的学习偏好模式采用三种模式：基于学习兴趣、基于学习进度和基于学习策略。兴趣导向的学习者在选择和学习资源时是非线性和跳跃式的，按照自身兴趣选择和学习内容。当系统判断用户为兴趣导向型，则推荐过程将与基于兴趣的推荐类似。学习进度导向型的学习者一般喜欢循序渐进的学习方式。当系统判断用户为进度导向型，则将在 SKN 网络中寻找与当前学习内容存在某些语义关联的学习元，构成集合，而这种语义关联是与学习进度相关的。利用生成性信息对得到的学习元集合进行筛选，从而得到最终的推荐集合。学习策略导向的学习者学习具有明确的目的性和针对性，能灵活地选择和运用资源并建立起它们之间的联系，在需要时为自己所用。当系统判断用户为策略导向型，首先会根据用户的学习访问路径挖掘用户的学习策略，从而得到与策略有关的一些语义关系，再从 SKN 网络中寻找与当前学习元存在这些语义关联的学习元，构成集合，再利用生成性信息进行筛选，得到最终的推荐集合。

(四)聚类和筛选

通过以上三种推荐方式将分别得到三个学习元推荐集合，那么如何从这三个集合中筛选出与学习者需求最密切的学习元集合呢？我们将进行两步工作：第一步是对三个集合的并集中的所有学习元进行聚类操作，第二步是筛选出与学习者联系最为紧密的学习元集合。图 3-29 为学习元集合的聚类、筛选过程。

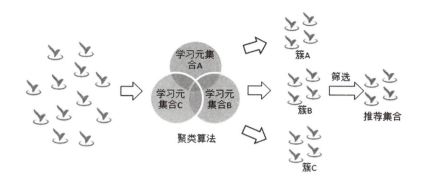

图 3-29　学习元集合的聚类、筛选过程

1. 聚类

由于学习元在 SKN 网络中通过各种关联与其他学习元产生链接，在聚类时我们不仅要考虑学习元内容上的相似程度，还需要考虑学习元在链接结构方面的相似程度，故本研究借鉴了基于属性-链接的 HyPursuit 聚类算法思想。其基本思想是利用相似性度量函数 $S_{ij}^{\text{hybird}} = F(S_{ij}^{\text{tems}}, S_{ij}^{\text{links}})$ 来衡量学习元在内容和链接结构两方面的相似程度。其中 S_{ij}^{tems} 代表两个学习元在内容上的相似度，S_{ij}^{links} 代表两个学习元在链接结构上的相似度。通过对 S_{ij}^{tems} 和 S_{ij}^{links} 的计算，取其中值较大的那个作为两个学习元的相似度，这个相似度即作为两个学习元间的距离。系统将彼此之间距离最短的学习元归为一簇。

(1) 内容相似度 S_{ij}^{tems} 的计算。在学习元内容相似度的计算方面，采用余弦相似性的方法来计算两个学习元的特征本体向量的相似度，这个相似度就作为学习元内容的相似度。

(2) 链接结构相似度 S_{ij}^{links} 的计算。借鉴 HyPursuit 算法的公式 $S_{ij}^{\text{links}} = w_s \times S_{ij}^{\text{spl}} + w_c \times S_{ij}^{\text{com}}$，来对链接结构的相似度进行计算。其中 S_{ij}^{spl} 两个学习元之间的最短路径的长度；S_{ij}^{com} 与两个学习元的共同节点数有关，共同节点数越多，说明两个学习元越相似，$S_{ij}^{\text{com}} = \sum_{x \in \text{common}} \dfrac{1}{2(\text{spl}_{i,x}^{j} + \text{spl}_{j,x}^{i})}$，其中 $\text{spl}_{i,x}^{j}$ 代表从学习元 i 到学习元 x 不经过学习元 j 的最短路径长度，common 表示两个学习元共同节点的集合。

2. 筛选

通过聚类，学习元集合被分为几个学习元簇，簇中的学习元在内容和链接结构上都具有极强的相似性。我们需要从若干个学习元簇中筛选出最符合用户需求的，即与用户联系最为紧密的簇作为推荐集合推送给用户。筛选的核心思路是通过计算各个学习元簇与用户的最短距离，将与用户距离最近的簇作为推荐簇。学习元簇与用户距离的计算方法是：①计算簇中所有学习元在 SKN 网络中与用户的最短路径长度；②计算簇中所有学习元与用户的最短路径长度的平均值，这个平均值被看作这个簇与用户的最短距离。

第四节　学习资源内容进化智能控制技术

学习资源内容进化的有序控制是泛在学习资源进化研究的核心问题。当前 e-learning 领域的资源进化常常以 Web 2.0 技术为核心，导致开放环境下生产的资源往往过于"杂乱"，内容缺乏核心主题。在资源质量的保障方面，主要采用人工审核的方式来控制学习资源的有序进化，比如维基百科、互动百科等，都需要有一批专职人员负责审核词条内容，以保证词条的版本更迭是朝着高质量的、可信可靠的方向发展。这种完全基于人工的质量控制模式的耗时、耗力，难以满足泛在学习资源动态生成、无限扩展的需求。为了解决开放环境下的资源有序进化问题，学习元平台采用语义网技术和社会信任机制，通过智能控制资源内容的编辑，避免资源内容上的"杂乱"生长，实现泛在学习资源内容进化方面的有序控制。

一、 智能控制相关假设

内容进化中的智能有序控制方法是基于两个基本假设进行设计和实施的。假设的内容如下。

假设 1：内容进化是围绕特定主题的进化的，内容的前后变化往往具有较强的语义相关性。

一般而言，资源的内容进化具有很强的指向性，是围绕特定知识结构（语义基因）的进化发展的。也就是说，资源内容要表达特定的主题，内容版本的更迭是对主题的不断丰富和完善。资源内容的前后变化往往具有较强的语义相关性，新增加的内容和语义基因具有一定的语义相似性。

假设 2：高可信用户的行为往往比较可靠，倾向于善意的内容编辑。

用户的信任度是基于信任评估模型，通过分析影响用户信任的各种交互数据计算得出的。用户善意行为的积累，会不断提高其信任值。如果某用户的信任度超过一定数值，则认为该用户的绝大多数操作是可信的，其参与的内容编辑（增、删、改）可以被系统自动接受。

二、 语义基因形式化

语义基因在形式上表现为基于本体描述的带有权重的概念集合（包括核心概念以及概念间的关系），如图 3-30 所示。语义基因可以被形式化地表示为有序三元组，即 $SG=<CS$，WS，$RS>$，其中：CS 是核心概念集合，$CS=\{C_1, C_2, \cdots, C_n\}$；$WS$ 是概念项的权重集合，$WS=\{W_1, W_2, \cdots, W_n\}$，其中 W_i 为 C_i 的权重，$\sum_{i=1}^{n} W_i = 1$；RS 为核心概念间的关系集合，$RS=\{R_1, R_2, \cdots, R_n\}$，每个关系采用领域本体中的 RDF 三元组 $<$subject，predicate，object$>$ 表示，$R_1=<concept_1$，$relationship$，$concept_2>$，这里的 $concept_1$ 和 $concept_2$ 不一定包含在 CS 中，可以是领域本体库的其他概念，$relationship$ 是从领域本体库中提取的概念关系。

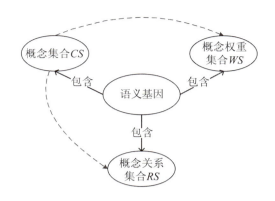

三、 信任评估模型的构建

开放知识社区中信任评估的对象包括知识和人,因此应当包括两个方面的信任评估,一是对知识的信任评估,二是对人(社区用户)的信任评估。开放知识社区中信任评估模型设计的总体思路为:分析影响资源信任度和用户信任度的关键要素,确定各个要素对信任度的影响权重;设定信任评估的相关假设,作为模型形式化定义和计算的依据;构建信任模型框架,明确模型要素及其关系;对信任度进行形式化的定义和表述,确定信任度的计算方法;最后通过仿真实验和 LCS 平台的实际应用验证模型,并根据实验结果优化信任度计算方法。

(一)信任度影响因素分析

1. 资源信任度的影响因素

对于资源信任度可以从两个方面进行评估:一是针对资源的显性信任评估(直接评估),即通过在社区中提供资源信任度投票评估功能,让用户进行主观的评估;二是通过记录、分析用户与资源的交互日志对资源信任度进行隐性的评估(间接评估)。

资源的显性信任评估:目前还没有统一的评估指标体系,各个社区结合自己的特征和需求,采用了不同的评估指标。维基百科从内容的可靠性、客观性、完整性、写作规范性四个维度对词条进行评估。学习元网站从内容准确性、内容客观性、内容完整性、标注规范性、内容更新及时性等维度进行评估。百度百科、互动百科则直接采用五星级整体评分和对"本词条对我有帮助"投票的方式进行评估。

资源的隐性信任评估:主要依赖用户与资源的交互记录,是一种基于交互过程性信息的间接评估,常见的交互操作包括协同编辑、订阅、收藏、浏览、引用等。当然,不同的社区由于软件功能设计上的差异,会支持不同类型的交互操作。实际上,用户与资源交互的背后一定程度上反映了用户对资源信任度的一种潜在评估。比如说,越来越多的用户订阅资源 A,客观上可以说明资源 A 比较具有吸引力、更为可靠。

2. 用户信任度的影响因素

开放知识社区中影响用户信任度的因素，一方面源于用户所创建资源的平均信任度，另一方面源于用户之间的交互记录，不同的交互行为代表了用户之间的隐性评估。影响用户信任度的常见因素包括：

创建资源的可信度。用户所创建的资源的信任度会反过来影响用户的信任度，若用户 A 创建了很多高质量、高可信的资源，则用户 A 的信任度会比较高。

被邀请协作或取消协作的次数。用户 A 邀请用户 B 可以视为用户 A 对用户 B 的一次正向投票；反之，取消协作可视为一次负向投票。当很多用户都邀请 B 协作编辑资源时，表明用户 B 具有较高的可信度。

被加为好友或取消好友的次数。用户 A 添加用户 B 为好友，可视为用户 A 对用户 B 的一次正向投票；反之，取消好友关系可视为一次负向投票。当很多用户喜欢添加 B 为好友时，表明用户 B 具有较高的可信度。

修订被接受或拒绝的次数。用户 A 编辑的内容被接受一次可以视为对用户 A 的一次正向投票；反之，被拒绝一次可视为一次负向投票。用户 A 进行的内容修订被接受的概率越高，表明用户 A 越具有较高的可信度。

(二)信任评估的相关假设

1. 时间效应假设

信任具有时间衰减性，用户对资源的交互操作、用户对用户的交互操作对于信任的效用依赖于时间并有一定的期限，影响程度将随着时间的增长而逐渐减弱。也就是说，近期的交互操作与早期相同的交互操作相比，对信任度的影响程度更大。

2. 差异影响假设

不同用户对同一个客体(资源或用户)进行的相同的交互操作会对客体信任度的改变产生不同的影响。高可信用户进行的操作更加值得信赖，对客体的影响值较大；反之，低可信用户的操作对客体信任度的影响则较小。

3. 多数可靠假设

多数人参与的评估结果是可靠的，假定很多用户都对某资源进行了显性信任度投票，则该评估结果能较好地反映资源的真实信任度；反之，若只有少数几个用户参与了资源的显性信任度投票，则该评估结果将难以反映资源真实的可信度。

4. 交互影响假设

一个资源被用户引用、推荐、订阅、收藏的次数越多，则表明该资源越受欢迎、越值得用户信赖。同样，若一个用户被邀请协作的次数越多、被添加为好友的次数越多、修订的内容被接受的次数越多、创建高可信资源的数量越多，则表明该用户比较受其他用户认可，进行的操作行为比较可信。

通过上述对信任度影响因素的分析以及对信任评估相关假设的设定，本研究设计了如图 3-31 所示的面向开放知识社区的信任评估模型——双向互动反馈模型（twoway interactive feedback model，TIFM）。TIFM 包括资源信任度和用户信任度两个核心部件，二者相互影响；两侧是信任度的各项影响因素；中心是有关信任评估的四条假设。需要说明的是，这里的信任指的是全局信任，而非 P2P 网络中两个对等节点间的信任关系。资源信任度表示所有社区用户对资源节点的整体信任评估，用户信任度表示社区中的所有其他用户对当前用户的整体信任评估。

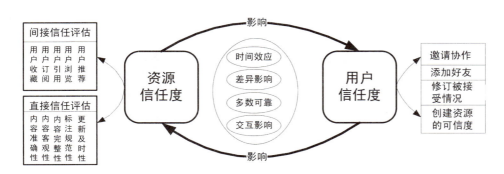

图 3-31　信任评估模型的整体框架

四、 智能控制流程设计

不同的开放知识社区往往具有不同的角色和权限设置。总的来说，可以归总为两种角色：管理者和普通用户。管理者一般是资源的创建者，遵循"谁创建谁管理"的原则，具有对资源进行任何操作的权限。普通用户是无管理权限但可以参与内容编辑的用户。普通用户编辑的内容需要经过管理员审核后，方可正式对外公开。智能控制的目的就是要实现普通用户内容编辑的（半）自动化审核，以减轻用户频繁手动审核资源内容的负担，加快资源内容的进化速度。

基于智能控制的两个基本假设，应用语义基因和信任评估模型设计了如图 3-32 所示的资源内容进化的智能控制流程。

当有普通用户编辑资源的内容时，首先使用 TIFM 中提出的用户信任度计算方法，计算得出该用户的信任值；根据预先设定的用户高可信阈值 HTT（high trust threshold），判断用户是否属于高可信用户；如果是高可信用户，则其对资源内容进行的增、删、改操作将默认为是善意的，系统将自动接受；如果该用户不是高可信用户，则根据用户的不同操作进行处理；如果用户进行了"添加内容"操作，则通过文本比较算法获取用户新添加的文本内容；然后，对添加的内容进行

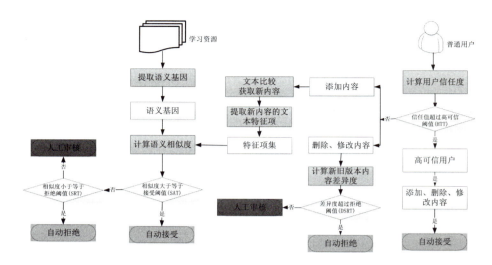

图 3-32　内容进化智能控制流程

文本特征项提取；将提取的文本特征项集和资源的语义基因进行语义相似度计算；如果相似度大于等于预设的新内容语义相似接受阈值 SAT（similarity accept threshold），则系统自动接受此次内容编辑，如果相似度小于等于预设的新内容语义相似拒绝阈值 SRT（similarity reject threshold），则系统自动拒绝此次内容编辑，若语义相似度介于 SRT 和 SAT 之间（SRT<SAT），则进行人工审核；如果用户进行了"删除内容"或"修改内容"操作，则计算编辑前后内容的差异度；如果差异度超过预设的语义差异拒绝阈值 DSRT（dissimilarity reject threshold），则系统自动拒绝此次内容编辑，否则，进行人工审核。

第五节　学习资源的动态语义关联方法

学习资源间的关联主要包括两种类型，一种是显性关联，另一种是隐性关联。显性关联是从语义出发基于系统已有的关系类型建立的资源关联，易被用户观察和识别；隐性关联是从语义上难以通过人工发现，但可以通过数据挖掘技术识别出来的潜在的资源关联。在显性关联的建立上分别采用了基于规则的推理技术和基于语义基因的相似关系计算技术，在隐性关联的建立上主要采用了基于语义约束的关联规则挖掘技术。

一、　基于规则推理的资源显性关联

学习元平台利用 Jena 框架操作本体模型，自定义各种产生式的关联规则，通过 Jena 推理机实现部分资源显性关联。基于规则推理实现资源显性关联的基本流程如图 3-33 所示：首先编写各种关联推理规则，并存储到推理规则库中；然后，Jena 推理机从规则库中提取规则，将规则绑定到本体模型；接着，Jena 推理机依据规则对本体模型进行推理；最后，将推理出的显性资源关联

集合进行输出。

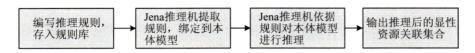

图 3-33 基于规则推理的资源显性关联流程

应用 Jena 框架实现基于规则推理的资源显性关联之前，有两项重要工作需要完成。第一，需要将与资源关联相关的数据采用 RDF 三元组形式存储到 Jena 支持的本体模型中。第二，要根据 Jena 推理机定义的规则形式编写各种关联规则，推理机会绑定这些规则并对本体模型进行推理，得到新的推理后的本体模型。表 3-2 列出了 17 种基于 Jena 的关联推理规则。

表 3-2 基于 Jena 的关联推理规则

编号	规则描述
规则 1	（x lc:requires y）－＞（y lc:isRequiredBy x）
规则 2	（x lc:isUpperConceptOf y）－＞（y lc:isSubConceptOf x）
规则 3	（x lc:remark y）－＞（y lc:isRemarkBy x）
规则 4	（x lc:guide y）－＞（y lc:isGuidedBy x）
规则 5	（x lc:demonstrate y）－＞（y lc:isDemonstratedBy x）
规则 6	（x lc:supplement y）－＞（y lc:isSupplementedBy x）
规则 7	（x lc:similarTo y）－＞（y lc:similarTo x）
规则 8	（x lc:oppositeOf y）－＞（y lc:oppositeOf x）
规则 9	（x lc:relateTo y）－＞（y lc:relateTo x）
规则 10	（x lc:oppositeOf y）（y lc:oppositeOf z）－＞（x lc:similarTo z）
规则 11	（x lc:equivalentWith y）－＞（y lc:equivalentWith x）
规则 12	（x lc:isExampleOf y）（z lc:isCounterExampleOf y）－＞（x lc:oppositeOf z）
规则 13	（x lc:cause y）－＞（y lc:isCausedBy x）
规则 14	（x lc:isPreviousOf y）－＞（y lc:isSubsequentOf x）
规则 15	（x lc:isPreviousOf y）－＞（x lc:isbasedfor y）
规则 16	（x lc:references y）－＞（y lc:isreferencedby x）
规则 17	（x lc:ispartof y）－＞（y lc:haspart x）

需要说明的是，上述规则不是固定不变的，随着本体模型中属性的逐渐丰富，将会产生更多有意义的规则，只需将规则按照 Jena 规定的格式存入规则库，就可以用于资源显性关联的推理发现。这里以规则 6 定义为例解释 Jena 规则的代码表示：

```
String rule6＝"[（? x lc:supplement ? y）－＞（? x lc:isSupplementedBy ? z）";
```

Jena 的每条规则都采用产生式表示，"－＞"左侧的部分表示推理的条件，"－＞"右侧的部分表示推理的结果，条件项和结果项都采用 RDF 三元组（Subject，Predicate，Object）的形式描述。

规则 6 比较简单，条件项和结果项各包含一个三元组，实际上复杂规则的条件项和结果项可以包含多个三元组。

图 3-34 是 LCS 中的基于规则推理的关联规则管理页面，系统管理员可以添加、删除、修改、禁用、查询各种关联推理规则。

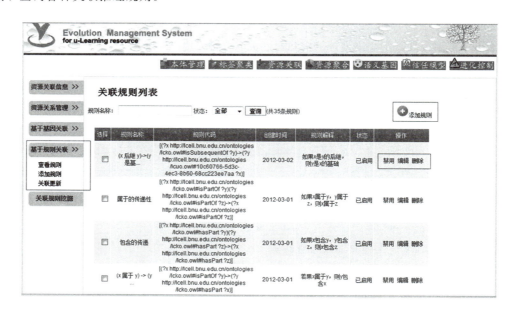

图 3-34　LCS 中的推理规则管理页面截图

二、 基于语义基因的资源相似关系计算

基于语义基因的相似关系计算的基本思路是：首先，基于通用的语义词典和领域本体计算语义基因中两两概念间的相似度；然后，结合概念在语义基因中的权重值设置相似度的权值；接着，将所有相似度进行加权平均得到两个语义基因的相似度；最后，根据设定的相似度阈值判断两个资源是否具有相似关系。如图 3-35 所示。

图 3-35　基于语义基因的资源相似关系计算流程

本研究采用吴思颖等提出的 3d-sim 方法计算两个概念间的相似值，进而计算两组语义基因的相似度（见图 3-36）。假如有两组语义基因 X 和 Y，$X=\{(C_{11}，C_{12}，C_{13}，\cdots，C_{1n})，(W_{11}，W_{12}，W_{13}，\cdots，W_{1n})，(RS_{11}，RS_{12}，\cdots，RS_{1t})\}$，$Y=\{(C_{21}，C_{22}，C_{23}，\cdots，C_{2m})，(W_{21}，W_{22}，W_{23}，\cdots，W_{2m})，(RS_{21}，RS_{22}，\cdots，RS_{2s})\}$，$n$ 为 X 中概念集合的概念数量，t 为 X 中概念关系三元组的数量，m 为 Y 中概念集合的概念数量，s 为 Y 中概念关系三元组的数量。

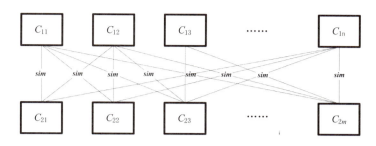

图 3-36 计算两两概念项的相似度

基于语义基因的相似关系计算的步骤为：首先将两组语义基因中的概念进行两两相似度计算；然后将所有相似值采用加权平均的方式计算得出两组基因的相似度；若结果大于或等于相似关系的阈值，则认为两个资源存在相似关系，反之，则认为二者不存在相似关系。

两个概念项相似度的权重公式为：

$$w(C_{1i}，C_{2j}) = \frac{W_{1i} + W_{2j}}{2}，\ 1 \leqslant i \leqslant n，\ 1 \leqslant j \leqslant m，\ 0 < w < 1$$

语义基因相似度的计算公式为：

$$sim(X，Y) = \frac{\sum_{i=1}^{n} \sum_{j=1}^{m} [3d - sim(C_{1i}, C_{2j}) \times w(C_{1i}, C_{2j})]}{n \times m}，\ 0 \leqslant sim \leqslant 1$$

三、 基于关联规则挖掘的资源隐性关联

关联规则挖掘是数据挖掘领域非常重要的一个课题，旨在发现大量数据中项集之间有趣的关联或相关联系。关联规则挖掘技术可以很好地应用于学习资源的动态关联，通过自动挖掘一些潜在的关联规则来促进资源实体间建立更丰富的关联关系。关联规则挖掘的经典算法是 Apriori 算法，为了提高关联规则挖掘的效率和准确性，学习元平台在 Apriori 算法基础上进行了改进，除了考虑最小支持度（min_supp）、最小置信度（min_conf）外，还增加了最小语义相关度（min_semrel）指标来约束关联规则的产生，提出一种基于语义约束的关联规则挖掘算法（semantic constraint Apriori，SC-Apriori），如图 3-37 所示。最小语义相关度是指频繁项中包含的实体之间的最小相似度，min_semrel 可以通过资源的语义基因进行计算。通过 min_semrel 一方面可以过滤掉很多毫无意义的候选项目集，提高算法效率，另一方面有助于产生更高质量的关联规则。

四、 资源语义关联的可视化

为了清晰展现 LCS 中学习资源个体间的语义关系，本研究开发了如图 3-38 所示的可视化资源关系网。

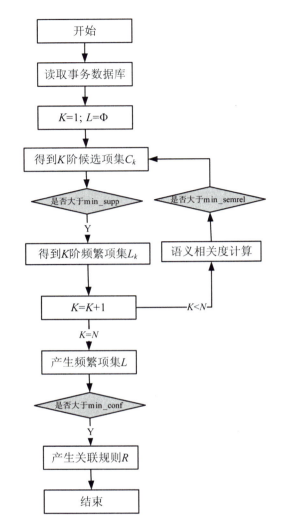

图 3-37　SC-Apriori 算法流程

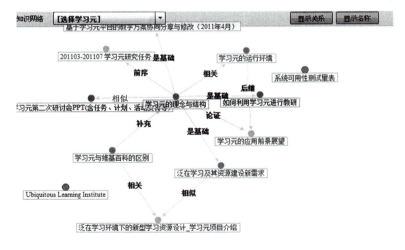

图 3-38　LCS 中资源语义关联的可视化展现

第六节　学习资源的动态语义聚合技术

学习元的动态语义聚合不是简单地将多个学习元组成一个资源集，而是通过技术手段实现具有内在逻辑关系的学习元之间有意义的结合。区别于数据挖掘中的文本自动分类或聚类，聚合的目的不是进行分类，而是自动生成具有内在逻辑关联的资源结构体。资源聚合的价值和意义集中体现在两个方面：一是可以实现多个小粒度的具有内在逻辑关系的资源单元集中呈现，通过资源的内聚，减轻学习者"机械性"检索资源的负担；二是可以将碎片化、零散性的知识组织成更加完整的知识单元，有助于学习者系统、全面地进行知识建构。

一、资源聚合方法

应用动态语义关联技术可以在资源空间的节点间建立起丰富的语义关系，形成若干个如图3-39所示的采用有向图表示的关系空间。为了从大量的关系中挖掘出更大粒度的有意义的资源结构体，本研究提出了两种不同的资源聚合方法，分别用于主题资源圈有序知识链的动态聚合。

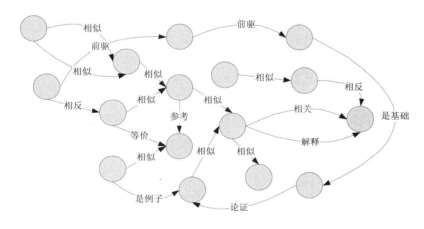

图 3-39　语义关系有向图

（一）主题资源圈聚合

主题资源圈聚合的基本实现思路是：采用广度优先搜索（breadth first search，BFS）在有向资源关系图中寻找具有相似关系的资源节点，依据相似关系衰减函数计算两两节点之间的关联程度，将满足最低阈值要求、高度相似内聚的节点自动聚合在一起，最终生成若干个主题资源圈。如图3-40所示。

由于相似关系具有对称性，另外相似的程度常常通过相似度来表征，因此，可以将图3-40中所有的相似关系提取出来，两个节点间的相似关系通过带有权重的无向边来表示，权重为节点间的相似度。相邻的两个相似节点间关系为直接相似关系（如图3-40中的 A 和 B）；反之，通过中间

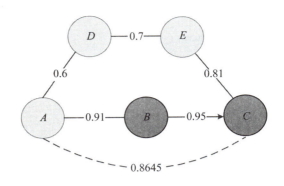

图 3-40　带有权重的相似关系

节点建立起来的相似关系为间接相似关系(如图 3-40 中的 A 和 C)。

相似关系具有部分传递的特性,也就是说如果 A 和 B 相似,B 和 C 相似,则 A 和 C 也存在某种程度的相似。这里设定一个相似度衰减函数 damp 用来表示相似关系的传递衰减性。如果 A 和 C 之间不存在直接边(相似关系),则 A 和 C 之间的相似度为从 A 到 C 最短路径上的 damp 值。

$$damp(A, B, C) = sim(A, B) \times sim(B, C)$$

$$sim(A, C) = damp\{shortestPath(A, C)\}$$

举例说明,如图 3-40 中从 A 到 C 之间存在两条路径,A→B→C 和 A→D→E→C,其中 A→B→C 为最短路径,因此 A 和 C 的间接相似度为 $0.91 \times 0.95 = 0.8645$。

主题资源圈作为相似资源的聚合,需要满足以下两个基本条件:

条件 1:圈内的任意两个资源存在相似关系,且相似度大于阈值 θ;

条件 2:圈内的资源数量不少于 ω,即一个资源圈最少包含 ω 个资源。

依据上述对相似关系的分析和主题资源圈聚合的两个基本条件,提出如表 3-3 所示的主题资源圈动态聚合算法。

表 3-3　主题资源圈动态聚合算法

输入:资源相似关系图 G,包含所有节点间的相似关系
输出:若干个主题资源集合 $RC = \{RC_1, RC_2, \cdots, RC_n\}$,$RC_i$ 表示一个主题资源圈($1 \leqslant i \leqslant n$)

关键步骤:
Step1:应用 BFS 算法查找无向图 G 的所有连通分量(连通子图)$G_1, G_2, \cdots, G_m$
Step2:set $i=1$, $k=1$
Step3:如果 $i <= m$,计算 G_i 中包含的节点数量 nodeNum;否则,跳至 Step10
Step4:如果 nodeNum $< \omega$,$i = i + 1$,跳到 Step3
Step5:查找 G_i 中度数最大的顶点 V_{max},set $j = 1$
Step6:如果 $j <= $ nodeNum,计算 V_{max} 和 G_i 中顶点 V_j 的相似度 $sim(V_{max}, V_j)$;否则,跳到 Step9
Step7:如果 $sim(V_{max}, V_j) >= \theta$,将 V_j 加入到 RC_k 中
Step8:$j = j + 1$,跳到 Step6

Step9：如果 RC_k 中的节点数量不小于 ω，$k=k+1$，$i=i+1$，跳到 Step3；否则，清空 RC_k，$i=i+1$，跳到 Step3

Step10：算法结束，输出 k 个主题资源集合

(二)有序知识链聚合

有序知识链聚合的基本实现思路是：从整个资源语义关系图中提取出表示有序关系(前驱、后继、是基础)的所有资源节点和边，组成知识序列有向图 G；深度优先遍历(depth first search, DFS)G，将所有知识路径找出来，生成若干个有序知识链。

表征知识前后顺序的三种有序关系，分别是 isSubsequentOf(后继)、isPreviousOf(前驱)和 isBasisFor(是基础)。其中，isSubsequentOf 是 isPreviousOf 的相反关系，即 isSubsequentOf(A，B)＝ isPreviousOf(B，A)；isBasisFor 和 isPreviousOf 是等价关系，即 isBasisFor(A，B)＝isPreviousOf(A，B)。为了程序处理的方便，需要将知识序列有向图 G 中的所有 isSubsequentOf 替换为 isPreviousOf，且要更改有向边的方向，将所有的 isBasisFor 直接替换为 isPreviousOf，有向边的方向不变。如图 3-41 所示。

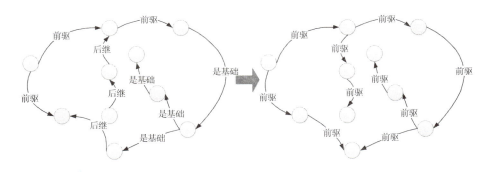

图 3-41　知识有序关系转换

有序知识链作为具有前后学习顺序关系的知识点(资源)的聚合，需要满足以下两个基本条件。

条件 1：从学习的逻辑上来讲，知识链中的资源存在一定的先后学习顺序，即资源之间具有理想的线性学习路径；

条件 2：知识链中的资源数量不少于 ω，即一个有序知识链最少包含 ω 个资源。

依据上述对有序知识关系的分析和有序知识链聚合的两个基本条件，提出如表 3-4 所示的有序知识链动态聚合算法。

表 3-4　有序知识链动态聚合算法

输入：知识序列有向图 G，包含所有结点间的前序、后继、是基础三种关系 输出：若干个有序知识链 $KC=\{KC_1,KC_2,\cdots,KC_n\}$，$KC_i$ 表示一个有序知识链（$1\leqslant i\leqslant n$），KC_i 为资源的有序集合，表示为 $KC_i=<V_1,V_2,\cdots,V_q>$

关键步骤：

Step1：知识有序关系转换，将包含前序、后继、是基础三种关系的有向图 G 转换为只包含单一前序关系的有向图 TG

Step2：查找有向图 TG 的所有连通分量（连通子图）TG_1，TG_2，$\cdots$，TG_m

Step3：set $i=1$

Step4：如果 $i<=m$，计算 TG_i 中包含的节点数量 nodeNum；否则，跳至 Step9

Step5：如果 nodeNum$<\omega$ 或者 hasLoop(TG_i)$=$true，$i=i+1$，跳到 Step3

Step6：查找 TG_i 中入度为 0 的顶点，放入集合 S 中

Step7：set $j=1$

Step8：如果 $j<=S.$ lengh，以 S_j 作为起始顶点，进行深度优先遍历 DFS(TG_i，S_j），遇到出度为 0 的顶点 V_g 时，将此次遍历 S_j 到 V_g 路径上的所有顶点顺序存入 KC_k 中；否则，$i=i+1$，跳至 Step3

Step9：如果 KC_k 中的结点数量不小于 ω，$k=k+1$，$j=j+1$，跳到 Step7；否则，清空 KC_k，$j=j+1$，跳到 Step7

Step10：算法结束，输出 k 个有序知识链

二、 语义聚合可视化设计

LCS 将具有相同主题、语义上高度相关的多个资源聚合成主题资源圈，按照平行结构进行集中呈现。这种资源聚合形态的特点是资源间不存在上下位的层次关系，同属于某一主题，采用平行的列表方式进行呈现。图 3-42 显示了主题资源圈的聚合效果。

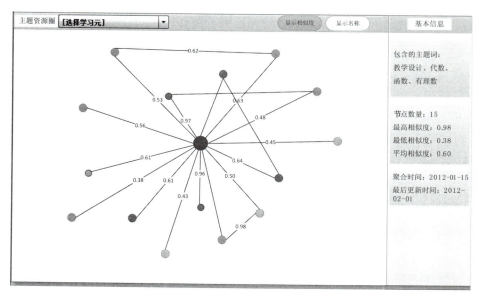

图 3-42　LCS 中主题资源圈的聚合效果

　　LCS 将多个具有前后序关系的资源聚合成有序知识链，链条上的知识点具有显性的前序、后继关系，也就是说，按照正常的学习流程，需要先学完前一个知识点，方可进入到下一个知识点的学习。有序知识链实际上起到一个知识导航的作用，减少网络学习中的"迷航"。图 3-43 显示了有序知识链的聚合效果。

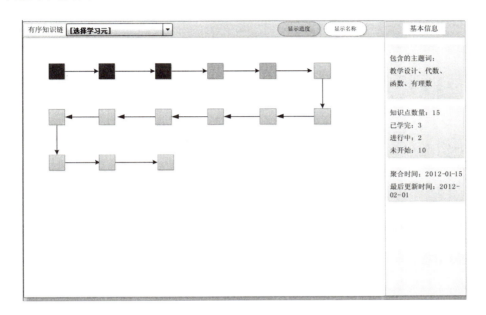

图 3-43　LCS 中有序知识链的聚合效果

三、 学习元平台语义聚合实例

　　图 3-44 是 LCS 中的资源动态语义聚合结果页面，包括主题资源圈和有序知识链。

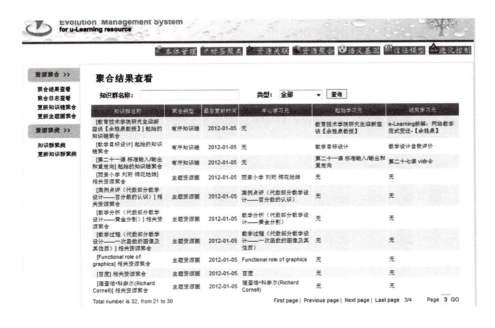

图 3-44　LCS 中的资源聚合结果页面

图 3-45 显示通过动态语义聚合方法生成的知识群占系统总知识群的 9.61％，也就是说 LCS 中有近十分之一的知识群是自动生成的。随机取样，进行人工检查，笔者对自动生成的 32 个知识群的聚合效果进行了逐个检查，发现其中的 11 个主题资源圈和 17 个有序知识链都得到了比较满意的聚合结果，准确率达到了 87.5％。就目前的动态资源聚合数据而言，虽然数量较少，仅占系统总量的 9.61％，但聚合的效果是比较理想的。

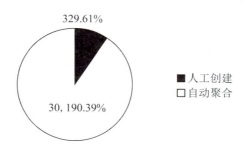

329.61%

30, 190.39%

■人工创建
□自动聚合

图 3-45　LCS 中人工创建与自动聚合而成的知识群的数量分布

从图 3-46 可以看出，"《两只小狮子》教学设计相关资源聚合"知识群将同一篇小学语文课文的教案进行自动聚合，可以为同学科其他教师的备课提供宝贵的参考资料。另外，若某语文教师订阅了该知识群，当增加新的《两只小狮子》的教学设计资源时，该教师可以第一时间通过 E-mail 得到通知。

图 3-46　LCS 中动态语义聚合的知识群案例

第七节　学习资源的情境化适应性聚合

情境认知理论认为，情境是一切认知活动的基础，有效学习的发生不能脱离具体的情境。情境性是泛在学习的核心特征之一，强调"情境问题解决"，提高学习资源与学习需求的匹配程度，有利于学习者获得解决实际问题的方法和能力。为了向学习者提供与情境需求匹配的学习资源，目前常用的思路是通过学习情境与资源特性匹配（单情境匹配），从而选出与情境需求相关的资源，并将整个资源呈现给学习者。学习资源与情境需求的匹配程度还有待进一步提高。一方面，由于情境与资源的异构性，单情境匹配需要将学习情境转化为对目标学习资源特征的需求，从而寻找满足特征需求的资源，匹配的准确性和效率都受到限制；另一方面，将整个学习资源呈现给学习者，忽略了学习资源内部学习要素与情境的匹配程度，学习资源在任何情境下均只有一种呈现形态。

语义网通过采用统一的 RDF 三元组为 Web 资源添加多方面的语义信息，使得计算机能从多个方面"理解"Web 资源，极大地提高了资源检索的准确性。同样，通过为学习资源附加情境方面的语义信息，可使计算机"理解"学习资源在哪些情境下可以有效发挥作用，将资源情境与感知到的学习情境直接匹配（双情境匹配），进而获得与情境匹配程度较高的学习资源。泛在学习需要与情境需求更加匹配的学习资源，一方面要求学习资源附有资源情境信息以支持双情境（资源情境与学习情境）匹配，另一方面要求学习资源具有动态结构以支持资源内部学习要素的动态聚合。为了满足泛在学习对学习资源的需求，我们基于学习元平台设计了整合情境的多态性泛在学习资源聚合模型，并开发实现了支撑系统。

一、 整合情境的多态性泛在学习资源聚合模型

整合情境的多态性泛在学习资源聚合模型（简称"资源聚合模型"）是一种对泛在学习资源情境聚合特性的抽象与表达。它描述了学习资源内部与情境聚合相关的关键要素，规定了要素之间的联结方式，使学习资源具有多态性的能力，即在不同情境下，资源内部要素能够动态聚合形成不同的资源形态。

(一)资源聚合模型的组成要素

资源聚合模型的关键组成要素，包括学习内容、学习活动、人、资源情境、关联信息和情境接口。其中，学习内容、活动和人可直接为学习者提供信息与支持，它们统称为学习要素，也是资源聚合模型的对象；资源情境、关联信息和情境接口是支持资源聚合的重要条件，属于支持性要素。

学习内容 是聚合的必选对象。一个学习资源中的学习内容由一个或多个内容片段动态构成，不同的学习内容片段可与多个不同的资源情境关联，学习内容片段也可不与任何资源情境关联。不与任何资源情境关联的学习内容片段意味着该内容片段适用于任何情境，在任何情境下均可呈现。在一定的情境下，若干学习内容片段的聚合能够传递某个学习对象不同侧面的知识。

学习活动   是与过程密切关联的一大要素，也是聚合的重要对象。一个学习资源中可能包含多个活动。一方面，学习活动的设计是为了进一步支持学习者对学习内容的理解与应用，一般与具体的内容片段关联；另一方面，学习活动的开展需要一定的外部条件的支持，故学习活动可能与一定的情境关联。当然，也有一些学习活动不与具体学习内容片段或资源情境关联，这种活动被默认为适合在任何情境下开展。聚合的学习活动是与学习内容关联且在当前情境下可开展的学习活动。

人   "人"作为知识的"管道"，也是聚合的重要对象。资源聚合模型中的"人"是指与学习资源相关的学习者。在不同情境下，学习者与学习内容、学习活动的交互，使得学习者与学习内容、学习活动、资源情境之间产生了一定的关联。学习者不仅可以从学习内容、学习活动中获得学习，还可以通过与学习过相同资源的、具有相同或相似学习经历（情境）的学习者进行交流与互动来获得学习。因此，聚合的"人"是具有与当前学习情境相同或相似情境经历的学习者。随着资源被越来越多的人使用，资源聚合模型中的"人"也将越来越多。

资源情境   是对学习资源可有效发挥作用的所有情境的描述，它是实现资源聚合的关键依据。一个学习资源可在不同情境下发挥作用，也就是说，一个学习资源可具有多个具体的资源情境。但并非学习资源中所有的学习要素都同时适合在相同的情境下发挥效用，不同学习要素在不同情境下发挥的效用可能不同。因此，学习要素与资源情境间存在关联。通过对已有泛在学习研究的分析发现，泛在学习的核心情境包括学习者、设备、环境和时空情境四方面，同时考虑到学习资源本身的教学属性，故从学习者情境、设备情境、环境情境、教学情境和时空情境五个维度来描述学习资源情境（后文将详细介绍）。资源情境是实现资源情境与泛在学习情境双情境匹配的重要基础。随着资源在越来越多的情境中被使用，资源情境也将动态变化。

关联信息   是对资源聚合模型中所有关联信息的统称，是资源聚合模型中不可或缺的要素。学习内容、学习活动、人和资源情境之间均存在关联，因此，资源聚合模型中的关联信息包括学习内容与资源情境的关联、学习内容与学习活动的关联、学习内容与人的关联、学习活动与资源情境的关联、人与资源情境的关联、人与学习活动的关联以及数字化学习资源与实体资源的关联。这些关联是实现资源情境聚合的必备信息。这些关联信息有些是在资源创建之初就自动创建的，有些是在资源使用过程中创建的。

情境接口   情境接口是资源情境与外部系统进行情境信息交换的接口，也是资源聚合模型中不可缺少的要素。资源聚合模型通过情境接口向外部系统输出资源情境信息，以便外部系统利用资源情境信息实现双情境匹配。同时，情境接口还负责接收外部系统传回的匹配结果信息，根据匹配结果来实现资源内部学习要素的聚合。

图 3-47 左边展示了具有资源聚合模型特性的学习资源在双情境匹配后于不同情境下呈现出不

同的形态。资源聚合模型通过向外部系统提供资源情境来支持资源情境与泛在学习情境的双情境
匹配，从而来聚合资源内容与当前情境匹配的学习内容、学习活动和人，使得学习资源在不同情
境下呈现不同形态。泛在学习中，数字化学习资源常常与真实环境中的实体资源相关，即使是与
同一个实体资源相关的同一个数字化学习资源，由于学习情境不同，资源聚合的结果也会不同，
即同一个数字化学习资源呈的形态不同(见图 3-47 右边部分)，相同的实体资源(三角形)关联了
不同的资源形态(不同形状的图标)。

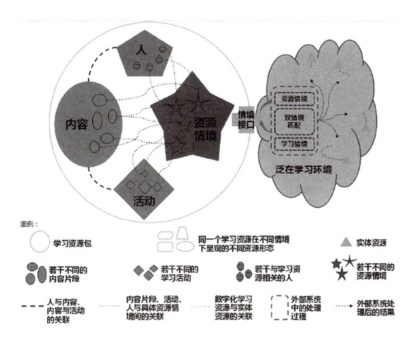

图 3-47　整合情境的多态性泛在学习资源聚合模型

(二)资源聚合模型要素的层次关系

资源聚合模型支持资源内容要素的聚合过程，以及在这个过程中资源聚合模型各要素的层次
关系，如图 3-48 所示。聚合模型各要素层次从外到内依次为情境接口、资源情境、关联信息、学
习要素(内容、活动和人)。在情境接口、资源情境和关联信息等支持性要素的支持下，才可实现
学习内容、学习活动和人等学习要素的聚合。资源聚合模型通过情境结构向外部系统提供资源内
部的资源情境信息，外部系统获得了资源情境后，将资源情境与学习情境进行双情境匹配。匹配
结束后，若有匹配成功的资源情境，则外部系统将匹配成功的那个资源情境通过情境接口返回到
聚合模型中，资源聚合模型则利用该资源情境，以及学习内容、学习活动、人、资源情境之内的
关联信息来聚合满足需求的内容片段、活动和相关学习者。不同的内容片段、活动和相关学习者
的聚合最终形成不同的资源形态。

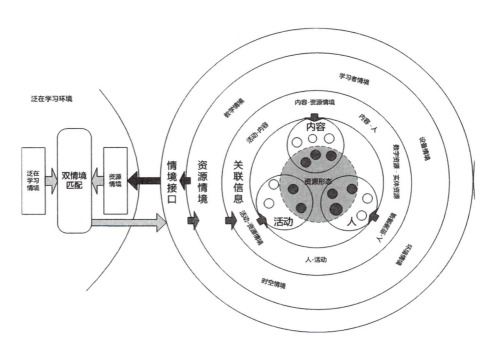

图 3-48　资源聚合模型支持资源聚合的过程及模型各要素间的层次关系

图 3-49 为该资源聚合模型支持下的泛在学习资源在不同情境下的呈现形态。椭圆形表示学习内容片段，圆形表示与该学习资源相关的学习者，菱形则表示学习活动。假设该学习资源是用于支持学习与植物九里香相关知识的资源，学习内容中包括九里香的基本信息、外形特征、生态习性、繁殖方法以及学习九里香外形态特征需要具备的先决知识（叶的结构和花的结构）。当学习者所处的学习情境是情境 A（学习目标：学习九里香的外形特征；学习者：未掌握叶和花的基本知识）时，聚合模块将学习内容关联的资源情境与当前的泛在学习情境匹配后，将匹配成功的基本信息、外形特征、叶的结构和花的结构四部分内容，以及与形态特征关联的可开展的学习活动呈现给学习者，同时从相关的学习者中筛选出在与情境 A 相同或相似的情境下学习过该资源的相关学习者呈现给学习者。当学习者所处的学习情境是情境 B（学习目标：学习九里香的生态习性）时，聚合模块则将基本信息和生态习性两部分内容，以及与生态习性关联的可开展的学习活动呈现给学习者，同时从相关的学习者中筛选出在与情境 B 相同或相似的情境下学习过该资源的相关学习者呈现给学习者。当学习者所处的学习情境是情境 C（学习目标：学习九里香的外形特征；学习者：已掌握了花的结构，未掌握叶的结构）时，聚合模块则将基本信息、外形特征和叶的结构三部分内容，以及与外形特征关联的可开展的学习活动呈现给学习者，同时从相关学习者中筛选出在与情境 C 相同或相似的情境下学习过该资源的相关学习者呈现给学习者。

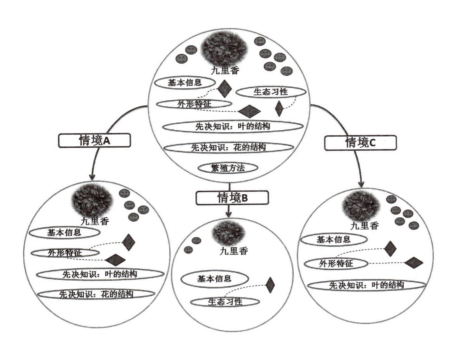

图 3-49　资源聚合模型支持下的泛在学习资源在不同情境下的呈现形态

二、 资源情境模型及本体建模

资源情境是资源聚合的重要依据，是资源聚合模型中的关键要素。泛在学习者所处的情境是动态的、多变的，相同的资源可以在不同的情境中应用，但学习资源只有在适合的情境下才能有效支持学习。资源情境信息要素是复杂多样的，影响资源发挥效用的信息均可认为是资源情境信息。随着新情境的出现，资源情境也会动态变化。由此可见，资源情境具有复杂性、动态性等特点。为了更好地获取与情境高度匹配的学习资源，需要一个共享的描述框架来规范资源情境的描述。由于资源情境的复杂性和动态性，资源情境描述框架应能支持对资源情境的全面、动态描述。

元数据规范是常用的描述和表征学习资源的方法。不同的学习资源可采用不同的元数据标准描述。目前描述数字化学习资源的代表性元数据规范是"都柏林核心元数据"（简称 DC）和"学习对象元数据"（简称 LOM），它们为资源的查找、检索和重用提供了支持。DC 使用题名、主题、描述、类型、格式、标识符、创建者、日期、来源、语种、关联、覆盖范围、出版者、其他责任人和权限 15 个元素对学习资源进行描述。LOM 则从基本信息、元-元数据、技术、教育、关系、权限、生命周期、注释和类别 9 个维度对学习资源进行描述，虽然教育维度包含了情境（context）要素，但该情境要素是指学习对象适合使用的笼统的大环境或大场景，如学校、高等教育、培训等。且 DC 和 LOM 采用的是静态的描述方法，难以支持资源情境的动态变化。由此可见，上述两种学习资源描述均难以支持对资源情境的全面、动态描述。

学习元平台研究团队从已有的学习情境研究出发，分析影响泛在学习资源有效应用的资源情境要素，进而构建资源情境描述框架。如图 3-50 所示，从教学情境、学习者情境、环境情境、设备情境和时空情境 5 个维度描述资源情境。教学情境是指学习资源的教学特性，学习者情境是指适合使用该学习资源的学习者的个人特征，环境情境是指学习资源被有效使用时所处的环境，设备情境是指支持学习资源运行的学习设备的情况，时空情境是指学习资源能有效发挥效用的最佳时间和空间。

图 3-50　资源情境描述框架

（一）教学情境要素

教学情境是指学习资源的教学特性，即学习资源可支持的教学目标。从教学者或资源创建者的角度看，学习资源的组织是为一定的教学目标服务的，他们总是根据不同的教学目标来组织学习资源。资源不仅是知识的载体，更是教学策略的主要体现。因此，学习资源自被创建起就具有了一定的教学特性，这种特性主要表现在该资源支持的教学目标方面。而从学习者的角度看，学习资源是知识的载体，是为一定的学习目标服务的。学习资源的教学目标与学习者的学习目标对应时，才能有效发挥学习资源本来的作用。因此，我们用教学情境来描述学习资源的教学特性，即学习资源支持的教学目标。

目前的数字化学习资源管理平台常用人工输入的方式来描述资源的教学目标。这种非结构化的描述方式使得教学目标的概括性较低，形式多样、复杂[1]，导致系统常常难以发现支持相同教学目标的学习资源。因此，需要采用统一的方式来描述教学目标。在已有的教学目标研究中，布卢姆的教育目标分类理论是目前应用最为广泛的对目标进行结构化描述的方法。因此，我们采用布卢姆的教育目标分类框架来对学习资源的教学目标进行结构化描述。

根据安德森（L. W. Anderson）等人 2001 年在《面向学习、教学和评价的分类学——布卢姆教育目标分类学的修订》一书中提出的布卢姆教育目标二维框架[2][3]，教育目标可从"知识"和"认知过程"两个维度进行描述（见图 3-51）。"知识"维度是指教师想要传递的知识内容，可分为事实性知识、概念性知识、程序性知识和元认知知识四类。"认知过程"维度则分为记忆、理解、应用、分析、评价和创造六大类。

①　王瑞霞：《布卢姆教育目标分类理论新发展及其教学意义》，硕士学位论文，华东师范大学，2007。

②　L. W. Anderson，D. R. Krathwohl，P. Airasian，et al.，*A Taxonomy for Learning，Teaching and Assessing：A Revision of Bloom's Taxonomy*，New York，Longman Publishing，2001.

③　D. R. Krathwohl："A revision of Bloom's Taxonomy：An Overview，"Theory into Practice，41（4），2002.

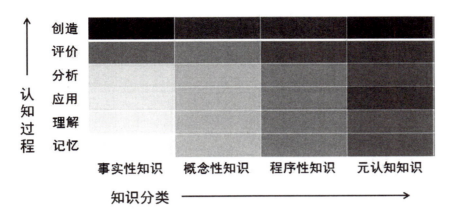

图 3-51 　布卢姆教育目标分类

综上所述，教学情境可采用知识点和认知行为两大要素表示，知识点是指资源传递的知识，认知行为是指资源支持的知识认知过程，分为记忆、理解、应用、分析、评价和创造六大类。

（二）学习者情境要素

学习者模型是用来规范学习者信息的一种方式，在 e-learning 研究领域，尤其是个性化学习、自适应学习等领域，学习者模型受到广泛重视。

一些研究机构已构建了一些有影响力的学习者模型。例如，学习技术委员会 IEEE-LTCS 在 IEEE1484.2 中提出的学习者模型规范，美国国际学习协会在教学管理系统（IMS）规范中提出的学习者模型，以及我国的教育部教育信息化技术标准委员会 CELTSC 制定的《学习者模型规范 CELTS-11》。其中《学习者模型规范 CELTS-11》将学习者信息分为个人信息、学业信息、关系信息、偏好信息、作品集信息、安全信息、管理信息和绩效信息八大类。一些研究者也对学习者模型提出了自己的看法。例如，刘晓东将学习者基本信息、知识基础、学习风格和认知能力作为描述学习者的四个方面。

我们认为学习者情境是指适合使用学习资源的学习者自身具有的影响其与学习资源交互以及学习效果的要素。在现有的学习者信息模型的基础上，我们抽取出能够影响学习者学习的信息要素，将这些要素作为学习者情境的要素，包括专业、职业、学习兴趣、学习风格、至少要具备的知识基础和最低的认知能力。

专业、职业、学习兴趣属于学习者的个人基本信息范畴，也会对学习资源的效用产生一定的影响。例如，有些学习资源是专为某个专业的学习者提供的，有较多的专业术语，需要较多的专业基础知识；有些学习资源是专为某些职业的学习者提供的，有较多职业领域的术语、常识等。学习兴趣是指学习者偏好的学习主题，通常与知识领域相关，以关键词的形式表现。从学习资源的角度来看，该情境要素可以解释为：该学习资源最适合于某些专业或职业、对某些知识领域感兴趣的学习者。

学习风格目前还未有统一的分类。不同研究者从不同角度对学习风格的类型进行了划分，其中应用较广的是 Kolb 学习风格分类和 Felder 学习风格分类。Kolb 学习风格分类主要是从学习过程周期的角度对学习风格进行划分，包括聚敛型、发散型、同化型和顺应型[1]；Felder 学习风格分类则从教学的角度将学习风格划分为四组，每组有两种对应的学习风格，分别是：活跃—沉思型、视觉—语言型、感觉—直觉型和顺序—全局型[2]。鉴于 Felder 学习风格分类在目前 e-learning 领域中得到较为广泛的应用，且有专门的学习风格量表可对学习风格进行测量，所以本研究中的学习风格也采用这种分类方法。从学习资源的角度来看，该情境要素可以解释为：该学习资源最适合于某种学习风格类型的学习者。

知识基础，指学习者在学习当前内容前，必须掌握的先决知识。

认知能力，指人脑储存、提取和加工信息的能力，可从低到高依次分为识记、理解、应用、分析、综合、评价六个水平。认知能力水平可通过一定的测量方法进行评估，但由于人的生理和心理是随着时间不断发展的，认知能力会随着时间而不断变化，因此，认知能力水平的测量结果只能在一定时间范围内有效。借鉴刘晓东的思路，我们采用认知水平和测量时间两个要素来表示认知能力。认知水平即采用上述的六个等级划分。从学习资源的角度来看，该情境要素可解释为：只有具备了一定认知能力的学习者才能从该学习资源中获得真正的学习。

我们从学习者获取学习资源的过程来分析学习设备中对学习者获取学习资源有决定性影响的因素。学习者获取学习资源的过程是这样的：学习者需要使用学习设备通过一定的网络向服务器发送学习资源请求，服务器获取请求后将合适的学习资源通过网络发送到学习设备上，学习设备接收到返回的数据后，学习资源在操作系统和应用软件的支持下将信息呈现给学习者。从上述过程中可以发现，学习设备的网络条件、操作系统和应用软件是保证学习资源可被学习者获取的必备条件。

因此，设备情境中必须包括网络条件、操作系统和应用软件三个要素。其中网络条件涉及设备连接的网络类型和带宽。操作系统和应用软件是设备的软件参数。由于操作系统和应用软件的多样性，故将它们进行分类，同类的操作系统或应用软件能够支持相同媒体类型的学习资源。目前常见的操作系统类型有 Windows、Linux、Android、Mac OSX、iOS 等。应用软件常常是用来支持不同媒体类型的学习资源的运行的，不同媒体类型需要不同软件的支持。因此，我们以软件支持的媒体类型为划分标准，将应用软件进行分类。常见的应用软件类型有浏览器、视频软件、音频软件、Flash 软件、PDF 软件、图片支持软件、专用客户端等。

---

① D. A. Kolb, *Learning Style Inventory*, Boston, McBer, 1985.

② R. M. Felder & L. K. Silverman, "Learning and Teaching Styles in Engineering Education," *Engineering Education*, 78(7), pp. 674-681.

此外，设备类型、屏幕尺寸、分辨率、处理能力、存储能力、电量供应等也是研究者们提及的学习设备对学习的影响因素。虽然随着技术的快速发展，学习设备都是高分辨率的，屏幕也越来越大，处理能力、存储能力都大大增强，使得这些因素对学习资源使用的影响越来越小，但由于不同设备类型、屏幕尺寸对资源的运行支持方式、布局策略均有显著影响，能直接影响学习资源的呈现，且它们造成的影响是可以通过改变资源的组织或呈现方式进行弥补的，因此，在设备情境方面最受关注的是设备类型和屏幕大小。其他的参数，如分辨率、处理能力、存储能力、电量供应等可作为扩展要素，在少数对学习资源呈现或交互等有较高要求的情况下由资源创建者根据具体需要自行添加。

综上所述，设备情境要素包括硬件参数、软件参数、网络参数三方面。其中硬件参数主要涉及资源在运行的设备类型和适合的最小屏幕尺寸，软件参数涉及操作系统和应用软件。操作系统是指可以支持学习资源正常运行的操作系统。应用软件是指学习资源运行所必须的应用软件，不同类型的应用软件支持不同媒体类型的学习资源。网络参数涉及支持学习资源的获取和运行的设备所需要连接的网络类型和最低的网络带宽。

(三)环境情境要素

环境情境是指影响学习资源被学习者有效使用的环境因素。这里的环境包括物理环境和社会环境。

物理环境，指影响学习资源被使用的物理空间要素。物理环境要素有很多，只要是在物理空间中的一切信息都可以看作物理环境要素。而我们只关注物理环境中那些总能够影响绝大部分学习资源发挥效用的、可测量的要素。

光线，是指学习者学习时的光的强弱，它直接影响了学习资源中的信息向学习者传递的效果，间接影响了学习者的学习。一般用光线强度来表示。

噪声，是指学习者周围的声音干扰程度，它同样影响了学习者对学习资源信息的接收和"消化"，间接影响了学习者的学习。一般用噪声水平来表示。

其他的物理要素(温度、湿度等)，只在少数情况下影响部分学习资源的使用，故不列入环境情境中。例如，一些化学药品只有在一定的温度或光线条件下才能被使用，一些仪器不适合在湿度过大的条件下使用等。这些要素可在少数情况下作为扩展要素，由资源创建者根据需要进行扩展。

社会环境是指学习资源被使用时所处的社会活动环境，指向的是环境的社会属性。不同的社会环境会间接影响学习者对学习资源信息的接受，如在开会时，视频和音频类资源不利于学习者对信息的获取，而在一些宗教活动中，不适合为学习者提供与宗教禁忌相关的学习资源等。从这个角度，社会环境分为对学习者活动有要求的环境，即限制性环境，以及对学习者活动没有要求的环境，即非限制性环境。限制性环境是指对学习者行为有一定的规范要求以免对他人造成干扰，如在自习室，要求学习者不能发出较大的声音等。非限制性环境是指对学习者的一般行为没有限制的环境，如在家里。环境情境关心的是可能对学习者使用学习资源进行学习造成影响的环境方面的因素，故我们关心的只是学习者被限制的学习行为，即学习资源在学习者哪些学习行为被限制的情况下难以发挥学习效用。

根据上述分析，光线、噪声、限制行为是环境情境中最为重要的要素，其中光线、噪声属于环境的物理特征，指学习资源有效使用时对光线和噪声的最低要求，被限制的学习行为属于环境的社会特征，是指学习资源在哪些学习行为被限制的条件下难以有效支持学习，即这些学习行为是学习资源能有效支持学习的必需行为。其他要素，如温度、湿度等则是环境情境的可选要素，可由资源创建者进行扩展。

（四）设备情境要素

设备情境是指影响学习资源被学习者有效获取和使用的学习设备方面的因素。学习设备是学习者与学习资源交互的前端环境。数字化学习资源总是要借助一定的学习设备才能被学习者所使用。因此，学习设备是学习者获取学习资源的重要工具，它决定了学习资源最终是否能被学习者所获取。

（五）时空情境要素

时空情境是时间情境和空间情境的统称。泛在学习者利用泛在网络可随时随地获取学习资源，这里的学习资源包括数字化学习资源和实体资源。在传统的 e-learning 学习中，时空情境极少受到研究者的关注，这是因为数字化学习资源的学习效用一般不受时空影响，即不管什么时间、什么地点，只要学习资源传递的知识与学习者需求的知识相符合且能被学习者所获取即可。但在泛在学习中，数字化学习资源往往与特定时空中的实体资源关联，时间和空间要素也就影响了数字化学习资源的应用效果。

例如，学习者要学习萤火虫的行为特征方面的知识，在传统的 e-learning 中，学习者只是利用与萤火虫行为特征知识有关的数字化学习资源进行学习，学习的时间和地点一般不会对学习有很大影响。但对于泛在学习者来说，更好的学习方式是通过观察真实的萤火虫的行为并结合数字化学习资源来学习。由于萤火虫往往在夜晚特定的地理环境中才能观察到，因此，数字化学习资源能否发挥最佳学习效用则与学习者使用学习资源的时间和空间有关。也可以说，时空情境是数字化学习资源与实体资源关联的情境。

时间情境是指学习资源能发挥最佳学习效用的时间。对于时间的描述，除了绝对时间（年、月、日、时、分、秒）外，还可从不同角度来表述时间，如季节、学期、节气等，但这些都需要绝对时间作为基础。考虑到不同背景的泛在学习者对时间的划分不同，这里我们使用绝对时间来描述时间情境。由于绝大多数学习资源发挥最大效用的时间总是某一段时间，而不是某个时刻，因此，使用开始和结束时间来表示这个时间段。

空间情境是指与数字化学习资源对应的实体资源所在的空间。空间情境也可称为位置情境。虽然泛在学习者的学习可以发生在任何空间位置，但在不同的空间位置中，学习者所能获取到的资源是不同的。因此，位置情境与资源选择有密切关系，是情境研究中的重要内容。与时间情境类似，位置情境的描述方式也多种多样，例如经纬度的绝对位置、室内室外相对位置、2D位置、3D位置等。由于数字化学习资源本身不可能知道在哪个空间中存在着与自身相关的实体资源，它与实体资源的关联是靠人构建的。从人的角度来看位置信息，绝大多数人是通过空间中的建筑物特征或地址来表述某个空间位置的，而不会用经纬度来表示，且人也不可能知道某个实体资源存在的精确点，往往是一个模糊的范围。例如，A问B哪有斑马，B往往会说某动物园（或该动物园的地址）有斑马而不会说某经度某纬度有斑马，而该动物园（或该动物园的地址）对A来说是可以理解的，但对经纬度则是不理解的。但是对于机器来说，任何关于地理位置的表述都必须转换为绝对位置才可被其识别。因此，我们采用地理位置、建筑物特征和地址三个要素来描述空间情境。

综上所述，我们构建了泛在学习资源情境信息模型，如图3-52所示。

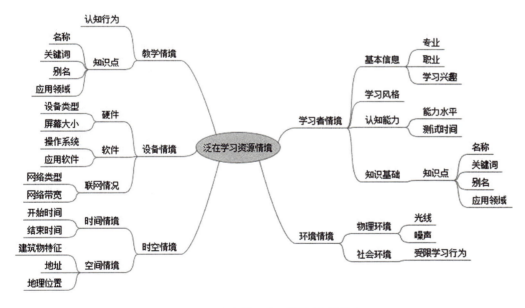

图 3-52 泛在学习资源情境信息模型

（六）资源情境本体建模

情境模型描述了情境要素及要素间的关系，是情境获取、聚合、推理等的重要基础。目前在泛计算领域中已有了多种情境建模的方法，包括键值表示法、标记表示法、图形模型、面向对象模型、基于逻辑模型和本体模型。学习元平台采用本体模型的方法来进行资源情境建模，采用 OWL-DL 作为本体描述语言，选用 Protégé 设计开发情境本体框架，主要步骤如下：

（1）查找、借鉴已有的、开放的相关本体；

（2）根据前文确定的资源情境的分类，以及每个子情境类别的元素与关系来确定资源情境本体中必需的类和层次；

（3）定义对象属性来描述实体间的关系；

（4）定义类的数据属性，设置允许的数据类型的约束条件；

（5）创建类的实例。

需要说明的是，学习元平台构建的资源情境本体框架是描述资源情境的通用框架，只列出那些在大多数情况下会影响大部分学习资源应用效果的情境要素。但该框架具有扩展性，可支持情境类别和属性的扩展，进而可支持对所有资源情境的描述。同样，由于该框架考虑到大多数学习资源的应用情况，因此，框架中有些要素有可能不是所有学习资源情境描述中都需要的。也就是说，并不是每次对资源情境的描述都必须用到该框架中的所有要素，而只需描述那些对学习资源的应用起到影响作用的情境要素即可。假设一个学习资源只是在面对不同专业的学习者时发挥的效用不同而不受其他方面的影响，则在描述资源情境时，只需强调学习者情境中的"专业"要素即可，无须强调其他情境要素，即默认该资源情境的其他要素为"均适用"。资源情境本体的顶层类结构如图 3-53 所示。

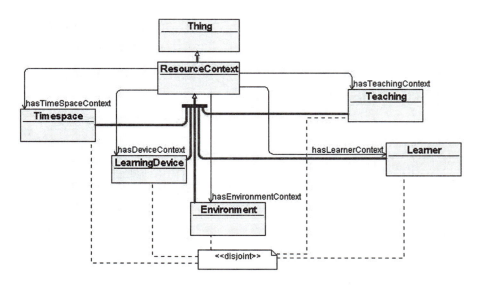

图 3-53　资源情境本体的顶层类结构

三、 学习元平台中情境化适应性资源聚合

(一)资源情境标注

资源情境是指学习资源可发挥效用的情境，它往往是由资源创建者预设的，但随着学习资源在新情境中的使用，资源情境也将动态变化。从资源情境标注的准确性和用户体验两方面考虑，在资源情境本体框架的基础上，采用手动和自动相结合的方式对资源情境本体属性进行属性值标注，从而实现对资源情境的动态描述。具体思路如图 3-54 所示。

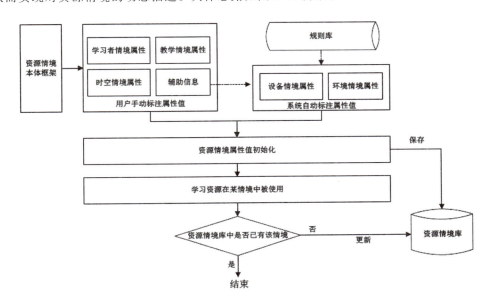

图 3-54　资源情境标注过程

资源情境标注分为两个阶段：资源情境初始化和资源情境更新。

资源情境初始化　在资源创建时，创建者根据系统提供的资源情境本体框架对资源情境的部分属性值进行手动标注，包括学习者情境属性、教学情境属性和时空情境属性，并提供一些辅助信息来支持系统的自动标注。系统根据创建者提供的信息，结合推荐规则对资源情境其余的属性值进行自动标注，从而完成资源情境的初始化，并将资源情境信息存入资源情境库中。

资源情境动态更新　学习资源在某情境中被使用后，系统则自动判定该情境是否已经存在于资源情境库中，若不存在，则认为该情境是学习资源的一个新的应用情境，将其存入资源情境库中，从而实现资源情境的动态更新。

虽然创建者可以对每个学习内容进行情境标注，但并不是必须对每个学习内容都需要进行情境标注。学习内容被创建之初，系统默认所有学习内容均适用于所有情境。因此，创建者若没有对某内容进行标注，那么该内容将被系统默认为适合任何情境，在进行内容聚合时，直接将该段内容纳入到聚合结果中。而对于被标注了资源情境信息的内容，创建者标注的情境信息中若有一

些情境属性没有被赋值（被标注），则系统默认该属性对内容的效用没有影响，在聚合内容时不考虑该情境要素。

1. 手动标注

创建者手动标注的情境信息主要是学习者情境信息、教学情境信息和时空情境。这三部分信息也是创建者最为熟悉的信息。而对于环境情境和设备情境，创建者则仅需提供一些辅助信息，如学习资源适合的环境情况以及段落内容包含的知识对象的多媒体类型。系统可利用这些辅助信息对其他情境属性值进行自动标注。由于时空情境和环境情境的信息量较少，且为了让用户更好地理解，系统中将它们统称为环境情境。

2. 自动标注

系统自动标注的信息主要是环境情境信息和设备情境信息。系统自动标注主要是基于资源创建者提供的辅助信息，利用推理规则来实现的。

在环境情境方面，系统需要标注的是物理环境中的光线、噪声和社会环境中行为要求。系统将光线强弱和噪声水平均划分为低、中、高三级。环境情境的推理规则及其解释如表 3-5 所示。

表 3-5　环境情境推理规则及其解释

情境属性	规则	解释
光线 （低、中、高）	IF 内容的媒体类型仅为音频 THEN 光线强度＞＝低 ELSE 光线强度＞＝中	若内容的媒体类型仅为音频，则认为该内容适合在任何光线条件的环境中被使用； 否则，内容适合于光线水平在中级以上的环境中被使用
噪声 （低、中、高）	IF 内容适合的环境＝"安静" THEN 噪声水平＜＝低 ELSE IF 内容适合的环境＝"正常" 噪声水平＜＝中 ELSE 噪声水平＞＝低	若内容适合于"安静"环境，则认为该内容适合在噪声水平在低级及以下的环境中被使用； 若内容适合于"正常"环境，则系统认为该内容适合在噪声水平为中级及以下的环境中被使用
限制行为 （听、说、读、写、看）	IF 内容包含音频 THEN 限制行为＝"听" IF 内容包含视频 OR 动画 THEN 限制行为＝"听"OR"看" IF 内容包含文字 OR 图片 THEN 限制行为＝"看"	若内容包含音频对象，则内容不适合在禁止"听"的学习行为的环境中被使用； 若内容包含视频或动画对象，则内容不适合在禁止"听"和"看"的学习行为的环境中被使用； 若内容包含文字、图片，则内容不适合在禁止"看"的学习行为的环境中被使用

在学习设备情境方面，系统主要根据常见的媒体类型来进行推理，推理规则及其解释如表 3-6 所示。随着移动设备的发展，设备的尺寸越来越多，设备尺寸对学习内容呈现的影响也越来越小，故系统默认学习内容适合在所有尺寸的设备上呈现。因此，系统要获取的是设备类型、操作

系统、应用软件、网络类型和带宽这几个设备情境属性的信息。

表 3-6　设备情境推理规则及其解释

情境属性	规则	解释
设备类型	IF 内容包含 Flash THEN 设备类型＜＞"Mac"OR "IPONE"OR"IPAD"OR"IPOD"……	当内容包含 Flash 对象时，则内容不适合在苹果公司开发的设备上呈现
操作系统	IF 内容包含 Flash THEN 设备类型＜＞"Mac OSX"OR "iOS"…	当内容包含 Flash 对象时，则内容不适合在安装了苹果公司开发的操作系统的设备上呈现
应用软件	IF 内容包含视频 THEN 应用软件＝"视频播放类" IF 内容包含音频 THEN 应用软件＝"音频播放类"OR "视频播放类" IF 内容包含 Flash OR PPT OR PDF THEN 应用软件＝"动画播放类"	当内容包含音频类对象时，则内容需要在安装了音频播放类软件或视频播放类软件的设备上才可以被使用； 当内容中包含 Flash、PPT 或 PDF 等类型的对象时，则内容需要在安装了动画播放类软件的设备上才可被使用
网络类型	IF 内容包含视频 THEN 网络类型＝"有线网"OR"Wi-Fi"OR"4G"	若内容中包含视频时，则需要设备连接上有线网、Wi-Fi、4G 等类型的网络
带宽	IF 内容包含视频 THEN 带宽＞＝中	若内容中包含视频时，则需要在连接了中上水平的带宽的设备上才可被使用

（二）泛在学习情境感知

在泛在学习中，要为学习者提供与情境需求高度匹配的学习资源，不仅需要资源情境，还需要感知学习者在泛在学习环境中所处的具体学习情境。

1. 泛在学习情境要素

泛在学习情境从学习需求、学习者、环境、设备和时空五个维度来描述，图 3-55 所示是一种可扩展的泛在学习情境信息模型。

学习需求　主要是指学习者的学习目标，使用知识点和认知行为两个要素来分别表示学习者当前想要获取的知识，以及想要达到的对该知识的认知程度。

学习者情境　表示当前学习者具有的一些对学习效果有影响的特征信息，包括专业、职业、学习兴趣等基本信息，也包括学习风格、认知能力和知识基础等信息。

学习环境情境　指当前学习者所处的环境中可能对大多数学习者的大多数学习均有较大影响的要素，包括光线、噪声以及受限的学习行为。

学习设备情境　指学习者使用的学习设备具有的一些影响学习的要素，包括设备的类型、屏幕的大小、安装的操作系统和应用软件，以及设备已连接的网络类型和网络带宽。

时空情境　指学习者当前的学习时间和学习者所处的空间。其中空间信息可采用空间中建筑物特征、地址、地理位置进行表示。

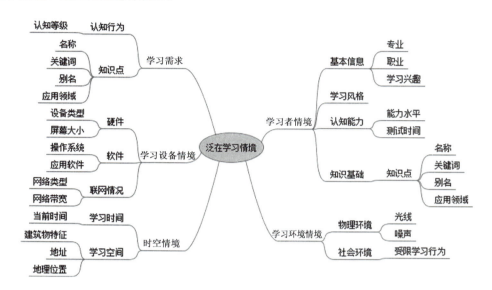

图 3-55　泛在学习情境信息模型

2. 泛在学习情境语义表征

为了更好地实现情境聚合以及考虑到本体的重用，本研究根据上述泛在学习情境信息模型构建了泛在学习情境本体框架，同样也用 OWL 语言对泛在学习情境进行描述。泛在学习情境本体框架与资源情境本体框架相比，两者的差异主要在于学习需求类和教学情境类，以及学习时间类。虽然泛在学习情境中的学习需求类和资源情境中的教学情境类概念名称不同，但由于它们的属性都相同，故从概念属性相似度的角度来看，它们实际上是相同的，只是由于角度的不同而有了不同的名称。泛在学习情境中的学习时间只有一个当前时间的对象属性来表示当前的学习时间，资源应用情境中的学习时间是以开始和结束时间两个对象属性来表示学习资源可用的时间的。

为了更好地实现本体共有以及后续的双情境本体匹配，本研究在支撑系统中将资源情境本体和泛在学习情境本体合并，构建了一个统一的情境本体库，本体库中包含了资源情境本体和泛在学习情境所涉及的类、属性、实例等。

3. 泛在学习情境信息获取

在支撑系统中，主要采用用户手动输入和系统自动获取相结合的方式来获取学习者当前的学习情境。不同情境信息采用不同的获取方式。

学习者情境信息 系统自动获取。由于该支撑系统是建立在学习元平台上的，学习元平台中存储了与学习者相关的各种信息。学习者情境中的专业、职业、学习兴趣、知识基础均可直接从学习元平台的学习者数据库中获取。学习风格可采用 Felder-Silverman 学习风格测量问卷进行测量，认知水平则可采用项目反应理论 IRT 法、认知能力诊断法[①]等方法进行测量。学习风格和认知水平的测量结果在一定时间内相对稳定，可将测量结果作为学习者数据的一部分也保存在系统数据库中，由情境信息获取模块从数据库中直接获取。

学习需求信息 用户手动输入。学习需求即学习目标。由于不同学习者在不同情境下的需求不同，系统不可能猜透学习者的需求。因此，学习需求信息需要学习者自行确定。支撑系统可为学习者提供与周围环境实体对应的数字化学习资源可支持的知识点集合，学习者可从中选择知识点并确定学习目标。此外，学习者也可完全自定义自己的学习目标。

时间情境信息 系统自动获取。学习者学习的当前时间可通过系统直接获取。

空间情境信息 即位置信息。系统自动获取。情境感知模块在 Web 端和移动端采用不同的位置信息获取方式。在 Web 端，系统利用百度地图 Web 服务 API——IP 定位 API 来获取学习者的位置信息。IP 定位 API 是一个能够根据 IP 返回对应位置信息的 HTTP 形式的位置服务接口。系统通过分析获取到的学习者的真实 IP，使用 Java 调用，通过申请的密钥(AK)发送 HTTP 请求来返回 JSON 格式的位置数据，再通过相应的格式转换来获取需要的数据。若学习者认为系统的定位不够准确，也可进行自定义。在 Android 客户端，情境感知模块支持二维码、GPS、无线网络三种方式来获取地理位置信息，当学习者无法使用 GPS 和无线网络时，情境感知模块可利用百度地图 Android SDK 自带的位置文件来获取地理位置信息。当学习者将设备连接上无线网络(无论是否具有 GPS)时，百度地图的 Android SDK 则通过网络向百度定位服务器发送数据，服务器会根据数据进行定位，并将地理位置信息返回给情境感知模块。地理位置信息包括地点名称、经度、纬度等。

环境情境信息 物理环境情境信息可通过各种传感器来直接获取，社会环境情境信息则让学习者自行输入会更加快捷和准确。例如，可以让学习者选择目前无法或不便进行的学习行为。由于环境情境常常处于辅助情境的角色，且目前对环境情境信息获取的研究也较多，考虑到传感器成本较高，同时环境情境对本研究后续要进行的应用实践的影响不大，因此，本研究没有在支撑系统中具体实现对物理环境信息的获取，而是默认学习资源适合在所有的物理环境中使用。

设备情境信息 系统自动获取和用户手动输入相结合。设备情境中的大部分信息都可由系统直接获取，包括设备类型、屏幕大小、联网情况、操作系统等，但由于隐私等原因，系统难以直

---

① 裴雪娇：《适应性学习系统中学习者认知能力诊断方法研究》，硕士学位论文，东北师范大学，2014。

接获取设备已安装的应用软件信息。因此，设备已安装的应用软件信息需要由学习者告知系统，如支撑系统采用为学习者提供常见的支持学习资源运行的应用软件类型让学习者选择的方式来获取设备的应用软件信息。

（三）资源情境与学习情境双情境匹配

资源聚合模型的核心特性之一是双情境适配性，它通过支持双情境匹配来支持实现与情境需求高度匹配的学习资源。采用双情境匹配来实现与情境需求匹配的学习资源的总体思路是：将学习资源中的资源情境与学习者的当前学习情境直接进行匹配，从而获取与当前情境最匹配的资源情境，再利用资源聚合模型中资源情境与学习要素的关联，将与该资源情境关联的所有学习要素进行聚合，从而组成与当前学习情境需求高度匹配的学习资源。由此可见，对于具有资源聚合模型特性的学习资源来说，学习情境与资源情境的匹配是实现与情境需求高度匹配的学习资源的关键。

资源情境本体框架和资源情境信息为实现双情境匹配提供了重要基础。我们采用本体 OWL 语言来描述资源情境和泛在学习情境，采用逻辑推理、基于本体的推理和本体匹配相结合的方法来实现资源情境和学习情境的双情境匹配。逻辑推理是最常用的一种推理方式，它利用输入的信息来触发规则库中的推理规则，从而实现推理。鉴于相同的信息可能同时触发多条规则，因此，需要设定推理规则的逻辑顺序。学习元平台利用本体，通过编写一定的推理规则来实现推理。本体匹配是指通过计算两个本体包含的元素之间的相似度来判断两个本体是否存在语义兼容或映射的方法。[①] 本体匹配分为元素层匹配和结构层匹配。元素层匹配是目前最常用的本体匹配方式，它只计算两个本体对应元素的语义相似度，例如类-类、属性-属性等，而不关注元素的子结构和组件；结构层匹配则仅考虑元素的子结构和组件的相似，是本体某个结构中元素集合间的匹配。由于学习元平台中的资源情境本体树和泛在学习情境树的结构基本相同，故采用属性-属性的元素层匹配的方式，结合一定的规则来实现资源情境与泛在学习情境的匹配。

在资源聚合模型的支持下，实现资源情境与学习情境匹配的总体思路如图 3-56 所示，共有八个步骤：

（1）将资源聚合模型中的资源情境本体框架（树状结构），与外部系统中的泛在学习情境本体框架（树状结构）进行合并，在系统中形态统一的情境本体树 Q；

（2）利用统一的情境本体树 Q，建立资源情境树和学习情境树的节点映射；

（3）系统感知学习者当前的学习情境 CL，并从资源情境库中抽取出一个资源情境 CR，开始进行 CL 与 CR 的匹配；

[①] 关淞元：《本体匹配算法的研究》，硕士学位论文，吉林大学，2009。

（4）计算 CL 和 CR 对应叶子节点的相似度；

（5）基于叶子节点属性的相似度，分别计算 CR 顶层子树与 CL 中对应子树的相似度；

（6）若资源情境库中还存在没有匹配过的资源情境，则从资源情境库中抽取出新的资源情境，重复（3）～（5）步骤，与 CL 进行匹配；

（7）利用系统中设置的情境推理规则，结合顶层子树的相似度，对资源情境进行排序；

（8）根据排序结果确定与当前学习情境 CL 最匹配的资源情境。

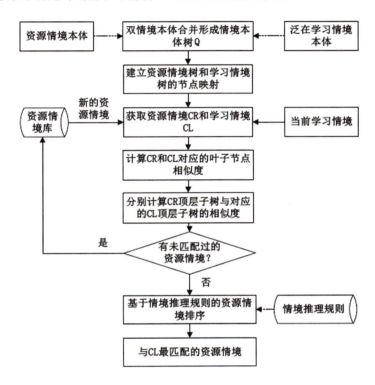

图 3-56　双情境匹配的总体思路

（四）资源聚合

1. 两种资源聚合

学习元平台设计实现了两种层次的资源聚合，如图 3-57 所示。

一种是从海量的学习资源库中筛选出能够支持当前情境学习的相关资源集合来帮助学习者快速了解和获取环境中对其学习有帮助的资源。这种资源聚合有三种情况：第一种，学习者没有具体的学习目标，即聚合时不用考虑教学情境；第二种，学习者不关心数字化学习资源是否与周围实体资源有关联，即聚合时不用考虑空间情境；第三种，学习者有具体的学习目标，且需要与周围环境中可用的实体资源关联的数字化学习资源，即聚合时需要同时考虑教学情境和空间情境，如学习者希望通过观察周围的实体资源（植物）来学习相关知识。

另一种是针对单个学习资源，根据当前情境动态聚合学习资源内部学习要素，使学习资源在

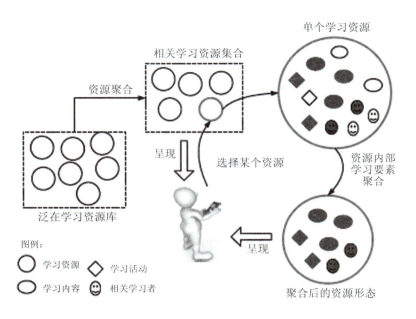

图 3-57　学习元平台中的资源聚合

不同情境下自适应呈现出最合适的资源形态。根据整合情境的多态性泛在学习资源聚合模型，学习资源内部学习要素包括学习内容、学习活动和相关学习者，即聚合时需要同时将满足情境需求的学习内容、学习活动和相关学习者进行聚合，从而形成一定的资源形态。

2. 资源聚合的实现思路

支撑系统中实现资源聚合的策略是在资源聚合模型的支持下，利用资源包含的资源情境和关联信息，以及"资源情境-学习情境"的双情境匹配的结果来实现资源内部学习要素的聚合。学习要素与资源情境的关联信息是存在于资源内部的，是既定的。资源聚合实现思路如图 3-58 所示。

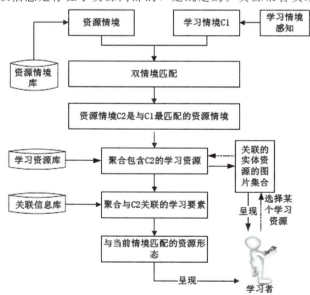

图 3-58　资源聚合实现思路

资源聚合的具体过程如下：

（1）情境感知模块获取到当前泛在学习情境 C1 并传给资源聚合模块；

（2）资源聚合模块将泛在学习情境 C1 与资源情境库中的资源情境进行双情境匹配；

（3）双情境匹配结果发现，与泛在学习情境 C1 最匹配的资源情境是 C2，则利用资源聚合模型，从学习资源库中聚合所有包含资源情境 C2 的学习资源，即是与当前情境匹配的资源集合；

（4）根据步骤（3）得到的学习资源，系统将这些学习资源关联的实体资源的图片集合呈现给学习者；

（5）当学习者选择某个学习资源时，利用资源聚合模型中的关联信息，系统将学习资源中与资源情境 C2 关联的学习要素（学习内容、学习活动、相关学习者）进行聚合；

（6）将由步骤（5）聚合的学习要素构成的资源形态呈现给学习者，该资源形态即该学习资源与当前情境最匹配的资源形态。

第八节　社会性知识库构建方法

开放知识社区不仅为用户的泛在学习提供了知识协同创建、分享、评论等开放性条件，而且为用户间的知识交流提供了沟通渠道，吸引了大量用户参与，发挥集体智慧，促进了知识流通与人际交流。然而，由于存在大量用户和各种类型的用户生成内容资源，传统的基于固定学科分类组织和静态主题分类已经不能适用于开放知识社区用户多样化的资源组织需求，而基于大众分类的资源组织又存在着扁平化、语义模糊等缺点，利用传统的搜索引擎技术无法快速找到用户所需要的人际资源和知识内容资源，这给开放知识社区的资源组织和高效利用提出了巨大挑战。

语义知识库是利用语义技术表征和组织知识，构建知识网络描述知识空间，为实现机器可理解、智能化的知识服务提供数据基础，是当前知识组织的主流技术，为解决网络信息资源知识组织提供了有效途径。知识具有社会性，是以一种社会性、分布式的人及群体智慧的方式存在的。然而，当前主要的语义知识库构建主要关注点是单纯性的知识语义描述，还少有对人和知识之间互动关系的描述，而人和知识间语义关系描述对于社会性资源的组织至关重要。因此，除了知识内容组织外，开放知识社区中知识库构建还需要关注人的组织问题，构建人与知识融合的社会性知识库是开放知识社区中资源组织的内在需求。

一、社会性知识库表征模型

社会知识网络定义为网络泛在学习环境下由人和知识构成的节点以及通过人与知识的学习交互、人与人的学习交互建立起的人-人、人-知识、知识-知识关系构成的复杂网络形态。如图 3-59 所示。

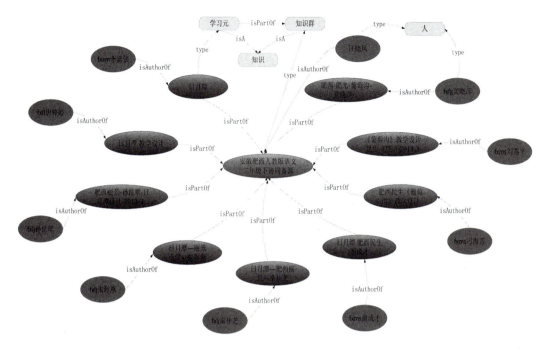

图 3-59　社会知识网络示例

社会性知识库定义为以人、知识及知识与知识、人与知识和人与人关系为核心构成要素，以社会知识网络作为逻辑概念模型，以社会知识网络本体作为知识组织模型，以 RDF 三元组作为存储模型的知识与资源集合。

二、 学习元平台中社会性知识库构建

知识库的构建过程是一项复杂的知识工程，采用单一的人工手动添加方式构建知识库费时费力，采用单一的机器自动构建方式又不能满足社会性知识库构建的自身特点。因此，社会性知识库构建采用了一种将人工手动方式和机器自动构建方式相结合的构建方法。下面介绍学习元平台中社会性知识库的构建过程。

（一）人工方式构建

利用手动方式构建知识间语义关联关系需要在线网络系统支持，为了支持社会知识网络本体中的知识间语义关联关系构建，我们基于学习元平台设计与开发了可视化的语义关联关系支撑系统。系统的主要功能模块包括以下两个部分：可视化关系编辑模块和可视化关系展示模块。如图 3-60 所示。

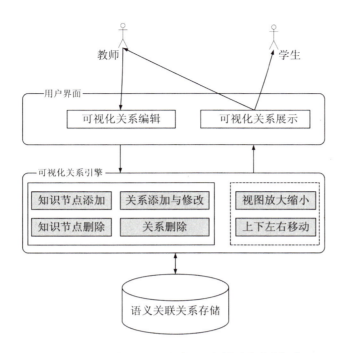

图 3-60　可视化的语义关联关系支撑系统功能架构

1. 可视化关系编辑模块

可视化关系编辑模块的主要功能是提供可视化的语义关联关系编辑，具体包括：知识节点的添加与删除，节点间关系的添加、修改与删除。在关系定义上，系统为用户提供预定义的 30 种语义关联关系，另外还提供了开放关系的建立，如果系统预定义的关系不能满足用户关系编辑需求，用户可以输入新的关系。在关系编辑的资源节点选择上，为用户提供增加节点功能，并提供学习资源的搜索功能。

2. 可视化关系展示模块

可视化关系展示模块的主要功能是提供可视化的语义关联关系展示和交互操作。展示方面提供不同的视图展示形式：树形可视化图和网络可视化图，并支持节点和关系的隐藏和显示。交互操作主要包括：对可视化图的拖动、放大、缩小、上移、下移、左移、右移和图的展示窗口的自适应复原(全景展示)。

3. 系统实现

在学习元知识社区中，知识群是一定主题学习元的聚合，知识群中的学习元间可视化语义关联关系构建的界面实例图如图 3-62 所示。图中展示了"教育测量方法"为主题的知识群中的学习元，灰色图标代表该知识群中的每个学习元。教师用户通过利用鼠标单击"开始可视化语义关联关系编辑"按钮可以开始学习元语义关联关系构建。教师用户通过利用鼠标单击"语义关联关系添加"按钮可以进行语义关联关系构建，利用鼠标拖动的方式对学习元间语义关联关系进行可视化编辑。学习元可视化语义关联关系构建系统为教师用户提供了结构语义型关系和教学语义型关系的分组展示窗口，教师用户可以根据不同的教学目标需求，选择符合目标需求的语义关联关系进行构建，如图 3-61 所示。学习元可视化语义关联关系构建系统为教师用户同时提供了删除与修改操作功能，可以方便教师对关系进行重新修订和组织。

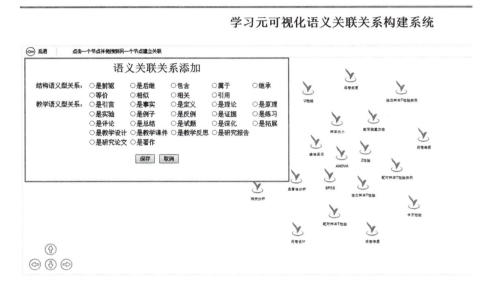

图 3-61　语义关联关系添加

教师可以根据不同的教学组织需求进行语义关联关系的选择。例如，教师可以利用引用、包含、属于等结构语义型关系组织主题型学习资源，还可以利用教学语义型关系组织更多样化的学习资源。从图 3-62 中可以清晰地看出学习元之间不同的语义关联关系，从而为学习者提供了直观清晰的学习资源语义关联关系。

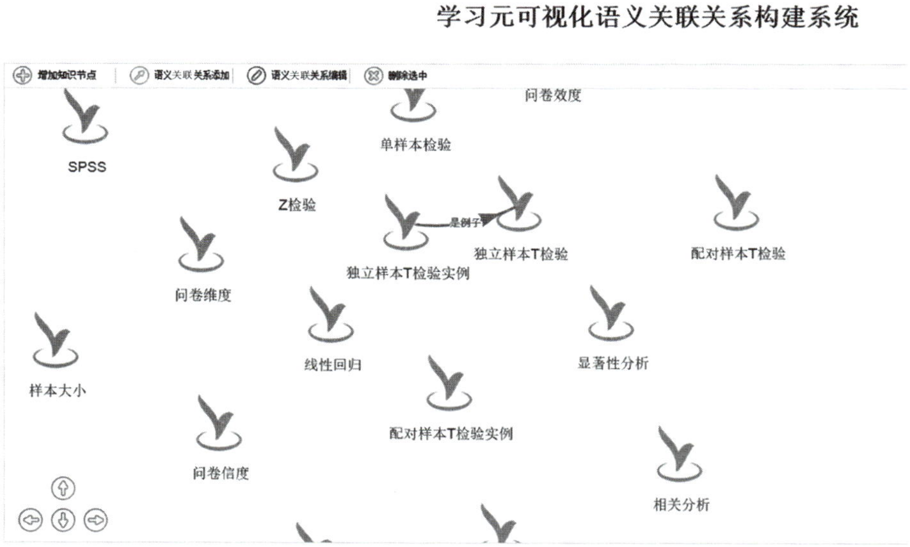

学习元可视化语义关联关系构建系统

图 3-62　构建的学习元语义关联关系示例

另外，可视化系统提供了学习元的快速查找模块，如图 3-63 所示。通过快速查找模块，教师用户可以快速查找相关主题的学习元，从而构建知识间多种语义关联关系。

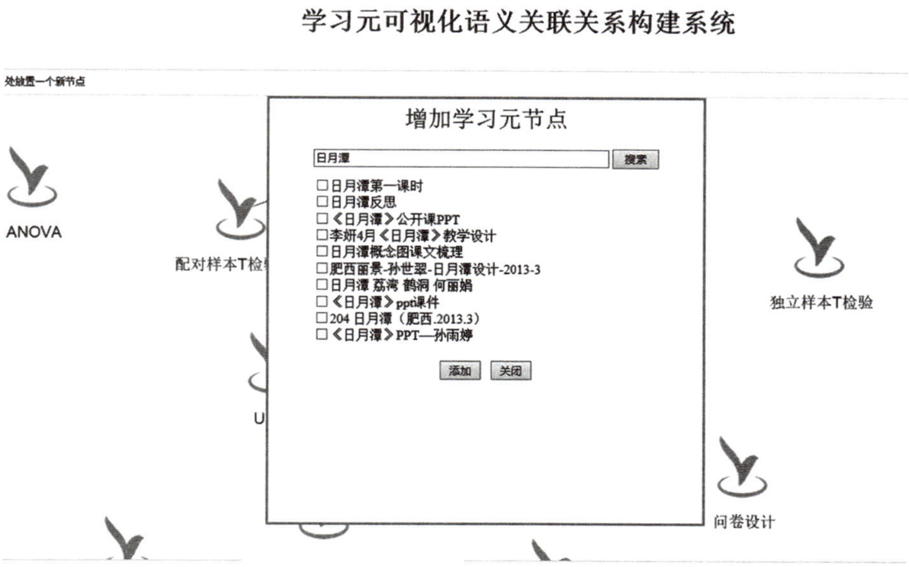

学习元可视化语义关联关系构建系统

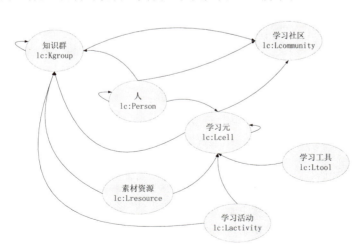

图 3-63　学习元的快速查找模块

（二）机器自动方式构建

学习元平台中机器自动方式构建实现步骤如下。

第一步：学习元本体模型构建。

为了明确表征学习元平台中存在的多种概念及其关系，本研究利用本体构建方法建立了学习元平台本体语义模型。学习元本体模型（learning cell ontology model，LCOM），是描述学习元相关概念及其关系的形式化、明确的说明，其核心视图如图 3-64 所示。

图 3-64　学习元本体模型核心视图

　　利用本体开发工具 Protégé 实现学习元本体，学习元本体概念类和对象属性如图 3-65、图 3-66 所示。其中，图 3-65 中的类 Person、Lcell、Kgroup、Lcommunity、Lactivity、Ltool、Lresource 表示学习元平台中的用户（人）、学习元、知识群、学习社区、学习活动、学习工具、素材资源，同时为表征学习元平台中包含的大量学习交互关系，定义了人与知识的关系类 PKR。PKR 又分为 K2K 类（描述知识与知识关系）、K2P 类（描述人与知识关系）和 P2P 类（描述人与人关系）三个子类，这三个子类又分为多个下一级子类。图 3-66 是定义的学习元本体三种类型的对象属性来描述人与知识的关系类 PKR，其中包括 K2KP（描述知识与知识关系类的对象属性）、P2KP（描述人与知识关系类的对象属性）、P2PP（描述人与人关系类的对象属性），这三个对象属性又分为多个下一级对象属性，例如 createObject 对象属性的域（Domain）为创建关系类 Creation，值（Range）为上述定义的各种资源类。

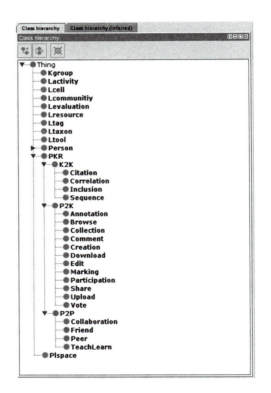

图 3-65　学习元本体概念类

　　另外，目前 W3C 推荐的本体如 DC、SKOS、FOAF、SIOC 等已经非常成熟，并且在各种关联数据集中应用广泛，同时考虑和其他关联数据集的共享和重用，在构建学习元本体模型时也复用了上述成熟的本体概念和属性，如利用 dc：title、dc：description、foaf：Person 来语义化描述资源实体标题、描述和用户，图 3-66 主要呈现了学习元（Lcell）和知识群（Kgroup）的本体对象属性。同时，也定义了学习元的本体命名空间（http：//lcell. bnu. edu. cn/ontologies/lc♯）。

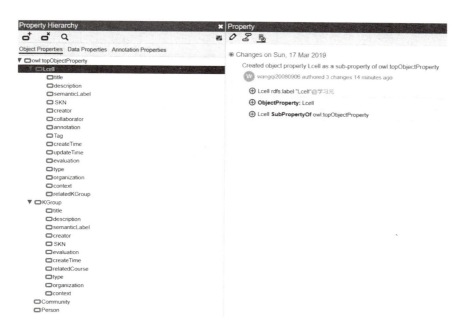

图 3-66　学习元本体对象属性(局部截图)

第二步：学习资源实体命名。

学习资源实体命名是为学习元平台中每个学习资源实体(包括关系实体)定义唯一的资源定位名称 URI，定义学习资源实体的 URI 格式模版如下：

<baseURI>/<className>/<id>

其中，定义的<baseURI>是学习元语义关联数据资源描述统一的基址，具体为 http://lcell. bnu. edu. cn/resource；定义的<className>是实体对应的类名称，对应关系数据库中的表名称；定义的<id>对应表中的主键，这样保证资源的唯一命名(如图 3-67 所示)。一个学习元实体命名的 URI 为：http://lcell. bnu. edu. cn/resource/lcell/132。

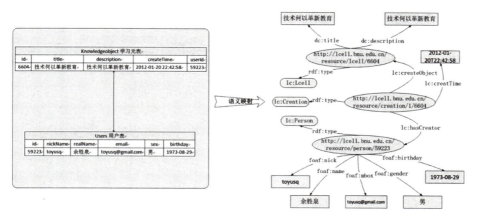

图 3-67　语义映射实例

第三步：实体和关系 RDF 实例化。

实体和关系 RDF 实例化实现是利用轻量级 RDB2RDF 开源软件 db2triples。

生成的社会知识网络 RDF 实例如图 3-68 所示。

```
<rdf:Description rdf:about="http://lcell.bnu.edu.cn/resource/lcell/6604">
    <rdf:type rdf:resource="http://lcell.bnu.edu.cn/ontologies/lc#Lcell"/>
    <description xmlns="http://purl.org/dc/elements/1.1/">技术何以革新教育</description>
    <title xmlns="http://purl.org/dc/elements/1.1/">技术何以革新教育</title>
    <label xmlns="http://www.w3.org/2000/01/rdf-schema#">技术何以革新教育</label>
</rdf:Description>

<rdf:Description rdf:about="http://lcell.bnu.edu.cn/resource/person/59223">
    <rdf:type rdf:resource="http://lcell.bnu.edu.cn/ontologies/lc#Person"/>
    <rdf:type rdf:resource="http://xmlns.com/foaf/0.1/Person"/>
    <gender xmlns="http://xmlns.com/foaf/0.1/">男</gender>
    <name xmlns="http://xmlns.com/foaf/0.1/">余胜泉</name>
    <nick xmlns="http://xmlns.com/foaf/0.1/">toyusq</nick>
    <label xmlns="http://www.w3.org/2000/01/rdf-schema#">toyusq</label>
    <phone xmlns="http://xmlns.com/foaf/0.1/">18601213410</phone>
    <mbox xmlns="http://xmlns.com/foaf/0.1/">toyusq@gmail.com</mbox>
    <birthday xmlns="http://xmlns.com/foaf/0.1/">1973-08-29</birthday>
</rdf:Description>

<rdf:Description rdf:about="http://lcell.bnu.edu.cn/resource/creation/1/23959">
    <rdf:type rdf:resource="http://lcell.bnu.edu.cn/ontologies/lc#Creation"/>
    <createObject xmlns="http://lcell.bnu.edu.cn/ontologies/lc#" rdf:resource="http://lcell.bnu.edu.cn/resource/lcell/6604"/>
    <title xmlns="http://purl.org/dc/elements/1.1/">toyusq创建了学习元技术何以革新教育内容页面</title>
    <label xmlns="http://www.w3.org/2000/01/rdf-schema#">toyusq创建了学习元技术何以革新教育内容页面</label>
    <hasCreator xmlns="http://lcell.bnu.edu.cn/ontologies/lc#" rdf:resource="http://lcell.bnu.edu.cn/resource/person/59223"/>
    <creatTime xmlns="http://lcell.bnu.edu.cn/ontologies/lc#" rdf:datatype="http://www.w3.org/2001/XMLSchema#dateTime">2012-01-20T22:46:3
</rdf:Description>
```

图 3-68   社会知识网络 RDF 实例

第四步：社会知识网络语义模型可视化。

通过上述步骤，实现了社会知识网络语义模型的构建。为了更加清晰地展示社会知识网络中知识-知识、人-知识、人-人之间的明确化的语义关联关系，可选取典型的示例对其进行可视化展示。图 3-69 为在 Protégé 中的 Person 类的 RDF 实例数据可视化结果。

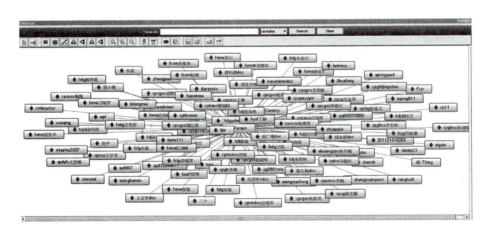

图 3-69   Person 类的 RDF 实例数据可视化结果

三、 学习元社会知识网络导航

在社会性知识库构建的基础上，实现了学习元平台社会知识网络导航可视化服务，包括：知识网络导航视图、人际网络导航视图和社会知识网络导航视图。

（一）知识网络导航视图

知识网络导航视图主要从知识的维度为学习者提供相关知识内容及其语义关联关系。如图 3-70 所示。

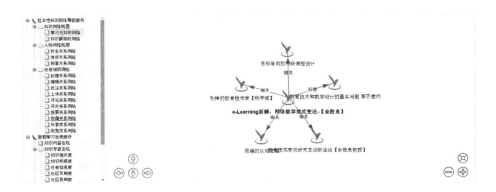

图 3-70 "e-learning 新解：网络教学范式变迁"在学习元维度上的知识关联

(二)人际网络导航视图

人际网络导航视图主要从社会人际的维度为学习者提供相关人际资源及其语义关联关系。如图 3-71 所示。

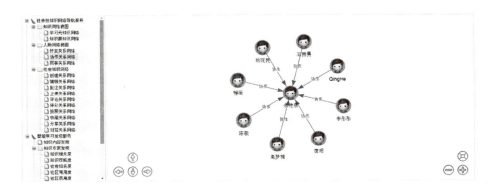

图 3-71 "e-learning 新解：网络教学范式变迁"在协作关系维度上的人际关联

(三)社会知识网络导航视图

社会知识网络导航视图主要从社会人际的维度和知识的维度为学习者提供相关人际资源语义关联关系。如图 3-72 所示。

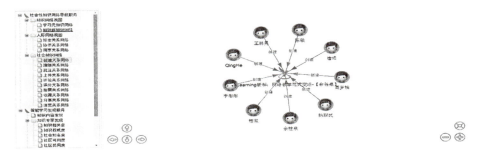

图 3-72 "e-learning 新解：网络教学范式变迁"的创建关系网络视图

第四章
基于学习元平台的微课设计研究

移动互联网、移动终端等技术的快速发展掀起了"微革命"的浪潮，我们已进入了"微时代"。微博、微信、微小说、微访谈、微电影等微时代产物以闪电的速度在社会上普及开来。它们最主要的特征是"内容短小、精悍"，适合在移动终端上展现，适合人们快节奏的生活。移动学习不仅建构了新的学习价值观，也十分迎合现代人的学习口味。移动学习的发展，对传统的课程形式提出了挑战。移动学习要求课程篇幅短小、形式多样，具备灵活性，可以满足学习者片段化、随时随地的学习需求，即学习者可利用生活中零散的时间随时随地开展学习，这种需求让越来越多的研究者关注到了微型课程，即微课。

第一节　微课的误区

随着微课这一概念的走红，越来越多的人问"什么是微课"。但目前微课并无统一的定义，一些学者也仅仅是从不同的角度给出了自己的理解。

胡铁生在国内较早提出微课的概念，他认为微课是"微型教学视频课例"的简称，将微课定义为"按照新课程标准及教学实践要求，以教学视频为主要载体，反映教师在课堂教学过程中针对某个知识点或教学环节而开展教与学活动的各种教学资源有机组合"。[①]

黎加厚认为微课是与"课"相对应的概念，是从翻转课堂中涌现出来的新概念。他根据教学论的系统观，将微课定义为"时间在 10 分钟以内，有明确的教学目标，内容短小，集中说明一个问题的小课程"，主要使用"微视频"作为记录教师教授知识技能的媒体。[②]

焦建利从微课兴起的根源和应用发展来分析，将微课定义为"以阐释某一知识点为目标，以短小精悍的在线视频为表现形式，以学习或教学应用为目的的在线教学视频"，认为它是在线学习实践中极其重要的学习资源。[③]

在国外，与微课有关的名词有 microlecture、minicourse、microlesson 等。Microlecture 的早期雏

---

① 胡铁生：《"微课"：区域教育信息资源发展的新趋势》，载《电化教育研究》，2011(10)。
② 黎加厚：《微课的含义与发展》，载《中小学信息技术教育》，2013(4)。
③ 焦建利：《微课及其应用与影响》，载《中小学信息技术教育》，2013(4)。

形是美国北爱荷华大学的勒罗伊·A. 麦格鲁（L. A. McGrew）所提出的 60 秒课程①以及英国纳皮尔大学的 T. P. 基（T. P. Kee）提出的一分钟演讲②，而与近年国内热议的微课相近的则是 2008 年美国新墨西哥州圣胡安学院的高级教学设计师、学院在线服务经理戴维·彭罗斯（David Penrose）提出的解释，即 microlecture 不是指为微型教学而开发的微内容，而是运用建构主义方法生成的、以在线学习或移动学习为目的的实际教学内容。这些内容是 1～3 分钟、带有具体结构的展示视频。③④⑤

从不同学者对微课的界定中可以看出，目前大多数学者认为微课是针对单个知识点的、短小精悍的、以视频为主的、为教学和学习提供支持的学习资源。这种认识，仅仅强调微课的"微"而忽略了微课的"课"，简单地将微课归于学习资源。如果微课仅仅是资源，这与以前的"积件""课件"又有哪些实质差别？微课本身应该先是一种"课"，在此基础上再强调"微"的特征。此外，由于微课起源的表现形式是短小的视频，目前很多学者认为微课就是微视频，误将微视频视为微课内容的唯一表现形式。微课作为一种课程，根据不同的教学或学习需要，它可以采用多种媒体形式来呈现教学或学习内容，而非仅限定于视频。

因此，我们应该从"课"的角度来理解微课的内涵，在"课"基础上强调"微"。"课"本身不是一种学习资源或材料，而是一种包含了学习内容、活动、评价等要素的教学服务。此外，作为课程，微课的内容表现形式不仅仅局限在视频，还可根据不同课程的需要采用其他多种媒体形式。

第二节　微型课程的结构与特征

我们认为，微课不等于学习资源，它是内容、服务和互动的载体。微课是某个知识点的教学内容及实施的教学活动的总和，包括按一定教学目标组织起来的教学内容，按一定教学策略设计的教学活动及进程安排。

微课不单纯是学习资源，它具有完整的教学结构，包括微型资源、学习活动及其安排、学习效果评价和课程学习认证（见图 4-1），同时微课还承担着一定的教育服务功能，包括能够通过学习资源承载的教学服务从而指向问题解决，以及能够对学习过程提供沟通与支持的服务等。

---

① L. A. McGrew，"A 60-Seconds Course in Organic Chemistry，"Journal of Chemistry Education，70（7），1993.

② T. P. Kee，"The One Minute Lecture，"Education in Chemistry，1995（32）.

③ D. Shieh，"These Lectures are Gone in 60 Seconds，"Chronicle of Higher Education，55（26），2009.

④ 关中客：《微课程》，载《中国信息技术教育》，2011（17）。

⑤ 梁乐明、曹俏俏、张宝辉：《微课程设计模式研究——基于国内外微课程的对比分析》，载《开放教育研究》，2013（1）。

微课 = ⚙ 微型资源 ＋ ⚛ 学习活动 ＋ 📊 学习评价 ＋ ★ 认证服务

因此，微课是在微型资源的基础上附加教学服务的小型化课程，其基本结构包括微型资源、学习活动、学习评价和认证服务四个部分。

一、微型资源

微型资源并不等于微课，而只是微课的一个重要构成要素。微型资源为学习者呈现短小精悍的学习内容，是传递知识的主要部分。在具体教学中，微课讲授的知识点内容呈"点"状，具有碎片化特征。这些知识点，可以是知识解读、问题探讨、重难点突破、要点归纳，也可以是学习方法、生活技巧等技能方面的知识讲解和展示。微课不仅适合于移动学习时代知识的传播，也能满足学习者个性化、深度学习的需求，即学习资源可根据不同学习者的个性化需求灵活地进行组合与定制。具体来说，微课中的学习资源具有以下几方面特点。

(1)教学针对性强，内容少而精。微课学习常常是一种短时间、片段化的学习，学习者往往没有相对完整的、大块的时间来开展学习。过于庞大系统的课程常常让学习者望而却步，因此微课教学内容设计时应遵循少而精的原则。相对于较宽泛的传统课堂，微课的问题更为聚焦，主题更为突出，更为强调解决现实问题。与主题无关的素材会分散学习者的注意力，降低学习效果，因此微课教学内容设计时还应以实用性学习目标为主，以解决实际问题为中心组织学习内容，仅呈现针对某个小知识点或具体问题解决的小型化、针对性的教学内容，包含的学习资源应该围绕某一个中心或主题展开。

(2)教学时间短、容量小。微课的学习应在保证学习效果的前提下尽量缩短持续时间，时长一般为 2～15 分钟，最长不宜超过 20 分钟。学习资源总数据容量一般不超过几十兆，因此在内容设计时，尽可能进行知识点分割，将知识体系划分为小粒度、自包含的组块。

(3)支持多种媒体，但需尽量简化。微课可以通过视频、动画、图片集等其中一种媒体或多种媒体组合的形式进行呈现，而不仅仅是视频。在设计时，在保证学习质量的前提下，应尽量简化媒体表现设计，使用简单而经济的媒体，且由于目前移动终端的丰富性，应尽量使用大部分终端均能播放的媒体，与此同时也要考虑到学习者的偏好，提供多种由单一媒体提供的呈现形式。

(4)内容开放，支持进化控制。Web 2.0 时代是群建共享的时代，提倡利用群体的智慧来促进微型课程的不断完善和进化，应该在课程实施过程中吸收学习者生成的优质内容，允许普通学习者参与到课程内容设计中来，允许学习者对资源内容进行改进与完善。不仅允许任何学习者来创建微课，还允许创建者之外的其他学习者来共同完善、更新微课内容，利用群体的智慧不断促进微课的进化发展。优秀的微课往往是多名学习者协同编辑、共同建设的结果。

（5）多终端显示自适应。微型课程应适用于不同情境、不同设备。因此，其学习内容应可根据不同情境、不同设备对资源的呈现与组织方式等进行自适应调整。微课内容不仅适用于在台式电脑(PC)上进行的学习，还支持在各种移动终端，包括各类智能手机、平板电脑以及专业学习机等开展的移动学习、泛在学习，并能根据不同移动终端以不同的展现形式进行内容的自适应呈现（见图 4-2）。

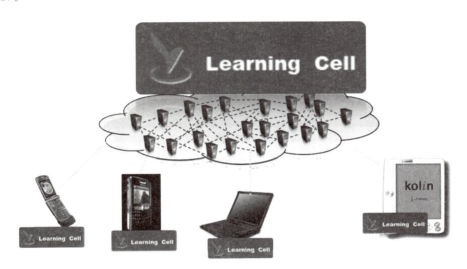

图 4-2　微课的多终端显示自适应

微课应该具备多元格式的特征，设计时应满足不同学习者感兴趣的内容主题和形式，支持个性化的内容表征。移动学习者的注意力、学习动机、兴趣和投入状态均不高，通过设计学习者感兴趣的主题，采用学习者喜好的形式（例如游戏形式等），可以延长学习者的注意力。

（6）通过语义表征结构，散而不乱。微课将教学内容拆分成微小的知识点，所承载的知识较为离散，可能不成体系。这就要求微课采用新的组织和管理方式，而基于语义技术组织微课正是其中一种重要趋势。其实，知识之间都有很强的逻辑关系，如果能够利用语义技术表征这些逻辑关系，将微课通过语义的方式关联起来，就会散而不乱。

二、 学习活动

仅仅向学习者提供学习内容并不能真正促进有效学习的发生，主动产出丰富的、有创意的、支持合作学习的设计需要远远超越编码化知识的吸收。微课不仅支持学习内容的传递，还支持完整的教学结构和学习流程。因此，要实现学习者与微课的双向互动，学习活动是不可缺少的重要部分。

微课设计时关注的不应仅仅是内容，而应更多考虑学习过程，通过对学习过程的一系列学习活动的有效设计，从而支持学习者对学习内容的深度认知。微课的内涵也应从单一的内容扩展到与学习有关的各方面因素，微课的设计也将从面向内容设计转向面向学习过程设计，也就是不仅仅考虑学习内容的多媒体表现形式，更需要考虑如何更好地促进学习者的学习，要按照学习内容的学习过程逻辑，合理安排活动步骤，促进学习者对内容知识的深度加工。

比如著名的"TED-Ed"网站（见图 4-3）中，每个微视频都制作成一个微课程供学习者学习。微课中不仅包含微视频内容，还包含"观看视频（Watch）""思考题（Think）""深入学习（Big Deeper）"三大模块及其他辅助功能。其中，思考题中包含 5 道选择题和 3 道问答题。在选择题中，若用户判断错误时，平台不仅进行反馈，还提供视频回放提示（Video Hint）将学习者引导到视频中与该题目内容对应的视频位置再次观看。此项功能不仅能够较好地实现对视频所学内容的及时反馈，同时也让用户与视频内容之间实现了深度交互。在四大模块中，"观看视频""思考题"和"深入学习"三个模块之间具有较为一体化的界面承接和用户体验，即用户可以边看视频边进行练习测试等。

图 4-3　TED-Ed 的学习活动设计

微课应该在如何学习、积极参与和提供实时反馈等方面为学习者提供选择。每个微课中应该包含与内容相对应的若干学习活动，如讨论交流、投票调查、提问答疑、在线交流、作业提交、六顶思考帽、画概念图、学习反思、练习测试等。这些学习活动为学习者提供了学习支持，促进了学习者与微课的交互，促进了学习者对知识的深入理解与建构。此外，微课还可将学习者与其交互的信息记录下来，进而跟踪用户的学习行为，进一步挖掘用户的学习特征信息，如用户的学习路径、学习时间、学习偏好、学习效果等。

移动学习无论在教学上，还是在移动设备、人际交互方面，均与传统的数字化学习有所不同，因此，在对微课中的学习活动进行设计时，应注意参考以下原则：

（1）简单原则。移动终端的 CPU 处理能力和内存相比个人计算机（PC 端）还是非常有限的，移动学习者的学习时间又是分散的，容易受外界干扰。这些都决定了移动微课的设计必须坚持简单的原则，即界面简洁，操作简单，一个学习活动只承载一个动作，例如听、阅读等。

（2）少输入原则。一键多能是手持设备的共同特点，即便是使用配有外置（专用键盘）的手持设备来输入大量的文字也绝非一件便利的事情。所以在设计移动微课，尤其是交互设计方面时，要尽量减少文字输入。

（3）自然体感交互原则。交互方式的自然性是微课发展的重要方向，即学习者能够方便、自然地与微课进行交互。移动终端要能够准确无误地感知包括自然语言、手势语言、面部表情在内的人类的不同表达方式，实现拟人化的人机交互。未来移动人机界面将更强调自然、高效和智能化。目前，非常有发展前途的终端交互技术包括标记识别技术、语音输入技术和手势识别技术等。自然体感交互可以让学习变得更轻松、更高效、更令人满意，甚至更令人惊喜，从而也会大大促进微课的普及和新学习模式的产生。

（4）学习交互的情境性原则。依据微课应用场景的不同提供自适应的交互方式也是值得关注的发展趋势。如可依据应用场景动态配置键盘，从而保证小键盘同样能操作、控制多样化的应用，这样在手机上做各类选择题目时，就不用担心 ABC 选项的输入问题了，因为系统能自动感知当前的应用场景，并根据场景中的输入需求为学习者提供适宜的输入键盘。

教学本质上是一类活动，其中包含了丰富的教学策略、教学方法以及学生的认知过程。教学要通过安排适当的外部条件与学习者参与的活动来影响和促进学习者的内部心理过程。而思维是活动的内化形式，活动中蕴含了认知过程。"技术"要促进学习者有意义学习的发生，需要突破学习内容对象的范围，从活动的层面提供支持，对内容以及如何学习该内容的学习活动进行整合性设计。因此，微课的设计，要从关注资源的艺术表现力（如何呈现得好看，符合学习者的习惯、认知规律等）到关注资源与学习过程的有机结合，在学习资源开发中注重应用和借助技术体现学习科学的设计原则。未来的微课设计不再仅仅停留于内容的传递，还应包括与内容密切相关的学习活动设计和活动过程记录。

三、 学习评价

丰富多样且满足需求的高质量学习资源、良好的学习支持服务体系以及及时有效的反馈评价是促进学习有效发生的三大主要外部因素。移动学习具有移动性、普及性、个性化、片段化等特性，面向的学习对象能力水平也参差不齐，微课作为支持移动学习的微型课程，除了提供学习资源、学习活动外，还应包含能够对学习过程和结果进行评价的学习评价要素，包括过程性评价、发展性评价、评价及时反馈机制以及融入课程的整体评价。

（1）过程性评价。微课评价的关键是要做过程性评价，不能仅依赖于最后的考试测验，而需要将过程性的评价和结果性的评价相结合，通过内置的学习活动、交互与评价指标，在跟踪用户学习行为、记录用户学习过程信息的基础上，对学习者的学习效果进行评价。由于微课是由内容、活动、服务和评价等具体教育活动组成的，学生学习过程中产生的数据应被记录下来并形成评价方案。例如学习时间、教师要求学生参与的课堂或课后活动等，学生参与微课教学活动留下的过程性数据，可以全面反映学生学习微课的情况。

（2）发展性评价。微课的评价应多元化，即应根据不同学习者的个性化差异采取多种评价方式，包括教师评价、同伴互评和自我评价，实现评价主体多元化。并且，要将评价结果记录到用户的个人学习档案中，从而促进学习者的发展。微课评价需要综合多种因素，评价多元化有益于师生参与热情的提高和评价的客观性。从知识体系构建和更新的角度来看，这种多元化评价方式也可保证教学内容知识的更新和知识点与知识框架的构建。学生参与互评，对微课进行编辑和修改，使微课知识内容生成、进化并不断完善，成为知识进化的一个过程。

（3）评价及时反馈机制。采用及时反馈机制，使得评价内容和结果能及时反馈给学习者，同时允许学习者随时查看评价内容和结果，以促使学习者及时了解自身的学习情况并调整学习策略。

（4）融入课程的整体评价。微课的评价数据应该能够融入课程的整体评价之中。教师应根据教学目标、教学活动来设计自己的教学方案和评价体系。在一个评价方案中，每个知识点占总课程一定的分数比例，知识点分值的设置可根据具体情况来定。同时，根据每个学生的具体情况和每个知识点的得分情况，对于整个课程教学中的每个知识点都有一个过程的考评和测定评价指标，整个学习过程都是应该具有活动自动记录。

四、 认证服务

与传统的一个学期学完一门包含几十个知识点的课程不同，移动学习者往往利用零散的时间来学习，一门微课也往往仅包含单个知识点，因此传统试卷的考核形式并不适合对移动学习者的知识能力水平进行考查。微课应提供专门的、针对移动学习的认证服务。由知识领域的专家或专门认证机构提出认证标准、内容与规范。认证服务可根据认证标准，结合学习者的学习评价结果对学习者进行对应知识、能力水平的认证。认证通过的给予颁发电子认证证书，并纳入到电子学档或学分银行中。该认证证书能说明学习者在某知识、能力方面的水平。在未来，学习者获得多个相关的认证证书后，可申请更高水平的认证，如学历、学位等。

在具体实践方面，微课可借鉴近年来受到极大关注且发展迅速的"大规模开放在线课程"（MOOCs）在认证服务方面的相关思路。目前MOOCs的认证服务主要包括两种：一种是不授予学分，仅提供分数和结业证明，目前大部分MOOCs课程采用的是这种认证模式；另一种是学分认证，已有部分院校对这种认证模式做了尝试。

大多数MOOCs课程采取的是将授课视频切割成众多短小的片段，中间穿插习题和小测验的方式，学习者达到教师制定的标准，就能获得证书。[①] 例如 Mobile Learning（MobiMOOC）依据一

---

① 　王文礼：《MOOC 的发展及其对高等教育的影响》，载《江苏高教》，2013(3)。

定的标准，对积极参与课程的学习者颁发由所有课程指导教师签署的课程证书。[①]

虽然 MOOCs 课程是完全开放的，但有些课程也提供了学分认证。这种学分认证一般与具体的学分授予院校相关。如果在课程的学习过程中严格遵守相关学分授予院校的要求(如通过某些考试、测试等)，是可以获得学分的，如华盛顿大学 2012 年秋季为其 Coursera 课程提供学分[②]。

微课认证的电子证书不仅仅用来证明学习的情况，更应用于表征学习者的知识结构、学习历程、学习状态，用来实现个人知识体系的可视化，为个性化学习内容推荐与学习服务提供前提基础。通过表征不同学习状态的电子证书，可构建个人知识地图，它是基于语义的，由用户个人已掌握的知识以及知识之间的关系所构成的知识网络地图，可以对学习者内部的隐性知识进行揭示。通过知识地图，用户可清晰了解自身已掌握的知识结构，从而为下阶段的学习决策提供依据。知识地图中的知识点将相关资源聚合起来，向用户呈现这些相关资源以及这些资源与该知识点的关系，从而为用户在进行学习资源的选择时提供决策帮助信息。

五、 微课组织

一门课程包括几十个甚至上百个知识点，而一个微课仅承载单个知识点，因此微课相比传统课程来说微小得多。在庞大的微课"海洋"里，学习者容易迷失，更加难以获得所需的知识，因此，以往课程的组织方式已不再满足微课库的需求。在组织微课时还应注意参考以下原则。

(1)语义关联与聚合。微课往往都是针对单一的知识点或主题或问题展开的，单独来看，它所承载的知识是零散的、不成体系的。但知识与知识之间是有联系的，因此，随着语义技术的发展，要通过语义关联技术来表征不同微课之间存在的各种逻辑关系，从而使得多门微课共同构成一定的知识体系，虽然零碎，但不凌乱。利用这些语义关联，不同的微课可根据一定的知识主题进行聚合，形成更大的主题知识单元。这种基于语义的关联与聚合实现了内容从资源组织到知识组织，从线性、树状组织到网状关联的重大转变(见图 4-4)。

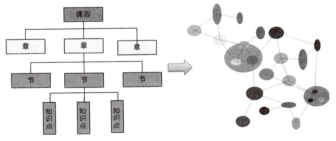

图 4-4 微课的语义组织结构

---

① 李青、王涛：《MOOC：一种基于连通主义的巨型开放课程模式》，载《中国远程教育》，2012(3)。

② S. Downes，"What Connectivism Is,"http://halfanhour. blogspot. com/2007/02/what-connectivism-is. html，2013-07-06。

（2）支持基于情境的结构重组。虽然移动学习的微型课程通常只包含单个知识点，呈现出一种松散的状态，但不同学习资源背后应存在某些关系，这些相互关联的学习资源可根据某一主题进行聚合，从而完成特定的学习目标，使得学习者在学习中形成隐性的连续的知识结构。因此，设计松散、可重组的知识组块将使组块之间可实现方便地、松散地重组，重组后相互关联的知识单元可用于完成某一特定主题的学习。移动学习是基于一定情境下进行的学习，学习的目的与情境密切相关。通过语义关联微课，可实现基于情境的结构适应，实现关联知识与实际情境的紧密联系，为学习者模拟真实的学习情境，或提供真实情境下的案例、应用等，以便学习者将知识与自身经历等建立关联，在较短的时间内理解知识，并将知识运用到现实中（见图4-5）。

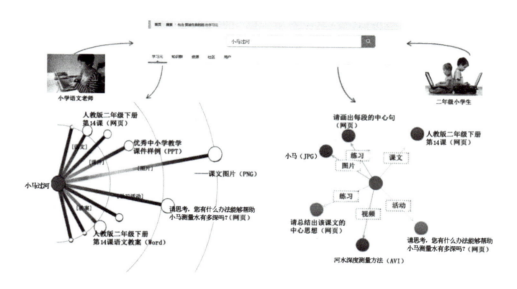

图 4-5　基于学习情境的微课结构重组

（3）以知识为中心，构建社会知识网络。除了传统的学习资源外，人作为知识传播和学习内容来源的管道，也是一种非常重要的学习资源。学习者在学习过程中会与微课形成各种不同的关联，这些关联与微课、学习者共同构成了社会知识网络，以微课为中介点，不同学习者之间形成了各种关联。学习者在学习过程中，可利用这种社会关联，发现其他学习者并与之交流从而获得学习内容。因此，微课除了承载已有的学习内容外，还具有社会性特征，能为学习者提供获得学习内容的社会性渠道（见图4-6）。

在微课学习过程中，学习者不仅从内容中获得知识，内容背后的人在学习过程中也扮演着重要的角色。随着学习者之间的不断交互，会逐渐形成一个具有相同学习兴趣和爱好、交往频繁的认知网络。每个学习者都是泛在学习认知网络空间中的一个实体节点，可以与不同的学习者节点透过学习资源或其他学习者个体建立学习连接，节点之间的连接强弱通过多因素复合的认知模型来表示，随着不断的学习和交互，学习共同体网络中节点状态和联系也会得到持续的更新。微课

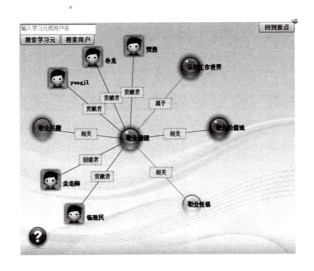

图 4-6　以微课为中介形成的社会知识网络

学习中的交互，绝不仅仅是学习者与物化的学习资源的交互，更重要的是在参与学习过程中，吸取他人智慧，透过学习资源在学习者与教师、学习者之间建立动态联系，如学习者可从同伴那里获取新知识、得到学习帮助。

学习资源具有动态性和生成性，且处于不断进化发展状态。在知识更新速度越来越快的今天，学习不再仅仅为了掌握现有的知识，更重要的是能持续性地获得知识，了解知识的变化发展，而这就需要一条能获取和维护可持续得到知识的"管道"。人就是搭建这个"管道"的重要组成部分。微课除了可以作为独立完整的学习单元存在外，还可以作为学习者认知网络联通的中介点。也就是说，学习相同或相似主题内容的学习者还可以透过学习资源实现社会知识网络的构建，这与联通主义学习观所倡导的"联结和再造"价值取向是一致的。

第三节　基于学习元平台的微课设计

2000 年起，北京师范大学教育技术学院启动"基础教育跨越式发展创新试验研究"项目，在人手一台电脑的环境下开展技术与教学的双向融合的研究工作。该项目先后有 400 多所学校、2 000 多名教师、60 000 多名学生参与，实施多年来，在提高教学质量，转变教与学的方式方面，取得了显著成果。为了对参与项目的教师提供网络支持，自 2010 年起，我们将信息化教学理论、模式、方法、案例等知识，划分出一批实用的小型知识点，基于学习元平台，开发了一门基于学习元的微培训课程。

一、　基于学习元的微课开发模式

由于微课的学习目标、内容组块、学习时间等都呈现出微、小的特点，因此微课的结构与普通课程结构有所区别，这也使得微课开发与普通课程开发相比有所不同。我们可结合微课自身的结构，在设计原则的指导下，依托学习元平台进行微课的设计开发。

　　一个标准的微课包含学习目标、知识点、元数据、聚合模型、知识本体、学习资源、学习活动、学习评价以及学习过程中的各种生成性信息等，其中元数据是知识点属性，知识本体是对知识点属性语义逻辑的表征，可用于建立知识点之间的关系。图 4-7 呈现了协同编辑环境下的微课开发结构模型。该模型主要包括课程分析，设计开发，包装聚合，应用、评价与修改等环节。

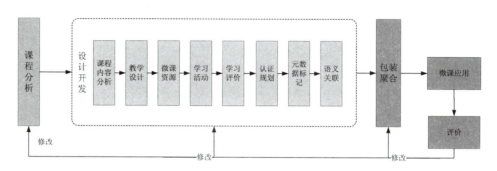

图 4-7　基于协同编辑环境的微课开发结构模型

　　(1)课程分析。首先对开发的微课进行前端分析，包括需求分析、学习者主要特征分析、知识点分析、可用资源分析等，并在分析的基础上确定微课的目标定位。

　　(2)设计开发。对微课有了详细的分析和明确的定位之后，需要对微课的主要部分进行设计开发，包括课程内容分析、教学设计、微课资源、学习活动、学习评价、认证规划、元数据标记、语义关联等。微课设计首先要对微课所承载的知识粒度进行划分，即将知识体系拆分成独立的单元，要尽可能小，小到不可再分，但又要尽可能大，大到涵盖一个完整知识点的教学。一方面，在设计移动学习资源时，应尽量将学习内容按知识点进行分割，尽量保证一个学习内容中仅包含一个知识点，使得学习资源更加适合于短时间、短流程的片段化学习。另一方面，作为一种课程，为了适应学习者非连续的注意状态，学习资源应是微型化的、小粒度的，但同时也要保证微课本身传递的知识的完整性，保证该微课可被用于单个完整的知识点的学习。

　　(3)包装聚合。将微课的内容、活动、资源、元数据、学习评价、语义关联等按一定的微课包装规范进行包装，根据不同需求与情境实现微课内部各要素的聚合，以及将相关主题的微课聚合成粒度更大的课程。

　　(4)应用、评价与修改。将微课投入到实际教学应用中，从实践中获得学习者对微课的评价，根据反馈的评价信息来修改开发过程的各个环节，实现对微课的进一步完善。

二、　基于学习元平台的微课结构

　　微课不单纯是学习资源，更不仅仅是指微视频，微课的本质是"课"，即是在微型资源的基础上附加了教学服务的小型化课程，是内容、服务和互动的载体。具体来说，作为一种课程，且是适用于移动学习、泛在学习、终身学习等新型学习方式的课程，微课不仅要提供教学所需的内容、交互活动和评价，还需提供认证服务。设计微课时要同时考虑微型资源、学习活动、学习评价和认证服务四大部分。

学习元平台是基于学习元理念开发的开放型学习平台。该平台管理的基础实体是学习元，基于学习元的特征提供了各项特色功能。学习元是一个复合结构，包括学习内容、学习活动、学习评价、社会知识网络、语义描述等多元信息，很适合用来表征"学习内容＋学习活动＋学习评价＋学习认证"的微课结构。我们利用学习元平台实现了微课的设计与开发。图4-8呈现的是一门典型的基于学习元平台设计开发的微课，该微课包含学习资源、学习活动、学习评价等部分。

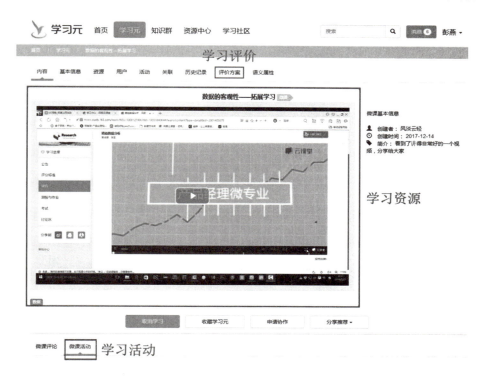

图 4-8　基于学习元的微课

（一）学习资源部分

该微课提供了简单精练的要点文字内容和一段3分钟左右的微视频，知识点单一、突出，内容短小精悍，符合移动学习资源设计的原则。学习元平台支持文字类、视音频类、动画类等多种媒体形式的学习资源，微课设计时可根据知识点类型选择不同的媒体及其组合形式，力求在较短的时间内、以简单易懂的方式呈现出所要传递的知识信息。

学习元平台提供的内容编辑功能允许任何人对微课内容随时进行修改与完善，同时采取半智能化的内容审核机制，即当编辑的内容与原内容密切相关或通过创建者审核之后，系统将自动生成新的微课版本(如图 4-9 呈现了该微课的各个历史版本)。内容编辑功能通过利用群体的智慧来实现微课的不断更新与完善,避免了资源的浪费。

图 4-9　历史版本页面

移动学习的重要特征之一是利用移动设备进行随时随地的学习。学习元平台的多终端适应功能恰好能满足这一需求。学习者不仅可以利用 PC 登录学习元平台进行学习,同样可利用手机、平板等移动设备开展随时随地的移动学习,且多种终端之间的数据是同步共享的,从而实现学习的无缝对接。

(二)学习活动部分

该门课程在学习内容下方直接为学习者提供了两个与内容紧密相关的学习活动。当学习者学习了学习内容之后,可直接参与相关学习活动,在活动中获得对知识的进一步建构与深入理解。

移动学习环境是一种充满交互的学习环境,学习者通过交互,可实现信息的双向交流,不仅能激发学习者的学习动机,也能促进学习者在交流中进一步进行知识的建构。移动学习资源是一种可交互的学习资源,设计者在进行资源设计时应注意学习者与资源的交互设计,如相关的活动设计等。

学习元平台目前提供了包括讨论交流、投票调查、提问答疑等十余种不同类型的学习活动,可支持不同的课程设计。平台还允许将学习活动融合到学习内容的相应位置,使得学习活动更加有针对性,学习者的学习过程更加科学、流畅,帮助学习者形成"学习—反思—学习"的学习过程。图 4-10 为该微课的学习活动模块。

图 4-10　学习活动模块

此外，学习元平台还支持将设计好的学习活动插入到微课内容中，实现内容与活动的高度融合（见图 4-8）。

(三)学习评价部分

该门课程的开发者为课程设置了评价方案，学习者在学习过程中可随时查看自己的评价信息，了解自己的学习情况，适当调整自己的学习策略。

学习元平台提供了基于过程性信息的评价服务，为课程开发者提供评价方案设计工具。该门课程的开发者可针对该门课程设置一定的评价方案。之后，系统根据评价方案，结合不同学习者在该门课程中的学习过程信息对学习者的学习过程和整体学习情况进行评价，给出评价结果并反馈给课程开发者和学习者。

图 4-11 为学习元平台提供的评价方案评价项目构成，开发者可从平台提供的过程性信息模块中选取或自定义某些模块并为不同的模块设置权重从而构成评价方案。图 4-12 为该微课的评价方案和相应的权重设置。

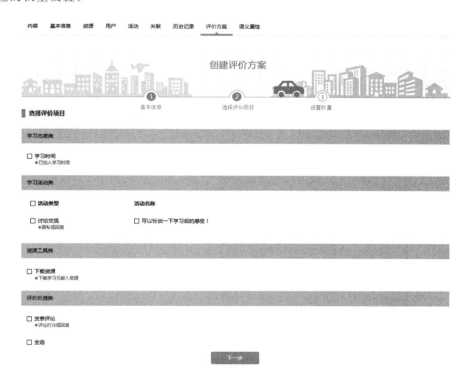

图 4-11　学习评价项目构成

系统将根据评价方案对学习者的学习进行评价，开发者可查看到该微课所有学习者的评价结果（见图 4-13），以及单个学习者的详细评价结果，包括学习时间、学习进度等（见图 4-14），从而了解学习者当前最新的学习情况并对教学或课程进行适当调整。此外，学习者也可随时查看自身当前最新学习情况，了解自身的学习情况并适当调整学习策略。

图 4-12　评价方案权重设置

图 4-13　所有学习者的评价结果

图 4-14　某学习者的详细评价结果

（四）认证服务部分

学习元平台提供了与外部进行信息交换的服务接口。学习者可根据认证专家或认证部门提供的认证标准与规范，申请相关知识、能力认证。学习元平台利用认证服务接口与认证系统进行信息交换，如将学习者的学习评价信息传递给认证系统，从认证系统中获取学习者的认证信息。

利用学习元平台的评价功能可实现上述这种认证服务。课程创建者在学习元平台上创建课程之后，参考认证部门提供的认证标准与规范，设计与证书相适应的评价标准。评价系统按照这一评价标准来评价学习者的学习。当学习者达到评价标准后，可允许学习者申请相关证书，用户个人中心将颁发给用户一个认证许可证书，并将学习者的学习过程信息传递给认证系统，持有认证许可证的学习者可通过学习元平台提供的认证链接进入认证系统进行证书认证。认证系统将认证结果传回用户中心，授权用户中心给通过者颁发电子认证证书。

基于评价数据而颁发的电子认证证书可以构建个人的可视化知识地图（见图4-15）。图中的中心节点表示当前用户，圆点代表知识点，知识点间的带箭头的连线表示它们之间的关系。圆点不同的颜色表示不同的状态，红色表示当前用户还未完全掌握该知识点，蓝色表示该知识点是当前用户创建的，绿色表示当前用户已掌握了该知识点。

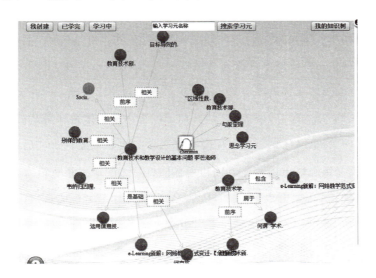

图 4-15　基于学习认证的个人知识地图

三、 微课教学信息描述

微课一般是针对单个知识点的微型课程，是一个个零散的、微小的独立单元。由于存在各种不同的知识领域，每个领域中的知识体系又十分庞大，当将这些知识体系按照一个个知识点进行拆分，制作成微课后，势必形成海量的微课库。且移动学习是一种随时可进入的、片段化、短流程的学习，学习者想要从海量的微课中，快速而又准确地获得所需的微课，目前主要有两种途径：一是利用智能检索，二是系统根据学习者的需求向其自动推送满足其需求的微课。无论是检索还是推送，想要得到准确的结果，准确的微课信息描述是不可或缺的。若微课没有任何特性信息的描述，学习者将很难从中识别和获取那些他们所需要的微课。而当微课无法被学习者获取时，微课也就失去了其应用价值。也就是说，完备的信息描述是微课得以应用的重要前提。

微课作为一种课，教学信息是其最为重要的信息，也是学习者识别和选择微课的主要依据。如何对微课进行教学信息描述是微课设计需要考虑的重要方面。学习元平台中除了提供传统的手动填写关键词、标签的方式来描述微课教学信息外，还提供关键词和标签的自动提取、自动分类、语义标记可视化以及关联标记四种方式对微课教学信息进行描述。

（1）关键词和标签的自动提取。关键词和标签的自动提取是指系统根据语料库信息对微课内容进行分析，自动提取核心关键词或标签来实现微课信息自动化描述。这种方式一方面能较为全面地概括微课特征，另一方面随着微课内容的修改完善，信息描述的关键词或标签也能自动更新完善，无须创建者手动修改。

（2）自动分类。分类机制是目前对教育资源信息描述与管理的主流方式之一，它利用分类体系对学习资源的信息进行描述。自动分类通过分析微课的内容来提取其特征信息，再逐一与系统所有的分类体系进行匹配，从而将微课自动加入到其符合的分类中，保证所有微课在分类信息方面的一致性和全面性。

（3）语义标记可视化。本体技术是语义网络的核心内容之一，一般用来对概念或知识进行形式化的表述，使得它们更便于被机器理解并进行进一步的自动化处理，同时有助于这些概念和知识在不同的领域和人群中达成共同理解。[①] 语义标记可视化是根据微课承载的知识点，采用可视化的方式为微课打上一些语义标记，其本质是将对微课的信息描述从语法层面上升到语义层面。语义标记不仅可以更加精确地描述微课，且利用本体概念之间的关系可以实现微课的精确检索、推荐与聚合。可视化的方式则可便于普通学习者更加直观地了解微课的语义信息。

（4）关联标记。知识与知识之间是存在一定逻辑语义关联的，微课作为承载知识的载体，不同的微课之间也存在一定的相关性。微课之间的关联信息能为学习者选择学习路径、学习策略提供重要依据，对学习有重要帮助。因此，除了自身所承载的教学内容的信息外，微课的教学信息还应包括微课之间的关联信息。关联信息可通过关联标记来表示，即将具有逻辑关系的微课打上关联标记，记录彼此之间的关联关系。学习者可根据关联关系找到对应的微课。

基于上述几种对微课教学信息的描述，学习元平台除了提供常规的关键词检索之外，还提供了多种相适应的检索方式来方便学习者找到所需的微课。学习者可根据微课所属的分类、标签等

---

① 余胜泉、陈敏：《泛在学习资源建设的特征与趋势——以学习元资源模型为例》，载《现代远程教育研究》，2011(6)。

信息进行资源检索，包括全文检索、语义检索和关联检索。全文检索时，学习者只要输入相关的检索词即可获取内容中包含检索词的所有资源。语义检索时，学习者可通过设置具体的语义属性值即可实现微课的精确检索，获得符合需求的微课。关联检索时，学习者可在微课的关联页面中发现与当前微课相关的其他微课(见图 4-16)。

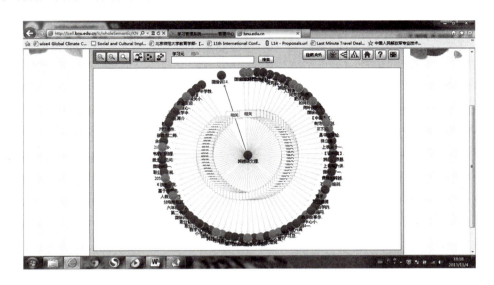

图 4-16　基于关联的检索

四、　微课的聚合

一个微课通常承载着一个独立完整的知识点，当我们需要学习某个主题的知识时，可围绕这个主题，利用知识点之间的关联，将相关的多个微课进行聚合，从而形成粒度更大的课程。通过微课聚合，学习元平台形成了四种内容组件，分别是素材、学习元、知识群和知识云，平台中的微课内容模型即由这四种组件构成(见图 4-17)。

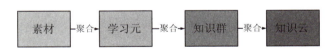

图 4-17　微课内容模型组件

（1）素材（纯素材资源）。如单独的 HTML 页面、图片、视频、动画等，是学习元平台中最小粒度的资源，与 SCORM 中的 assets 类似，可以将其命名为"素材"。

（2）微课。在平台中称之为"学习元"，具有持续进化、微型化、智能化、可重复使用等特征。将微型资源内容按照一定的结构进行聚合并附加上元数据、活动、评价、知识本体等，即可包装成微课。

（3）微课群。在平台中称之为"知识群"。将多个相关的微课按照的一定语义关系组合即可成为微课群(其本质是课程),即实现了"用户可以将自己感兴趣的微课结构化成一个整体,对外发布"的构想。比如:用户创建了 n 个关于汽车结构介绍的微课,有关于发动机的、关于方向盘的、关于安全气囊的等,这时用户便可以将这些微课进行聚合,形成一个介绍汽车结构的微课群作为商品出售。需要说明的是,微课群的结构和微课一致,只是粒度变大,内容更加丰富,组织更加有序。

(4)微课云。在平台中称之为"知识云",是海量微课聚合的结果。学习元平台未来将进一步利用微课与人形成的社会知识网络,利用"微课—微课""微课—人—微课"的关联来形成巨大的微课网络,为用户提供无处不在的微课云服务。

目前学习元平台提供了树状图、标签图、语义图、微课云、社会性聚合等多种方式来实现微课的聚合。下面我们以"教育技术新发展"这个微课群(见图4-18)为例,来具体介绍学习元平台中的微课聚合方式。

图 4-18　"教育技术新发展"微课群

该微课群是由若干粒度更小的微课聚合而成的,各微课内容由若干素材构成,而该微课群又可与其他微课群聚合形成微课云。

(1)树状图聚合。将与主题"教育技术新发展"相关的微课进行聚合,并根据不同微课所属的类别将它们进行归类(此案例中将其归为"导入类""工具类""理论类""案例类"),并以树状的方式呈现,类似传统的电子课程包(见图4-19)。

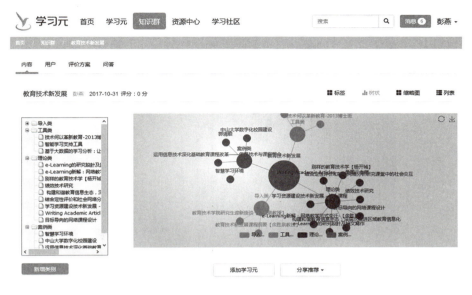

图 4-19　树状图聚合

(2)标签图聚合。统计并以可视化的方式呈现微课群中所有微课所含的标签，并将含有相同标签的微课进行聚合，点击具体的某个标签，可呈现出以该标签聚合的微课列表(见图 4-20)。

图 4-20　标签图聚合

(3)语义图聚合。根据微课之间的语义关系，将具有语义关联的微课进行聚合，同时以可视化的方式呈现微课之间的语义关系，如相似、相关、包含等(见图 4-21)。

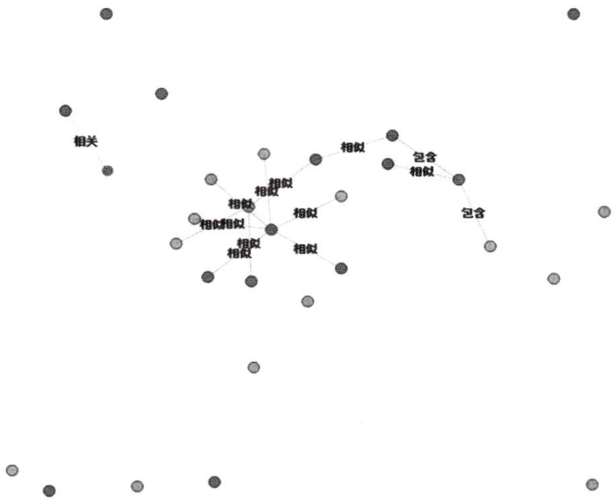

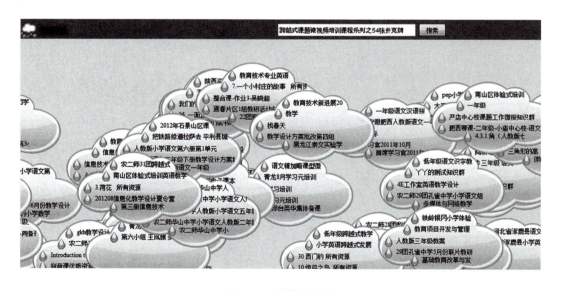

图 4-21　语义图聚合

　　微课的出现，适应了现代人快速的生活节奏。多门微课可聚合成一门开放性课程，其具有一种基于语义的网状关联关系的聚合机制。学习过程中对于微课的使用应该是深层进化的，学习者应能为微课进行知识贡献，使其不断完善、进化和发展。

　　(4)微课云聚合。围绕"微培训"这一主题或其他主题，学习元平台可将与其他相关的微课群聚合形成微课云(见图 4-22)。

图 4-22　微课云聚合

　　(5)社会性聚合。进入该微课群中的具体某门微课，可以以该微课为中心，聚合与其相关的其他微课和相关的学习者，促进学习者与知识专家、学习伙伴进行交流互动。图 4-23 中圆点代表相关微课，方形代表相关学习者。

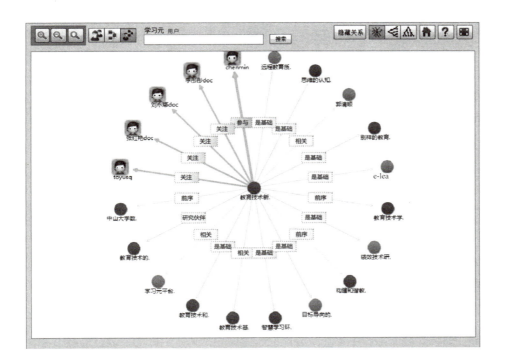

图 4-23　社会性聚合

　　学习不仅仅是浏览信息内容的过程，也是社会对话、认知网络连接与共享的过程，通过社会性聚合机制，学习者可从不同的学习或实践共同体中得到高级认知能力的训练。

第五章
基于学习元的双螺旋深度学习模型

随着网络和多媒体技术的不断发展，支持当代师生进行学习的网络环境已经极大完善，然而优良的硬件环境并没有真正促进深度学习的发生。目前在线学习所使用的教学方式主要是课堂"搬家"，即录制传统的利用板书的课堂视频，组织学生进行浏览学习等。这种学习虽然能够让学习者获得特定的知识，但对知识的理解是浅层次的、表面化的，并不足以让学习者建构起对整个问题的认识，不能有效地促使学习者开展反思以及将知识进行迁移与应用；而且学习过程缺乏有效的反思机制，学习者的学习处于相对被动的状态，仅停留在知识技能的机械记忆方面，缺乏对问题的深入探讨。这是目前在线学习的普遍状况，这种状况造成了在线学习的效率不高以及效果不好等问题，使得在线学习在引领教学创新设计方面显得无力，造成了资源的极大浪费。反思当前的这种教育现象，其产生的原因可以归纳为以下三个方面：

一是碎片化知识较多，学习者寻找有用的知识较为困难。碎片化知识的学习形态要求学习者必须能够进行自我导向式的学习，组织自己的知识体系以及个人知识网络，较高的学习要求导致了学习目标的低达成度。

二是在线学习容易使学习者产生孤独感和挫败感。由于网络学习的大部分学习行为都属于被动接受，学习者缺乏与学习同伴的互动，缺乏与学习专家的交流，人际交流的匮乏导致了学习效果不佳。

三是在线学习行为较为单一。学习者在学习过程中多为被动地接受知识，没有开展真正的做中学，不能将所学内容应用于解决实际问题中；同时，网络课堂缺乏对学习者的有效监管，缺乏支持学习者深度参与的学习活动设计与学习行为规划，因此导致了学习的浅层化。

综合以上分析，本研究基于学习元平台，尝试提出一个基于知识网络的学习导航，辅助人际网络的群体协商与互动，辅助以活动为主线构建多维学习行为的双螺旋学习模型，探讨促进深度学习的在线学习设计。

第一节　基于学习元的深度学习支撑系统

学习元平台是基于"生成""进化""适应""社会认知"等新理念，以学习元为最小资源组织单位的开放型学习平台。

基于学习元平台的深度学习行为支撑系统主要包括四大子模块：在线深度学习行为交互支持

模块、群体协同建构深度学习的知识进化模块、多元联系的深度学习行为可视化与聚类分析模块、激励深度学习的发展评估模块。

一、 在线深度学习行为交互支持模块

在线深度学习行为交互支持模块包含的核心功能点有：学习元知识创建、知识内容协同编辑、知识内容进化版本对比、全文批注、段落微批注、资源评价、资源评论、语义信息管理、资源语义关联、学习活动、学习工具、个人空间、好友管理、知识本体构建、知识网络、人际网络、社会知识网络、标签语义标注、语义搜索、社区学习与交互、资源聚合工具等。

该模块主要实现对九种可能促成深度学习发生的学习行为的互动支持。

二、 群体协同建构深度学习的知识进化模块

群体协同建构深度学习的知识进化模块包含的核心功能点有：汇聚集体智慧的群体众包技术、内容协同编辑与版本控制技术、资源的语义建模技术、资源的动态语义聚合技术、资源的有序进化控制技术、资源进化的可视化路径展示技术等。群体众包技术主要是如何汇聚群体的智慧，实现群体的有序协同；内容协同编辑与版本控制技术主要是在现有 Wiki 技术的基础上进行适应性的改进，保证普通用户可以对同一份学习资源的内容进行协同编辑，并通过灵活的版本控制技术来保证资源的安全性；资源的语义建模技术主要是引入当前热门的语义网技术，构建开放的学习资源本体，对资源进行快捷的语义标注，并对资源进行语义的推理；资源的动态语义聚合技术主要是在资源语义建模的基础上，实现相似资源之间的自动聚合，组成同主题的资源圈；资源的有序进化控制技术主要是通过知识本体、内容审核等技术来控制资源进化的方向，避免其毫无目的地四处"乱长"；资源进化的可视化路径展示技术主要是直观地呈现资源的进化过程以及成长过程中不同用户的贡献，使学习者不仅了解当前的知识，还能够从整体上熟悉知识是如何一步步发展的。

三、 多元联系的深度学习行为可视化与聚类分析模块

多元联系的深度学习行为可视化与聚类分析模块包含的核心功能点有：学习轨迹可视化、知识网络可视化、人际网络可视化、社会知识网络可视化、标签聚类等。学习轨迹可视化模块可展示深度学习行为在时间上的变化。知识网络可视化模块实现知识语义关系的动态揭示。人际网络可视化模块展示学习行为背后的人际网络拓扑结构关系及网络变化规律，支持学习行为人际关系分析。社会知识网络可视化模块将物化资源与人际资源融为一体，展示多元联系的深度学习行为背后的知识联系人际关系。标签聚类模块可以对学习行为进行聚类分析，实现学习行为数据的知识发现。

四、 激励深度学习的发展评估模块

激励深度学习的发展评估模块包含的核心功能点有：学习评价方案设定、学习交互数据采集与分析、多维评价结果展示、诊断标准设置等。

学习元平台提供了基于过程性信息的评价服务。该服务为课程开发者提供评价方案设计工具，开发者可针对课程设置一定的评价方案，系统根据评价方案，结合不同学习者在课程中的学习过程信息来对学习者的学习过程和整体学习情况进行评价，给出评价结果并反馈给课程开发者和学习者。学习者在学习过程中可随时查看自己的评价信息，了解自己的学习情况，适当调整学习策略。实现基于过程的可视化评价（见图5-1）。

在这种可视化的个人知识地图中，中心节点表示当前用户，圆点代表知识点，知识点间的带箭头的连线表示它们之间的关系。圆点不同的颜色表示不同的状态，红色表示当前用户还未完全掌握该知识点，蓝色表示该知识点是当前用户创建的，绿色表示当前用户已掌握了该知识点。

通过个人知识地图，学习者可以清晰地了解自己的努力与进展，可以激励深度学习行为的发生。

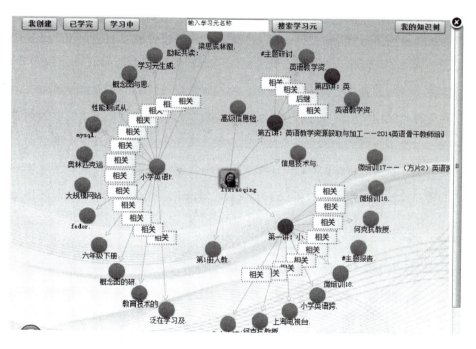

图 5-1　学习者知识地图的可视化评价

第二节　双螺旋深度学习模型

一般意义上所讲的深度学习都是与浅层学习相比较而言的。浅层学习是一种传统意义上的机

械学习，表现为浅层次的学习行为，如浏览、下载、信息检索等，不需要进行太多认知加工，主要是接受信息，习得的知识之间是孤立的，因此一般来说巩固得较好而迁移应用水平不高。

深度学习则与其相反，强调有意义的学习和知识的意义建构，需要较多认知投入和对学习对象做复杂的交互与加工，如编辑、重构、比较、绘制概念图等，并往往组合和序列化多种简单学习行为(如探究、协作等)。深度学习在对学习对象深度梳理的基础上，能够批判性地学习新的思想和事实，把它们纳入原有的认知结构中，并能够将已有的知识迁移到新的情境中，做出决策和解决问题，同时能对其理解及学习过程进行反思，因而是一种建构的、主动的学习，知识的保持和迁移的水平都相对较高。① 深度学习的认知心理学依据是人类所习得的知识在头脑中是以网状形式存储的，因此，新学习的知识一定要和原来的知识建立联系，这样才能被纳入新的知识体系中，并且建立持久的意义联系。②

本研究基于深度学习的核心理念，根据在线学习行为的维度、层级及其相关联系，借鉴学习的获得隐喻(acquisition metaphor)、参与隐喻(participation metaphor)和知识创造隐喻(knowledge creation metaphor)的观点③，初步构建了基于"学习内容＋学习活动＋学习评价＋社会知识网络为一体的学习元平台的"双螺旋深度学习模型(见图 5-2)，以促进在线学习中深度学习的有效发生。

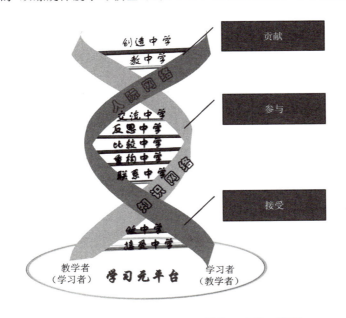

图 5-2 基于学习元平台的双螺旋深度学习模型

在该模型中，学习者和教学者处于平等地位且可以进行教与学角色的互换，在具体的实施过

① ［美］R. 基思·索耶：《剑桥学习科学手册》，2～3 页，北京，教育科学出版社，2010。
② 段金菊、余胜泉：《学习科学视域下的 e-Learning 深度学习研究》，载《远程教育杂志》，2013(4)。
③ K. Hakkarainen，T. Palonen，S. Paavola，et al.，*Communities of Networked Expertise*：*Professional and Educational Perspectives*. Amsterda Elsevier 2004，pp. 114-117.

程中，通过以学习者为中心的交互活动设计，引导用户自下而上动态实时地拓展知识网络和人际网络，并通过二者的螺旋式上升发展贯通学习行为的不同层级及其相关学习活动。在初始阶段，学习者通过学习资源与活动的整合开展接受式学习，初步建构知识网络和人际网络；随着参与式学习的不断深入，基于知识交互的协同建构促进知识网络的发展，基于人际交互的网络节点生成促进人际网络的拓宽，个人学习网络动态形成并得到螺旋式发展；在学习的高级阶段，学习者主动连接网络，通过创造性学习活动等塑造网络节点，通过基于活动的知识贡献与创造构建群体的社会性知识空间，动态实时地建构基于交互连接的社会性知识网络学习环境，达到深度学习的目的。

一、　促进高阶思维发展的认知目标达成

双螺旋深度学习模型追求深层次认知投入，在认知目标方面，主要强调应用、分析、评价与创造能力的培养。记忆、理解、应用属于较低层次的能力目标，在教学过程中，可以通过一系列良构问题的解决来达成，其主要作用是使学生对所学知识进行存储、巩固和简单应用。学生在此过程中只进行了浅层次的认知加工，主要体现在知识的获得。分析、评价、创造属于较高层次思维发展的能力目标[①]，在教学过程中，需要设置一系列较为复杂的学习活动来激发学生进行深层次的认知加工，对学生进行较高难度或者较为综合的思维训练，主要体现在知识的参与、贡献与创生。

双螺旋深度学习模型强调不能只是向学生提供一些简化的问题或者基本的技能练习，而应该设计相应的深度交互学习活动，使他们学会在复杂学习环境下处理一些复杂的、非良构的问题，以此来提高学生深层次认知加工的能力。可以基于布卢姆的教育目标分类层次，根据认知目标和认知层级的递进关系，有序地设计相应的学习活动序列，使得相应层次的认知目标能够通过认知层级所对应的学习活动设计来达成（见图5-3）。

在线学习中，学习活动及其序列设计，是促进高阶思维发展的桥梁和阶梯。学习平台应不仅作为内容存储与管理的工具，更需要作为学生自主学习的工具、协作工具、教学评估工具、知识加工工具、知识创生工具、研发工具、情境探究工具，要能够用信息化手段呈现动态化的教学过程，在内容的载体上，附加学习活动，以学生为主实现师生深度互动。

教学平台给教师提供了各种教学设计的支持工具，允许教师组织多层次多类型的学习活动，具体包括基于学习内容的嵌入式交互活动以及基于课程单元和整个课程的学习活动等。在具体的活动设计中，平台能够支持教师创建、设置、改编活动序列。教师可以根据自己的教学内容、教

---

① ［美］安德森等：《学习、教学和评估的分类学——布卢姆教育目标分类学修订版》，25～28页，上海，华东师范大学出版社，2008。

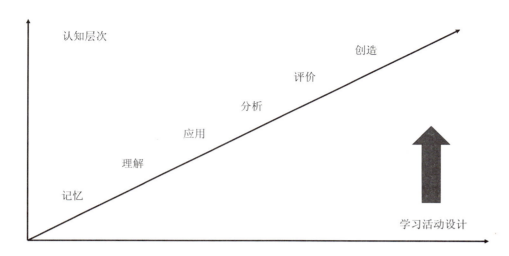

图 5-3　学习活动设计促进高阶思维发展的认知目标达成

学要求等灵活选择和设计基于各种教学模式的学习活动，并根据学生学习的实际情况，运行相应的学习活动序列，且能对学习活动序列运行情况进行监测。

布卢姆和安德森的认知目标分类为学习活动的设计提供了相应的参考，不同的认知层次对应不同的外显行为要求，不同的外显行为可以通过不同的在线学习活动设计来实现（见表5-1）。学习元平台设计了不同认知层次学习活动（见图5-4），以支持学习过程中的深度认知投入。

表 5-1　基于学习元平台的学习行为认知层级

认知层次	行为动词	典型在线学习活动
记忆 remembering	识别（recognizing）、回忆（recalling）	浏览、下载、标记、收藏、订阅、笔记、评分等
理解 understanding	解释（interpreting）、举例（exemplifying）、分类（classifying）、总结（summarizing）、推断（inferring）、比较（comparing）、说明（explaining）	做作业、打标签、简短评论、画概念图、画韦恩图、六顶思考帽、批注、讨论等
应用 applying	执行（executing）、实施（implementing）	在线编辑、在线辩论、题目设计、内容改写、写博客、制作作品等
分析 analyze	区分（differentiating）、组织（organizing）、归属（attributing）	案例分析、写报告、做在线演讲、设计调查、绘制结构图、SWOT 分析等
评价 evaluate	核查（checking）、评判（critiquing）	分析评论、逻辑推理、复杂辩论、问题辨析等
创造 create	生成（generating）、计划（planning）、贯彻（producing）	创作内容、制订计划、问题解决、设计作品、策展等

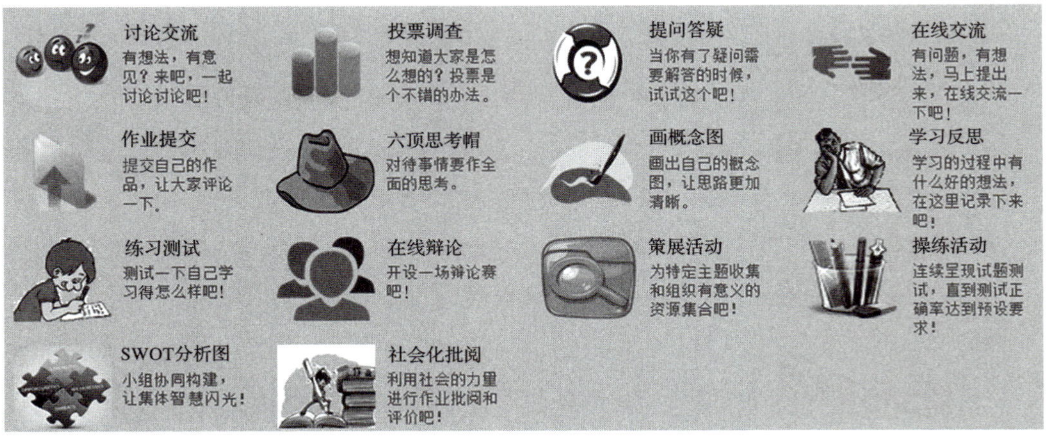

图 5-4　学习元平台的学习活动库

二、 促进认知投入的多层次学习行为

在行为活动方面，学习元强调全体参与和积极建构，如能够持久、专注地进行学习与交流，沉浸其中达到忘我境界，以及能够积极地进行多重交互，如媒介交互、人际交互与自我交互，促进认知从一个较低层次的水平与状态过渡到另外一个较高层次的水平与状态，从而达到认知的平衡等。

此外，学习元还强调深度认知投入的复杂交互活动对高阶思维能力的培养。众所周知，不同认知层次的多元学习行为是促进学习者与内容深度互动的基础。学习元不仅具有学习内容，还具有与学习内容相对应的学习活动与行为，学习者通过多维化的学习行为与学习内容深度交互。在基于学习元平台的网络课堂中，学习行为可以聚类为九种形式，并且对应九种学习活动（见表5-2）。

表 5-2　基于学习元平台的学习行为分析

学习行为	学习活动	解释说明
接受中学 learning by reading/listening/watching	观摩视频	由教师建立知识群、学习元，为学生提供丰富的学习资料，学生浏览学习内容对象，获取有价值信息
做中学 learning by doing/acting	下载资源，上传资源、练习、测试	学习环境通过将内容与活动、资源的无缝整合，实现浏览内容与参与活动两种学习方式的融合，通过学习任务的完成实现知识的内化
联系中学 learning by connecting	不同的知识单元之间建立联系	通过知识的语义关联和可视化导航，在知识的相互联系中整体把握知识结构，从多个角度审视和思考，加深对知识的理解，并激发灵感和促进创新

续表

学习行为	学习活动	解释说明
重构中学 learning by re-organizing	构建个性化学习课表	通过资源聚合工具，学习者可以自由地组合和管理多个小的知识单元，建构自己的知识体系，促进知识管理，形成个性化学习课程
交流中学 learning by communicating	群体协商，交流；协同编辑	学习者不仅是通过物化的学习对象获取知识，更能够通过学习对象关联到的专家、协作者、学习者，构建与学习内容密切相关的社会知识网络，在交流中充分吸收他人的智慧；通过协同编辑以及协同批注，实现知识的协同共建，群建共享
比较中学 learning by comparison	同题异构以及同课异构等	针对同一个主题或任务，学习者可通过互相之间的比较，吸取他人的优势与精华，发现自己的不足；同时多角度地对当前内容建立新的认识，从而获得深度学习体验
反思中学 learning by peflection	反思不同的学习单元进化版本与轨迹	学习者不仅能学习当前的内容，而且能看到一个知识单元生长和建构的历史轨迹，在这一过程性的情境中反思知识演化的内在逻辑；同时，学习环境应当为学习者保留详细的、可在整个泛在网络中无缝迁移的学习记录，并在内容和活动的基础上提供练习和评价，促进学习者在学习过程中对自身学习的反思
教中学 learning by teaching	发布教学	学习者切换"教"与"学"的角色，通过创建新的学习元实现教中学
创造中学 learning by creating	人工制品	学习者不仅是被动地接受知识，而且可以在综合、重组、反思、交流的基础上，形成结构化的表达，主动地贡献智慧，创建新的知识内容

根据学习的隐喻，九种学习行为可划分为三种不同的类型，即接受中学、参与中学和创造中学。其中，接受中学是一种个体学习行为，而参与中学和创造中学是一种群体协同学习行为，且是高层次认知行为。在具体的学习过程中，越高层次的学习行为越需要高阶思维能力以及知识网络和人际网络的支持。

和传统的学习管理系统（LMS）相比，学习元及其支撑环境可以为学习者提供更为丰富的学习体验以及更为灵活的知识建构方式和资源共享方式，支持更多维的学习行为，实现对多种学习方式及行为的智能追踪。在借鉴学习的三种隐喻，以及网络课堂的基础交互行为基础之上，我们将网络课堂的学习行为归类为三个层级（见图 5-2），依次是个体建构的初级学习阶段、群体建构的中级学习阶段以及群体创生的高级学习阶段。

可以看出，基于学习元平台的多维学习行为是基于"学习内容＋学习活动＋学习评价＋社会知识网络"的综合体（如图 5-5）。

图 5-5　基于学习元平台的网络课堂交互行为

(1)接受中学。最简单的学习活动是下载、浏览、观看视频等，学习者可以通过观摩视频案例进行相应的学习，实现接受中学。

(2)做中学。在整个学习过程中，学习者参与并完成整合于学习内容中的交互学习活动，完成教师设计的活动，在参与活动中学习。如学习者可以通过测试、练习与完成任务的形式实现做中学。

(3)联系中学。针对整个知识单元，学习元平台提供了基于语义关联的知识网络，便于学习者组织知识结构，唤起先前知识，构建对整个知识体系的整体认识，实现联系中学。

(4)重构中学。随着学习的进行，学习者对当前的相关知识内容已经有了大致的了解，为了促进自我导向学习的进一步发展，在众多的学习元中可以选择自己感兴趣的知识单元，并建立相关知识单元的联系(见图 5-6)，通过创建个性化学习课表的形式实现重构中学。

(5)交流中学。在整个学习过程中，学习者可以利用平台提供的社会知识网络、人际网络与专家、其他学习者开展交流，获得相关学习信息，扩大学习信息的来源，通过评论与讨论进行群体协商与意义的建构，还可以通过批注以及编辑全文等形式对学习内容进行协同编辑，实现交流中学。

(6)比较中学。学习元平台提供的内容编辑功能允许任何人对课程内容随时进行修改与完善，同时采取半智能化的内容审核机制，即当编辑的内容与原内容密切相关或通过创建者审核之后，

图 5-6 基于个性化学习课表的重构中学

系统将自动生成新的课程版本。① 内容编辑功能通过利用群体的智慧来实现课程的不断更新与完善，避免了资源的浪费，通过对课程版本的可视化对照实现比较中学（见图 5-7）。

图 5-7 基于不同设计方案的比较中学

（7）反思中学。通过版本的可视化对照，学习者可以查看知识的发展脉络以及与此相关联的资源以及用户（见图 5-8）。学习者通过查看一个知识单元生长和建构的历史轨迹，反思知识演化的内在逻辑，实现反思中学。

---

① 余胜泉、陈敏：《基于学习元平台的微课设计》，载《开放教育研究》，2014(1)。

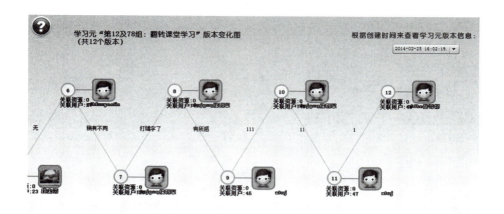

图 5-8　基于学习轨迹与关联用户及资源的反思中学

（8）教中学。在学习元平台"教"的过程中，往往能够深化施教者对所教内容的记忆和理解；而学习者在交流、协同编辑的过程中，恰好能经常性地切换"教"与"学"的角色。学习者可以在构建新的知识群与发布新的学习元的基础上，通过发布教学等形式实现教中学（见图 5-9），达到教学相长的目的。

图 5-9　基于内容创生与发布的教中学

（9）创造中学。学习者不仅是被动地接受知识，而且可以在综合、重组、反思、交流的基础上，形成结构化的表达，主动地贡献智慧，创建新的知识内容，通过数字制品实现创造中学。

在基于学习元平台的虚拟课堂学习环境下，知识消费者也是知识生产者，在这样的互动隐喻下，共同创造成为可能，创造中学成为多维化学习活动的新类型，而基于学教互换的教中学也成为知识创造的一大亮点。这些都实现了高阶认知目标，促进了高水平思维的发展。

三、 基于社会知识网络的发展性支架

学习元除了可以作为独立完整的学习单元存在之外，还可以作为学习者认知网络联通的管道

和媒介。学习者通过与学习内容、学习群体的交互，形成知识网络与社会网络，而"人—知识—人""知识—人—知识"的多维化交互行为的叠加，则促成了社会知识网络的形成。因此，在基于学习元的双螺旋深度学习模型中，知识网络和社会网络是两条基本支架，通过学习活动衔接而形成社会知识网络，它既是促进深度学习的支架，也是深度学习构建的目标。

（一）知识网络

相关内容通过内在的关联和逻辑连接在一起，便形成了知识网络（见图 5-10）。知识网络关注学习共同体拥有的知识，聚焦于知识关联，体现了知识分布式存储的理念。

学习元基于语义技术来构建知识网络。随着学习内容不断丰富与进化，相同或者相似主题的内容单元逐渐聚合成为一个知识网络，学习者可以通过网状导航形式更好地规划自己的学习目标和过程。

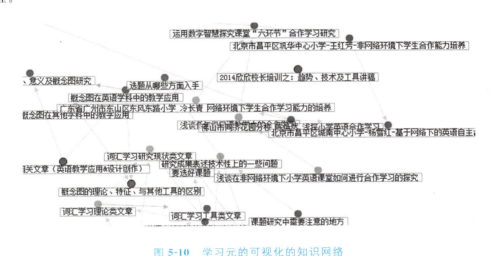

图 5-10　学习元的可视化的知识网络

知识网络不仅包括知识及其承载的学习者个体，还包括了他人和群体。知识网络重在主题聚合，通过主题聚合进行观点产生、观点连接、观点提炼及观点深化，主要实现对相关观点以及话题（知识）的重组和获得。这就使得基于主题的学习成为知识网络中重要的学习方式之一。在基于学习的双螺旋深度学习模型中，知识网络的学习从关注学习者的知识获得，到关注学习者对知识网络的联通、贡献与创造。而基于主题的学习者聚合是最为典型的在线互动模式，它使得群体协同与群体知识建构变得相对容易。

（二）社会网络

在线学习中的学习者不仅仅是从资源内容中学习，围绕某个知识点建立的社会网络也可以成为学习的重要内容（见图 5-11）。① 社会网络重在人与人之间建立的关系及其中产生的交互，学习

---

　　① 余胜泉、陈敏：《泛在学习资源建设的特征与趋势——以学习元资源模型为例》，载《现代远程教育研究》，2011(6)。

者在人际网络中可以发表观点、想法、评论等，并通过相同或相似的主题与对此感兴趣的人聚合起来，进一步通过关系的拓展获取更多的知识。

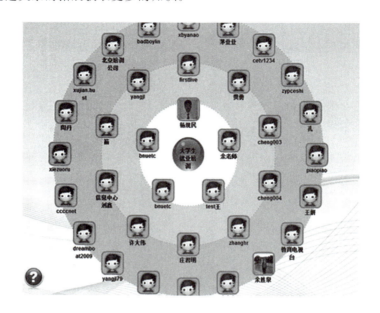

图 5-11　学习元以知识为中心的社会网络

可视化的社会网络将具有共同兴趣与爱好的学习者组织在一起，或者将不同兴趣、关系的成员以不同知识为主题分化开来以形成新的共同体，提高了成员对于共同话题的探索兴趣和积极性，促进了个体及群体知识建构层次向纵深方向发展。

在学习元的开放知识社区中，最初的内容单元将成为知识社区学习的基础，每个学习者通过参与相应的学习活动，进行相应的社会化交互以及社区知识建构、分享和创造，从而促进学习内容的补充和进化。随着学习的进行，个体的知识逐渐外化为社区的知识，基于学习者个体的分散的、无序的知识逐渐凝练成集体的、有序的知识网络，通过群体的不断社会化交互，知识网络进行螺旋式的演化和发展，最终通过自上而下的知识吸收和内化促进学习者的学习。由此可见，在基于社会性知识网络的学习过程中，知识是共建共享的。初始阶段的内容是知识发展的土壤，活动则是知识扩散和创造的载体。基于社会性知识网络的学习正是通过课程、资源和活动整合的设计方式促进了知识（内容）网络的生态发展。

（三）社会知识网络

随着学习者之间的不断交互，会逐渐形成一个具有相同学习兴趣和爱好，交往频繁的认知网络，即社会知识网络（见图 5-12）。每个学习者都是认知网络空间中的一个实体节点，可以与不同的学习者节点通过学习资源或其他学习者个体建立连接，节点之间的连接强弱通过多因素复合的认知模型来表示。随着学习者的不断学习和交互，学习共同体网络中节点状态和联系也会得到持续更新。

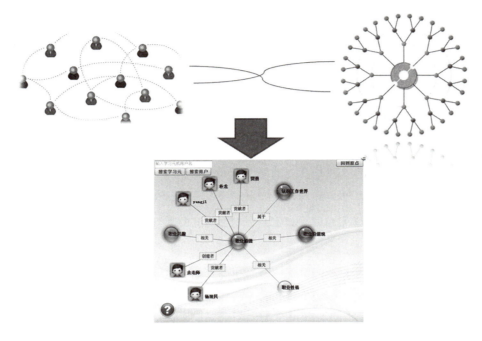

图 5-12　社会知识网络

学习元将可进化的物化资源与人力资源结合在一起，构成一个可以动态演化、自我发展的社会知识网络（SKN）。它体现物化资源与人力资源的联通，网络聚合到一定规模和深度，将拥有社会智能。与社会网络界定的一般交际网络不同，社会知识网络是由知识和人共同构成的网络，是在人与知识的深度互动过程中构建起来的。学习者通过社会知识网络不仅能获取所需要的物化资源，还能找到相应的人力资源，如通过某一个学习内容，可以快速定位到这个内容领域最权威的专家或适合的学习伙伴等。由此可以看出，人作为促进深度学习的资源，重要性已越发显著。如果学习者能在获得物化资源的同时获得与资源相关的人际网络，从而从其他相关学习者身上获取知识和智慧，将会对学习者的学习产生莫大的帮助。

（四）基于社会知识网络的深度学习

社会知识网络融合了知识网络与社会网络，是促进深度学习交互的有效支架，是促进多层次交互行为有效发生的重要保障。基于社会知识网络的学习是一种连接学习和创造学习。这种连接学习者和学习内容的整合学习方式，更好地促进了协作与创造的学习活动和深度学习。

学习者与知识网络的交互行为重在知识体系的获得、重组和创造。知识网络的导航、组织与认知过程的可视化可有效支持个体知识建构，如接受中学。通过网络查找知识来进行学习，可以了解知识的结构与关联，典型的活动形式如重构中学，通过在知识系统（网络）之间建立联系以及重组和重构学习者的知识结构来进行学习；学习者作为知识生态的一部分，还可通过知识的贡献和创造保持生态系统的向前发展。基于语义关联的可视化知识网络为多路径认知、扩展知识建构的广度和深度，以及为知识体系的系统梳理搭建了脚手架，为深度学习提供了新的可能。另外，从社会互动的视角来看，在基于知识网络的学习过程中，人是一种非常重要的资源，起到了媒介与管道的作用，基于知识的人际互动则需要知识网络与社会网络的协同互动。

学习者与社会网络的交互行为则重在通过分享、协商与交流等促进群体的参与和网络的构建，重在研究"谁知道谁"，通过连接学习者来获取更多的内容，因此，讨论与交流成为重要的学习方式。[①] 社会网络重在人际知识的分享与交流，多侧重群体认知与群体知识建构，"人"不仅可以作为学习的对象，更重要的是可以作为知识的来源。在社会网络中，人就是搭建这个"管道"的重要组成部分。学习资源除了可以作为独立完整的学习单元存在外，还可以作为学习者认知网络联通的中介点。也就是说，学习相同或相似主题学习内容的学习者还可以透过学习资源实现知识网络与社会网络的协同互动。

在社会知识网络中，知识网络与社会网络是协同互动、相互渗透与相互转化的，为个体内部知识网络与外部知识网络的动态联结与转化提供了可能，这是深度学习可持续发展的保证（见图5-13）。通过知识网络，学习者可以在学习者、教师之间建立动态的联系，共享学习过程中的人际网络和社会知识网络，满足社会化学习的需要；通过社会网络，知识节点通过群体的认知和协同不断实现知识扩散、知识传播和知识创造。学习者只要与当前联通知识的媒介（内容单元或者学习者）保持联通，就可以随时获得个人学习网络的生态性。

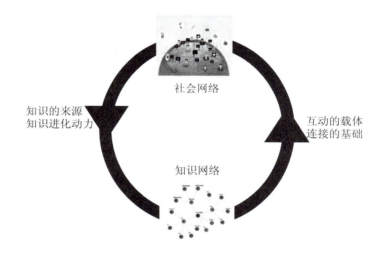

图5-13　知识网络与社会网络的相互渗透与转化

在社会知识网络中，学习管道从单纯的"人"走向"人"与"知识"的双重视角，由此促生了一种新的学习方式，即连接学习。学习的范式将从传统意义上的建构学习走向新社会化学习时代的连接学习。在整个学习网络构建过程中，学习网络的节点可以是人或者知识。个人通过连接拓建与

---

① 段金菊、余胜泉：《基于社会性知识网络的学习模型构建》，载《现代远程教育研究》，2016(4)。

构建社会知识网络的过程就是拓展个体社会化学习深度与广度的过程，也是个体内部知识网络与外部知识网络的连接和转化的过程。学习者在交互过程中，完善和改进自己个人知识网络，同时也构成社会知识网络的一部分，分享和构建了社会知识网络(见图 5-14)。

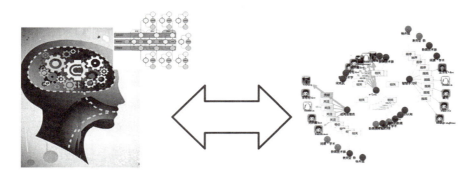

图 5-14　学习是共享和构建个体知识网络和社会知识网络的过程

社会知识网络将一部分有关知识的处理和解读过程卸载到学习网络的节点中，学习者可以按学习内容主题建立各种人际网络节点，让每个节点储存和提供他们所需要的知识。这样，个人的部分学习负荷被卸载到网络上了，能更好地进行高阶思维能力的培养和达成高层次的认知目标，更好地进行群体建构和知识的创生，更好地达成深度学习。

从知识建构与社区知识创造的角度来看，社会知识网络提供了一个生态学属性的开放的知识网络学习环境。学习者通过知识的贡献和创造不断促进知识节点的进化，通过学习者的分布式认知和在关系中学习的方式，保持知识节点的实时更新。随着学习的不断进行，知识社区中的知识逐步增加，知识通过集体智慧得到了不断进化。[1] 另外，学习者的连接和互动，使得个体层面的知识可以扩散到集体层面变成公共知识，知识转化分布在人力资源即社会关系网络中，人变成了知识与知识服务的载体，知识的社会性得到了不断进化。

而基于社会知识网络的学习环境更是一种基于社会性知识分享、传播和创造的复杂、分布式学习环境。在个体和环境的交互过程中，网络的节点是"人"和"知识"，承载分布式知识库的管道和媒介可以是知识网络或者与该知识节点相关的社会网络。因此，在这种学习环境中，知识节点通过群体的认知和协同不断实现知识扩散、知识传播和知识创造。学习者只要与当前联通知识的媒介(内容单元或者学习者)保持联通，则可以随时获得个人学习网络的生态性。

联通主义学习理论把学习情境视野放在了网络社会结构的变迁当中，认为学习是在知识网络结构中一种节点和关系的重构和建立，即"学习是一个网络节点联结的过程"[2]。可以说，基于社

---

① 杨现民、程罡、余胜泉：《学习元平台的设计及其应用场景分析》，载《电化教育研究》，2013(3)。

② G. Siemens，"Connectivism: A Learning Theory for the Digital Age," International Journal of Instructional Technology & Distance Learning，2005(1)。

会知识网络的学习充分体现了连接学习的理念，认为学习就是"网络联结和网络创造物"，是一种连接学习网络中的用户节点和知识节点、促进知识贡献和创造以塑造新的网络节点的深度学习。

第三节　深度学习的开放课程设计实践

聚合了人际网络、知识网络与学习活动等综合性信息的学习元平台，能为解决当前在线教育存在的浅层学习问题提供良好的支持。

社会知识网络的构建是学习元平台中深度学习的有效途径，系统可以比较容易地通过建立起学习元与学习元、学习元与人、人与人间的语义关联，从而形成紧密聚合的知识与知识、知识与人、人与人的认知网络。从这个聚合的认知网络中可以较为快速准确地找到具有某种语义关联的学习元集合和人际资源集合。通过多维化的学习行为以及活动交互、知识网络与社会网络不断的发展，为学习者的群体建构奠定基础。学习行为与知识网络、人际网络共同促进深度学习的有效发生。

基于学习元平台的双螺旋深度学习模型反映的就是这样一种深度学习理念，是群建共享深度学习的典范。在学习的过程中，从初始阶段的接收中学到最终的创造中学以及最后的教中学，反映的是一种学习参与度的转变，即被动学习向主动学习的转变，个体学习向群体协同的转变，从知识的接受到知识的创生的转变，从学习者到教师的转变；等等。

在围绕相应的学习行为而形成的社会知识网络中，知识网络既体现了知识与知识之间的联系，又体现了知识主体之间、人与资源之间的联系。在这些联系中，更强调以人为导向的知识流动，目的是实现网络中的参与者之间知识的传递、共享、创造和应用。深度学习的意义不仅在于知识内容的建构，更重要的是利用蕴含在社会人际网络中的集体智慧，形成丰富的社会知识网络。个人可以在集体学习中不断丰富、完善内容网络，不仅能获取现有的知识，更能掌握学习的方法和获得知识的途径，形成知识与人相互作用、相互交织的网络，并能通过这个网络持续不断地获取所需的知识。与一般的社会网络建立的人际关系所不同的是，社会知识网络是以知识内容为核心节点，通过知识内容建立起知识之间、知识与人之间的关系。学习者与知识内容之间的连接，使得原有知识内容本身获得了更多的发展，通过学习内容聚集所有学习者的认知智慧，将物化资源与人力资源结合在一起，构建出一个可以动态演化、自我发展的社会知识网络。

"全国中小学骨干教师培训课程"面向的教师队伍主要来源于"基础教育跨越式创新探索试验"项目，该项目由北京师范大学教育技术学院组织实施，先后在全国范围内建立了 30 余个试验区，共有 400 多所中小学参与。为了更好地促进试验教师的专业化发展，培养研究型教师，项目组每年举办"全国中小学骨干教师培训"，培训对象主要为各试验区遴选出来的优秀教师和骨干带头力量。该培训借助学习元平台及其支撑环境，建构以活动为主线，以社会知识网络为交互协作方式，涵盖多维学习行为，以促进深度学习为目的。

一、　知识接受学习阶段

为了让试验教师能够学有所思、学有所获、学有所用，项目组自主设计开发了培训课程，并于培训开始之前将培训课程内容，如学习资源、讲师讲稿、学习活动、评价方案等提交至学习元的"骨干教师培训课程知识群"（见图 5-15）中，教师阅读讲稿、下载学习资源学习即完成了接受学习的过程。

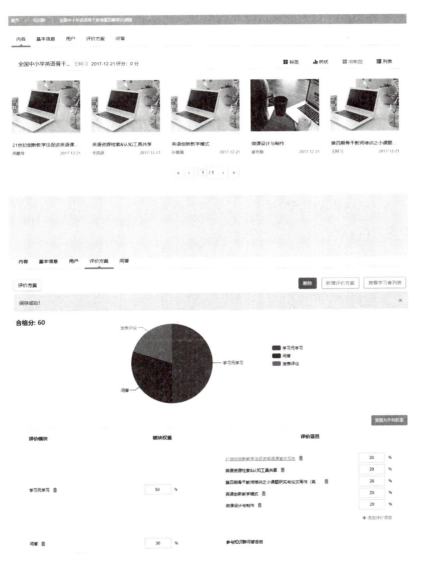

图 5-15　骨干教师培训课程知识群及其评价方案

同时，参与培训的教师需要自定主题，在学习元平台上传一份教学设计，所有培训讲师和参与培训的教师都可以查看、协同编辑、微批注或者评论（见图 5-16），以促使教师在做中展开学习。在所有教师都提交教学设计后，培训讲师依据教学设计主题和教师地域分布，以主题相似、组内异质的方式对参与培训的教师进行分组，为促进组内协商深化、促进培训内容转化输出以检验培训效果做好准备。

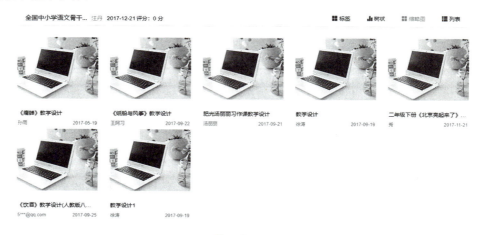

图 5-16　骨干教师教学设计集

二、 互动参与学习阶段

为期一周的集中培训是实现网络课堂深度学习的重要阶段，是建立试验教师社会知识网络和学习共同体的重要阶段。

课程内容的设计具有连贯性，涵盖了从理论研究、技术操作到教学实践的诸多方面，并通过语义关联和可视化导航建立知识间的联系（见图 5-17），帮助教师理解主题之间的关联，加深对课程的整体把握程度，实现在联系中学习。

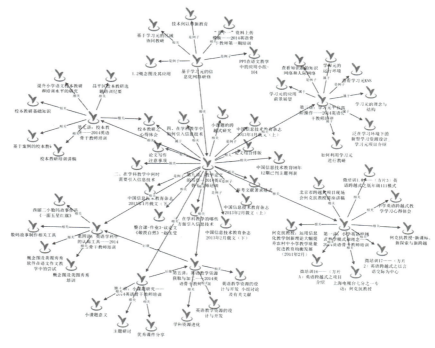

图 5-17　骨干教师培训课程知识网络

每个主题的讲授内容均穿插着学习活动，以任务驱动的方式引导试验教师交流分享、协商合作以及应用推广。例如，在第八讲"基于学习元的区域教研"的学习过程中，培训讲师设计了学习活动(见图 5-18)，引导试验教师将理论与实际相结合，用所学理论指导实际教学。

图 5-18　学习活动

为了确保社会知识网络的深度建构，实现对课程内容的深度学习，培训以教师前期准备时提交的教学设计为载体，引导教师相互分享，然后小组内选取一份教学设计进行集体交流和协商，并根据获得的经验和达成的共识，对组内其他成员的教学设计进行集体协同修改(见图 5-19、

图 5-19　组内教学设计的协同编辑和微批注

图 5-20）；同时教师还可以与感兴趣的专家、同伴进行深度交互，与其分享自己的经验和观点、了解专家或者同伴的精熟领域或者针对某一问题向其请教（见图 5-21），实现在交流中吸收他人智慧，在协作中共建共享，在比较中完善自我的学习目的。

浏览版本	贡献者	审核者	更改原因	更新时间	操作
第18版	汪丹	汪丹		2017-12-08 17:05	加入对比
第17版	汪丹	汪丹		2017-12-08 17:04	加入对比
第16版	汪丹	汪丹		2017-12-08 10:56	加入对比
第15版	陈文	陈文		2017-11-27 21:00	加入对比
第14版	y***@bnu.edu.cn	y***@bnu.edu.cn		2017-11-27 15:17	加入对比
第13版	石君齐	汪丹		2017-11-08 09:28	加入对比
第12版	青禾	青禾		2017-10-30 16:01	加入对比
第11版	青禾	青禾		2017-10-30 15:53	加入对比
第10版	青禾	青禾		2017-10-30 15:51	加入对比
第9版	汪丹	汪丹		2017-10-23 21:16	加入对比

图 5-20　教学设计协同编辑的历史版本

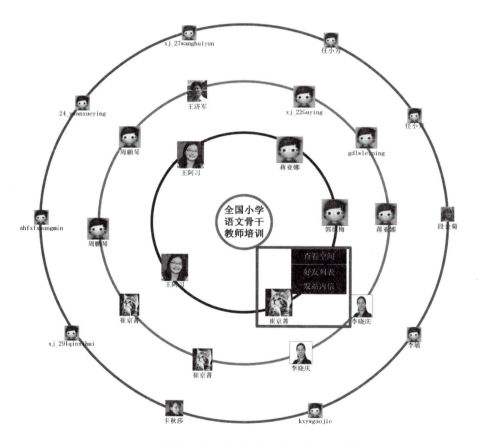

图 5-21　在学习元人际网络中寻找专家或者同伴

三、 内容创生学习阶段

骨干教师培训在为期一周的集中面授过程中，鼓励教师根据其集体培训的网络学习轨迹，来反思个体知识建构和协同知识建构的过程，并以课程设计者设计的课程学习评价方案引导教师个体在与其他个体、与知识的交互过程中完成对社会知识网络的丰富（见图 5-22、图 5-23）。

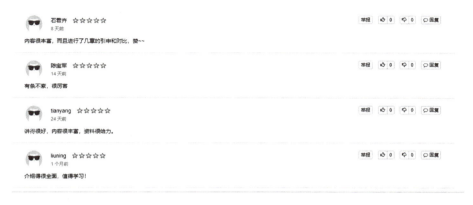

图 5-22　教师对课程的反思评论

图 5-23　教师参与课程学习的情况

同时，骨干教师培训还包含面授结束后，对培训效果进行为期一个学期的远程跟踪。参与培训的骨干教师需要在后续一个学期中完成"五个一"的实践任务，即一个技术作品、一节公开研讨课、一次主题研讨、一次现场或远程培训和一篇研究论文。五项实践任务延续了集体培训的课程设计思路，不仅帮助教师将培训的内容转化为教学或研究的产品，更是引导教师围绕一个教学或者研究主题开展全方位的实践演练，实现理论和实践的结合，促进深度学习成果的产出。

培训以面向实践应用为主，促进了教师的自我反思，提高了教师的创新意识，同时也提高了培训成果的推广价值，从而不断地推动教师个人及其所在群体能力结构的改变，培养真正的研究型教师。

第六章

基于学习元平台的开放共享课设计研究

随着当代学习理论从个体知识建构向社会知识建构理论的转变，人们对学习的内涵有了新的认识：真正的学习不只是一个知识传递或个体知识建构的过程，而是一个社会对话、认知网络连接与共享的过程，学习者从不同的学习或实践共同体中得到高级认知能力的训练，得到更全面的发展。同时，随着 Web 2.0 技术在教育中越来越广泛的应用，未来学习对"可重用的微内容及其聚合""以用户为中心""社会性""用户参与架构"等方面将越发关注，且提倡每个用户都有机会主导信息的生产与传播，从单纯的"读"向"写"和"共同建设"发展。而泛计算技术和 Web 2.0 技术的快速发展，促使社会化学习、微型学习、移动学习和泛在学习等成为人们进行非正式学习的主要方式，学习的"长尾"现象日益凸显，使得学习内容的"群建共享"、社会网络的建构、学习的个性化和情景化等成为可能。未来的网络教学将从内容呈现设计到通过活动促进建构的方向转变，开放共享将成为网络教学的重要特征之一。

课程的开放，不仅仅意味着网络访问的开放，更意味着内容建设的开放、授课的开放、学习终端的开放、学习者的开放、学习评价的开放、课程管理的开放、学习过程的开放、学习理念与模式的开放，允许内容结构动态重组，实现内容和人际智慧的双重共享。未来的课程应是支持泛在学习、非正式学习的开放课程，开放课程的建设离不开平台的支持，而传统面向内容管理的教学平台无论是在设计理念方面还是在功能支持方面，均无法为开放课程的建设提供有力的支持。学习元平台是以"生成""进化""社会性"等新理念为指导的新型开放学习平台。它不仅弥补了当前学习平台的缺陷，且具有协同编辑、SKN 网络、内容与活动整合等特色功能，不仅实现了网络访问开放，还为内容建设开放、授课开放、学习终端开放等提供一系列功能支持，为实现新形态课程开放共享提供了可能。那么，如何利用学习元平台实现课程的开放与共享？本研究结合"开放"的新内涵，对基于学习元平台的开放共享课的设计与应用进行探索。

第一节 当前网络课程的问题分析

过去几年，教育部推动建设了几千门精品课程，在优质教学内容数字化方面取得了巨大进展，带动了高校网络教学的普遍开展。但也不可否认，在精品课程建设中，也出现了以下普遍性、结构性的问题。

（1）内容封闭、固化、静态，主要为内容的上传下载。目前精品课程或高校网络课程所提供的学习内容和资源绝大多数都是由教师制作上传的。这些学习内容和资源一经上传，除了教师本人，其余人均不可修改。由于课程内容是由教师制作的，仅体现了教师个人的理解，难免有需要完善之处，为了使课程内容更加客观完整，需要集合多数人的智慧共同完善内容。而目前平台仅允许教师修改资源的方式使得课程内容越发封闭。此外，大多数教师将 PPT、Word 文档上传至平台后几乎不再修改，使得课程的内容和资源没有随着知识的发展而发展，而处于一种静止、固化的状态。学生通过下载这些资源到电脑上进行学习。教学平台变成了一种资源传递的工具，教学性并没有得到很大的发挥。

(2)忽视学习者作为重要的学习资源。学习中的交互，绝不仅仅是学习者与物化的学习资源的交互，更重要的是在参与学习的过程中，吸取他人智慧，通过学习资源在学习者、教师之间建立动态的联系，学习者可从同伴那里获取新的知识、得到学习上的帮助。这种趋势使得"人"也被纳入学习资源的范畴，成为一种重要的资源。目前的网络教学平台在资源建设支持方面主要关注的还是学习内容的建设，而忽视了为学习者这种重要的学习资源的建设提供支持。

(3)面向内容设计，而不是面向学习过程设计，学习活动设计不足。学习活动对促进学习者深入理解学习内容有重要作用，对网络学习更是有不可替代的重要作用。在进行网络教学时要对学习活动进行合理的设计，针对不同的内容设计不同类型的活动。虽然随着学习活动理念的不断深入，一些平台也增设了学习活动模块，但学习活动单一，只有作业、讨论等最基本的活动。且学习活动与学习内容相分离，没有有机整合，学生在课程中学习内容之后，要切换到平台的不同模块中去参与不同的活动，对学生的学习造成负面影响。

(4)缺乏过程性评价。发展评价理论强调学习过程的重要性，网络学习评价不可忽视学习过程这一重要部分。但目前教学平台中对学习的评价主要还是总结性评价，教师设计考卷或测试题，学生通过考试获得相应的评价。教师与学生仅能从考试成绩中片面地了解学习状况，而无法发现学习过程中存在的问题。教师和学生均无法及时了解当前的学习情况而对教学或学习进行调整。

(5)社会交互不强，缺乏协作。目前教学平台在社会交互方面支持明显不足。教师与学生、学生与学生之间的交流沟通一般仅依靠讨论等异步交流工具实现，且存在学习者参与讨论的积极性不高、教师参与度低、反馈慢等问题，交互性弱，使得学习者无法在交流中获得学习。社会建构主义提倡学习者的知识的协同建构，而在目前的网络教学中，学生在平台上的操作往往仅是查看、下载学习资源，或参与一些主题讨论等，平台并没有为学习者提供协同建构知识的相关支持。

(6)缺乏个性化学习的支持。目前的网络教学平台以支持传统教学方式为主，在平台中教师依然占主导地位，平台基本上没有为学习者的个性化学习提供支持。所有学习者学习的都是相同的内容，获得的资源也是相同的。

（7）精品课程建设脱离教师，内容不可持续发展。自从我国教育部于 2003 年 4 月下发《关于启动高等学校教学质量与教学改革工程精品课程建设工作的通知》以来，各高校纷纷开展精品课程建设项目。虽然各高校投入大量人力、物力和财力积极开发精品课程，但由于目前精品课程由专家和课程团队提供，课程建设与教师、创建者、学习者割裂，课程一旦接受评审完毕就几乎停止更新，学习者访问这个精品课程只能停留在浏览或获取学习资源的层面，很少参与关于课程学习主题的讨论或交流。精品课程在某种意义上成为静态的学习资源，并不能满足当前学习的新需求。

综上所述，虽然越来越多的高校课程开展了网络教学，但在实践中却凸显出种种问题。集中体现在仅仅局限于内容的数字化与共享，在内容的生成、进化、社会知识网络构建等更高层次的开放上，还有很大的提升空间。为了推进更深层次的开放与共享，2011 年教育部启动了国家精品开放课程建设计划，提出精品资源共享课建设要实现由服务教师向服务师生和社会学习者的转变、由网络有限开放到充分开放的转变。

第二节　学习元平台支持新形态课程开放

与一般的学习资源不同，学习元是一种带有语义描述的结构性的资源，它由学习内容、语义描述、学习活动、格式信息、生成性信息和 SKN 网络这六部分构成。它面向具体的学习目标，既能够自给自足、独立存在，又可以实现彼此联通，构建以学习者为中心的个性化知识网络，其内部包含元数据、聚合模型、知识本体、内容、练习、评价、活动、生成性信息、多元格式和服务接口等部分。

一、　学习元平台相关功能

（1）学习活动。学习元平台提供了多种学习活动，教师可根据教学需要设计不同的活动。且平台支持将学习活动嵌入到学习内容中去，提升学习内容的交互性，有助于学习者在学习内容的同时有针对性地参与学习活动，促进学习深度投入。

（2）SKN 网络。学习元平台提供了 SKN 网络视图。所谓 SKN 网络，即由知识、人以及它们之间的关系所构成的网络。学习者可通过查看 SKN 网络发现与该学习元紧密相关的其他学习元，以及与这些学习元紧密相关的人。学习者可以选择与当前学习有紧密关联的学习元进行学习，或将相关的学习元组织成一个知识群，也可与相关用户进行交流学习。

（3）协同编辑。学习元平台提供了多媒体协同编辑的功能，允许所有使用者（教师和学生）参与学习内容的编辑与完善。若某学习者认为某段学习内容有不妥之处，或有需要补充之处，可对该内容进行修改或补充。普通用户修改的内容经过由语义匹配与社会信任机制相结合的系统审核通过后，学习内容即产生新的版本，新编辑的内容也可被所有人看见。通过这种方式实现学习内容的不断进化完善。

（4）段落批注。学习者在学习某段内容时，若产生了一些自己的看法，可利用批注功能对该段内容进行批注，标明自己对其的态度和看法。

（5）基于过程性信息评价。学习元平台将学习者所有的过程性信息都予以记录，教师可根据学习目标、内容等具体要求选择某些过程性信息作为评价学习者的学习情况的依据，并设置一定的权重，构成过程性评价方案。系统将根据教师的评价方案计算学习者当前的评价得分。教师可实时查看学习者的评价得分和评价详情，从而了解学习者当前的学习状况，必要时调整教学策略。学习者也可实时查看当前自己的学习情况，了解学习的重难点，调整学习策略。

（6）学习元管理。每个知识群均有学习元管理的功能，创建者和协作者可对知识群的学习元进行管理。教师可将某节课的内容引入课程知识群中，将不符合该课程的学习元从知识群中剔除，从而不断丰富、完善和规范课程知识。

（7）语义信息管理。学习元平台利用动态元数据和语义信息对学习元、知识群进行描述。学习元、知识群的创建者可利用系统已有的知识类或属性来描述学习元或知识群的信息，也可以自己创建新的类和属性对资源进行语义信息的描述。创建的知识类或属性一旦通过审核即可在整个系统范围内使用。普通学习者可通过完善元数据的形式对资源进行进一步准确的描述。教师在创建了学习元或知识群之后，可通过丰富语义信息以及提倡学习者完善资源元数据的形式对资源进行更加准确的描述。资源信息被描述得越准确，该资源就越容易被学习者找到，越容易与相似的资源聚合。

二、 学习元平台的开放特征

"开放"不仅仅是内容共享，还包括内容本身及学习过程开放。学习元平台开放访问权限、开放创建权限、协同编辑、段落批注、基于过程性信息评价等功能为开放课程的建设提供了有力支持。

（1）开放的资源访问权限能够实现课程内容访问的开放。学习元平台采用开放的权限设计，允许任何用户访问课程，并基于课程内容开展学习。

（2）开放灵活的创建方式扩大了学习内容的来源。与"专家创建"的课程建设方式不同，学习元平台允许任何用户创建内容，提倡共同建设课程，大大扩展了内容来源。

（3）学习元协同编辑功能、段落批注功能为课程内容的开放建设提供了有力支持。在 Web 2.0"群建共享"理念指导下，开放课程不仅允许用户创建课程，且允许普通用户对已有的课程内容进行协同编辑，从而实现课程内容的不断完善进化。

（4）灵活的资源组织方式使得课程内容结构动态开放。与传统课程不同，未来课程的内容结构不是固定不变的，而是动态的、可重组的。一方面允许用户根据学习或教学需要对内容结构进行重组，另一方面系统可根据内容之间的语义关系进行自动重组。学习元平台采用知识群这种资源组织方式，将相关主题的学习元组织起来，且允许对各学习元及其间的关系进行调整和改变，从而实现课程内容结构的开放和动态重组。

（5）人际网络共享拓宽了学习者的学习信息来源渠道。在知识更新速度越来越快的今天，学习不再仅仅是为了掌握现有的知识，更重要的是能持续性地获得知识及知识的变化发展，而这就需要一条能获取和维护可持续得到知识的"管道"。① 学习内容不再是学习者获取学习信息的唯一渠道，还有更重要的渠道——"人"。"人"作为一种重要的学习资源，已被越来越多的学习者认可。未来开放课程不仅体现在物化资源的开放共享，还将体现在"人"这种重要资源所构成的人际网络的共享，促使学习者在与人交流中获取学习信息，实现学习信息来源的开放。学习元平台提供的SKN网络视图中呈现了知识与知识、知识与人之间的关系，学习者可从中寻找相关的专家、学者进行交流学习。

（6）允许利用多种终端开展学习，实现学习情境的开放。为了满足泛在学习、非正式学习的需要，未来开放课程不该为学习终端所限，而应成为任何学习终端均可访问进入的课程，便于学习者在任何时间、任何地点均可进入学习。学习元平台不仅允许学习者通过电脑访问，还可通过手机等终端访问。

（7）开放的内容访问与内容建设为师生角色的转换提供了可能。学习元没有固定的教师和学生角色，师生的角色是可转换的，普通用户也可创建课程，成为教师，或申请成为某课程的管理员，协同教师共同进行课程管理，还可以成为另外一些课程的学生。开放课程也没有固定的学生限制，即使未选修该门课程的学生也可通过网络进入该课程开展学习，成为该门课程的学习者。

（8）丰富的学习活动开放了学习过程。一方面，学习活动作为学习过程的重要环节，开放的课程需将课程内容与活动紧密地结合起来，允许学习者在学习内容的过程中有针对性地参与相关活动，实现学习过程的开放。另一方面，过程性信息是学习过程中产生的重要资源，开放课程允许开放学习者的学习过程性信息，且能够将学习者的学习过程性信息作为新的"养料"，生成新内容。学习元平台提供了多种类型的学习活动，且支持学习活动与内容深度整合，促进学习过程的开放。

（9）学习内容与学习活动的整合性设计，支持多种教学模式的混合式学习。混合式学习绝非简单的课堂教学和在线教学两种学习形式的混合。开放课程并不局限于某种学习理念、教学模式

---

① 余胜泉、陈敏：《泛在学习资源建设的特征与趋势——以学习元资源模型为例》，载《现代远程教育研究》，2011(6)。

或学习方式，而是能够支持多种理念、多种教学模式和学习方式的混合。一门课程的教学，就应当根据不同的教学目标和教学内容做不同设计，采取多种教学模式。学习元平台通过学习内容与学习活动的整合设计，实现多种教学模式的混合教学，以改变传统以教师为中心的教学结构，关注学习过程以及学习的主动性、探究性、交互性。在实践中，关注学习问题设计和学习活动设计，通过体现不同教学模式特征的学习活动序列，引导和激发学习者参与交互式学习的积极性，在交互过程中完成对问题的理解与对知识的应用。

（10）基于过程性信息的评价使得学习评价变得更加开放。未来网络课程的开放不仅包含内容、理念和模式的开放，还应包含学习评价的开放。学习元平台提供基于过程性信息的评价工具，教师可根据学习者的过程信息对学习者进行评价，且将评价内容、过程和结果予以开放。除了教师外，平台还允许学生参与评价，实现评价主体的多元化。

第三节　基于学习元平台的开放共享课教学实践

根据上述开放共享课的设计思路，笔者以"教育技术新发展"这门课为例，开展基于学习元平台的开放共享课的教学实践。

一、概况

"教育技术新发展"是 2011 年秋季北京师范大学教育技术学专业的博士学位专业课，主要面向 2011 级的教育技术学专业的 15 名博士生，同时也向对该课程感兴趣的群体开放，比如计划报考教育技术学专业博士或硕士研究生的同学，因此有 10 多名教育技术学专业的硕士生、访问学者前来旁听。课程采用"多名教授轮流课堂授课＋基于学习元平台开展网络教学"的开放授课方式。开课教师作为主持者，每周课程邀请不同的教授进行课堂授课和网络教学。每名教授授课 1～2 次之后，邀请其参与学习元平台的网络教学。每次授课前一周左右，助教会与授课教授联系，向其介绍学习元平台及如何利用学习元平台开展网络教学。

二、设计思路

在学习元平台的支持下，笔者尝试从课程创建、课程教学和学习评价三方面对开放共享课进行设计。

在课程创建方面，不再是单一教师参与，而是一个课程建设团队，而且，普通学习者也可参与创建课程内容，即课程内容创建权限是开放的，教师的角色也是开放的。普通用户通过创建学习元和搭建学习元之间的关系来创建自己的课程，在充当教师的过程中获得学习，在教学中深化对内容的理解，实现"教中学"。课程被创建之后，不是一成不变的，而是可修改、可调整的，课程的内容和结构均是开放的。一方面，它允许学习者在学习过程中根据自身对知识的理解，对原有的课程内容进行协同编辑与完善，促进课程内容的动态进化，提倡学习者在学习中发现问题、提出问题、解决问题，有所创新和创造，实现"创造中学"。另一方面，它允许创建者或学习者根据课程内容的更新发展对课程结构实行动态调整，对新旧知识进行重新组合，体现内容结构的动态重组，学习者在这一过程中加深对知识的理解，重塑学习者自身的知识体系，实现"重构中学"。在课程的管理上，不仅创建者有管理的权限，普通用户通过申请，也可获得管理课程的权限，体现课程管理的开放。

在课程教学方面，首先它允许任何用户通过任何学习终端进入课程开展学习，即课程的访问权限、终端设备是开放的。与传统的班级授课不同，它的学习者不是固定不变的，而是面向所有用户开放的。课程创建者不仅向学习者提供学习内容，还设计与内容相匹配的学习活动。学习者一方面通过阅读学习内容，体现"接受中学"；另一方面通过参与相关的学习活动，在参与的过程中加深对内容的理解与思考，体现"做中学"。此外，通过教师手动建立知识与知识之间的联系从而构建起知识网络，学习者通过查看知识网络实现对知识关系的整体把握，体现"联系中学"。学习元平台通过记录学习者的过程性信息、学习者与学习者的交互信息以及学习者与学习资源的交互信息实现人际网络和社会知识网络的构建。在进行教学时，平台向学习者提供与该课程相关的人际网络和社会知识网络，帮助学习者从中发现知识领域的专家、学习者，促进学习者与他人进行交流，实现"交流中学"。为课程附加知识网络、人际网络和社会知识网络，体现了开放共享课设计中内容和人际资源的双重共享。

在学习评价方面，它一方面允许教师基于过程性信息创建评价方案，设定评价标准，对学习者的学习情况进行评价——评价标准与评价结果是对学习者开放的，另一方面允许学习者对自己或他人的作业、作品进行打分和评论。除此之外，学习者还可利用平台提供的反思工具反思自身的学习情况，不仅从行动中获得学习，也从反思中获得学习，通过行动和反思共同创造新知，实现"反思中学"。

三、 开放课程设计

根据开放课程的理念，开放课程在设计上要强调课程内容来源的开放以及课程内容结构的开放。

课程内容来源的开放即指任何人均可为课程内容的建设作出贡献。学习元平台允许任何用户进行内容的创建与引入，故本开放课程的内容来源有两种方式：创建新的内容单元和引入内容单元。创建新的内容单元即创建新的学习元作为课程的内容单元。本开放课程采用不同单元学习内容由不同的授课教师自行创建的方式。每名教师授课之后，即将该节课的教学内容做成学习元，上传到学习元平台中（或授权给自己的博士生帮忙上传）。引入内容单元指的是将平台中已有的学习元引入到课程中来。任何用户均可将相关的学习内容引入到课程中，通过审核后成为该课程的一个内容单元。开放课程内容来源，不仅使课程内容更加有针对性，而且在学期结束后课程内容依然能不断地被丰富和完善。

图 6-1 为"教育技术新发展"知识群包含的学习元列表，该知识群共有 26 个学习元（即该课程已有 26 个内容单元）。截至 2012 年 1 月，该知识群有 23 个学习元，课程结束之后普通用户向该知识群中又引入了 3 个相关学习元。

图 6-1　"教育技术新发展"知识群包含的学习元列表

课程内容结构包括课程内容单元以及各内容单元之间的关系，课程内容结构开放即指任何人均可对课程内容单元以及内容单元之间的关系进行调整，从而建立个性化的课程结构。比如，学习者可将与主题相关的内容单元引入到课程中，还可建立与调整各个内容单元之间的关系。系统为了保证学习元之间关系的准确性，允许用户对两个学习元之间已有的关系进行投票，表示对两者关系的赞同或反对，获得赞同越多表示该关系相对越准确。

本研究采用知识群动态聚合的方式组织课程内容，实现内容结构的开放。主持教师在学习元平台上以课程名"教育技术新发展"创建一个知识群，该知识群即为该门课程。知识群下将包含若干学习元，每个学习元即某节课的内容。课堂授课结束后，授课教师将在学习元平台上将授课内容做成学习元，并将其引入"教育技术新发展"的知识群中（或博士生协作制作），作为该课程的一个学习单元，同时建立该学习元与知识群中其他学习元之间的关系，如前序、后序等，从而建立课程内容的组织结构，实现内容结构的动态重组。图 6-2 为"教育技术新发展"知识群首页，图 6-3为知识群中学习元的关系编辑视图。

图 6-2 "教育技术新发展"知识群首页

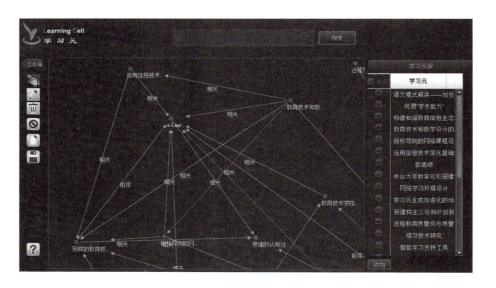

图 6-3 知识群中学习元的关系编辑视图

四、 开放教学设计

针对每一节课进行的教学设计强调教学内容、学习过程以及学习信息来源三方面的开放。

教学内容本身的开放是指教学内容不是一旦生成就固定不变的，而是可被修改完善的，且这种修改内容的权限是开放给所有人的。授课教师首先根据教学目标确定教学内容，将其作为学习元的教学内容。在此基础上，利用平台提供的"编辑本段"入口实现内容本身的开放编辑，不仅教师自己在教学过程中可对内容进行修改，普通学生也可根据自己的理解对内容进行编辑，实现内容本身的开放。例如，"教育技术和教学设计的基本问题"这个学习元，从它的历史版本中我们查看到它的第一个版本的内容，从内容目录中我们可以看到，该学习元仅有"教育技术原理""教学设计的九大信条"和"可视化教学设计"三部分内容（见图6-4），而通过多名学习者的协同编辑，该学习元已有了20个生成性的版本（见图6-5），其最新版本的内容已扩展到六个部分，且有些部分下还有细分的部分（见图6-6）。通过这种开放的方式，利用群体智慧进行内容建设，一方面使得教学内容得以不断完善，另一方面也促进了学习者自身的知识建构。

图 6-4 "教育技术和教学设计的基本问题"学习元第一版本

历史版本

教育技术和教学设计的基本问题 李芒老师 共有 20 个正式版本　历史版本可视化>>　查看修订历史>>

版本对比	更新时间	版本	贡献者	审核者	更改原因
☐	2011-12-19 23:02	查看	李彤彤	李彤彤	添加内容.
☐	2011-11-9 21:22	查看	李彤彤	李彤彤	添加内容.
☐	2011-11-9 21:19	查看	李彤彤	李彤彤	补充工具、技术与生产的关系，这是听课的记录，比较赞同此观点，觉得比较容易理清工具与技术的关系。
☐	2011-11-9 11:07	查看	王志军doc	王志军doc	修改内容
☐	2011-11-9 10:36	查看	王志军doc	王志军doc	修改呈现方式
☐	2011-11-9 10:33	查看	王志军doc	王志军doc	添加和修改内容，将部分内容结构化。
☐	2011-11-9 10:20	查看	王志军doc	王志军doc	添加和修改部分内容
☐	2011-11-9 10:02	查看	王济军	王济军	补充一点
☐	2011-11-9 9:32	查看	张红艳doc	张红艳doc	补充
☐	2011-11-9 9:08	查看	张红艳doc	张红艳doc	补充
☐	2011-11-9 9:05	查看	张红艳doc	张红艳doc	补充内容
☐	2011-11-9 8:45	查看	张红艳doc	张红艳doc	补充
☐	2011-11-9 8:39	查看	张红艳doc	张红艳doc	补充
☐	2011-11-9 8:31	查看	张红艳doc	张红艳doc	需要补充
☐	2011-11-8 22:41	查看	陈敏	陈敏	添加了第二次课的内容

图 6-5 "教育技术和教学设计的基本问题"学习元的历史版本列表

图 6-6　"教育技术和教学设计的基本问题"学习元最新版本

由于任何人均可对内容进行编辑，为了保证内容的质量，在提供开放编辑权限的同时，学习元平台也提供了内容质量的控制机制，即当普通用户对内容进行编辑后，编辑的内容只有通过审核后才会呈现在内容的正式版本中。审核的方式有系统自动审核和人工手动审核。系统自动审核是指系统将新编辑的内容与原内容进行比较，同时结合编辑者的信任度，进而判断编辑的内容是否可靠。手动审核是指学习元的创建者或协作者通过查看新编辑的内容后进行人工判断。还是以"教育技术和教学设计的基本问题"这个学习元为例，如某个学习者在原有内容中补充或修改了某些内容，则系统将依据该学习者的可信度以及补充或修改的内容与原有内容的匹配程度进行自动审核，用户信任度越高、编辑的内容与原内容越近似则越容易通过审核。若系统没有对修改的内容进行自动审核，则教师可对内容进行手动审核。通过审核的版本即可成为最新的生成性版本，其他学习者也将看到新补充或编辑的内容。

除了内容本身的开放外，开放课程还需要关注学习过程的开放。而学习活动作为学习过程的重要环节，在教学设计中尤其重要。授课教师可利用学习元平台提供的活动工具为内容设计相应的活动，且将不同的活动嵌入到相应的内容中，实现内容与活动的有效整合，使得学习过程变得更加开放、共享。还是以"教育技术和教学设计的基本问题"这节课为例，如图 6-7，教师在"教育技术的原理"这段内容后，插入了两个相关的活动，学习者在学习完这段内容后即可参与这两个活动。以"将以下概念画出概念图"这个学习活动为例，通过此学习活动，学习者了解到上述学习内容的重点在于厘清各概念之间的关系，因此学习变得更有针对性，带着问题去思考。在用概念图画出概念关系的过程中，学习者也加深了对概念之间关系的理解。试想，如该学习活动并不是放在该段落内容的下方，而仅仅是呈现在单独的学习活动模块中，学习者在学习完所有内容后再看到此学习活动，一则不知这些概念是针对哪个段落的，二则也使得学习者在阅读时没有针对性，有可能搞不清重点。

图 6-7 "教育技术和教学设计的基本问题"学习元的部分学习内容

另外，教师应积极提倡学习者利用平台提供的批注、评论、反思等工具，记录学习者学习过程中的观点、看法，从学习者的过程性信息中挖掘有价值的信息吸纳补充到教学内容中。如图 6-8 为某学生对"教育技术和教学设计的基本问题"学习元的某段落内容的批注，阐明自己对技术的理解。教师可通过查看学生的批注，从学生的观点、态度中吸取有价值的信息。

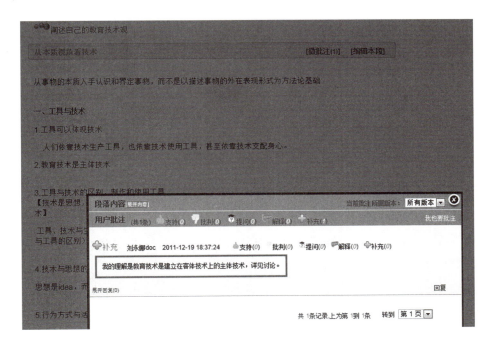

图 6-8 某学生对"教育技术和教学设计的基本问题"学习元的某段落内容的批注

学习信息来源的开放是指拓宽学习者获取学习信息的方式。学习内容不再是学习者获取学习信息的唯一渠道，教师可利用平台提供的各种功能为学习者拓宽学习信息来源，帮助学习者在与他人的交流中、从知识与知识的关联中获取学习信息。一方面可利用平台提供的 SKN 网络、人际网络与其他学习者开展交流，使得学习者在交流中获得相关学习信息；另一方面还可利用平台提供的知识关系编辑工具，手动编辑学习元与学习元之间的关系，从而形成知识网络，实现内容与内容的联通，同时帮助学习者从知识与知识的关联中获取信息。此外，教师可上传与学习内容相关的拓展资源，引入相关的学习工具，帮助学习者从多种渠道获取学习信息。如图 6-9 为"e-learning 新解：网络教学范式变迁"学习元的 SKN 网络视图，学习者可从该网络中找到与该学习元相关的知识点、学习者、教师，开展交流，从交流中获得学习信息。

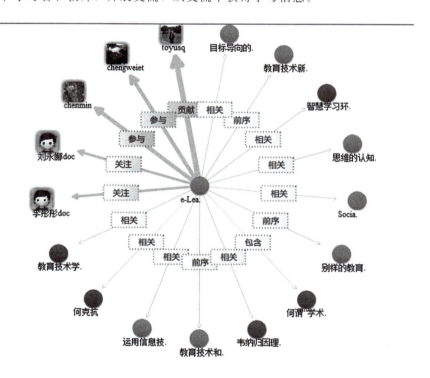

图 6-9 "e-learning 新解：网络教学范式变迁"学习元的 SKN 网络视图

五、 开放教学实施

在具体的教学实施环节，主要实现的是课程访问权限、学习时间、教学指导理念、学习情境和师生角色的开放。

课程访问权限的开放允许所有用户随时进入课程开展学习。平台数据显示，学习"教育技术新发展"课程的人数已达到 101 人，而选修该门课程的学习者仅为 15 人，在教室听课的学习者也仅为 20~30 人。由此可见，对所有学习者开放教学，能够使资源冲破时间、地域的限制，得到最大限度的共享，使更多的学习者受益。

学习时间开放是指用户的学习时间是灵活的、高效的。一方面，用户可根据需要，随时、按需进行学习。对于感兴趣的课程或部分内容进行订阅之后，一旦该资源有了新动态后，系统将自动发邮件通知用户，用户收到通知后安排时间学习，提高时间利用的有效性。另一方面，用户进入平台后，平台将自动推荐一些用户可能感兴趣的资源，从而大大节省用户检索资源的时间。

教学指导理念的开放是指开放课在教学上不再局限于特定的学习理论和教学范式，而是允许不同的教学者根据不同的教学单元在不同学习理论指导下开展教学。例如，对于知识概念类的学习内容，教师可以以认知主义等学习理论为指导，采用接受认知的教学范式和以知识传递为主的教学形式，如直接呈现教学内容，提供教学 PPT 等；对于需要学生深入参与理解的内容，教师可以以建构主义等学习理论为指导，采用建构认知教学范式，关注学生的学习过程，在教学中设计相关活动帮助学习者进行知识建构；对于探究性、开放性的学习内容，教师可以以社会建构主义、分布式认知、情景认知、关联主义等学习理论为指导，在关注学习过程的同时关注学生学习的社会性、情境性和协作性，在教学中提倡学生利用学习元提供的 SKN 网络进行相互交流，利用协同编辑功能开展协作等。

还以"教育技术和教学设计的基本问题"学习元为例。教师在社会建构主义思想的指导下，以"教育技术和教学设计的基本问题"为探究主题，开展了一次协作学习。学习者在课堂上听完教师的授课，教师在学习元中提供了若干内容与框架之后将内容完全开放给学习者，学习者在课后根据上课时对教师所教授的内容的理解来协同构建学习元的内容。从该学习元的历史版本来看（图6-10），在较短的时间内，学习者们根据自己的理解对学习内容进行了协同编辑，形成了 20 个版本。学习者在协同编辑内容的过程中一方面需要阅读其他学习者已编辑好的内容，在此基础上予以完善；另一方面要整理自己在课堂上吸收的内容，等同于进行了二次学习，加深了学习者对知识的理解。教学理念的开放使得教学不再局限于某种思路或方式，使教学更具针对性。

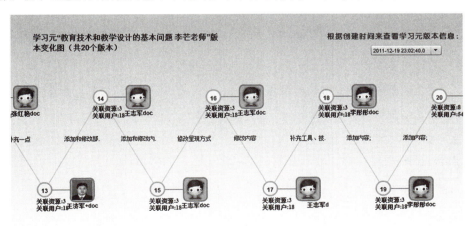

图6-10 "教育技术和教学设计的基本问题"学习元的历史版本可视化截图

学习情境开放是指学习者可在各种情境中开展学习。学习元平台不仅有网页版，还有适应移动终端的 Android 客户端。学习者在任何时间、任何地点可通过台式电脑、平板电脑、手机等多种学习终端，在教室、野外或公交车等任何情境中学习。图 6-11 为 Android 客户端上学习元平台截图。

图 6-11　Android 客户端上学习元平台截图

师生角色开放是指开放课中师生的角色是可以互换的，学生也可以成为某内容单元的教师，教师也可能成为某内容单元的学生。内容建设的开放和内容本身的开放使得这种师生角色的开放成为可能。一方面，学习元平台允许任何用户创建内容单元(学习元)，每个用户根据自身的知识创建自己的内容单元，作为知识的创建者，向广大用户传递了自己的知识经验，这时他就是该内容单元的教师。另一方面，当用户学习某内容时，他是该内容单元的学习者。但学习者在学习过程中，通过协同编辑内容等方式，贡献自己的智慧和经验，这时该学习者也从被动的知识接受者、教学的被实施者转变为教学的主动参与者，从学生角色转向教师角色。师生角色的开放，一方面能够利用学生的集体智慧促进内容的进化发展，另一方面学习者在吸收他人智慧的基础上，在"教"的过程中也促进了自身知识的建构。

六、　开放教学评价

在开放教学评价方面，重点强调评价主体的多元化以及基于过程性信息的评价方式。

评价主体多元化即评价主体既可以是教师也可以是学生。教师可利用学习元平台提供的评价工具对学习者进行评价，而学习者也可对作业、作品等进行自评与互评。此外，学习者参与相关活动后，教师将及时收到系统邮件提醒，以便及时对学习者的参与情况做出评价反馈。

学习元平台提供基于过程性信息的评价功能，实现从评价内容、评价过程到评价结果的开放。一方面，所有的过程性信息均可作为评价内容，且对所有学习者均开放。另一方面，评价过程可随时进行，评价结果可随时查看，即教师可随时进行评价结果的计算，了解当前学习者的学习情况，学习者也可随时进行评价结果的计算，了解自己当前的学习情况。

以"e-learning 新解：网络教学范式变迁"这节课的课程教学为例，教师选择"发布作品""画概念图""学习时间"等过程性信息作为评价依据，并对每个评价项目设置了相应权重，从而构成该学习元的学习评价方案(见图 6-12)。系统将根据教师设定的评价方案计算每个学习者的得分，对学习者进行过程性评价。通过评价方案，教师可随时查看学习者当前的学习情况，包括评价得分和评价详情，及时调整教学内容与策略。学习者也可随时查看评价，了解评价标准、过程和结果，以此发现知识的重难点，及时了解自己的学习情况，进而对学习计划与策略做出调整。

评价方案 查看学习者列表 修改方案 返回学习元

合格分：60.0

评价模块	模块权重	评价项目
作业提交	20%	信息技术有哪些最新进展？请做一个观察与调研，提交一个介绍讲稿
画概念图	20%	请阅读一篇关于泛在学习的原创文献，画出其概念图
学习时间	10%	累计学习时间不少于60分钟
在线批注	5%	对学习元进行批注
编辑内容	15%	对学习元段落进行编辑并通过审核
发表评论	5%	对学习元进行评论
资源评分	5%	对学习元内容评分
下载资源	5%	e-Learning新解：网络教学范式变迁
分享链接	5%	与大家分享相关链接
上传资源	5%	上传与学习内容相关的资源
引用资源	5%	引入与学习内容相关的资源

图 6-12 "e-learning 新解：网络教学范式变迁"学习元评价方案

七、 开放班级组织与管理

除了开放课程设计、开放教学设计、开放教学实施以及开放教学评价外，对课程参与者的组织与管理也是开放课中不可或缺的一部分。

由于高校中班级的概念较弱，本次实践利用学习元平台的学习社区建立一个虚拟的网上班级，即学习共同体。该班级与传统的班级不同，是一个开放的组织，即任何用户均可申请加入该社区，成为社区一员。社区成员在社区中就该课程的相关问题开展讨论、交流并共享资源。主持教师和助教作为共同体组织中的主要管理者和协调者。利用学习元平台的学习社区模块，主持教师创建一个"教育技术新发展"的学习社区(见图 6-13)作为学习共同体空间，学习者可申请加入，在社区中就课程相关事宜开展讨论、交流并共享资源。图 6-14 展示了如何利用学习社区开展班级组织与管理。

图 6-13 "教育技术新发展"学习社区首页

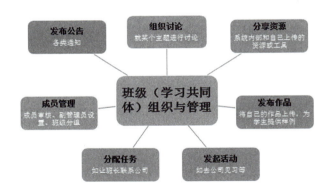

图 6-14 基于学习元平台的班级组织与管理

发布公告 利用公告的功能发送各类通知，如课程预告、考核标准、考试时间等，系统将各类通知同时以邮件的方式发送到学生的邮箱中，使未登录平台的学生也能及时获取通知，也为教师和助教减轻了一些管理负担。

组织讨论 利用社区中的讨论区功能组织班级成员开展各类讨论，如关于平台使用、课程相关内容等。

分享资源 利用分享资源的功能在社区中上传或引入一些相关的学习资源，并鼓励学生也参与分享。

发布作品 一方面将自己的作品上传，为学生提供样例；另一方面鼓励学生发布相关的学习作品，其他成员可借鉴或评价。

发起活动 在学习社区内发起各类活动，鼓励学习者积极参与，如年末我们发起了聚餐活动。

分配任务 利用任务功能，教师向某个学生分配一些任务，学生要在规定的时间内完成，如请班长联系下节课的任课教师等。

成员管理 教师可对社区成员进行管理，仅允许听这门课的学生进入社区，以保证班级的稳定，并可将助教、班委设为副管理员，一起协作管理班级。

第七章
基于学习元平台的大规模开放课程研究

大规模开放在线课程（MOOC）是近年来新兴的一种教育模式和学习方式，是目前在线教育的热点研究问题。近几年涌现出一批以 Coursera、edX、Udacity 为代表的 MOOC 平台，吸引了数以千万计的学生使用和学习，已经引起了世界各国教育领域的广泛关注。与传统的网络课程和开放教育资源不同，MOOC 具有开放性、大规模、免费、网络化、参与性等特点，具有不同教育背景和不同学习能力的学习者可以同时参与学习同一门课程。MOOC 这种新的在线教育模式对全球教育领域产生了重要影响，正逐步成为 21 世纪终身教育和学习的一种重要途径，是信息技术对教育具有革命性影响的初步体现。

然而，大规模开放在线课程还存在着许多无法回避的问题。虽然 MOOC 有较高的入学率，但退出率也很高，坚持学完课程并获得证书认证的人很少[1]，学习保持率低。据报道，美国加州大学伯克利分校在 Coursera 平台上开设的"软件工程"课程，有 5 万名学生注册，但只有 7% 的学生通过了考试。[2] MOOC 现状是有大规模的用户注册，但并没有大规模的网络学习发生。其根本原因在于，MOOC 学习用户数量虽然庞大，但是每个学习者个性化特征千差万别，学习需求也千差万别，教师面对海量的、复杂的多样化学习需求，学习服务支持的工作量巨大，而教师的时间精力有限，无法及时一一应对，导致学习者在学习过程中遇到问题时无法快速获得解决。另外，虽然 MOOC 有大规模的学习者参与学习，但是学习者的交互性多集中于人与知识内容层面，人与人之间的深层次社会性互动不足，社会化学习的深度不够，导致学习过程中的孤独感产生，学习效果和学习体验不佳，这也是产生上述问题的关键原因所在。

究其原因，MOOC 过于强调课程内容设计以及讲授、练习、信息传递等行为主义导向的策略应用，忽视了新一代学习科学理念与学习技术在 MOOC 资源组织和设计、学习过程支持服务和激励等方面的重要性。

学习元具有的进化性、生成性、社会性等核心特点，可以很好地支撑新一代 MOOC 课程的建设，具体表现为动态生成与进化性、社会性、语义聚合性、可选择与可定制性、贯一化与连续

---

[1] P. Hill, "Combining MOOC Student Patterns Graphic with Stanford Analysis," https://mfeldstein. com/combining-mooc-student-patterns-graphic-stanford-analysis/，2018-08-10.

[2] R. Meyer, "What It's Like to Teach a MOOC（and What the Heck's a MOOC），" https://www. theatlantic. com/technology/archive/2012/07/what-its-like-to-teach-a-mooc-and-what-the-hecks-a-mooc/260000/，2018-08-10.

性、学习数据与适应机制的开放性等特征。基于学习元的适应性开放课程能够实现由表层课程内容资源的学习情况获得学习者对课程内容背后深层知识体系的学习情况，助力 MOOC 课程打破传统千人一面、内容和结构固定不变的局面，真正形成针对具有不同学习状态、不同学习障碍或学习困难点的学习者的精准化课程学习解决方案，真正达到个性化、定制式的适应性服务水平。

第一节 支持课程大规模开放的学习技术

当前 MOOC 面临的核心焦点问题是学习服务支持工作量巨大与学习者高辍学率，需要从课程内容和学习资源建设、学习过程支持服务、社会知识网络构建等方面进行技术改进。正如研究者所言，MOOC 运动并没有创造出自己独特的网络学习方式和有用的技术——一些所谓的新技术早在 40 年前就在远程学习领域为大家所熟知，所采用的仍然是一种依赖于信息传递、计算机评分和同伴评分的传统行为主义教学法。[①] MOOC 运动若要获得真正意义上的成功，需要关注这些批评的声音，并做出突破，急需能够组织、挖掘、分析和处理海量资源语义信息和学习过程信息的技术进步。本节将从学习技术的视角，探讨 MOOC 要保持一个颠覆者、革新者应该采纳的新技术，以解决其面临的降低学习支持服务工作强度、提高学习者保持率和成功率等核心难题。

一、 内容交互与数据追踪技术

MOOC 与开放式课程（OCW）最大的区别是开放了学习过程，而不仅仅是提供学习资源。MOOC 的核心思路是要引导学习者参与到学习过程中来，完成知识的学习与互动，强调促进学习者的深度参与。因此内容与学习活动的融合性设计是需要突破的关键。未来 MOOC 课程内容的设计将不再仅仅停留在内容传递层面，还应该包含与学习内容密切相关的学习活动设计，从面向内容设计变革为面向学习过程设计，以促进深层次学习的发生。在提供学习资源的基础上，围绕所确定的教学目标及内容，设计学习活动与学习交互过程，激发学习者的信息搜索、分析和综合等高水平思维活动；设计具体的协作任务，促进学习者之间的交流和协作活动，并对学习过程进行监控调节。学习活动可以促进学生认知外显化，使学生在活动中自主、协同建构知识意义，并获得相应自主、探究、协作的能力，本质上来说是建构主义学习观的一种具体体现形式。将学习活动纳入到学习资源的聚合模型中已是一种必然趋势。经过学习内容与学习活动整合性设计的MOOC 课程，内容与活动不再是分离的，而是一体的，形成一个学习包；活动不再是泛泛的，而是针对内容的学习精心设计的；活动与内容序列的安排，不仅仅是呈现形式的设计，也是按照知识的学习过程进行设计，体现出不同的学习模式。

---

① ［英］约翰·丹尼尔、王志军、赵文涛：《让 MOOCs 更有意义：在谎言、悖论和可能性的迷宫中沉思》，载《现代远程教育研究》，2013（3）。

二、　学习数据分析技术

关于斯坦福大学 MOOC 的一份反思报告指出：MOOC 只是关注相对直接的评估方式，如多选项问卷、简短问答，而在分析学习过程材料来评估学生投入程度方面显得十分匮乏。[①] 支持 MOOC 的开放平台虽然能够记录学习者的过程性信息，也可以及时向学习者反馈练习、测试以及作业等多种形式的学习结果评价信息，但往往缺乏对相关过程与结果数据的深入分析，既缺乏对课程整体运行数据的把握，也缺乏对个体学习情况的深入了解。

近年来，随着学习分析在教育技术领域的兴起，基于 MOOC 支撑平台中存储的海量交互数据，借助学习分析相关技术，为大规模用户提供实时在线的过程和结果数据分析已成为可能。考虑到 MOOC 课程中教师和学生时空分离的特殊性，MOOC 学习过程数据分析至少应从学习者学习活动数据和教师教学活动数据两个维度进行。分析过程中生成的一系列分析报告应包含来自学习者个人信息、课程学习整体效果、学习者知识结构变化、学习者参与质量、教学活动设置、学生作业布置、学习服务支持质量等方面数据的可视化统计分析结果。这些数据分析报告，一方面可以帮助教师全面了解学生的学习绩效、学习过程以及学习环境，诊断学生差距和学习需要，为学生提供更有针对性的教学干预[②]，发现学生风险，及时进行课程内容、教学策略调整，学习支持服务改善和深度教学反思。另一方面，这些分析报告将有助于维持学习者的学习动机，增进学习者学习的主动性和积极性，使学习者在获得及时有效学习过程评估反馈信息的同时还能获得与之配套的具有很强针对性的学习支持服务，来辅助学习者掌控和调整学习进度。

三、　学习资源语义化技术

学习资源是 MOOC 的核心组成要素，当前的 e-learning 学习资源普遍缺乏关联性，因为资源之间的联系只是通过一般的超链接形成人为关联，基于 HTML 的数据组织不能体现数据内在的语义联系，无法实现机器的自动处理。[③] 而学习资源间丰富的语义关联，既可以增强资源个体之间的联通性，又可以为学习资源动态聚合成更大粒度、具有内在逻辑联系的资源群提供数据基础。[④] 资源语义化的核心作用主要体现在两方面，一方面表现为个性化语义资源检索，另一方面表现为微型资源的个性化组合与推荐。

---

① S. Cooper，M. Sahami，"Reflections on Stanford's MOOCs，"Communications of the ACM，56(2)，2013.

② 顾小清、黄景碧、朱元锟等：《让数据说话：决策支持系统在教育中的应用》，载《开放教育研究》，2010(10)。

③ 邵国平、郭莉：《语义 Web 对 E-Learning 的促进》，载《中小学电教》，2008(5)。

④ 杨现民、余胜泉、张芳：《学习资源动态语义关联的设计与实现》，载《中国电化教育》，2013(1)。

资源语义化的前提是具有完善或者相对完善的课程知识领域本体库，利用领域知识本体库，通过语义网技术来实现课程知识之间逻辑关系的自动或者半自动化关联标注。当前语义网已拥有以可扩展标记语言 XML、资源描述框架 RDF 和本体相关标准为核心的三大技术。在我们研究的学习元项目中，使用了基于语义网的本体技术来组织学习元中的各类学习资源。借助语义元数据和本体技术来组织学习资源，能够灵活、精确地表达资源的属性，以及更为丰富的资源关系，使资源的描述更加满足情境性的要求，便于学习者对资源进行检索、归类，从而极大地提高检索的查全率和准确度；更容易被自动化的数据挖掘工具发现和集成，有助于实现泛在学习环境下分布式资源的灵活共享、联结和重用；同时具备良好的扩展性，并且能作为智能的资源检索和推送的基础，大大地增强学习系统的适应性和针对用户的个性化服务能力。

四、 学习动机维持技术

MOOC 课程学习的高度自由导致许多学习者对学习时间安排不知所措，无法利用散乱的碎片化时间进行学习；同时，MOOC 课程缺乏相应的激励机制设计以及支撑平台的学习激励技术支持，学习过程中产生的孤独感难以消除。有研究者[①]从课程要素(包括学习内容、学习目标、学习活动、学习交互以及学习评价)、过程要素、学习动机策略要素和学习动机要素四方面对网络课程中的学习激励模型进行构建。鉴于 MOOC 课程大规模、开放的特点，未来大规模开放课程激励体系的构建重点应聚焦于课程要素和过程要素设计两个层面。在课程要素设计方面，大规模开放课程所设计的学习活动(或学习任务)应包含明确的学习目标、活动实施规则和最终的评价标准，学习活动的形式以个体间协作和小组间竞争为主，并允许学习者根据自身的学习水平选择不同的完成层次。而在过程要素设计方面，则需要对学习活动实施过程进行实时监控，根据学习者的不同学习进度，开放课程支撑平台能够以提醒、奖励、惩罚等多种形式对学习者进行信息反馈。在给予反馈的同时，系统还能够为学习者提供继续学习所需的信息资源和学习工具。此外，拥有良好激励体系的大规模开放课程支撑系统也将减轻繁重学习支持服务的部分压力。

五、 社会知识网络技术

MOOC 学习不仅仅是学习者与物化的学习资源的交互，更重要的是在参与学习的过程中，吸取他人智慧，构建社会人际网络，收获可持续获取知识的"管道"。学习者个体与学习内容互动的同时，其他学习者以及围绕学习者形成的社区对学习有重大作用。知识不仅来源于网络上的学习资源，人在学习知识空间的作用也非常重要，透过学习资源在学习者、教师之间建立动态的联

---

① 潘来奇：《网络课程中学习激励的研究》，硕士学位论文，山东师范大学，2011。

系，共享学习过程中的人际网络和社会知识网络，能够满足社会化学习的需要。

未来 MOOC 课程当中，学习相同或相似主题内容的学习者可以通过学习资源来构建社会知识网络。随着学习者之间交互的不断深入，便会逐渐形成一个具有相同学习兴趣和偏好的知识网络。每个学习者都是知识网络中的一个节点，学习者可以通过学习资源与其他学习者节点建立学习连接，节点之间连接的强弱基于综合多因素的评估模型进行表征。随着学习者不断地学习，学习者与学习资源、学习者与学习者之间交互的不断深入，学习共同体知识网络中各节点的状态以及各节点之间的联系也将得到持续更新，从而实现由人寻找资源到资源寻找人的转变，达到知识以及人际资源的双向推荐。学习者通过多向联通的社会知识网络，不仅能够迅速获取物化学习资源，而且还能够寻找到权威的领域专家以及适合自己的学习同伴，从他们身上获取知识，体验学习过程中交往的乐趣。学习内容聚集了所有学习者的认知智慧，并实现了物化资源与人力资源的结合，形成了一个能自我发展、动态演化的社会知识网络。学习者不仅能获取现有的知识，更能掌握学习的方法和获得知识的途径，形成知识与人相互作用、相互交织的网络，并能通过这个网络持续不断地获取所需的知识，这与社会建构、分布式情境认知的理念是一致的。关于社会知识网络构建，我们以知识为中心，基于学习元平台开展了相关探索性研究，初步完成了具有动态生成与共享特性的社会知识网络构建，实现了由知识与知识、人与人之间的单向联系向知识与知识、人与人、知识与人之间多向联系的转变（如图 7-1 所示）。

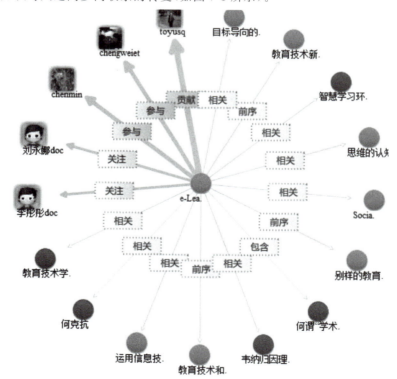

图 7-1　社会知识网络

六、 课程生成与进化技术

MOOC 课程基本沿袭传统网络课程的开发模式，课程教师或者助教预先设计并制作好课程资源，在平台上发布供学习者学习。这种课程开发模式势必会带来学习内容来源单一、知识结构封闭、内容资源更新缓慢等问题。MOOC 课程的内容不应一成不变，MOOC 课程的开放也不应仅局限于内容的免费访问，而更重要的是让内容本身开放，允许学习者在学习过程中为课程贡献独特的内容，既成为课程内容的消费者，也成为课程内容的生产者，真正实现课程内容的生成与进化。

课程的进化不是一个自组织系统，需要借助外部的机制进行约束和激励，因此需要遵循一定的原则。课程内容进化，应以内容共建共享为核心，同时还需储备多元化资源，联通课程内容与学习活动，为师生协同创建和重新编辑提供良好的技术支持，为不同类别的参与者定制权限，为积极参与者提供奖励等。学习资源的进化是课程进化的前提和基础。围绕泛在学习环境下的新型资源组织模型——学习元，我们从内容进化、关联进化两个维度对学习资源进化模型进行了构建，并综合应用语义基因、基于规则的推理、关联规则挖掘等技术展开了资源动态语义关联进化的实践探索，获得了较高的关联准确性。内容进化是指学习资源通过开放的组织方式吸引多个用户参与内容的协同编辑，随着时间的推移和用户智慧的汇聚，资源的人际信息不断丰富，资源的版本不断升级，最终形成含有过程信息标注并能满足不同用户需求的学习资源。关联进化是指学习资源在生长的过程中不断与其他资源实体建立语义关系，如相似关系、上下位关系、前驱关系等（如图 7-2 所示）。资源之间的语义关联可用于可视化知识导航，引导学习者总体了解某个领域的知识关系，并根据知识的内在逻辑组织成结构化的课程。不论是内容进化还是关联进化，两者的核心都是通过学习资源的个体进化来实现整个课程的进化。

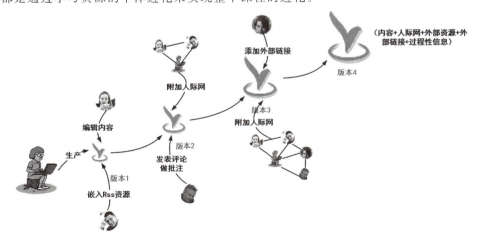

图 7-2 内容进化与关联进化

群体的智慧是学习资源进化的重要动力，这就要求未来 MOOC 课程一方面要保证学习资源内容是开放的、可进化的，且允许任何人对其进行创建或编辑，依靠群体的力量来动态地生成资源；另一方面要保证学习资源可与运行环境进行信息交换，以便获取学习的过程性信息，注重分享与分析学习者在学习过程中产生的生成性信息。利用课程进化技术，借助相应的进化保障机制，MOOC 课程内容建设将充分发挥教师和学习者的主体作用，保证内容的持续有序更新，让内容真正"活"起来。

七、 发展性评估技术

如何对网络课程学习进行发展性评价一直是在线学习中未能得到有效解决的难题。虽然 MOOC 课程在对学生的学习过程监控和学习评价方面做出了一些新的尝试，如 Coursera 采用机器评价客观题测验并给予及时反馈，利用同学互评方式解决主观题评价问题，大部分课程均有短小、简单的周测验和最终的期末测试，但是现有大规模开放课程的评价模式仍主要沿用传统的网络评价方式，表现为注重对学习成绩的评价，忽视对学习方法、学习能力、学习过程的评价，缺乏反馈互动评价、人性化评价等类型的评价设计，没有从学习者个人的发展角度进行评价。

基于发展性评价理念的 MOOC 课程评价支撑系统需要能够支持教师自主创设和修改评价方案，评价方案中涉及的具体评价项目允许教师进行自我定制，而不仅限于当前的主客观测验项目。同时，考虑到 MOOC 课程学习者学习水平、学习目的等差异性因素，支撑系统还需满足教师创建分层评价方案的需求，即可以根据学习者的实际情况设计包含不同评价项目的方案，以衡量具有不同学习兴趣、学习能力学生的学习掌握情况，且随着分层评价方案技术的成熟，后期可朝支持学习者个性化评价方案创设方向发展。同时，课程学习评价的范围也不仅限于作业、测验成绩等学习结果信息，系统还应实现学习过程数据的采集、分析与评价功能，利用学习过程评估的结果能够给予学习者及时有效的反馈或提示，以监督和引导学习者的网络学习进程。此外，随着 MOOC 课程内容的逐步开放，学习者将能够陆续参与课程内容和资源的构建，因此未来 MOOC 课程学习评价还应将学习者的相关贡献值纳入最终的评估体系当中。

八、 同伴互评技术

MOOC 课程的参与者规模庞大，由此带来巨大的作业评价工作量，单靠教师的直接参与完成作业的批阅是不现实的。MOOC 课程支撑平台的开发者们正在研发多种评价功能，如自动测评、同伴互评以及人机结合的评价方式，以帮助教师解除作业评价所带来的繁重负担。

未来 MOOC 课程中的同伴互评将作为一种常规学习活动，纳入学习者的学习计划以及课程学习评估内容当中，作为学习考核的方式之一，而不仅仅只是作为减轻教师批阅作业负担的工具。在 MOOC 平台中具体实现同伴互评时，我们还需要设定相应的控制规则来解决同伴之间评价误差过大的问题。比如，我们需要控制参与评价的同伴数量，采用类似去除最高分、最低分然后计算平均分的方式来给出学习者作品成绩，且当同伴之间评分差距超过规定范围时，该作品的最终评判权将转交给教师。平台利用记录的互评过程数据以及互评结果是否采纳的信息，分析学习者在互评过程中的表现，并借助部分互评历史记录来决定后期是否让该学习者继续参与互评以及参与互评作品的数量等。同伴互评一方面能在一定程度上减轻课程教师的负担，另一方面又能促进学生在互评过程中进行深度学习，提升参与积极性。

九、 自动批改技术

MOOC 是有完整的教学过程的，而课程作业是教学过程不可或缺的环节。MOOC 的学习者成千上万，如何实现作业的自动化批阅是 MOOC 发展过程中必须攻克的重大课题。对于客观题的批阅，目前已经没有什么问题。然而作业批改的关键不仅仅是给出正误判断，更重要的是系统能够提供作业答案的详细解释，形成错误产生原因的分析报告，帮助学习者找出存在的问题，并为其提供一定的解决方案和学习策略推荐服务。

由于技术水平的限制，当前主观题的计算机自动评估与人工评估仍存在一定差距，评价效果不尽如人意，但对于一些稍微简短的简答题目，完全实现半自动化的计算机辅助批改也是有可能的。基本思路是采用机器学习和训练的方式，首先让不同层次的学习者对同一篇材料进行作答，然后利用计算机对作答的材料做文本和语义分析，将学习者的答案要点进行结构化，并形成相应的参考答案语料库。之后再有学习者作答该材料或类似材料时，完全可以通过计算机对学生答案做文本和语义分析，并根据答案语料库的情况进行评判。经过一定量的训练之后，半自动评估系统将能够对简答题等主观类试题做出准确判断。而对于半结构化的试题，则可以充分利用客观题和主观题自动评判中二者的优势，实现优势互评和自动评判。

十、 虚拟实验技术

学习不仅仅是获得知识的过程，更重要的是知识内化与实践应用。实验教学是理工类课程的标配，对于学生实践能力形成具有重要的作用。关于杜克大学理工类开放课程"生物电流：定量方法"的研究报告[①]就指出，缺乏专业的数学背景知识和能力以及将学习到的理念付诸实践的机制是导致学习者无法顺利完成学业的两个重要因素。而虚拟实验能够在一定程度上打破时间和空间限制，创设实验条件，支持大规模学习者同时步入实验殿堂，帮助学习者形成正确的学科概念，加深对学科规律的理解，培养和提高学习者观察、动手实践、探究的能力。

---

① "Bioelectricity: A Quantitative Approach," http://dukespace.lib.duke.edu/dspace/bitstream/handle/10161/6216/Duke_Bioelectricity_MOOC_Fall2012.pdf，2014-03-07.

因此，在 MOOC 课程的设计过程当中，我们可以通过创设决策仿真实验、虚拟仿真实验、远程操作实验等多类实验来培养学习者将理论运用于实践的能力。虚拟实验拓展了实验的对象范围，使实验者能够获得在真实实验条件下难以获得甚至根本无法得到的关于客观对象的信息：第一，它能够对现实存在的，但由于主、客观条件的限制难以或无法进行直接实验的对象进行实验研究。从客观方面来看，有些自然现象，如地震、台风、大气环流等，在现实条件下人们是无法进行控制的，借助虚拟实验，这些实验现象就进入了实验的范围。另外有些事物现象本来是可以通过真实实验认识的，但由于客观方面的原因（如危及人体生命安全的爆炸实验）不能进行真实实验，必须求助于虚拟实验。第二，通过虚拟实验能够认识历史上曾经出现过，但由于事过境迁已不复存在的事物对象。如生命起源、地球的形成等。第三，虚拟实验可以彻底打破时间和空间的限制，缩短实验周期，更利于科学研究的进行。例如，生物中的孟德尔遗传定律，用果蝇做实验往往需要几个月的时间，而通过虚拟实验就可以在一堂课中实现。

针对当前 MOOC 面临的核心焦点问题——学习服务支持工作量巨大与学习者高辍学率，我们从课程内容和学习资源建设、学习过程支持服务、社会知识网络构建等方面为其解决提供了可能的建议和方案。随着 MOOC 的发展，未来将会面临越来越多的新需求与新挑战，如学分认证、个性化教育、学术研究质量、作业剽窃、开放与收费的伦理学等问题。从长远来看，诸如 Coursera、Udacity、edX 这样的 MOOC 巨头，未来的发展很可能取决于其所研发的技术平台能否更好地支持学习过程。

第二节　大规模开放课程的知识地图分析

不受时空限制、大规模的开放性既是 MOOC 的优势，同时也是它的劣势。师生时空分离导致学生与教师之间缺乏面对面的互动，加上学习者数量庞大、学习需求千差万别，而教师数量和精力有限，因此教师难以判断学生是否感到课业太容易、学习内容是否乏味，难以评估学生参与学习过程的质量，难以为学生提供个性化指导。MOOC 学习者的反思报告指出，学习过程中过多的匿名信息、课程内容缺乏结构性组织、学习体验难以同真实价值建立关联等是导致其最后退出课程学习的主要因素。[①] 有研究者指出，诸如学习时间管理、学习目标设定、查找资源、尝试新工具等在教室学习中由教师完成的任务，在 MOOC 中则需要学习者来承担，这对于很多学习者

---

① "A Personal Reflection on Massively Open Online Courses(MOOCs) ,"http://www.insidetrack.com/a-personal-reflection-on-massively-open-online-courses-moocs/，2014-10-17.

而言是十分困难的。① 在 MOOC 学习过程中，如何帮助学习者管理时间、规划学习进度、增强学习动机、实现自我导向学习，以及如何帮助教师高效组织课程内容、分析和评估学习者的学习过程、提升学习者保持率，都是当前大规模开放课程发展过程中亟须解决的问题。

霍利（Holley）和丹塞罗（Dansereau）于 1984 年首次提出知识地图（knowledge map）的概念，知识地图是一种以可视化方式展现的显性化、结构化的知识关系网络，具有知识管理、学习导航和学习评估等功能。关于知识地图的实际应用效果研究已经有了长足的发展，有研究表明知识地图能够帮助学习者记忆学习内容，降低焦虑感，增强学习动机②；知识地图能够整合静态和动态的推理规则以解决问题，促进概念的形成③；e-learning 环境下，基于知识地图的实验组在学习效率上远高于基于一般浏览方式的控制组，同时能够充分表示学习内容及内容间关系的知识地图能够促进对知识的理解④。可见，知识地图对于解决 MOOC 内容组织结构性差、学习者学习散漫无计划、学习者学习动机不足等问题以及处理不同层次水平学习者之间的交流共享问题具有很大的借鉴意义，有可能成为破解当前 MOOC"有大规模访问，但没有大规模网络学习发生"现状的关键所在。

从知识地图的视角，我们设计了知识地图的概念模型，具体包含学科知识、学科知识间的语义关联（已确认的、待确认的、待建立的）和学科知识的掌握状态三方面内容（如图 7-3 所示）。该

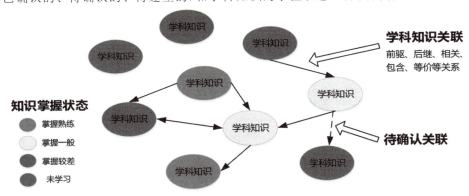

图 7-3 知识地图概念模型

---

① R. Kop，"The Challenges to Connectivist Learning on Open Online Networks：Learning Experiences during a Massive Open Online Course,"The International Review of Research in Open and Distance Learning，12(3)，2011.

② R. H. Hall，& A. M. O'Donnell，"Cognitive and Affective Outcomes of Learning from Knowledge Maps,"Contemporary Educational Psychology，21(1)，1996.

③ Gomez，A. Morenoa，J. Pazosa，et al.，"Knowledge Maps：An Essential Technique for Conceptualization,"Data & Knowledge Engineering，2000(33).

④ Shaw，"A Study of Learning Performance of E-Learning Materials Design with Knowledge Maps,"Computers & Education，54(1)，2010.

模型具有学科知识及其关联网络的动态进化、学科知识掌握水平的持续更新等核心特征，既能够对知识与知识之间的关联关系与逻辑结构进行表征，又能够对用户与知识之间交互的情境状态（学习时间、掌握水平等）进行表征，并最终以可视化的方式向用户呈现。基于上述知识地图概念模型，利用学习元平台进行知识地图的构建主要包括三个环节：学科知识语义关联与进化、基于学习活动的过程数据采集与分析、知识地图的可视化呈现。

一、 学科知识语义关联与进化

当前学习元平台中学科知识本体的来源主要有三种：一是由普通用户创建，二是由系统管理员将外部成熟的本体直接从后台导入，三是通过系统自动挖掘。三种来源的本体均需要通过一定的认证机制才能被系统采纳，其中由普通用户创建的学科知识本体采用社会信任机制的方式进行手动和自动审核，由系统自动挖掘的则采用人工审核的方式，而由系统管理员导入的则直接融入已有本体库。基于已有的学科知识本体，学习元平台允许通过半自动化和人工编辑的方式逐步建立学科知识之间的语义关联关系，并采用自上而下以及自下而上两种关联进化的思路，实现学科知识的语义关联及其进化。所谓自上而下是指由学科专家对平台中新增的学科知识关系进行人工审核以及手动增加学科知识之间的关系，由学科专家审核或新增的学科知识关系直接被系统采纳；而自下而上是指由普通用户根据现实需要对平台中尚未定义的学科知识或学科知识之间的关系，以及尚未标注的学科知识之间的关系进行添加，抑或是基于平台推理引擎所产生的相关学科知识和学科知识关系等。

二、 基于学习活动的过程数据采集与分析

传统的在线学习过程数据采集主要通过监控和跟踪学习者的数据库访问记录或 Web 日志文件来实现。综合对现有在线学习行为数据采集研究的分析，可以发现目前主要存在以下两方面的不足：忽视学习者对学习内容本身贡献的行为数据采集；学习行为数据采集与分析模型很少关注学习者当前的学习情境信息，如地理位置、气候、学习终端、网络环境等。基于对上述不足和学习元自身特色的综合考虑，学习元平台确立了从学习情境信息数据、知识建构行为数据、学习行为数据和学习结果信息数据四个维度来进行学习过程数据采集的方案。其中学习情境信息主要包括学习者初始能力水平信息、学习终端设备信息、地理位置信息以及时间信息等影响学习者获取和运用知识的一切要素。知识建构行为信息主要包括学习内容与学习资源的编辑、审核、批注、分享和传播等对学习内容和学习资源进行再创造的贡献数据。学习行为信息以学习活动为核心，主要包括浏览学习内容与资源、参与学习活动、完成学习任务等过程性的行为数据。学习结果信息主要包括学习时长、完成活动质量、测试成绩、作品档案袋等成果性数据。

目前，学习元平台中已经构建了包括讨论交流、投票调查、提问答疑、在线交流、作业提

交、六项思考帽、画概念图、学习反思、练习测试、在线辩论、策展活动、操练活动、SWOT 分析、社会化批阅 14 种学习活动的学习活动库。教师可以根据实际教学需要，通过选择和精心设计学习活动，并自由嵌入到相应的教学内容当中，实现学习内容与学习活动的无缝整合。同时，借鉴谢晓林基于活动理论所构建的五要素学习活动模型①，并结合构建课程知识地图的现实需求，学习元平台设计了包含学习目标、学习服务、学习资源、学习工具、学习过程信息、学习结果信息、学习评价输出七要素的学习活动模型（如图 7-4 所示）。在该模型中，学习工具要素是指辅助学习者完成学习活动任务的技术工具或手段；学习活动的学习评价由学习过程信息和学习结果信息两部分构成，评价的主体是多元的，既包括教师自主评分，又包括同伴互评；学习评价输出是指每个学习活动都包含有一个评价的指标体系以及基于该评价体系的评价结果输出，而评价结果输出最终纳入到整个知识点以及整个课程的评价体系当中。学习目标、学习服务、学习工具、学习资源四大要素是在学习活动设计阶段需要完成的内容，主要由教师参与；学习过程信息和学习结果信息两个要素是在学习者参与学习活动过程，即学习活动实施阶段中进行，学习记录由系统自动采集；而学习评价输出是基于学习活动的评价体系，利用学习过程信息和学习结果信息在学习活动的最后评价阶段进行。

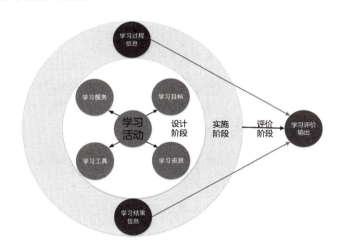

图 7-4　学习活动七要素模型

同时，学习活动库作为学习元平台用于采集学习行为过程数据的重要载体，基于对各种学习活动特征的考虑，针对不同类型学习活动设计了其对应的数据采集项（如表 7-1 所示）。除学习活动库外，学习元平台还对学习者的态度（登录次数、学习时间积累），资源贡献与利用情况（学习内容段落编辑、学习内容段落批注、学习资源信任度投票、学习工具引入、学习资源引入与下载），评价反馈行为（学习内容评论、学习资源评分），站内检索历史等数据进行了采集。

---

① 谢晓林：《学习活动管理系统的设计、开发与应用研究》，硕士学位论文，北京师范大学，2008。

表 7-1　学习活动数据采集项

学习活动名称	数据采集项
讨论交流	发帖数、回帖数、回帖被顶次数、回帖被踩次数、置顶数量、加为精华数、被举报次数
投票调查	是否投票、投票时间、所投项的占比
提问答疑	提问次数、回答次数、答案被采纳次数
在线交流	在线时长、发言次数
作业提交	提交时间、作业评论情况、作业评分情况、作业评价量规
六顶思考帽	参与时间、思考的顺序、思考结论的质量
画概念图	开始时间、完成时间、节点数、关键节点数
学习反思	撰写时间、字数、反思质量
练习测试	开始时间、完成时间、错题情况、得分情况
在线辩论	发言次数、言论被引用(攻击、反驳、补充等)情况、参与次数
策展活动	发起时间、响应时间、策展集质量
操练活动	操练次数、操练得分、操练错题情况
SWOT 分析	维度贡献、内容贡献、评论他人言论情况
社会化批阅	同学之间相互批阅或可发布给第三方批阅

　　而数据分析阶段，通过借鉴宾科夫斯基（Bienkowski）等人设计的个性化自适应学习系统①、伊莱亚斯（Elias）提出的学习分析持续改进循环模型②以及格勒利耶（Grelier）等人提出的学习分析框架思想③，学习元平台初步构建了课程知识地图的分析框架（如图 7-5 所示）。借助平台中已建立好的学科知识本体系统，可获得知识之间的关联；参照教师设定的评估方案，基于上述采集的数据，进行知识掌握评估分析，并依据分析的结果来实施知识掌握状态的标注。近年来，随着在线学习评估对人全面发展的日益关注，发展性评估所提倡的评价内容多元化、评价形式多元化、评价主体多元化、评价结果和反馈形式多元化等理念在学习元平台评估方案设计方面得到了很好的体现。

---

　　①　M. Bienkowski，M. Feng & B. Means，*Enhancing Teaching and Learning through Educational Data Mining and Learning Analytics：An Issue Brief*，Washington，D. C.，U. S. Department of Education. 2012.

　　②　T. Elias，"Learning Analytics Definitions Processes Potential," http://learninganalytics. net/LearningAnalyticsDefinitionsProcessesPotential. pdf，2013-09-03.

　　③　W. Greller & H. Drachsler，"Translating Learning into Numbers：A Generic Framework for Learning Analytics,"Educational Technology & Society，15(3)，2012.

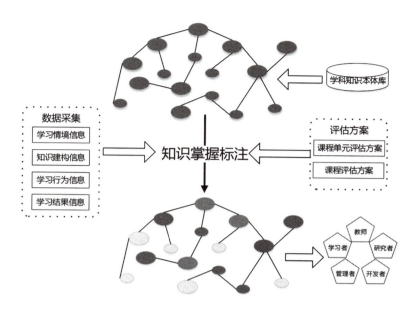

图 7-5　课程知识地图分析框架

首先，在评估方案的内容设计方面，学习元平台中设计的课程单元评价项目是多维度的，如学习态度、学习活动、内容交互、资源工具和评价反馈，既有关注学习过程的讨论交流、在线交流、在线辩论，又有聚焦学习结果的画概念图、作业提交和策展活动。同时，为了满足教师个性化教学评估需求，学习元平台还支持自定义评价模块的创设。其次，在评价主体设计方面，学习元平台中的教师主体可以设定评价方案各维度权重、对自定义模块进行手动评分、对系统评分进行手动修订；同伴主体可以对他人的作业、概念图、帖子等进行评论和评分；学习者自身可以撰写学习过程反思。来自教师、同伴、学习者自身三种评价主体的评价数据最终都统一汇总至课程单元的知识掌握评估方案中，从而形成对学习者知识点掌握状态的标注。

此外，学习活动库中的具体学习活动都是按照七要素活动模型进行设计的，基于每种学习活动所对应采集的活动过程与活动结果数据，学习元平台主要从参与态度、参与质量和参考外部量规三个方面对学习活动效果进行综合性评估，并将学习活动评估的输出结果纳入课程单元知识掌握评估方案中，作为知识地图分析阶段的重要数据来源。

三、　知识地图的可视化呈现

学习元平台能够为教师和学习者提供课程知识结构地图，方便用户了解课程的结构，了解自己所学的内容在课程结构中所处的位置以及作用。

(一)学习者个人知识地图分析

由于 MOOC 学习中，学习者可以自由选择想要学习的内容，自己制订学习计划，在一定程度上自主决定课程内容的学习先后序列，然而这种完全的自由却往往容易让学习者感到无所适从，不知道从何处开始学习，进而导致学习动机低下。因此，在学习者个人知识地图中，需要帮助学习者理清知识之间的内在联系，为学习者提供课程内容结构导航，告知学习者知识掌握的情况，以帮助学习者更好地选择学习内容和制订学习计划。

基于学习元平台，我们构建了以知识群（课程）作为中心节点的学习者个人知识地图（如图 7-6 所示），环绕中心的第一圈节点为课程知识群下的学习元分类，即各章名称，环绕中心的第二圈节点为学习元，即课程教学单元，并以不同颜色来代表不同的掌握水平。对于第一圈的章节点，则根据该学习者对一章中所有课程教学单元的三种掌握水平所占百分比以饼状图的方式进行展示；对于第二圈的课程教学单元节点，则根据该教学单元所设定的评估方案所计算出的学习成绩进行纯色标注（低于 60 分为红色，60～80 分为黄色，大于 80 分为绿色，原图请扫描封二第一个二维码查看）。由图 7-6 可知，在"图形的认识"这一章节中，学习者对三角形和几何体知识点掌握得较好，对角知识点掌握得一般，对拼图掌握得较差，因此学习者可以选择对掌握较差的拼图知识点进行更加深入的学习。简言之，个人知识地图可以作为课程知识组织结构导航以及学习者课程知识学习掌握评估与分析的工具。利用个人知识地图，学习者能够全面了解课程知识体系脉络以及自身的知识掌握情况，快速定位存在学习困难的知识点，随时监控和调整学习进度。

当学习者选择查看掌握较差的课程单元节点时，系统能够推送与该单元节点相关的学习资源，如图 7-6 所示与"拼图"知识点相关的学习资源，学习者可以从中发现感兴趣的辅助学习资源。当学习者选择查看课程章节点时，系统能够推送适合学习者能力结构的学习路径，促进课程内容的结构化，解决不知从何下手开始学习的难题。前者主要借助系统中正在逐步完善的学科知识本体，利用知识点与教材的关联以及知识点与学习资源的关联，实现关联资源的精准推送；后者主要是以知识点开始学习的时间先后为主线，对学习者的知识学习轨迹进行记录和存储，同时根据各知识点之间的关联关系，实现对学习者自适应学习路径的推荐。

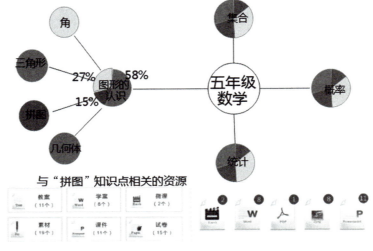

图 7-6　学习者个人知识地图

（二）教师课程知识地图分析

MOOC 学习当中，面对大规模的学习者，教师很难分析和评估学习者的在线学习过程，无法及时获得班级整体以及单个学习者的知识学习掌握情况。因此，课程知识地图应该能够作为课程整体学习掌握情况的可视化分析与形成性评估工具，辅助教师对班级学生的学习情况进行整体分析与评估。

基于学习元平台，我们构建了以知识群（课程）作为中心节点的教师课程知识地图（如图 7-7 所示），环绕中心的第一圈节点为课程知识群下的学习元分类，即各章名称，环绕中心的第二圈节点为学习元，即课程教学单元，并以不同颜色来代表不同的掌握水平。对于第一圈的章节点，根据班级所有学生对一章中所有课程教学单元的三种掌握水平所占百分比以饼状图的方式进行展示；对于第二圈的课程教学单元节点，同样根据班级所有学生在该课程教学单元的三种掌握水平所占百分比以饼状图的方式进行展示。利用知识地图，教师能够实现对学习者的形成性评估，可以直观及时地发现课程中学生掌握薄弱的章节知识点。由图 7-7 可知，关于角的知识点，掌握一般和掌握较差的学生非常多，教师可以选择查看每位开始学习角的学生的学习掌握详情以及具体的学习路径（如图 7-8 所示），如学生做了哪些操作、查阅了哪些资料、参加了哪些活动、表现如何、学习顺序如何等，从而帮助教师明确不同学生的学习路径，发现学生在学习中存在的问题和困难，反思课程设计，并提供相应的学习资源和辅导，以提高学生的学习效果。

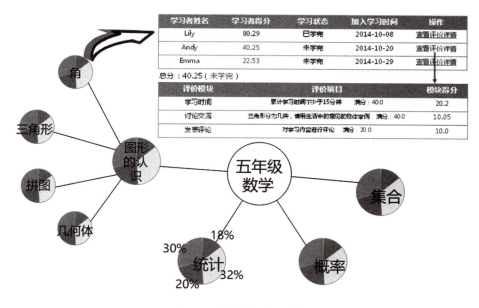

图 7-7　教师课程知识地图

知识地图能够帮助学习者提高学习效率，为学习者提供更好的学习路径指导，避免其所学知识碎片化。知识地图中所蕴含的这种结构化课程内容设计，使得学习者能够很好地制订学习计划，按时完成课程任务，及时获取课程学习反馈并基于反馈调整计划，从而极大地激发学习者的

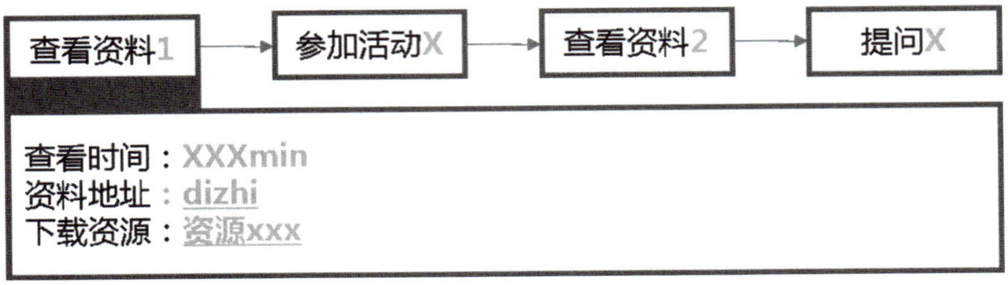

图 7-8　知识点学习路径

学习热情，辅助其在学习过程中与教师和同伴之间的沟通。利用知识地图，教师能够方便地组织课程内容、安排授课计划和学习任务，借助知识地图的评估功能能够及时掌握学习者的学习进度、分析学习者的学习路径、发现学习者的学习困难，从而适时适当地调整教学环节和内容。

第三节　适应性开放课程的理念与技术架构

单一固化的课程内容、"以不变应万变"的资源组织理念无法满足多样化学习者需求的现实引起了研究者对如何提供适应性课程内容的思索。伍远岳认为课程不应是静态固化的内容或结果，而应该是一个动态变化的过程，并在这种更新调整的过程中实现对每个学生特点的适应，满足每个学生的发展需求。[①] 而适应性对于面向大型、异质化、多元化参与者的 MOOC 就显得更加十分必要[②]，有望填平 MOOC 大众化和异质化之间存在的巨大鸿沟。有研究表明，在获得相同学习成绩和完成相同任务的情形下，在学习管理平台中提供基于学习风格的适应性学习材料明显有助于减少学习时间。[③] 针对当前 cMOOC、xMOOC 和 hMOOC 所存在的不足，有研究者提出了适应性混合式 MOOC(adaptive hybrid MOOC，ahMOOC)[④]，并基于 iMOOC[⑤] 平台开展了应用实践，结果表明基于 ahMOOC 模式的课程具有更高的完成率。与以往 MOOC 模式的资源组织不同，

---

① 伍远岳：《论课程的适应性与学校课程重建》，载《课程·教材·教法》，2017(5)。

② J. Esteban-Escaño，A. L. Esteban-Sánchez & M. L. Sein-Echaluce，"Engineering Final Project Supervised in an Adaptive Way with Moodle Support，"IEEE Revista Iberoamericana de Tecnologias del Aprendizaje，12(1)，2017.

③ S. G. Kinshuk，"Providing Adaptive Courses in Learning Management Systems with Respect to Learning Styles，"in *Proceedings of the World Conference on E-Learning in Corporate，Government，Healthcare，and Higher Education (E-Learn)* San Diego，CA：Association for the Advancement of Computing in Education(AACE)，pp. 2576-2583.

④ F. J. García-Peñalvo，Á. Fidalgo-Blanco & M. L. Sein-Echaluce，"An Adaptive Hybrid MOOC Model：Disrupting the MOOC Concept in Higher Education，"Telematics and informatics，Volume 35，1 sscce 4，2018，pp. 1018-1030.

⑤ M. L. Sein-Echaluce，Á. Fidalgo-Blanco，F. J. García-Peñalvo，et al.，"iMOOC Platform：Adaptive MOOCs，"in *International Conference on Learning and Collaboration Technologies*，Toronto：Springer International Publishing，2016，pp. 380-390.

ahMOOC 模式中的全部课程资源是通过动态更新的知识地图进行组织的，允许不同参与者选择不同的学习路径，且不同学习路径背后对应不同的学习内容资源和课程证书。然而 ahMOOC 模式所提供的自适应仍然是预设的多种学习路径，且只关注了浅层的学习资源，忽视了学习资源背后深层次的知识。因此，本节内容将从基于学科知识适应的视角，探讨适应性开放课程的核心特征、内容组织架构和技术实现架构，并以原型支撑系统为例对课程的适应过程进行阐述。

一、 适应性开放课程的核心特征

传统的课程总是以固定的顺序引导学习者去学习与当前学习内容相关的其他主题资源，同时最终呈现给学习者的主题资源也往往具有相同的内容、相同的学习活动、相同的学习顺序，而完全忽视了不同学习者之间的差异，进而导致了认知负荷超载、学习迷航等现象的发生。为此，许多有效的适应性、个性化的课程设计机制被提出，包括适应性的课程内容呈现、适应性的课程学习导航、个性化的课程学习顺序等。[①] 随着泛计算技术、语义技术、学习分析技术等的发展，适应性课程的内涵得到了不断深化和发展，未来的适应性课程将具有更高层次和水平的适应性，并表现出内容的动态生成与进化性、结构的重组与聚合性、可选择与可定制性、贯一化与连续性等核心特征。

(一) 课程内容的动态生成与进化性

当前 MOOC 课程基本沿用网络精品课程的设计和开发模式，由主讲教师或助教提前预设好课程的内容和学习活动，然后在特定时间内向在线学习者开放。同时，已经发布的课程在后续的教学和学习过程中基本也是固定不变的，并不会根据学习者的不同在课程内容和学习活动方面做出相应调整。应该说，直接沿用网络课程的开发模式导致了当前 MOOC 课程与网络课程存在一样的问题，如课程内容和活动设计来源单一、课程内容更新缓慢、课程结构封闭固化、课程开发耗时费力等。

适应性课程将打破传统网络课程内容一成不变的惯例，课程教师或助教将不再是课程内容的唯一贡献者。适应性课程不仅将为学习者提供免费的内容访问，还将为学习者提供便捷的课程内容编辑、学习活动设计、知识贡献途径，并汲取课程使用过程中的群体智慧，让学习者在学习的过程中能够分享、传播和贡献自己的智慧，让学习者在学习过程中同时获得教师(生产者)和学生(消费者)两种角色的不同体验。同时，适应性课程将以课程背后的知识点为依托，伴随着课程学习者的不断参与和增加，将逐步进化生成针对不同学习目标要求、支持不同教学模式和学习方

[①] C. M. Chen, "Intelligent Web-Based Learning System with Personalized Learning Path Guidance," Computers & Education, 51(2), 2008.

式、满足不同媒体格式需求、适配不同学习终端的多个版本的课程内容，以供不同学习能力层次、不同学习需求的学习者使用。除了课程内容和学习活动上的生成与进化，适应性课程还将汇聚与特定课程内容背后知识点最相关、最权威的专家型学习者，方便学习者及时进行沟通并寻求帮助。

（二）课程结构的重组与聚合性

虽然当前的 MOOC 课程不仅是录制的教学视频，还包括精心设计的练习活动，但在教学设计上却依然采用以讲授和信息传递为主的行为主义策略，课程内容的设计常常以面对面课程教学的过程为模板或参照，课程内容所包含的教学视频、练习活动之间的耦合度过高，一门 MOOC 课程设计的内容和活动不能在其他同类 MOOC 课程中重复用，这就在一定程度上导致了 MOOC 课程的重复建设和资源浪费。同时，单个课时所包含的课程内容过多、课程内容之间的逻辑性较强，常常要求学习者一气呵成地学习一个完整课时的内容，而这显然与当前移动互联时代下的快节奏、碎片化、微型化的移动学习理念相违背。

移动学习要求课程单元持续学习的时间短、课程单元的形式多样、课程单元学习的方式灵活，支持学习者根据自身实际需要利用零散的时间随时随地开展学习。因此，适应性课程将不再是传统网络课程那种大而全的课时型内容，而是针对单个或多个知识点的、短小精悍的微型化、组件化的微课程。同时，该微课程具有完整的教学结构和环节，包括用于传递知识的微型化学习资源、用于促进知识内化的学习活动、用于为学习者提供及时反馈的学习评价以及用于表征学习者学习历程的学习认证[①]，并以知识点为主线建立微课程内部之间的关联，使众多微课程表现得散而不乱。此外，在后期实际的使用过程中，不同微课程之间还能够根据特定的教学需求、学习情境进行重组，并聚合生成具有不同学习目标的 MOOC 课程，实现课程内容的解耦以及在不同 MOOC 课程之间的再生重用。

（三）课程的可选择与可定制性

不管是传统的网络课程、精品课程，还是时下兴起的 MOOC 课程，它们总是以统一的教学内容、学习活动和学习过程让所有的学习者接受式地完成全部课程内容学习、被动地接受课程教师所制定的统一化评价方案。即使学习者已经掌握课程的部分内容，也不愿意选择略过这部分内容，因为在这种统一的评价体系下，如果学习者选择略过，就将无法获得该部分内容的学习成绩，影响最后的课程认证。虽然不同学习者之间存在个性特点、能力水平和认知风格的差异，但目前依然不允许学习者根据自身的个性特点、学习过程和结果状况进行自由选择，学习者始终只能以客体的身份参与课程的学习。

---

① 余胜泉、陈敏：《基于学习元平台的微课设计》，载《开放教育研究》，2014(1)。

尽管部分 MOOC 课程提供的推荐功能可以在一定程度上给学习者以选择，但这种选择仍然是被动形式的选择。而适应性课程将能够为学习者提供更多的自主选择性，比如针对同一个学习目标或知识点，允许学习者选择不同的授课教师、不同的媒体格式、不同的学习顺序以及不同的学习内容等，这就意味着学习者能够根据自身实际的学习状况进行有选择性的学习，节约在已经掌握知识点上进行重复学习的时间，提升学习效率。同时，适应性课程还将允许学习者根据不同的学习目的进行学习评价内容、学习评价方式的选择。此外，适应性课程的支撑平台也将允许学习者按照个人的学习喜好或习惯，进行课程平台功能、页面布局和颜色风格等个性化定制。

（四）课程的贯一化与连续性

学习过程是超越学习情境的，学习体验是无缝衔接的，学习者的学习经验可以在不同的学习情境中延续，学习者只要对情境具有好奇心就能够在该情境中开展学习。[1] 这就要求整个适应性课程的设计是贯一化的，不仅要保证课程内容上的连续，更要保证课程内容背后知识点之间的连续，实现正式学习与非正式学习之间学习交互过程数据的连续、不同学习情境切换之间学习体验的连续、线上与线下学习之间学习过程的连续。同时，随着课程被不断地学习使用，适应性课程也将根据学习者的学习反馈得到有效补充，并进行适当调整和优化。

（五）课程学习数据与适应机制的开放性

课程的适应性既应该包括课程背后的支撑系统根据学习者的不同个性及其在课程学习过程中的学习表现、状态而对课程的内容、结构、呈现形式等做出及时调整，还应该包括学习者个体在知晓课程适应性原理的前提下主动调整自己的心理状态、主动选择和定制符合当前学习环境的学习支持服务。

尽管部分 MOOC 课程平台提供的推荐功能可以在一定程度上给学习者以选择，但这种选择仍然是被动形式的选择。课程背后适应的原理和机制大都是封闭的，对学习者自身而言，适应的原理是个"黑箱"，学习者并不知晓原理的具体内容。然而建构主义学习理论认为，允许学习者查看课程或系统对自己的评估能够为学习者提供反思和自评的机会，从而增强学习者对所学知识、学习困难和学习过程的反思意识。[2] 因此，需要打破课程适应原理的封闭性，向学习者开放部分或全部适应原理的内容，从而提升学习者获得学习支持服务的自我选择和定制的科学性。

课程双向适应性的实现，一方面有赖于丰富多样的适应性学习支持服务，另一方面需要将这些适应性学习支持服务的实现机制、课程学习数据向学习者进行展现。当前许多研究比较关注前

---

① Chan，J. Roschelle，S. Hsi，et al，"One-to-One Technology-Enhanced Learning：An Opportunity for Global Research Collaboration,"Research and Practice in Technology Enhanced Learning，1(1)，2006.

② 张剑平、陈仕品、张家华：《网络学习及其适应性学习支持系统研究》，190 页，北京，科学出版社，2010.

者的设计和实现，而忽视了后者的相关研究。未来适应性开放课程将注重向学习者开放课程适应背后的机制，以可视化的形式向学习者展示机制的逻辑，课程学习数据分析的过程和结果，让学习者真正了解适应的原理并能够对课程所提供的适应性服务做出合理判断和选择，实现对自身学习行为和学习策略的调整。

二、 适应性开放课程的内容组织架构

适应性开放课程将以知识库中的知识点要素、情境库中的学习情境要素为基础进行结构化、组件化的内容组织，如图7-9所示。课程包含学习内容、学习活动、学习评价等核心要素，其中学习内容和学习活动均与特定的知识点和学习情境进行关联、学习评价与学习内容进行关联、学习活动与学习内容进行关联，基于这些关联信息，核心要素之间表现出形散而神不散的特点。

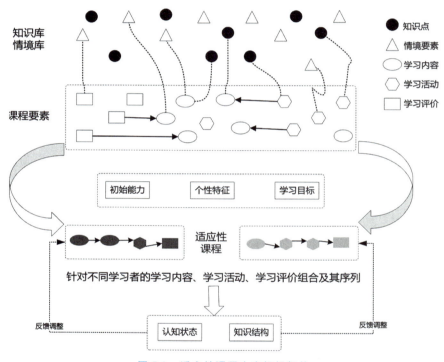

图 7-9　适应性课程内容组织架构

适应性课程以微型组件的形式将课程内容打散，并在学习的不同阶段，根据相应的要素进行适应性的聚合重组。在开始学习之前，通过分析学习者的初始能力、学习目标、个性特征（如性别、认知风格、学习情境）等，并按照不同的教学模式，动态生成针对不同类型学习者且包含不同学习内容、不同学习活动以及不同学习评价组合及其学习序列的适应性课程。在学习过程中，已生成的针对特定学习者的适应性课程还将根据学习者在学习交互过程中形成的认知状态和知识结构，进行动态反馈调整，包括增减学习内容、增减学习活动、调换学习评价、优化学习顺序等。在学习结束后，基于适应性课程背后的知识逻辑，还能够根据学习者的学习结果以及薄弱

点，为学习者提供弥补性课程以及后继课程。

三、 适应性开放课程的原型设计与实现

基于上述有关适应性课程的理念和技术架构，我们基于学习元平台开展了适应性开放课程原型设计和实现的探索，实现了内容的协同编辑、开放分层的学习评价、基于学科知识的课程组织、社会知识网络的生成、多学习终端过程数据的贯通、适应性学习服务的可视化六个特色功能。

（一）内容的协同编辑

与现有的 MOOC 学习平台不同，学习元平台允许任何用户创建课程学习内容，丰富和开放了课程内容的来源途径，课程教师和学习者之间不存在完全固化的角色划分。对于学习元平台中的课程，学习者拥有自由开放的访问权限，可以在学习的过程中协同参与编辑和贡献学习内容、设计和参与学习活动。同时，针对学习者编辑的内容，学习元平台有一套完整的可信度计算和评估机制来检测新增内容的质量水平，进而决定该内容能否纳入到课程的内容体系当中以及是否生成新的课程内容历史版本。此外，学习元平台还提供不同课程内容历史版本的对比功能，方便课程教师和学习者比较不同课程内容版本的差异、查看课程内容进化的历程（如图 7-10 所示）。

图 7-10　课程内容的编辑、进化与对比

(二)开放分层的学习评价

借鉴发展性教学评价的理念，学习元平台实现了开放分层的课程学习评价，其中课程评价的主体多元，既包括课程教师，也包括学习过程中的学习同伴；课程评价的项目多元，既包括常规的内容浏览、资源下载，也包括学习活动的参与、课程内容的贡献。同时，学习元平台开放了课程学习评价方案的构建，允许除课程教师之外的课程助教、课程协作者进行评价模块、评价模块权重、评价项目、评价项目权重的调整，允许针对同一门课程内容创建面向不同学习能力学习者的分层评价体系，且分层评价体系中每个评价方案可以包含不同的评价模块及其权重、不同的评价项目及其权重。在课程学习开始时，允许学习者选择适合自己能力水平的评价方案，而且在学习过程中随着学习的不断深入，如果发现已选的评价方案不合适，则学习者可以选择申请调换，从而在整个课程学习过程中，学习者始终能够获得最适合自己的学习评价(如图7-11所示)。

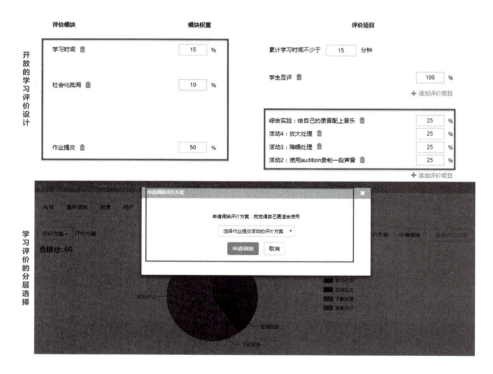

图 7-11　开放分层的学习评价

(三)基于学科知识的课程组织

学习元平台中实现了课程内容与学习活动、课程内容与学科知识点及其学习目标、学习活动与学科知识点之间的语义关联。课程内容与学习活动、课程内容与学科知识点之间可建立一对多关联，学习活动与学科知识点之间可建立多对多关联，同一个学科知识点在不同的学习内容中可以有不同的学习目标要求。课程教师可以通过手动输入或从学习元平台知识本体库中选择的方式来添加学科知识点，并设置所属的年级、要求的学习目标以及对该关联的描述信息。同时，关联的知识点需要经过用户的可信度投票之后，才能正式成为课程内容关联的知识点。随后，课程教师可以从课程内容所关联的知识点当中选择合适的知识点与学习活动建立关联，并设置相应的关联权重（如图 7-12 所示）。基于课程内容、学习活动与学科知识之间的语义关联信息，学习元平台中的课程内容、学习活动之间能够进行动态的语义聚合与重组，形成针对不同学习目标的课程，实现课程内容和学习活动的解耦和复用。

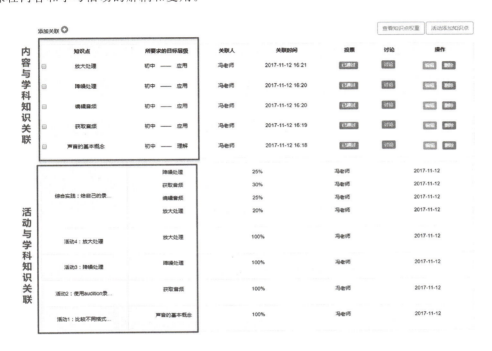

图 7-12　基于学科知识的课程组织

(四)社会知识网络的生成

学习元平台利用课程内容与学科知识之间的语义关联关系，通过系统自动和人工手动相结合的方式，动态构建课程内容之间的知识网络。同时，学习元平台也将参与课程内容交互的人作为一种重要的学习资源，以课程内容为媒介，利用人与人、人与课程内容的创建、编辑、协作、收藏、批注、评论、下载、加为好友等交互操作，动态计算参与交互的人之间的关系，形成课程内容背后的人际网络。伴随着学习过程中人与知识内容、人与人之间的不断深度交互，最终形成知识网络与人际网络相叠加的社会知识网络（如图 7-13 所示），方便学习者查找自己感兴趣的物化资源和人际资源。

(五)多学习终端过程数据的贯通

在线学习应该是跨越学习情境不受时空限制的，学习过程体验应该是贯一化、连续不间断的。学习元平台支持学习者利用不同的学习终端进行课程内容的开放访问、课程活动的参与，且

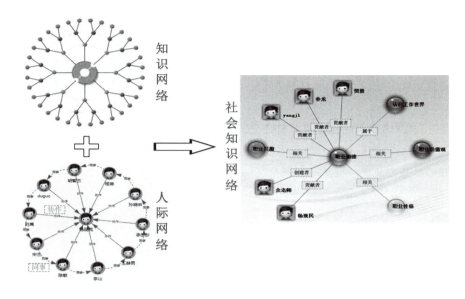

图 7-13　知识网络与人际网络相叠加的社会知识网络

对在各个学习终端上产生的学习过程交互数据，采用 xAPI 的技术框架进行记录，最终实现对不同学习情境下学习数据的跨情境收集，进而为后续基于学习情境的适应性课程内容、适应性课程活动的呈现提供数据基础（如图 7-14 所示）。

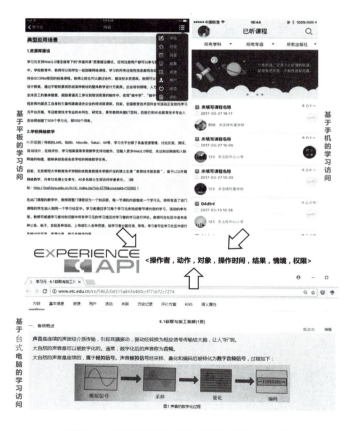

图 7-14　跨学习终端的过程数据采集与存储

(六)适应性学习服务的可视化

学习元平台利用采集的学习过程数据，基于学习评价方案计算学习者的学习状态和挖掘学习者的知识结构，构建了学习者的可视化个人学习知识地图，并基于学习知识地图为学习者提供最合适的学习内容、学习路径以及学习同伴，向学习者开放适应性学习服务的过程。其中最适合的学习内容推荐主要考虑学习者在知识点上的不同学习状态，向学习者推送还没有达到教学目标知识点背后所关联的课程内容和学习活动；最适合的学习路径则是根据挖掘获得的知识点之间的先修关系，形成知识点的学习先后顺序，并去除学习者已经掌握的知识点后所生成的学习路径；最适合的学习同伴则是通过对不同学习者所形成的学习知识地图之间相似度的计算，来获得与当前学习者知识结构和学习状态最相似的学习同伴，以及学习同伴最擅长的知识点（如图 7-15 所示）。从而方便学习者根据提供的适应性学习服务进行学习进度、学习策略的调整。

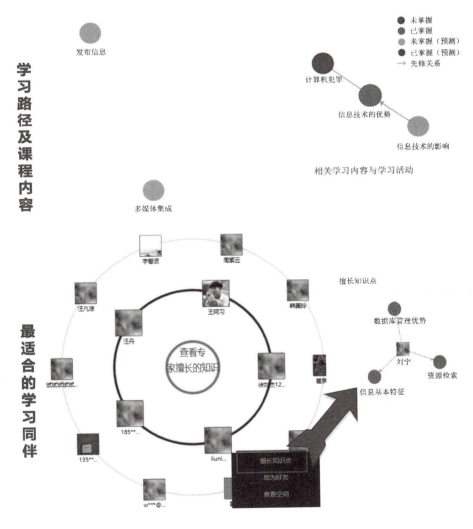

图 7-15 适应性学习服务的可视化呈现

第八章

基于学习元平台的生成性课程设计研究

大量的精品课程及各级各类网络课程的建设解决了教育资源稀缺的问题，为在线学习提供了有力保障。然而当前网络课程存在的焦点问题是有海量的学习资源，却只有少量的学习发生。一项关于精品课程学习情况的调查显示，76.92％的学习者每次登录精品课程网站学习的时间"不到1小时"[①]，可以看出学习者花费在网络学习的时长非常短。

很多网络课程存在着信息量大、学习资源数量大且离散、对学习者特征分析不准、学习认知负荷超载、反馈不及时、学习活动设置不当等诸多问题，给学习者的学习造成了许多不便，具体原因有以下三个方面：

(1)由于学习资源内容常常以静态文档、内容相关网站、不可修改的形式呈现，学习者的学习活动基本上是浏览页面、下载讲稿或根据网络课程的要求被动地完成学习任务，学习者把学习信息作为孤立的、不相关的事实来接受和记忆。这样的学习方式容易导致学习者为了得到学习分数而对学习材料进行表面的、短时的记忆，无法实现学习者与学习内容的真正交互，无法促进学习者对所学知识的深度加工和内化，难以将所学知识迁移到新的情境中解决实际问题。

(2)有些网络课程需要学习者就提供的学习资源、参与的学习活动发表评论，或者回答课程提出的问题，这看似学习者与学习内容在进行交互，但是网络平台无法检测学习者的学习思考过程，不能对学习者发言内容、质量等进行有针对性的评价。由于得不到及时和个性化的反馈，学习者也就逐渐转向以客观性的简单言论为主，被动接受、浅层分析为主的学习。

(3)虽然网络课程的教学呈现方式有别于传统教学，学习者的学习方式不同于传统课堂，但是目前网络课程的教学模式依然在模仿传统的"讲、练、改、测"的行为主义模式。学习者只是被动地接受网络课程的内容和活动，其课程安排不能促进学习者的主动认知投入，不能真正体现学习者的知识建构过程。而真正能够促使学习者在一定情境中，通过人际协作方式而实现意义建构过程的网络课程教学模式比较少见。

对于学习者来说，仅仅为他们提供学习内容无法帮助其进行深入而有效的学习；学习者需要在丰富的、有创意的活动安排中，通过相互协作、同伴交流、批判性的讨论学习活动，才能实现与学习同伴、学习目标、学习内容、学习活动的多维深层次互动，才能保证有意义学习的真正发

---

① 王佑镁：《高校精品课程网络资源教学有效性的缺失与对策》，载《中国电化教育》，2010(8)。

生。因此，如何提升学习过程中的学习参与度，促进学习者与知识的深层次交互，实现学习者的深度学习是当前网络课程建设亟须解决的重要问题。

第一节 协同知识建构与课程生成

仅仅为学习者提供学习的内容、技术工具，对其提出学习要求等单向传输的方式并不能使学习者的有效学习自然发生，只有为学习者设计适当的学习活动和学习策略，才能促进学习者高阶思维的发展。协同知识建构以其螺旋式上升的特点，已经成为网络环境下课程教学和学习的一种重要方式。采用协作学习的方式，有助于培养学习者的自我反思意识，发展学习者的批判性思维，促进学习者共同建构知识和意义。在协作的过程中，学习者通过讨论、争辩、分享、答疑等交互活动引发认知冲突，促进自我反思，优化已有的知识结构，从而创造性地产生新的知识和技能。知识建构是一个群体提出有价值的观点和思想并不断改进的过程[1]。斯塔尔（Stahl）等人认为，有时依靠个体的独立学习并不能完成任务或解决问题，这时就需要通过学习者协同进行知识意义的建构，这意味着学习社会化过程的开始。[2] 网络环境下的协同知识建构要求学习者必须参与到小组或者同伴之间的交流讨论中，通过协作和互动，分享自己的知识建构过程，促进知识结构的深化。

在网络课程中，学习者的协同知识建构意味着教师的教学思路需要转变。教师需要重点关注学习者知识建构的过程和生成的内容，关注学习者知识创造和改进的过程，而不只是关注教学的内容、教学活动的表面形式、学习者参与学习的次数等。而在学习者的交互、协作过程中，往往会产生与课程前期预设不同的结果，形成生成性课程教学的新形态。生成性课程是一种区别于预设性课程的课程实施形态，课程实施具有协同性、建构性和进化性特点。虽然教师的教学需要具有适度的计划性和目的性，但教师更要关注课程过程中学习群体生成的元素，如学习者在讨论过程中产生的新概念、在冲突争论中产生的新思想、在交流反思中产生的新建议、在学习任务完成中产生的新作品等。生成性课程是一种处于动态变化过程中的课程形态，需要关注学习者主体意识以及知识结构的发展，在教学过程中，教师可根据生成的元素调整课程提供的学习资源、学习活动和学习支持服务。生成性课程是一种具有开放意义的课程形态，教师应该允许学习者对自己提供的学习资源进行修订和补充，允许学习者设置创新性的学习活动，允许学习者对教学的课件或讲稿进行完善和更新，在师生的共同参与中促进内容、技能、活动、思维等的生成进化，实现真正意义上的教学相长。

---

[1] M. Scardamalia & C. Beretier, "Computer Support for Knowledge-Building Communities,"Journal of the Learning Sciences，3(3)，1994.

[2] G. Stahl, "A Model of Collaborative Knowledge-Building," http://www. umich. edu/~ icls/proceedings/pdf/Stahl. pdf，2015-03-30.

第二节　生成性课程设计与实施

"教育技术新发展"课程是北京师范大学教育技术学专业博士生的学位必修课，授课对象主要为教育技术学专业的博士生以及部分访问学者，课程的定位在于让学习者了解本领域的学术前沿并扩增外文专业文献的阅读量。课程采用"教授前沿讲座＋协同知识建构"的授课方式。开课教师作为主持者，邀请学院教育技术基本理论、信息技术教育、远程教育、计算机教育应用以及知识科学与工程等研究领域的教授进行学科前沿讲座授课。协同知识建构环节的活动形式多样，除了课程知识微视频内容的协同建设、学习过程中课程知识内容的完善与生成之外，每四周还组织一次《教育传播与技术研究手册（第四版）》[*Handbook of Research on Educational Communications and Technology* (Fourth Edition)]阅读课堂汇报与分享活动，并将其作为协同知识建构的一个重要环节贯穿整个学期。课堂汇报与分享过程中师生角色的互换有助于促进学习者由被动接受知识转为以主动、积极的态度自主建构知识，充分体验学习过程中的教师角色。其中选择参与手册阅读的为 12 名博士生和 1 名访问学者，每位学习者自由选择 5 或 6 章进行独立阅读。整个课程的设计与实施主要包括课程知识的协同生成、同伴互助、无缝学习和发展性教学评价四个基本环节（如图 8-1 所示）。基本环节之外的教授前沿讲座目的在于让学习者了解目前领域研究的最新进展，辅助其阅读《教育传播与技术研究手册（第四版）》。

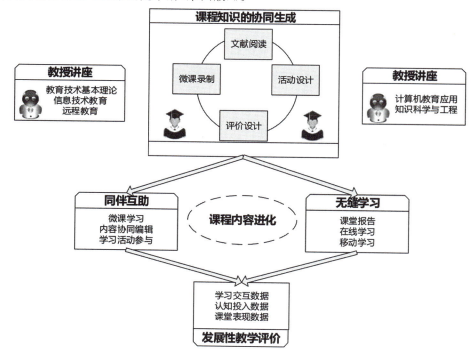

图 8-1　基于学习元平台的生成性课程设计与实施思路

一、 课程知识的协同生成

《教育传播与技术研究手册》是美国教育传播与技术协会（AECT）的权威著作之一，每7～8年由当时本领域知名学者领衔编撰。此次协同阅读的是原著第四版，内容主要包括研究基础、研究方法、评估与评价、一般性教学策略、特殊领域的策略与模型、设计与实施、新兴技术、技术整合、未来展望九部分，全书共74章，1005页。

按照传统的作业布置的思维方式，学习者不可能完成1000多页的经典文献的阅读。该课程阅读活动设计与一般意义上的阅读作业不同，学习者除了需要完成自己选定手册文献的阅读章节之外，还需要参与协同知识生成与构建，即根据文献的内容以及自己的阅读心得，做汇报讲稿，并录制成相应的阅读微课，同时通过学习其他同学设计的微课来实现对手册其余内容的阅读。应该说，这种新型的、生成性的协同阅读模式，需要学习者付出更多的努力，同时也可能建构出更加有意义的知识。因为协同阅读过程中生成的微课不局限于针对单个知识点的、短小精悍的、以视频为主的、为教学和学习提供支持的学习资源，而是具有完整的教学结构，包括微型资源、学习活动、学习效果评价和课程学习认证服务四个要素。① 微型资源是呈现给学习者的短小精悍的微视频内容，是传递知识的主要媒介；学习活动是真正促进学习的有效发生，知识深度内化，主动生成丰富的、有创意的、支持协作学习设计的重要载体；学习效果评价作为影响学习有效发生的重要因素，能够在学习过程中不断为学习者提供及时反馈，激发学习者动机，促进学习进度优化；而课程学习认证服务则是对微课学习的系统性评估，可用于表征学习者的认知结构和学习历程，形成知识地图，并作为最终能否获得相应的课程学分的依据。

协同阅读活动开始之前，课程助教向所有学习者详细介绍了协同阅读的任务安排，并进行了学习元平台功能操作的基础培训。随后，每位学习者利用课余时间独立阅读文献，阅读后利用Camtasia Studio、SnagIt等工具录制文献讲解微视频，并在学习元平台上发布，最终生成包含学习微视频、学习活动、学习资源以及学习评价等结构要素的学习元微课（如图8-2所示）。学习微视频由学习者对文献内容要点的理解和个人阅读学习心得两部分内容构成，是对文献原始内容进一步内化和深加工之后的学习成果。学习活动来源于学习元平台所开发的包含讨论交流、投票调查、提问答疑、SWOT分析等在内的学习活动库，学习者围绕文献主题内容设计能够促进学习者之间深度交流和协作的学习活动，以实现学习内容与学习活动的深度整合。这种学习内容与学习活动相融合的设计能够引导学习者与学习内容之间的深层次互动，激发学习者的信息搜索、分析和综合等高水平思维活动，以实现知识的内化。② 学习资源主要是与文献主题相关的拓展文献资

---

① 余胜泉、陈敏：《基于学习元平台的微课设计》，载《开放教育研究》，2014（1）。
② 余胜泉、万海鹏：《支持课程大规模开放的学习技术》，载《中国电化教育》，2014（7）。

源或研究案例，用于帮助学习者深入掌握主旨内容；学习工具来源于学习元平台的学习工具库，主要用于辅助学习者完成微课的相关学习任务。此外，学习元平台允许微课的创建者为微课构建学习评价方案，一方面可以给微课的创建者提供学习者的学习过程评估信息，实现对学习者学习进度的监控；另一方面可以为微学习者提供及时有效的学习反馈，实现学习者对学习计划的自我调节。学习评价方案设计的数据来源既有表征浅层次的学习行为数据，如登录次数、在线时长，也有表征学习者认知投入的深度交互数据，如作品质量、互评误差等。

图 8-2　学习元微课

生成的学习元微课除了具有上述四类内容结构要素之外，还具有丰富的教学元数据信息如关键词、分类、标签、关联关系等语义属性。学习元平台中除了提供传统的手动填写关键词、标签描述学习元微课的元数据信息外，还提供关键词和标签的自动提取、自动分类、语义标记可视化以及关联标记四种方式，以便对学习元微课的元数据信息进行自动描述。① 借助学习元微课所包含的语义信息，学习元平台能够将学习者协同生成的与《教育传播与技术研究手册(第四版)》相关的不同学习元微课单元进行自动和手动聚合，最终生成主题鲜明、内容高度统一的学习元微课群，方便课程教师和学习者参与学习和阅读。

二、同伴互助

在学习元微课协同构建的过程中，学习元平台除了为微课创建者提供强大的开放功能支持

---

① 余胜泉、陈敏：《基于学习元平台的微课设计》，载《开放教育研究》，2014(1)。

外，还允许学习同伴通过协同编辑和申请协作的方式来协同参与微课内容建设。在同伴互助的学习过程中，学习者能够随时对所学微课的内容进行编辑和批注，补充相关信息和资源，记录自己的学习心得。学习元平台所提供的微课协作建设方式，避免了学习者仅仅消费知识，它为学习者提供了贡献知识和智慧的途径，让微课的学习者能够与其创建者共同丰富微课的内容、提升微课的质量。而对于学习同伴在协同过程中产生的类型各异、质量参差不齐的课程知识内容，学习元平台所具有的智能进化控制机制①能够从资源语义基因和用户信任两个层面提供有效的保证，使微课资源能够高效有序地生成和同质进化。此外，微课学习者可以向创建者发送协作者申请请求，通过审核的学习者就具有几乎与创建者完全相同的平台操作权限，如创设学习活动、管理和审核学习内容、设计学习评价方案等，共同为微课的设计注入能量，实现知识生产者与消费者、教师与学生角色的真正互换（如图 8-3 所示）。

图 8-3 角色互换师生互助

作为教师角色，学习者需要录制微视频、创设学习元微课单元、设计与单元相关联的学习活动和学习评价方案；作为学生角色，学习者需要观看微视频、浏览学习元微课单元内容、完成相关的单元活动任务，最终获得微课单元的评价反馈以及服务认证。例如对于名为"Chapter 12 学习科学视角下的教育评价设计与应用"的微课，用户"汪丹"通过深入阅读文献资料，录制微视频进而生成学习元微课。随后有"徐唱""石君齐""周伟"等学习者申请成为协作者（如图 8-4 所示），"徐唱""陈宝军"等用户对微课内容进行编辑和完善（如图 8-5 所示）。

同时作为学习者和协作者的"石君齐""陈宝军""周伟"既参与了微课的建设与管理，又参与了微课内容的学习并完成了相应的学习活动，最终获得该微课的学习认证（如图 8-6 所示）。

---

① 杨现民、余胜泉：《开放环境下学习资源内容进化的智能控制研究》，载《电化教育研究》，2013(9)。

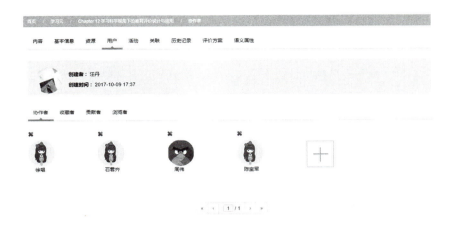

内容 基本信息 资源 用户 活动 关联 历史记录 评价方案 语义属性
创建者：汪丹
创建时间：2017-10-09 17:37
协作者 收藏者 贡献者 浏览者
徐喵
石君齐
周伟
陈宝军
1 / 1

图 8-4 申请协作参与管理

内容 基本信息 资源 用户 活动 关联 历史记录 评价方案 语义属性
Chapter 12 学习科学视角下的教育评价设计与应用
历史版本可视化
查看修订历史记录
显示对比栏
浏览版本 贡献者 审核者 更改原因 更新时间 操作
第4版 石君齐 石君齐 2017-11-07 22:46 加入对比
第3版 陈宝军 陈宝军 2017-11-07 15:39 加入对比
第2版 徐喵 徐喵 2017-11-06 11:34 加入对比
第1版 汪丹 汪丹 2017-10-23 17:49 加入对比
1 / 1

图 8-5 协同编辑贡献内容

首页 / 学习元 / Chapter 12 学习科学视角下的教育评价设计与应用 / 评价方案 / 学习者
内容 基本信息 资源 用户 活动 关联 历史记录 评价方案 语义属性
学习者列表
学习者姓名 评价方案 评价结果 加入学习时间 操作
152****0276 评价方案A 0 2017-12-13 13:50 调换评价方案 查看评价详情
139****5226 评价方案A 0 2017-12-11 21:30 调换评价方案 查看评价详情
陈文 评价方案A 0 2017-11-26 21:39 调换评价方案 查看评价详情
tianyang 评价方案A 65.83 2017-11-13 16:04 调换评价方案 查看评价详情
guangbing 评价方案A 0 2017-11-10 22:31 调换评价方案 查看评价详情
石君齐 评价方案A 90 2017-11-07 21:51 调换评价方案 查看评价详情
陈宝军 评价方案A 84.17 2017-11-07 15:24 调换评价方案 查看评价详情
周伟 评价方案A 70.92 2017-11-07 08:00 调换评价方案 查看评价详情
h***@126.com 评价方案A 0 2017-11-06 16:27 调换评价方案 查看评价详情
131****0451 评价方案A 0 2017-11-06 13:29 调换评价方案 查看评价详情
1 / 3

图 8-6 既是管理者也是学习者，获得认证

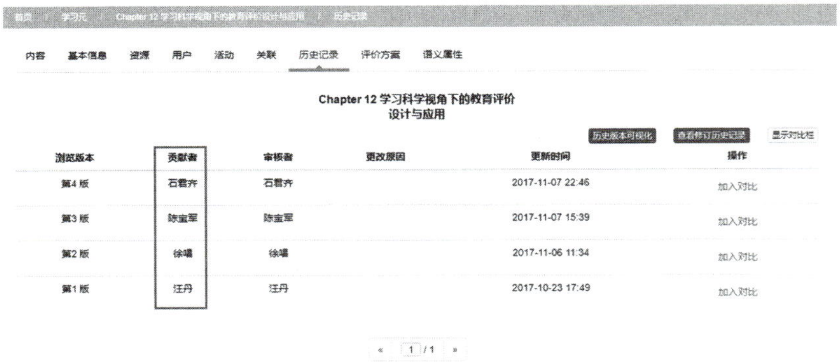

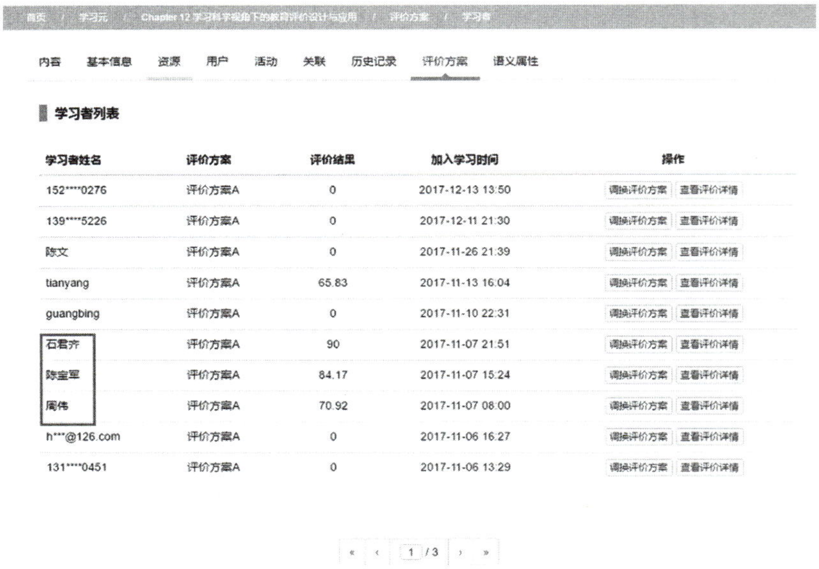

除了内容创建与学习过程的协同完善之外，学习同伴（包括课程教师和学生）还可以从内容的准确性、客观性、完整性、规范性和更新及时性五个维度对学习元微课进行可信度投票、发表评论和评分，以此来帮助和敦促创建者进一步优化学习元微课的内容设计。同时，学习同伴参与学习活动的交互数据和学习结果的反馈情况，能够引发微课创建者的反思，帮助其优化学习元微课的活动设计。总之，在学习的过程中，协同生成的学习元微课也将伴随学习同伴智慧的付出而逐步完善，融合微视频内容、学习活动、学习评价、学习交互、人际网络等信息，进化为含有过程信息并能满足不同用户需求的优质微课学习单元，最终聚合为面向特定主题的学习元微课群（如图 8-7 所示）。

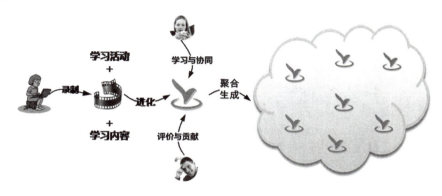

图 8-7　同伴互助参与的学习元微课生成

三、　无缝学习

学习应该是能够跨越学习情境的，学习体验应该是连续不间断的。早在 2006 年，移动学习研究者就曾提出"无缝学习空间"（seamless learning space）的概念，并认为无缝学习的特征在于学习者的学习经验可以在由不同学习情境构建的"无缝学习空间"中得以延续，学习者只要对情境具有好奇心就能够进行学习。[①] 同时，也有研究者把学习看作一种具有可持续性的无缝学习（sustainable seamless learning），认为学习者能够将正式和非正式的学习情境、个人学习与社群学习、现实学习与网络学习等无缝地衔接和整合。[②] 可见，学习过程和学习体验应该是贯一设计的，线上与线下学习活动应该是无缝切换和深度融合的。在此次协同阅读活动中，我们尝试着将整个协同阅读学习过程进行贯一化设计，把线上活动与线下活动进行双向融合，实现课下文献阅读、常规课堂报告、在线学习、移动学习等多种学习情境和方式之间的无缝切换，保证学习过程和学习体验的连续性。

[①]　Tak-Wai Chan，J. Roschelle，S. Hsi，et al.，"One-to-One Technology-Enhanced Learning：An Opportunity for Global Research Collaboration,"Research and Practice in Technology Enhanced Learning，1(1)，2006.

[②]　Lung-Hsiang Wong，Chee-kit Looi，"What Seams do We Remove in Mobile-Assisted Seamless Learning? A Critical Review of the Literature,"Computers & Education，57(4)，2011.

通过学习元平台（http://etc.edu.cn/）的网页端，学习者能够快速地参与微课的学习，包括观看微视频、完成学习活动（讨论交流、SWOT分析、在线交流、画概念图、作业提交、提问答疑、投票调查）任务、协同编辑和批注微课内容、获取学习评价结果、查看反馈信息、查阅SKN网络寻找关键专家和学习同伴等。

为了有效支持多种形式线上学习的开展，除了学习元平台以外，我们还专门研发了针对此次协同阅读且能够适应多种移动终端的课程Android APP。基于课程Android APP（如图8-8所示），学习者能够方便地浏览课程目录结构和单元内容，发表课程评论信息，参与部分学习活动（如讨论交流、提问答疑），下载与离线存储课程资源，查看课程人际关系网络，获取课程最新动态等。总之，利用学习元平台和课程Android APP，学习者可以在网络环境下通过平板电脑、智能手机等移动终端进行随时随地的课程学习。

图 8-8　课程 Android APP 手机浏览界面

除了线上的学习活动，课程学习过程中还融入了线下课堂汇报与互动交流活动，课程主持教师每四周组织学生进行一次文献阅读心得汇报。线下课堂汇报与互动交流活动分为两个环节，学生先就所学主题进行文献汇报，然后听取师生针对文献主题的点评与交流讨论。主题文献汇报的环节，一方面能够促进课堂汇报人员对相关文献内容的深度内化，从被动的接受式理解转为主动式的认知建构，实现由文献观点转述到文献内容解读与拓展的转变；另一方面能够在很大程度上减轻网络学习过程中产生的孤独感。学习不仅仅是对学习内容的单纯浏览和阅读，学习应该是一个社会对话和认知网络连接与共享的过程，学习需要师生之间的交流和互动，学习需要同伴之间的互信互助。因此，文献汇报之后的师生点评与答疑互动环节，有助于师生之间、生生之间的深度交流，有利于增进彼此之间的协同性与认同感。此外，线下课堂汇报与互动交流还能够在一定程度上对学习者的学习过程起到督促作用，激励学习者补充主题文献之外的阅读材料，确保微课创建者与学习者投入大量的学习时间和认知精力，而不是停留在浅层次的资源下载与内容浏览。

四、 发展性教学评价

发展性教学评价重点强调评价主体的多元化、评价数据来源的多样化，主张从学习交互、认知投入、课堂表现等方面对课程的学习效果进行综合评估。

评价主体的多元化强调课程学习的评价人员既可以是课程教师，也可以是学习同伴，还可以是学习者自己。课程教师可以通过学习者的课堂汇报表现等对其进行评价，学习同伴可以通过参与互评活动、学习元微课评分、可信度投票等方式对学习者进行评价，而学习者自身则可以通过学习反思对自我学习过程进行评价。三种评价主体的评价结果信息都将纳入学习者整个课程学习的评价当中，以提升学习者的积极性。

评价数据来源多样化的实现，有赖于学习元平台基于学习过程信息采集与数据分析的评价功能设计，其设计在生成性课程层面提供了诸如学习元学习、讨论交流、回答问题、资源评分、发表评论等评价项目供选择，在学习元微课单元层面提供了诸如学习态度、学习活动、资源工具、内容交互、评分反馈等项目供选择。采集的评价数据包含学习情境信息数据、知识建构行为数据、学习行为数据和学习结果信息数据，融入了学习交互过程中学习者对学习资源贡献的行为数据，避免了传统网络学习评价数据来源单一、集中于浅层行为数据的弊端。

课程学习评价体系主要通过两个层面来构建，一是课程层面，也就是同主题聚合而成的学习元微课群；二是课程单元层面，也就是基于每篇文献逐步协同生成的学习元微课。课程层面的评价结果作为课程学习的最终成绩，主要来源于所有课程单元学习的成绩、课程活动参与的成绩以及课堂汇报表现的成绩三部分(如图 8-9 所示)。

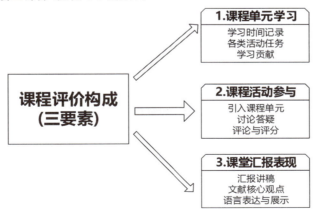

1.课程单元学习
学习时间记录
各类活动任务
学习贡献

课程评价构成
(三要素)

2.课程活动参与
引入课程单元
讨论答疑
评论与评分

3.课堂汇报表现
汇报讲稿
文献核心观点
语言表达与展示

图 8-9 课程评价设计思路

　　为了充分体现每个学习元微课的特色，实现学习元微课单元的个性化评估，我们为每个学习元微课单独设计了评价方案，该评价方案主要用于评估学习者在各微课单元中的实际学习表现，基于学习资源贡献质量、学习任务完成质量以及回帖质量等来实现对深层次学习行为的评估。在"引入学习元""发表评论""资源评分"等课程活动中，通过采集学习者的行为交互数据，实现对登录次数、在线时长、发帖数量等浅层次学习行为的评估。课堂汇报表现作为课程评价体系的自定义维度，能够给予课程教师极大的灵活度，方便课程教师实施线下的课堂主题文献汇报评价，是整个课程评价体系中级别最高的评价项目，其成绩最能反映学习者的认知投入、知识内化水平。最终，基于学习过程中所产生的学习交互数据，学习元平台将按照先前所设定的评价方案自动计算每位学习者的学习成绩（自定义项目需要教师手动输入得分），实现线上和线下数据相融合的贯一化过程性评价。课程教师可随时查看每位学习者当前的学习情况，包括课程学习评价总分、课程评价详情以及基于评价详情所构建的课程学习个人知识地图（如图8-10所示），以及时调整教学策略，并给学习落后的学习者发送消息提醒。同时，学习者也可随时查看课程评价方案，了解课程评价标准和个人课程学习评价结果，了解各课程知识点的学习掌握状态，明确自己的薄弱点，及时调整学习计划、规划学习进度。

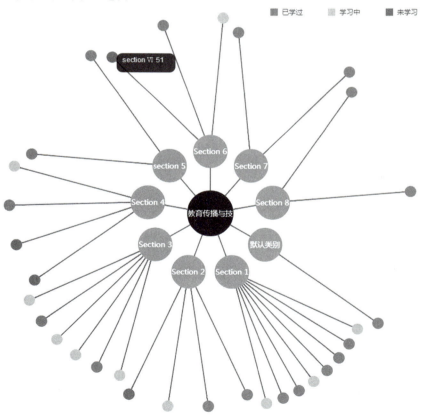

图 8-10　课程学习个人知识地图

第三节 应用实践效果分析

经过全体师生一学期的共同努力，协同生成了包含 74 个小型微课的《教育传播与技术研究手册(第四版)》知识群，微课知识群与手册主题的具体对应关系如表 8-1 所示。

表 8-1 《教育传播与技术研究手册(第四版)》主题与微课分布

Handbook	主题简介	微课数量
Section Ⅰ Foundations	主要介绍教育技术研究以及发展的相关基础	10
Section Ⅱ Methods	致力于研究方法方面的阐释，包括教育设计研究、设计和发展性研究、行动研究、质性与定量研究等	8
Section Ⅲ Assessment and Evaluation	关注支持教育评估与评价的新方法、新技术和新工具	9
Section Ⅳ General Instructional Strategies	主要定位于一般性教学策略，对探究性学习、基于游戏的学习、计算机支持的协作学习、脚手架策略等进行了较深入的探讨	13
Section Ⅴ Domain-Specific Strategies and Models	关注教育技术在特殊领域的应用策略与模型，如数学教育、工程教育、视觉艺术教育等领域	7
Section Ⅵ Design, Planning, and Implementation	主要介绍了有关教学设计与实施方面的最新进展	6
Section Ⅶ Emerging Technologies	重点关注新兴技术对学习和教学可能产生的潜在影响，如交互式界面与空间技术、增强现实技术、自适应技术、可视化技术等	12
Section Ⅷ Technology Integration	聚焦于不同技术在现实情境中的智能整合，比如在校园中、在多元文化情境中、在医学课程中的整合	5
Section Ⅸ A Look Forward	关注教育技术研究的未来发展	4

为了满足学习者多视角学习和理解微课群的需求，我们提供了标签视图、树状视图、缩略图视图、列表视图等多种方式来方便师生查看协同生成的微课群(如图 8-11 所示)。

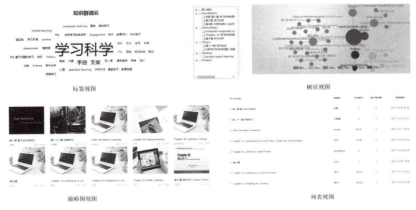

图 8-11 微课群多元视图

在微课群的生成与学习过程中，课程教师和学生对所有的微课内容和质量进行了星级评分（满分五颗星），其中有 83.7％（62 个）的微课获得了四颗星的优秀好评，可见这种协同生成与学习微课的方式在一定程度上保障了微课的质量。

学期结束之后，我们还采用"问卷调查＋改进建议报告"的方式对生成性课程的学习效果进行了调查，以此来了解实践过程中学习者的认知投入程度以及学习元平台在支持生成性课程教学应用方面的情况。问卷调查的对象是选修"教育技术新发展"课程的 13 名同学，发放问卷 13 份，收回 13 份。

调查结果表明，所有学生都理解该课程的教学目标，即除了需要协同完成自己选定手册文献的阅读章节之外，还需要参与其他同学负责章节的协同知识生成与构建。在课程学习方式方面，有 92％的学生表示认可，更有 6 名学生认为这种学习方式"非常赞"。在学习时间投入方面，有 6 名学生每周会花 1～3 小时来学习该课程，有 5 名学生每周会花 5 小时以上来学习，甚至有 5 名学生每天都会花 2 小时以上进行学习。可见，这种协同阅读的学习方式获得了绝大部分学生的认可，并且明显促进了学生的学习时间投入。

对于每个学习元微课，学生不仅需要上传微视频，还需提供 PPT 讲稿、相关拓展资源等，而其他学生则可以在学习过程中协同参与微课内容的补充与完善。关于学习资源选择偏好的调查结果表明，喜欢通过看微视频或 PPT 讲稿来进行学习的学生各有 5 人，2 名学生喜欢阅读英文原文，1 名学生喜欢查看相关拓展资源。同时，在微视频与英文原文的资料选择上，1 名学生认为看完微视频后不需要再看原文；有 7 名学生表示，看完某个微课后，如果对该部分内容感兴趣，则会去阅读英文原文；有 3 名学生会选择先阅读英文原文再看微课；有 2 名学生选择无论如何都会阅读英文原文。可见，这种通过观看他人录制的微视频进行学习的协同阅读方式在一定程度上可以节约学习时间，降低直接阅读英文原文的困难程度，提高学习效率。

在学习过程中，无论是分享自己所学内容还是学习他人创建的章节，都需要创建或者协同完善学习元微课单元的评价方案。学习元平台中提供了诸如学习时间、学习活动、微批注、编辑本段、信任度投票、下载资源、发表评论、资源评分等评价项目供创建者选择。通过调查发现，最受学生青睐即创建者选择最多的三个评价项目分别为学习活动、学习时间和发表评论（如图 8-12 所示），而学习者在学习过程中参与最多的三个活动依次是观看微课、查看评价方案和发表帖子，紧随其后的是对学习元内容的评论（如图 8-13 所示），这基本与创建评价方案时青睐的评价项目相符。

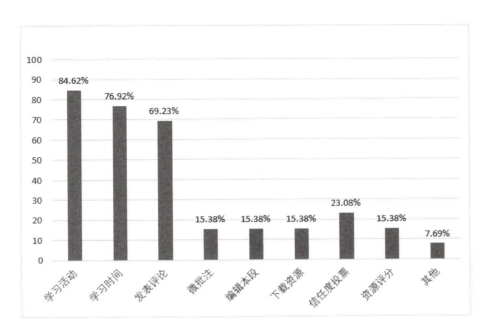

图 8-12　学习者创建评价方案所选项目排序

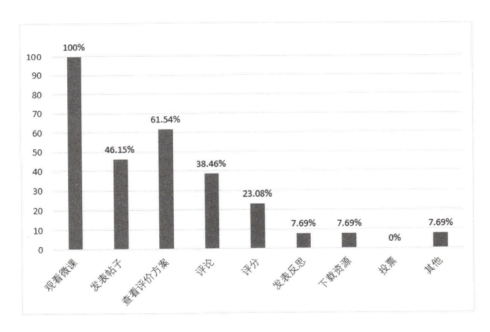

图 8-13　学习者参与的学习活动排序

在学习元平台功能支持课程生成的认可度方面(如图 8-14 所示),61.54％的学生认可"学习内容与学习活动整合"的资源组织方式。同时,不少学生认为"灵活开放的内容创建与访问""基于学习过程信息的评价""协作者申请与管理"等功能可以较好地支持学习元微课的协同生成与进化。而对于"内容协同编辑与批注"与"SKN 网络"功能的认可度比较低,可见学生参与同伴微课内容编辑与完善的行为较少发生,连接学习资源与社会认知的 SKN 网络难以自动形成,协同过程中的学习参与度、认知投入度和认知深度仍有待进一步提升。

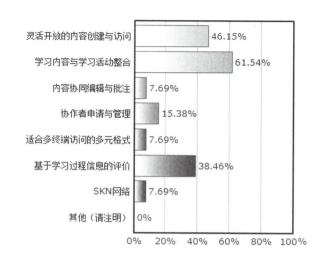

图 8-14　支持课程生成的平台功能认可度

在问卷的开放题部分，学生普遍认为通过该课程的学习"开阔了视野，增加了知识面""英语阅读水平得到提升"，认为这种协同阅读的学习方式是"快速了解多个不熟悉领域最新进展"的最佳途径，是"以最简便的方式学习很厚的英文原著"的快捷通道，甚至有学生认为通过该课程的学习"看到了新的教学和学习方式"带来的变革。所有学生都认为这种协同阅读的学习方式"很吸引人""在文献数量较多的时候可以快速找到感兴趣的内容""可以节约时间""能够产生碰撞，激发更多的观点和知识"，认为这是"真正的以学生为中心，充分体现了学习自主性，并且能够让课堂自我生成和进化"。同时，学生也对课程提出了一些建议，如"相对一个学期的课程学习时间来讲，学习的任务量有点大，希望任务量能减少一些或者将学习的时间延长至一个学年"，"希望课程能够提出明确一点的要求，让学生将文章最核心的内容做微课，要不然有时候看微课比读原文的时间要长一倍"。这些建议在后期的生成性课程设计与实施过程当中都需要予以考虑。

生成性课程的设计方式鼓励学习者在协同建构的过程中，通过交流和反思等形式来不断补充和完善自己的学习内容、丰富学习活动，实现深度学习，实现从学习资源、学习活动、学习技能到思维方式的全方位转变。

参与该课程的学生大都有教育技术学的专业背景，故微课的制作、学习元的操作均比较熟练，而问卷调查显示，9 名学生制作一个微课需要 2 小时以上，由此可以推断多数学生会在阅读文献、设计微课的过程中思考更多与学习章节有关的内容，如微课内容、呈现方式、学习活动、学习拓展资源等，这显然促进了学生对知识的深入思考和内化。同时每个学生还需要学习其他人制作的微课、完成学习活动，并通过协同的方式与创建者进行交流，共同促进学习内容的进化和课程的生成，尤其是学习活动的多元化，以及在参与活动中讨论、碰撞、争辩所生成的内容是传统教学方式中仅靠阅读纸质材料、逐个汇报学习成果的被动接受式学习所无法比拟的。

该课程要求学生阅读《教育传播与技术研究手册(第四版)》的英文原文,调查问卷中除 2 名学生选择通读英文原文、1 名学生选择不看原文外,其余 10 名学生都会结合微课、自己的研究方向等选择性地阅读原著的章节,这样学生能够持续保持自己的学习兴趣,从而激发学习动机。其实无论是就感兴趣的章节提前阅读原文后再学习微课,还是先学习微课,如果感觉有兴趣的话再去阅读原文,都能够促进学生对这一章节的深入理解和思考,通过思考、阐述、交流等方式与学习内容和其他学习者进行深层次互动,可以真正实现知识的深度内化,促进学习者自我的知识建构。

正如学生所建议的那样,在生成性课程的设计、课程学习的实施过程中仍然存在一些问题有待解决。

(1)学习者网上学习活动倾向。问卷调查结果显示,课程的学习过程当中,学生在网上所做最多的事情依次为观看微课、查看评价方案、发表帖子和评论。微课是学习每一章内容的主要途径,故观看微课是所有学生都选择的项目;超过半数的学生选择了查看评价方案,这是由于评价方案与学习成绩是紧密相关的;很多章都设置了根据主题或者问题发表自己观点的学习活动,所以发表帖子是学习者完成任务的主要途径;而评论是指在每个学习元之下进行的评价、反馈,事实上评论的内容多以"非常好""学习了""很认真"等为主。从学习者参与网上学习活动的倾向来看,还需要在课程的设计方面加入更多能够真正促进学习者与资源、活动、创建者等深入互动、交流的方式,避免浅层次学习。

(2)学习资源的选择。学习者在学习过程中主要关注的是课程的微视频以及 PPT,而较少为其他学习者提供与阅读内容相关的拓展资源,这与我国长期以来学习者的学习成长经历相关。虽然目前的教育学者、教师都关注到了新技术带来的教与学方式的转变,教育变革也在大范围地进行着,但是在现行的教育体制和管理制度下,教师和学习者依然以教学内容的接受为主要关注点,很少注重通过拓展资源来拓宽学习者的视野,很少注重通过学习活动来培养学习者自我反思、自我建构、协作交流的意识,很少注重通过课程中学习者生成的内容来提高思维加工能力。

(3)评价方案的局限。学习者在为自己创建学习元设计评价方案时,除了课程要求必须添加的学习活动外,紧随其后被重视的是学习时间和发表评论。学习元对学习时间这一评价项目的设计是至少要学习 15 分钟以上,调查问卷中显示仅有 3 名学生没有选择这一项作为评价方案的项目。事实上,为了完成几十个章节的学习,为了获得学习分数,有不少学生在学习时打开了某一章的学习页面,但是在做其他事情,这项就成了课程中最易获得的分数项目。由此可以看出,评价方案的项目和评价方式有待更加细化和符合学习者的学习实际,避免流于形式,以激励学习者真正的认知投入。

虽然当前这种通过协同阅读方式来生成课程的形式还存在设计、技术局限等方面的问题,但是其在目前高等院校研究生培养课程的构建当中展示了它的前瞻性，体现了知识建构和注重学生发展的重要思路，是未来课程建设的潜在发展方向。基于学习元平台的生成性课程设计作为追求教育资源开放、重视知识建构与分享的急先锋，顺应了知识时代课程改革的潮流，符合教育教学的发展规律，其教学理念及其运用技术变革未来教学和学习的方式将会继续得到推广与创新。

第九章
基于学习元平台的泛在学习研究

当前，伴随着社会信息化进程的加速，信息技术正在以泛在化速度向社会生活的各个领域渗透。信息技术无处不在正成为人们日常生活中基本的构成成分，基本特征是：数字生活方式加速普及——全民普及（universal），人人都能够方便地获取信息服务；以人为本（user-centered），信息设备以"不可见"方式嵌入到用户环境与日常工具中，用户只需要专注于任务本身即可；无所不在（ubiquitous），借助各种终端设备，用户可在任何时间、任何地点访问信息服务。

随着感知技术和无线网络的迅速发展，移动设备被赋予越来越强大的情境感知能力。它集成了更多的传感器、采集器、探索器等电子化的微型感知设备，能够用来捕获用户、设备、场所等真实世界的信息以及学习过程的数据，从而将我们所处生活环境中各种人类感官不能直接精确量化的信息采集到方寸之间的移动设备中。技术的发展使人类正迈入社会空间、信息空间以及物理空间相互渗透的三元融合世界[1]，智能化是未来学习空间发展的必然趋势。在智能化的学习空间中，学习者将不再受时间和空间的限制，而是会在人手一台智能设备支持的任意环境中进行随时、随地、随需的泛在学习，表现形态如正式学习与非正式学习相结合的学习情境、个人学习与社群学习相结合的学习情境、真实世界和网络虚拟世界相结合的学习情境。[2]

第一节 智能学习空间与泛在学习

泛在学习实现的基础是构建智慧学习空间（smart learning space，SLS），在智能的、无缝的学习空间中，学生只要对情境具有好奇心就可以进行学习，而且通过个人化移动设备作为媒介，学生可以轻松并快速地从一个情境切换到另一个情境。泛在学习环境是一种整合的学习环境，它整合了物理的、社会的、信息的和技术的多个层面和维度。在一个泛在学习环境中，各种教育机构（educational institutions）、工作坊（workspace）、社区（community）和家庭（home）将会被有机地整合在一起。

---

[1]　房俊民、田倩飞、徐婧等：《人－机－物三元融合将促进信息服务进入普惠计算时代》，载《中国科学院院刊》，2013(5)。

[2]　Lung-Hsiang Wong，Chee-Kit Looi C，"What Seams do We Remove in Mobile-Assisted Seamless Learning? A Critical Review of the Literature，"Computers & Education，57(4)，2011.

一、智能空间

人、物和信息三者通过无处不在的通信网络、传感器网络、云服务、智能终端等技术相互交织，虚拟世界和真实世界的界限越来越模糊，智能化已成为人类生存空间的一项基本属性。自 20 世纪 90 年代开始，人们逐渐对智能空间（smart space）开展研究，不同领域的研究者对智能空间的内涵有不同的解读，有的强调环境对人的意图和状态的感知，有的关注智能空间中设备的自适应及互联通信能力，有的认为智能空间要实现以人为中心的自然交互和不可见计算，有的则要求智能空间要能感知、能推理和通信，能为用户提供便捷服务的智能环境系统。

美国国家技术与标准研究院（NIST）认为智能空间是一个嵌入了计算、信息设备和多模态的传感器的工作或生活空间，具有自然便捷的交互接口，其目的是使用户能非常方便地在其中访问信息、获得计算机的服务以及高效地进行工作和协同。[①] NIST 将智能空间的核心特点概括为如下几点。

（1）能识别和感知用户以及他们的动作和目的，理解和预测用户在完成任务过程中的需要；

（2）用户能方便地与各种信息源进行交互；

（3）用户携带的移动设备可以无缝地与智能空间的基础设施交互；

（4）提供多渠道、多形态的丰富信息显示；

（5）提供对发生在智能空间中的经历（experience）的记录，以便在以后进行分析；

（6）支持空间中多人的协同工作以及与远程用户的沉浸式的协同工作。

以上这些智能空间的特点正在不断融入教育教学环境中，使得整个教育教学环境走向智慧化、智能化。早在 2013 年，IBM 预测未来的教室将能够读懂人，教育环境将能够感知师生的需求，判断学习者的特征，实现个性化的指导；等等。

从教育教学的角度看，智能空间是以人为中心的适应性信息系统工程，其基本特征可以概括为：情境感知、异构通信、无缝移动、自然交互、任务驱动、可视化、智能管控、自动适应（见图 9-1）。

图 9-1　智能空间的基本特征

---

① 　NIST. "The NIST Smart Space Project，"http://www.nist.gov/smartspace/，2019-03-19.

（1）情境感知：通过各类传感器及自动信息采集设备，感知到教育教学活动物理位置信息，活动场所环境信息，教与学活动发生、进行与结束的时间信息，学习者专业学习背景，学习者知识背景、知识基础、知识缺陷，学习者的认知风格，学习者的学习状态，如焦虑、烦躁、开心等。

（2）异构通信：这个环境里有不同的装备，它们之间相互连接，各种系统遵循技术标准，跨级、跨域教育服务平台之间实现数据共享、系统集成；系统是集成的，计算资源融合到环境里，不同的设备中间可以无缝通信。

（3）无缝移动：课内课外结合，虚实结合，无缝切换，多终端访问，支持任何常用终端设备连接到各种教育信息系统，无缝获取学习资源与服务；学校用手机，家里用平板，无缝连接，不再被技术束缚在一个固定地方。学习者的多个学习终端之间实现数据同步、无缝切换，学习过程实现无缝迁移。

（4）自然交互：我们的交互不再只是通过键盘、鼠标，还通过语音、手势、眼神、动作，自然交互，深度互动。实现师生之间、生生之间的随时、随地的互动交流，促使深层学习发生；自动记录教与学互动的全过程，为智慧教育管理与决策提供数据支持。

（5）任务驱动：我们在这个环境里，只需关注要完成的任务，不需要关注底层技术，学习环境能够理解用户的行为和意图，主动提供交流和服务，用户的认知资源聚焦于任务，而非底层技术，技术适应人的工作行为，而不是人适应技术规则。

（6）可视化：各种数据、交互控制以图表可视化呈现。通过视窗可以监看环境中各种应用系统的运行状态；通过图形界面，清晰、直观、全面地呈现各类教育统计数据；提供具有良好体验的操作界面，以可视化的方式操作教育设备和应用系统。

（7）智能管控：今后教育环境很多管理，事前预警，不是事后补救，实现智能管控，洞察事件发生趋势，实现智能控制、诊断、分析、调节、调度。

（8）自动适应：按照用户喜好，根据用户的学习偏好，个性化推送学习资源。根据用户的现有基础、学习偏好以及学习目的，适应性推送学习活动；根据用户当时的学习状态和需求，适应性推送学习服务（解决疑问、提供指导等）；根据用户学习过程记录，适应性推送用户学习所需的各种认知工具；根据用户的兴趣、偏好、学习的内容等，适应性推送学伴、教师、学科专家等人际资源。

二、 智能学习空间模型

未来社会是人-机-物三元互联的世界（human-cyber-physical universe），人类社会、信息空间和物理空间融会贯通，相互交织在一起，形成虚实融合的智能社会空间。三元融合世界的到来，技术与环境的高度融合，虚实结合的情境，无所不在的网络，使得我们的生存空间越来越智能化，人们开始考虑用"u"（ubiquitous）取代原先的"e"来描述 21 世纪"无所不在"的信息社会。从"e"到"u"看上去只是一个名词的改动，却蕴含了理念、目标、路径乃至整个战略框架的深刻转变。

早在 2010 年，美国教育部教育技术办公室颁布的主题为"变革美国教育：以技术赋能学习"的《国家教育技术规划 2010》已经强调技术与教育服务、人的融合，并构建了技术赋能学习的模型图（见图 9-2）。

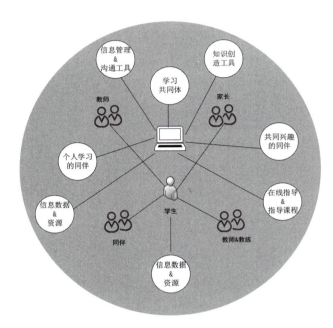

图 9-2　技术赋能学习模型

在此模型中，技术不再是单独的工具，而是蕴含了许多不同类型的专业资源、人和工具，它们以互补的方式共同运作，革新了学习者及其学习环境之间的作用关系，建立和维护了一种创新性的生态圈或者学习文化。在这种生态圈中，学习者之间、学习者与教师和家长之间以及与社会专业人士之间存在着不同于现有形态的互动关系，这使得学习者的主体地位得到凸显，学习内容来源以及学习方式都发生了根本性变革。每个人既是知识的生产者，也是知识的消费者。技术从作为支持个体学习的工具更多地转变为一种支持泛在学习、自由探究、知识建构、交流协作的无缝学习环境。学校和教育机构不再是封闭的社会单元，而是通过网络汇聚作用形成的集体智慧聚变节点，是一个充满活力、人性化和高度社会化的地方；不再是静态知识的仓储，而是开放的、流动的、社会性的、分布的、连接的智慧认知网络与个性化发展生态环境。这种生态环境不是一个割裂的学习空间，而是通过网络连接的全球性社会，同时实现了学生日常生活经验与未来生活的连接，学习也不再仅仅发生在教室和学校里，而是可以随时随地发生的、终生的、按需获取的。

技术赋能学习模型从整体优化的视角考察技术在教育中的角色与定位，从对技术要素的关注转变为对人与技术之间关系的关注，强调技术和人相互作用的整体优化变革，强调技术与技术之间、技术与人之间信息的无缝流通，强调认知的均衡分布，强调技术与教育服务的融合、人和技术的融合、实体空间和虚拟空间的融合，形成一个技术完全融入"学习"的和谐教育信息生态。这与泛在学习所蕴含的"人人皆学、处处可学、时时能学、按需供学"的核心理念相吻合，对构建支持泛在学习的智能空间有重要的启示性作用。

基于以上探讨，本书构建了泛在学习智能空间模型（见图9-3）。泛在学习智能空间由三大核心要素构成：教育云平台、泛在通信网络、感知学习终端。教育云平台是服务引擎，是智能学习空间的中枢，是学习内容与学习服务的集散地。泛在通信网络提供巨大的数据流量，支持云端一体智慧教育解决方案的普及，为无处不在的智能终端提供学习内容访问服务。感知学习终端是移动学习服务的核心载体，智能学习终端、移动云课堂是技术融合于教育的使者，未来学习体验中心是概念学习设计中心、体验中心与展示中心，也是需求产生中心。

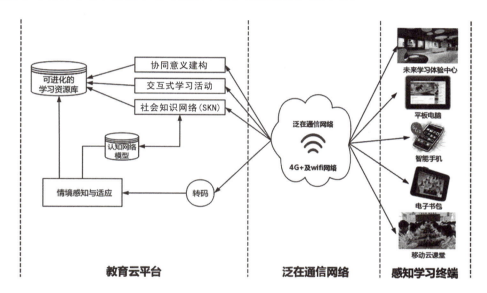

图 9-3　智能学习空间模型

（一）教育云平台

教育云平台创新应用了云计算、物联网、移动通信、大数据分析等新一代信息技术，可以使一个普通的学习终端具有强大的学习能力。将客户端的大部分软件功能和存储功能转移到云端，用户只需要有简单的移动终端设备和软件就能通过联网享受形式多样的教育云服务。教育云平台应当具有规模大、性能稳定、高可扩展性以及开放性等特点，具备按需分配计算和存储资源的功能；能够支持海量的教育机构在移动学习平台上发布、销售和传播自己的优质资源，能够将教学资源进行自动转码以实现多种终端的自适应，搭建自己所需的教学社区，租用合适的存储空间、流量和并发数量等；同时能够通过开放 API 与主流的开源教育信息系统无缝地交换数据和信息，有效整合平台外部的应用和服务。

智能学习空间中的教育云平台需具备以下几个关键要素：

(1)可进化的学习资源库。泛在学习的核心特质绝不仅仅是计算设备、通信网络的无处不在，更重要的是在泛计算环境下对学习的方式造成的变革。而这种学习方式的变革也带来了对学习资源建设的新要求，它需要无处不在、无时不在、适应情境、具有进化发展能力、连接社会知识网络的学习资源，当前 e-learning 中由专家预设生成、单点集中存储、按照层次目录结构组织呈现的学习资源已经无法适应泛在学习的发展需要。

(2)社会知识网络。泛在学习环境下的社会知识网络在传统的学习共同体基础上有所发展，将可进化的物化资源与人力资源结合在一起考虑，构成一个可以动态演化、自我发展的虚拟组织。泛在环境下的学习资源除了可以作为独立完整的学习单元存在外，还可以作为学习者认知网络联通的中介点。借助泛在学习环境下的学习共同体网络，学习者不仅能获取知识，更能掌握学习的方法和获得知识的途径，形成知识与人相互作用、相互交织的网络，并能通过这个网络持续不断地获取所需的知识。

(3)交互式学习活动。在可进化的学习资源基础上，围绕所确定的教学内容及目标设计交互式学习活动，激发学习者的信息搜索、分析和综合应用等高水平思维活动，设计具体的协作任务，引发学习者的合作性的问题解决活动，并对学习过程进行监控调节。分享设计还要考虑到促使学习者积极主动参与进来，共享知识和创造性，学习者在参与学习活动的时候，要有多条途径满足他们人际互动、协作交流的需要，以使成员的协作更加顺畅；要提供多种自主学习的活动与手段，比如自测和评估等，促进学习者知识内化与意义联结；要提供协同创作的环境与工具，使得每个学习者的智慧得以在学习内容的进化历程中得以体现；要提供问题解决活动、案例和指导，以便学习者能够通过学习解决所遇到的情境性问题。

(4)认知网络模型。为了实现自适应学习，移动学习平台必须了解当前的教学对象，需要把学生的各方面信息用适当的数据结构记录下来，并提供各种推理、决策、分析的模型作为智慧学习空间进行教学决策(选择教学内容和教学方法)的依据，这种用于记录学生个别情况的数据结构及依据此数据结构存储的数据称为认知网络模型。认知网络模型需要记录每个学生原有的知识水平、认知能力和认知特点。模型依据学生和系统之间的交互作用及应答历史而形成，并可以根据每个学生的学习进步情况动态修改。这样，系统可以随时了解每个学生的情况，有的放矢进行适应性的教学。

(二)泛在通信网络

在智能学习空间中，网络就如同空气和水一样，自然而深刻地融入了人们的日常生活及工作中。泛在通信网络将多种接入方式、多种承载方式融合在一起实现无缝接入；任何对象(人或设备等)无论何时、何地都能通过合适的方式获得永久在线的宽带服务，可以随时随地存取所需信息。网络通过连接各种智能终端感知用户及周边环境场景信息，自动选择合适的传送方式，将正确的服务准确传递给需要的用户。泛在通信网络构建的关键是网络的融合，即如何将当今分属各领域的有线、无线、广播网络整合起来。唯有多网的融合才可以使开放性、整合性教育资源供给服务成为现实。

无线网、互联网、物联网、电视网将高度协同和融合，将实现跨网络、跨行业、跨应用、异构多技术的融合和协同。泛在通信网络将成为未来信息通信社会的必然趋势，网络将无处不在，而且不再被动地满足用户需求，而是通过与具有环境感知能力的智能终端协同，主动感知用户情境的变化并进行信息交互，通过分析人的个性化需求主动提供网络带宽与信息服务。

在无处不在的通信网络支持下，信息空间与物理空间将实现无缝对接，其服务将以无所不在、无所不包、无所不能为基本特征，帮助人类实现任何时间、任何地点、任何人、任何物都能顺畅地通信，都能通过合适的终端设备与网络进行连接，获得适应性、个性化的信息服务。

(三)感知学习终端

感知学习终端不同于一般的学习终端，具备情境感知功能，即自动捕获并解析各种学习对象发出的环境信息，是学习者进行学习的接入工具和学习媒介。智能学习环境下的学习终端将大大超越台式机的形式，并更多地表现为可嵌入到我们生活中各种物品和空间的交互式技术，如电子相框、智能传感手表、微控制器等，这些技术共同核心的特点是：①表现形式突破电脑惯性思维，更多地与人们学习和生存环境相融合，体现出信息生态的协调和适应性。②可自然交互。可用人们习惯的、自然的交流方式与这些设备交互和互动，如语音交流、触摸交互等。③具有环境感知的智能性。终端载体都具有智能性，能够感知环境信息并做出响应，是一个个独立的知识发布主体，可以向与其交互操作的主体主动发布信息，用户接收后实现学习并进行行为决策。④具有快速无线通信的功能。可以快速地、无缝地与用户或其他主体交换和传递信息，能够实现主体间的知识共享，且通信功能内嵌到每一个智能终端主体中。

技术与商业模式的革新，使得移动终端的形态越来越多，性能越来越强，价格越来越低，功耗越来越小，交互方式越来越多也越来越自然。交互方式的自然性是移动终端可用性的重要组成部分，也是可用性评估的一个要点。过去的移动终端交互主要依赖键盘输入，终端屏幕小，输入效率很低。当前移动终端的人机交互的发展方向是，用户可以方便、自然地使用人类所熟知的方式使用终端。移动终端要能够准确无误地感知包括自然语言、手势语言、面部表情在内的不同的人类自然表达方式，实现拟人化的人机交互。未来人机界面将更强调自然、高效和智能化。移动终端输入输出效率的提高，可以让学习体验变得更轻松、更高效、更令人满意。

三、 智能学习空间支持下的泛在学习

泛在学习是一种新型的学习方式，更是一种泛计算技术支持下的新型学习理念，即让学习与

现实生活充分融合、实现真正的在生活中学习（learning in life）。泛在学习不是以某个个体（如传统学习中的教师）为核心的运转，而是点到点的、平面化的学习互联。"泛在"包含三个方面的内涵，即无处不在的学习资源、无处不在的学习服务和无处不在的学习伙伴。

在实际工作和生活中，当我们在任何时候、任何地点遇到了任何问题或需求时，都可以利用情境感知智能终端设备感知需求，并将需求信息通过无处不在的通信网络发送到"教育云平台"中，云平台根据用户需求及用户的个性化信息在知识关系空间中进行无缝检索、聚合、计算、变换，并找到最适合用户需求的学习内容，同时将内容上附加的学习服务和知识关系网络转换为用户智能终端支持的格式，推送给用户。u-learning 强调任何人在任何时间、任何地点基于任何计算设备获取任何所需学习资源，享受无处不在的学习服务。u-learning 可以为学习者提供一种智能的、无缝的学习空间，符合人类终身化学习的需求，被认为是下一代 e-learning。基于学习元平台的泛在学习概念模型如图 9-4 所示。

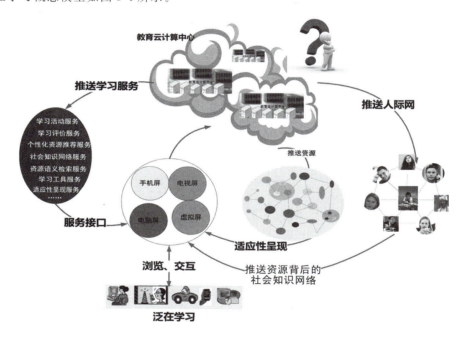

图 9-4　基于学习元平台的泛在学习概念模型

泛在学习由教育云平台提供学习资源和学习服务，并推送相关知识关系网络。其中学习资源不同于传统的预设资源，泛在学习下的学习资源是进化的、发展的，允许多用户协同编辑进化的，每个资源个体间不是孤立存在的，而是彼此之间通过各种语义关系和用户的各种学习行为（浏览资源、编辑内容、学习交互等）构建的资源网络中的节点，且其除了作为知识的载体外，还是社会知识网络建立的"网桥"，即可以以资源为纽带将具有相似和相同学习兴趣和学习需求的用户组成学习共同体，形成人际网络，呈现社会学习状态。学习服务则包括学习活动、学习评价、适应性呈现等多方面面向学生需求的、促进学生发展的多样化服务。

泛在学习由智能设备接收相关服务并呈现给学习者进行交互操作。通过结构化的资源库可以找到对应的知识体系，取长补短；通过对学习内容的使用、评估、编辑等交互记录可以找到最适合自己的学习，实现按需学习；通过社会知识网络不仅可以找到某个知识领域内最权威的知识，更重要的是找到在该领域中最权威的专家——这种学习不是传统课堂一个教师对多个学生的模式翻版，而是一对一的学习，更是多对一的学习，多个权威的领域专家共同指导，从多人处获取智慧。

智能学习空间支持下的泛在学习的核心特征包括泛在性、非正式性、连续性、社会性、情境性、适应性以及多模态性。

(1)泛在性。泛在是指表面上学习无形，它们交织在日常生活中，无所不在，人们很难察觉出它们的存在。泛在学习可以为用户提供无处不在的学习资源、无处不在的学习服务、无处不在的学习网络、无处不在的交流对象。学习者可以在任何地方、任何时间，得到他们所需要的文档、数据和视频等各种学习信息。

(2)非正式性。相对正规学校教育或继续教育，非正式学习是在工作、生活或社交等非正式学习时间和地点连接或内化知识的学习形式，这种非正式学习广泛存在，达到个体工作中学习需要的80％左右。非正式学习是基于学习者自身的需求的，使人们能获得很多能立即应用到实践当中去的知识和技能，它是因时、因地、随需而发生的，是一种自我导向的过程，是一个适量学习的过程，在学习者最需要的时候为他们提供知识信息，而不论他们处在什么样的场合。

(3)连续性。智能空间支持下的泛在学习的连续性表现在两个方面：一是实现了物理空间上的连续性，泛在学习是嵌入性的学习(embed learning)，学习融合于工作、学习、生活和网络之中，学习者可以在多个空间实现无缝切换；另一方面是实现了正式学习和非正式学习的连续性，是跨情境边界的，既具有正式学习的特征，能够很好地支持学校的学历教育和参加工作后的继续教育，又具有非正式的特性，是在工作、生活或社交等非正式学习时间和地点连接或内化知识的学习形式。泛在学习是一种能够将正式学习与非正式学习相联结、个人学习与社群学习相融合、课堂学习与网络学习优势互补的融合学习形态。智能空间为泛在学习提供了有效支持，满足学习者随时随地学习。

(4)社会性。学习是共享和构建个体认知网络和社会知识网络的过程，个人的知识组成了内部的认知网络，学习空间中的情境学习资源与其他学习者构成社会知识网络，学习者在情境交互过程中完善和改进自己的个人认知网络，同时也构成社会知识网络的一部分，分享和构建了社会知识网络。基于社会知识网络，学习者能够客观审视自己在群体中的作用，同时在群体力量的推动下，不断提升自我。

(5)情境性。情境感知是泛在学习的核心要素，泛在学习关注物理和社会场景与个体的交互作用，强调基于真实情境的学习，强调从学习者的周围收集环境信息和工具设备信息，并为学习者提供与情境相关的学习活动和内容。与建构主义对学习者个体知识建构的强调不同，泛在学习将关注的焦点由学习者本身转至整个学习情境，认为学习者所处的情境网络以及其中的学习活动，是协助并支持学习者达成学习目标的关键所在。因此在开展泛在学习时要通过移动技术以自然的方式模拟真实与逼真的情境与活动，以反映知识在真实生活中的应用方式，为理解和经验的互动创造机会。

（6）适应性。学习将是"我需要什么，就能获得什么"，而且是以最合适的组织方式、表现方式、服务方式来获得的，是一种按需学习。泛在学习面向社会的全体公民，每个学习者的生活背景、知识技能、兴趣偏好、认知风格等都各不相同，智能学习空间能依据学习者的学习记录信息准确分析出学习者的个性化学习模型，然后根据这些模型适应性地推送学习内容及服务，能够向不同的学习者提供个性化的学习服务。

（7）多模态性。泛在学习采用自然的学习交互方式，如语音识别、视线跟踪、手势输入、触摸控制、脑电感知等自然交互新技术，使用户可用多种形态或多个通道以自然、并行和协作的方式与学习内容进行交互，学习系统通过整合多通道精确和非精确信息，快速捕捉用户的意向，进行适应性学习内容与服务提供。

由于支撑智能学习空间的技术还在快速发展，实现理想的智能学习空间还有一个较长的研究阶段。在实践中开展的泛在学习，往往是突出表现某一个或几个特征，有着不同的习惯名称，如移动学习、无缝学习、一对一学习、情境感知学习等。在本书中，我们就不做详细区分，都归于泛在学习这一大类。

第二节　基于学习元平台的情境感知泛在学习研究

一、　情境感知泛在学习

随着互联网和移动技术的迅速发展以及向教育领域应用的不断渗透，学习者想要随时随地获取学习支持和服务的愿望越来越强烈。为了给真实环境中的学习者提供及时、准确的学习服务，情境感知泛在学习得到了广泛的实践应用。情境感知泛在学习是指在特定情境的学习环境中，学习者通过移动设备、无线网络、感应技术，与真实环境中的学习对象进行互动，获取学习资源，并在边观察边学习的过程中自我组织、建构知识。

例如，黄国祯教授等人以射频识别（RFID）为例在校园植物园中构建无缝学习空间。[①] 该无缝学习空间由 RFID 标签、移动设备、有关花卉知识的数字化学习资源和花卉实物组成。数字化学习资源是教师根据植物园中花卉种类，将各花卉知识上传至网络学习平台生成的。带有学习资源的

---

① Hwang，Chin-Chung Tsai & S. J. H. Yang，"Criteria，Strategies and Research Issues of Context-Aware Ubiquitous Learning，"Educational Technology & Society，11（2），2008．

RFID 标签会放在相应的花卉上。学生利用移动设备，通过感知 RFID 标签来学习与目标花卉相关的内容。

"情境"作为情境感知泛在学习的核心特征，它打破了时间和空间对学习的限制。在情境感知泛在学习中，学生的学习不再局限于课堂内，而是通过移动设备、无线网络，依据个人的喜好和需求在任何时间、任何地点进行的。然而，对于情境感知泛在学习来讲，如何为学生在真实情境中的学习提供实时的学习支持，将正式与非正式学习相联结、跨越个人学习与社群学习、将真实世界的学习目标与数字化的学习资源进行无缝衔接，是其亟须解决的重要问题。为了解决上述问题，本书开展的这项研究基于学习元平台开发了情境感知泛在学习系统。该系统主要由移动设备、无线网络、传感器、学习元平台和情境感知 APP 组成，并且任何场景下只要满足上述条件就可以迅速搭建一个情境感知的泛在学习环境为学生提供及时的学习支持(如图 9-5 所示)。

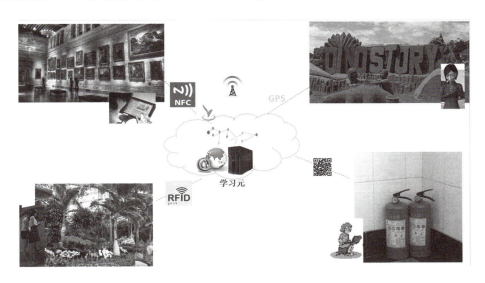

图 9-5 情境感知泛在学习系统

二、 情境感知泛在学习系统

情境感知泛在学习系统主要由课程设计子系统、学习资源设计子系统和课程活动设计子系统三大模块组成。

(一)课程设计子系统

针对情境感知泛在学习的情境特点，课程设计不再仅仅是依靠传统的学科逻辑体系来组织课程学习的过程，而是要符合真实情境对学生学习引导的需求。因此，为了实现学习过程中真实情境与数字化学习内容的无缝融合，培养学生边观察边学习的能力，我们为情境感知泛在学习系统开发了二维码扫描功能和学习页面。

在情境感知泛在学习过程中，学生通过系统自带的感知功能(扫描二维码)来感知真实情境中自己周边的数字化学习资源，并进入学习页面中，通过点击学习内容进行学习，如图 9-6、图 9-7、图 9-8、图 9-9 所示。

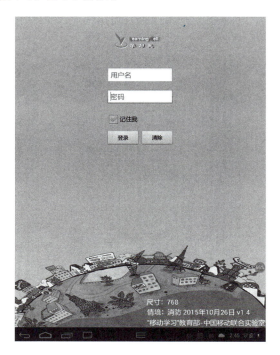

图 9-6　情境感知泛在学习系统登录界面

图 9-7　二维码扫描界面

图 9-8　学习界面

灭火器

（建议学习 15min）

学习目标：

掌握灭火器的分类，及其适用火灾范围和使用时的注意事项。

学习内容：

一、什么是灭火器

灭火器是一种可携式灭火工具。灭火器内放置化学物品，用以救灭火灾。灭火器是常见的防火设施之一，存放在公众场所或可能发生火灾的地方，不同种类的灭火器装填了不同成分化学物品，是专为不同的火警而设。使用时必须注意以免产生反效果及引起危险。

注意：火灾时注意灭火器类型的选择，避免使用错误，引起不必要的危险。

二、灭火器分类

灭火器的种类很多，按其移动方式可分为：手提式和推车式；按驱动灭火剂的动力来源可分为：储气瓶式、储压式、化学反应式；按所充装的灭火剂则又可分为：泡沫灭火器、干粉灭火器、二氧化碳灭火器。

三、灭火器的结构及使用方法

灭火器结构及使用方法

四、扩展阅读

1、火灾分类及灭火器类型选用

按照燃烧物的性质，火灾分为五种类型。

图 9-9　学习元内容

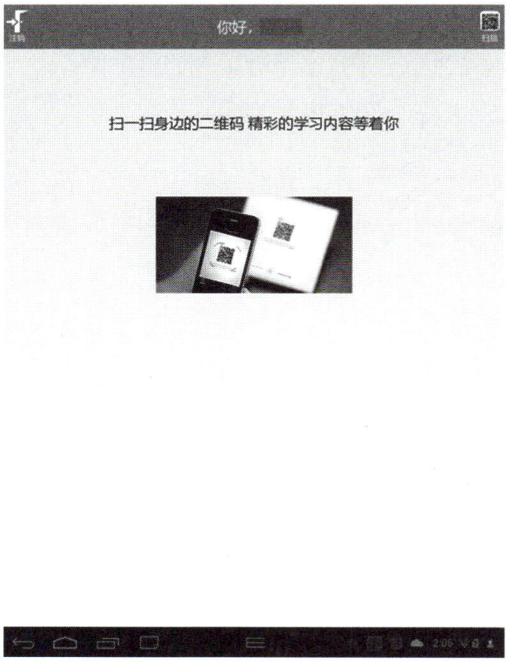

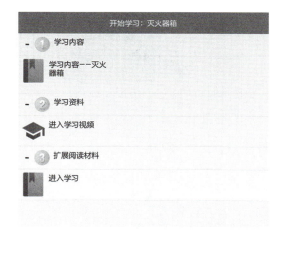

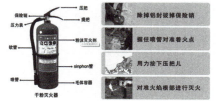

(二)学习资源设计子系统

在情境感知泛在学习系统中，学习者利用真实环境中的学习资源以及相关的数字化学习内容开展学习活动，并且由于学习处于真实的情境当中，学习者环境信息具有复杂性，因此，该系统对数字化学习资源具有特殊的要求。为了满足不同学习者对学习资源的不同需求，我们依据学习者身份，为其提供需要的学习内容。即在学习过程中，情境感知泛在学习系统根据学习者所属的小组类别来为其提供相关的学习内容。以西湖园林建筑物为例，不同小组通过目标选择会获取建筑物不同层面的内容，如简介、风格、作用等，如图 9-10、图 9-11 所示。

图 9-10　学习目标选择页面

图 9-11　学习内容页面

(三)课程活动设计子系统

与以往传统课堂学习方式及在线学习方式不同，情境感知泛在学习是一种分散的、无序的学习方式。这种学习发生在学习者真实情境中，完全依据学习者当时情境下的状态和学习需求而进行。因此，为了满足真实学习环境中学生对学习活动的特殊需求，我们开发了一个结合真实情境，并为学生提供实时学习帮助的社会性人际网络。

该网络主要由与学习内容相关的专家、教师和学生组成，学习者通过点击网络中的头像，可以与内容背后的人进行在线交流和问题讨论，如图 9-12、图 9-13、图 9-14、图 9-15 所示。

图 9-12　社会性人际网络

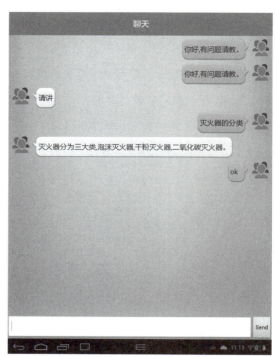

图 9-13　在线交流页面

图 9-14　用户交流记录

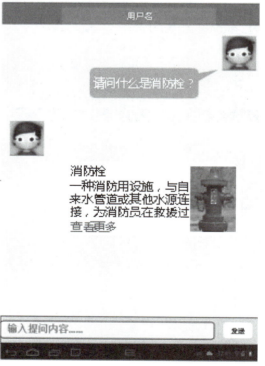

图 9-15　学习资源的分享推荐

三、 感知学习过程情境的推荐

泛在性和情境性是泛在学习的核心特性。学习者的情境处于动态变化当中，这要求推荐系统能够向学习者推荐符合当前情境需求的资源，即推荐的对象都必须是满足当前情境需要的。这不仅仅是简单地满足学习者的学习兴趣，同时需要考虑不同学习者的特征、所处环境和所使用的设备等。

在泛在学习环境中，学习者的能力水平参差不齐，传统的教师角色弱化，学习者更在乎的是"情境问题的解决"而不是考试成绩。因此，在推荐对象方面，泛在学习环境中的推荐系统不再仅仅是为了解决学习迷航，简单地向学习者推荐可能需要的学习资源，它的另一重要角色是为学习者在学习过程中提供学习支持，包括学习内容的支持、学习策略的支持、学习活动的支持、知识专家的支持、学习服务的支持和学习路径的支持。图 9-16 为泛在学习环境下感知学习过程情境的推荐系统框架。

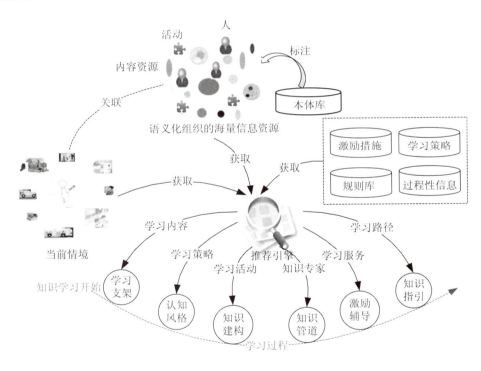

图 9-16 感知学习过程情境的推荐系统框架

学习者通过获得学习内容进入学习，选择适合自己的学习策略来开展学习，通过参与学习活动、与他人的交流来深化对知识的理解，拓宽知识来源的渠道，依靠一定的激励保持学习动机，通过了解当前的学习情况并利用辅导性的资源以及他人的帮助来查漏补缺，当完成当前学习之后需确定下一阶段要学习的内容。在这一学习过程中，每一个阶段都需要推荐系统的支持。而在情境感知泛在学习环境中，这些学习阶段又与学习者当前所处的情境密不可分。学习者需要的是与当前情境契合的学习内容、学习策略、学习活动、知识专家、学习服务和学习路径。根据推荐系统在情境感知泛在学习环境中的定位，我们从支持泛在学习过程的角度出发，设计了泛在学习环境下感知学习过程情境的推荐系统。该系统为不同学习环节设计了相应的推荐服务，结合泛在学习者所处的情境为学习者的整个学习过程提供支持，包括学习内容推荐、资源模板推荐、学习活动推荐、知识专家推荐、学习激励推荐、辅导资源推荐和学习路径推荐。图 9-17 为学习元平台中感知学习过程情境的推荐系统体系架构。

该系统的体系架构主要包括数据存储、本体标注、情境感知、推荐引擎和推荐应用几大模块。数据存储模块中存储了待推荐的对象信息以及相关本体库、推荐规则库信息。待推荐对象包括学习内容、学习者、学习活动、评价方案、资源模板、学习激励措施，这些对象的特征在学习元平台中已被本体语义化。本体标注模块主要利用平台中的情境本体对当前情境进行语义本体标注。情境感知模块负责收集当前情境信息并实现情境推理。推荐引擎模块根据当前情境，按照一定的规则和算法，筛选得到相应的推荐结果并输出到推荐应用模块，推荐应用模块则为学习者提供学习内容推荐、资源模板推荐、学习活动推荐、知识专家推荐、学习激励推荐、辅导资源推荐和学习路径推荐。

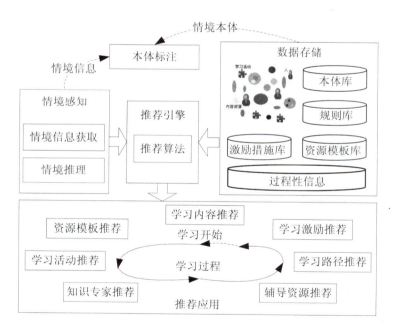

图 9-17　感知学习过程情境的推荐系统体系架构

当学习者进入学习元平台，情境感知模块根据情境模型获取情境信息后，由本体标注模块对情境信息进行语义化处理，最后由情境推理引擎推理得到学习者的当前情境。推荐系统对当前情境分析后，首先为学习者推荐满足情境需求的学习元。在学习元平台中，一个学习元有不同的展现模板。不同的展现模板在内容组织、媒体类型等方面都有所不同，体现了不同的学习策略，且支持的设备也有所不同。因此，当学习者进入一个学习元时，推荐系统将根据学习者的学习偏好、认知风格以及学习设备等，向学习者推荐合适的学习元展现模板。同时，根据学习者特征、学习目标等为学习者推荐个性化的评价方案。学习元平台和学习者都可依据该评价方案实时对学习情况进行监控与评价。当学习开始后，推荐系统将从学习活动库中选出与学习内容相关且契合当前情境的学习活动给学习者。当学习者完成学习时，推荐系统则根据学习者的特征、学习情况、学习目标等为其推荐学习路径。在学习开始到学习结束的过程中，推荐系统根据学习者的学习情况向学习者推荐合适的激励任务来激发并维持学习者的学习热情和动机。

根据上述设计框架，研究者在学习元平台上进行了感知学习过程情境的推荐系统的开发。虽然目前该系统还未达到上述理想状态，但已做了初步尝试。

(一)学习内容推荐

考虑到泛在学习中可能存在有目的和无目的的两类学习者，为了尽可能满足不同学习者的需求，学习元平台的内容推荐包括情境内容推荐和热门内容推荐。

情境内容是指满足学习者当前情境需求的学习内容。针对有明确目标的学习者，主要考虑的情境要素包括四方面：学习目标、学习者特征、学习设备、学习环境。根据学习者输入的学习目标关键词，一方面先采用经典的基于内容过滤的思想，根据学习目标关键词来获得候选资源集，再根据学习者的特征、所用的设备参数以及学习者所处的环境从候选资源集中筛选出合适的资源推荐给学习者；另一方面，由于学习者的好友一般对学习者的学习需求较为了解，因此系统也支持由好友向学习者发起手动推荐，再结合学习者当前所处的情境特点，从好友推荐的资源中选出最符合当前情境的资源推荐给学习者。

热门内容是指在系统中质量高、学习人数多的学习内容。热门内容推荐可为那些没有具体学习目的的学习者提供近期优质的学习内容，帮助学习者了解当前学习热点，发现新的学习兴趣。同时，为了保证学习资源的有效传递，在进行热门内容推荐时也会考虑学习者所使用的学习设备、所处环境以及学习者特征。在学习元平台首页提供了高品质热门学习内容的推荐。系统根据一定的规则来计算学习内容的质量与热度，将排名 Top N 的资源作为候选资源集，再根据学习者当前使用的学习设备、所处环境以及学习者的特征从候选集中筛选出最符合当前情境的资源进行推荐。

(二)学习策略推荐

相同的学习内容，不同学习目标、不同学习者所采用的学习策略不同。同时，在学习过程中学习者根据自身的学习情况随时可对学习策略进行调整。学习元平台中的学习策略推荐主要体现在学习资源模板的推荐和评价方案的推荐。

学习资源模板是按照一定的学习策略对资源内容进行的组织。不同的学习资源模板体现了不同的学习策略。学习元平台中，每个学习元有多种模板，如概念图模板、电子书模板等。学习资源模板推荐则根据学习者的知识结构、学习风格等特征向学习者推荐适合的资源模板来呈现资源内容。

评价方案是学习元平台评价学习者学习情况的主要依据。在学习元平台中，每个学习元拥有多套不同的评价方案，推荐系统通过直接询问学习者或测试的方式对学习者的学习目的和特征进行诊断，从而判断学习者的类型，根据学习者的类型向学习者推荐适合的评价方案。

（三）学习活动推荐

在学习元平台中，学习活动与学习内容有着紧密的联系，相同的学习内容可能关联多个不同的学习活动，不同的学习活动面向的学习对象不同、设计的目的不同、开展条件也不同。因此，推荐系统在进行学习活动推荐时，主要考虑学习者的学习目的、所处环境、所用设备，根据不同的情境向学习者推荐合适的学习活动，如图 9-18 所示。

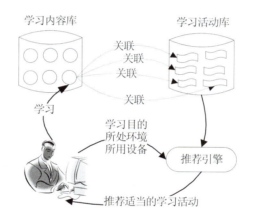

图 9-18　学习元平台中的学习活动推荐设计

（四）知识专家与学习同伴推荐

在知识专家推荐方面，当学习者学习特定学习内容时，系统以可视化的形式向其推荐与当前内容相关的人。这些人以同心圆的方式围绕在学习内容周围，越靠近中心的表明对该学习内容掌握得越好。学习者可通过该视图来快速找到知识专家。

在学习同伴推荐方面，推荐系统通过计算学习者之间的学习经历相似度来获得相似学习者，并在学习者的个人学习空间中向其推荐具有相似经历的学习者，以此拓展学习者获得知识的学习"管道"。连接的"管道"越多，学习者可获得的学习与帮助就越多。

（五）学习服务推荐

学习服务推荐包括激励推荐和辅导资源推荐。

在激励推荐方面，推荐系统根据学习者所处的学习阶段向学习者推荐合适的激励内容。在学习开始时，向学习者推荐一些学习任务，完成这些任务将获得相应的积分；在学习进行阶段，为保持学习者良好的学习状态，可利用学习同伴来激发学习者的学习，例如，为学习者推荐一些其可能感兴趣的学习伙伴，激励学习者与学习伙伴进行学习 PK；在学习结束阶段，当学习者的积分达到一定数量时，可推荐学习者使用积分兑换礼品；当学习者学习成绩达标后可推荐学习者领取与学习内容相关的知识勋章，当知识勋章达到申请某证书的要求时可推荐学习者申请证书认证。

在辅导资源推荐方面，系统一方面在学习过程中给予学习者辅导支持，另一方面根据学习结果中发现的知识缺陷为学习者提供辅导支持。在学习过程中，向学习者推荐与学习内容相关的参考资料，根据学习者的知识结构等向其推荐讲解概念、原理方面的资源链接，帮助学习者开展"比较中学习"，在对比不同资料内容中获得对知识的深入理解，例如，当学习者学习"凸透镜及其应用"这个学习元时，系统将为其推荐与"凸透镜及其应用"内容相似的学习元，以及相关原理解释的学习元。同时，系统随时根据过程性评价的结果向学习者推荐与其未掌握的知识内容。在学习结束后，系统还可根据测验结果反馈的知识缺陷，向学习者推荐相关的知识辅导资源。同时，为了让这些辅导资源能有效地呈现给学习者，推荐时系统会同时考虑到学习者所持的学习设备、所处的环境等。

六、 学习路径推荐

为了引导学习者下一步学习的开展，学习元平台为学习者提供学习路径推荐。学习元平台利用语义本体技术对学习资源进行标注，并构建了不同学习资源之间的语义逻辑关联，在此基础上，推荐系统利用学习资源的语义关联来发现下一步的知识点，同时结合学习者当前情境选出最适合的资源推荐给学习者，从而引导学习者开展下一步学习。这里的情境主要考虑学习者特征、所处环境、所用设备等。同时，系统以可视化的方式呈现知识之间的语义关联，以便学习者了解自身所处的知识节点，推荐学习者根据自身情况选取与当前知识存在上下位、前后继等关系的学习元进行下一步的学习。

此外，为了进一步帮助学习者掌握整个知识体系，学习元平台还向学习者提供个人知识地图。在个人知识地图上呈现了学习者当前的知识体系。推荐系统将知识体系中学习者未掌握的知识点突出推荐给学习者，并结合学习者的特征向其推荐与知识点相关的学习资源。

四、 情境感知泛在学习的应用

随着无线网络和移动技术的发展，便携式移动设备(如智能手机、平板电脑)已经成为人们日常生活中的必需品。人们喜欢利用这些设备进行随时随地的交流、信息浏览、资料查阅和休闲娱乐。移动设备的普及也给学生的学习方式带来了改变。学生们开始希望自己的学习不再受时间和空间的限制，而是能够随时随地进行学习。为了满足这一学习需求，我们尝试将基于学习元平台的情境感知泛在学习应用到了实际教育中。

（一）情境感知泛在学习在高职植物栽培课中的应用

目前，我国高职教育基本采用的是传统授课方式，即以教师的课堂知识讲授为主。教师首先在课堂中讲授与技术相关的理论知识，然后安排学生到实际场景中观察和学习该项技术。这种学习方式的弊端在于知识会与实际操作脱节，加之传统课程偏重于理论的讲解而轻视了学生实际动手操作的能力，使得职业教育培养出的学生大多只具有理论知识而缺少实际操作的经验。为了解决这一问题，我们将情境感知泛在学习应用到高职教育中，来帮助学生将理论知识与实践相结合，更好地培养学生的技术操作能力。图 9-19 呈现了一个基于情境感知泛在学习的植物栽培案例。

扫描二维码，学习内容

花盆

扫描二维码，学习内容

树苗

学生　种植

选取适合的植物和花盆进行种植

图 9-19　基于情境感知泛在学习的植物栽培案例

首先，教师将植物的栽培步骤、注意事项、需要栽培的植物、土壤信息、花盆信息上传到学习元平台，并生成相应的学习元和二维码；

其次，教师将二维码标签贴到栽培实验室相应的泥土、花盆和植物上；

最后，学生通过情境感知软件扫描相应的二维码获取学习内容，再根据教师指导开始边学习边栽培植物。

我们将情境感知泛在学习应用到了某职业学院 2014 级园林技术专业学生的植物栽培技术课中。第一周，教师利用传统课堂向学生讲授一些关于植物栽培的内容和注意事项。第二周，学生来到植物栽培实验室，借助平板电脑扫描实验室中老师给出的二维码来学习植物栽培过程、植物信息、花盆信息和土壤信息，然后选择适合的植物和与植物相对应的花盆，并根据扫描二维码学习到的内容来配置土壤。最后由学生独立完成植物栽培的整个过程，并将栽种完成的植物上交。第三周，学生再次来到植物栽培实验室，通过扫描二维码来学习本次课中教师给出的植物信息和花盆信息，并根据第二周学习的内容来选择适合的植物和花盆来栽种植物。第四周，教师对学生栽种的两株植物进行点评（如图 9-20 所示）。

图 9-20　植物栽培现场

情境感知泛在学习结束后，我们采用定量和定性的方式对学生的学习态度和学习效果进行调研。先采用问卷调查的形式对学生的学习态度进行定量分析，然后采用访谈的形式对学生的学习态度进行定性分析。通过分析，我们发现采用情境感知学习方式学习植物栽培的学生的学习态度明显好于采用传统学习方式的学生，不仅如此，我们通过问卷调查还发现，情境感知学习方式对学生掌握知识具有促进作用。

(二)情境感知泛在学习在西湖园林设计课中的应用

在该研究中，我们将情境感知泛在学习应用到了西湖园林设计课中。在课程学习过程中，选择某职业学院两个班的学生作为实验对象。其中，一个班的学生作为实验组，使用情境感知泛在学习系统进行学习；另一个班的学生作为控制组，采用传统课堂中教师讲授方式进行学习。

第 1 周：实验准备过程。首先，教师将实验组学生进行分组，5 人一组。其次，学生以小组为单位在机房内创建一个学习元，并以小组名为其命名。最后，组长将组内其他成员添加为该学习元的协作者。

第 2～4 周：第 1 步，实验组学生以小组为单位来到西湖园林景区，根据地图引导找到目标建筑物，并通过情境感知泛在学习系统选择与自己相对应的小组，然后扫描建筑物上的二维码来获取学习内容进行学习。在该学习过程中，不同组获取的学习内容不同（如图 9-21 所示）。课下，学生通过学习元平台中协同编辑功能来完善自己小组创建的与园林建筑物相关的内容，并发布形成二维码，贴在对应建筑物上。第 2 步，实验组学生再次以小组为单位来到园林景区，找到目标建筑物并学习其他小组创建的与该建筑物相关的学习内容。课下，学生根据课上情境感知所学内容在学习元平台上完善自己小组创建的学习元。控制组学生则采用传统的协作方式进行学习。学习过程主要以教师讲授为主，学生以小组面对面讨论和课下收集资料方式进行学习。

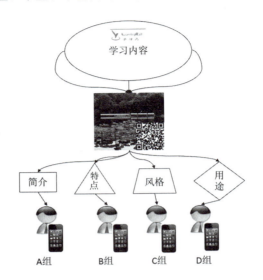

图 9-21　情境感知学习系统为不同小组呈现不同学习内容

(三)动态情境感知的泛在学习研究

情境是无缝学习空间的有机组成部分，情境感知是移动与泛在学习的核心特征。但是在目前关于无缝学习的研究中，情境都是固定的，是研究者提前预设好的。学生只通过移动设备感知周围的环境获取相同的学习内容和学习任务。然而，在真实情境的学习中，由于学习者的专业、个人素养及知识背景的不同，对知识的需求就会不同。为了给学习者提供符合其需求的学习资源，本书对动态情境性的学习内容开展了研究(如图 9-22 所示)。学习者在真实情境中学到的内容不再

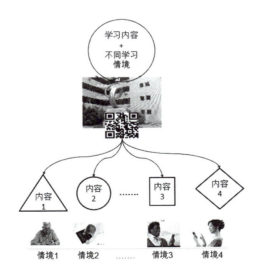

图 9-22　基于学习元平台的动态情境研究

是固定不变的，而是根据不同学习者的不同情境进行变化。即在真实的学习环境中，不同学习者通过移动设备扫描相同的目标学习物时，情境感知系统会感知学习者的特点，并根据其目前需求为其提供相关的学习资源。

第三节　多重目标支持的情境感知泛在学习研究

一、情境与学习

情境认知理论认为，情境是一切认知活动的基础，有效学习的发生不能脱离具体的情境。[①]然而，知识是情境化的，是在活动和运用中被不断发展的，脱离情境的知识使得学习者难以在具体情境中运用这些知识，难以实现有意义的学习。当为学习者提供与情境相关的知识信息时，学习者内部知识将会促进学习者与以往相似情境建立关联，从而在解决问题时采取相关的知识进行应用，促进知识在具体场景中的运用、学习者认知的发展以及有效学习的发生。作为学习的核心要素之一，学习资源对学习的有效发生有重要作用。泛在学习的情境性强调"情境问题"的解决，泛在学习者进行学习的目的是获取知识来解决具体情境问题，仅仅了解客观的知识，却不了解如何在不同情境中运用知识，那么这些知识对于学习者来说是没有实际意义的。提高学习资源与情境匹配的程度有利于学习者获得解决实际问题的方法和能力。

此外，能真正有效支持学习者学习的资源应该是那些恰好传递学习者所需知识的学习资源。为了向学习者提供与其情境匹配的学习资源，本书采用多重目标支持的情境感知泛在学习方式。在该学习方式中，学习资源不再是孤立的、单一的，而是与真实情境进行匹配，形成适应不同学习者需求的学习资源。即为了更好地解决学习者遇到的问题，多重目标支持的情境感知学习系统会根据学习者的真实情境向其提供真正符合其需求的学习资源，而不再将与该情境相关的所有资源呈现给用户。

二、多重目标支持的情境感知泛在学习资源模型

综上所述，情境感知的泛在学习需要与情境高度匹配的学习资源，它要求学习资源具有资源情境描述和动态结构，能够支持资源内部学习要素根据情境的动态聚合，使学习资源能在不同情境下呈现不同形态。为了使目前的学习资源具有这种情境聚合特性，本书重新设计了学习资源的聚合模型。即将学习过程中学习者可能存在的学习情境，与学习元平台已有的资源模型进行融合，创建一种能够与泛在学习者情境需求更加匹配的学习资源模型（如图 9-23 所示）。

---

① 高文：《情境学习与情境认知》，载《教育发展研究》，2001(8)。

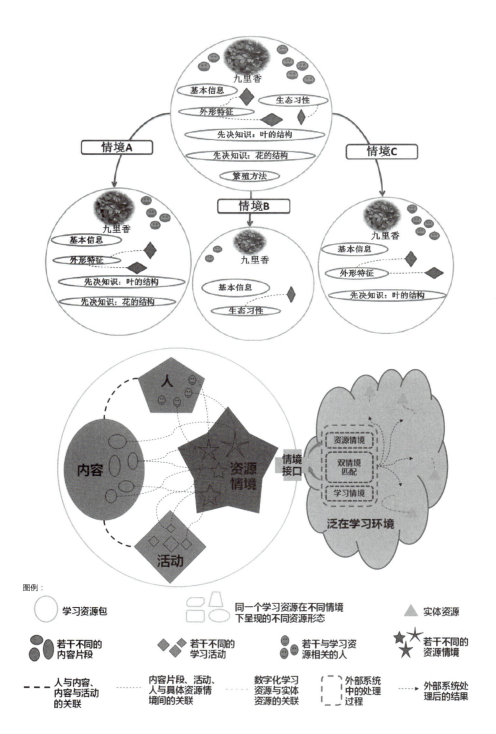

图 9-23　多重目标支持的情感感知泛在学习资源示例

多重目标支持的情境感知泛在学习资源模型的主要特点是"情境性"，其主要特征如下：

第一，为学习资源附加情境特征，构建了多态的资源模型，突破了泛在学习知识空间静态化的局限，实现了泛在学习资源在不同情境下的多态性呈现。目前泛在学习采用静态学习资源来构建知识空间，在任何情境下均为学习者呈现相同的知识。本书提出的资源模型为学习资源附加情境信息，使内容、活动和相关学习者等资源内部学习要素能在不同情境下动态聚合，传递不同的知识。

第二，构建了可扩展的泛在学习资源情境本体框架，实现了对资源情境的动态描述。对资源情境的情境描述有利于学习资源效用的发挥。目前对学习资源的描述中缺乏对资源情境的描述。本书通过分析对绝大多数学习资源效用有重要影响的情境要素，构建了可扩展的泛在学习资源情境本体框架来支持对资源情境的动态描述。

三、 多重目标支持的情境感知泛在学习的应用

本书以植物学习为例，在学习元平台中创建了十种植物的学习资源。该学习资源都是以学习元动态情境创建方式进行创建，并在创建过程中根据资源的特点与情境进行关联。研究者利用支撑系统的情境标注模块对学习元中的外形特征、植物文化、植物分布、植物培育几方面的内容进行资源情境标注。标注的信息主要是教学情境信息和空间情境信息。因此，当学习者进入学校植物园进行学习时，由于学习者的不同情境，所以同一个学习元在不同情境下会呈现不同的内容。每个学习元均包含植物的基本信息、外形特征、植物文化、植物分布、植物培育几方面内容。

多重目标的学习资源创建完成后，学习者便可带着具有情境感知功能的学习系统进入学校植物园进行多重目标支持的情境感知泛在学习，如图 9-24 所示。

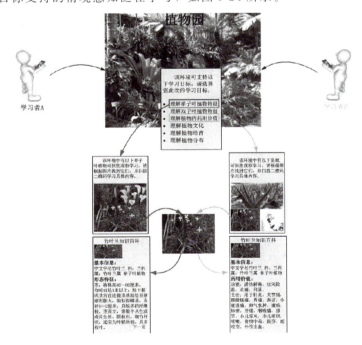

图 9-24　多重目标支持的情境感知泛在学习过程

　　首先，当两名学习者 A 和 B 同时来到植物园进行学习时，扫描植物园入口处的二维码，系统感知到学习者当前所处的位置信息，为其提供学习目标。

　　其次，系统根据位置信息在手机上呈现出该植物园可以支持的所有学习目标，包括"理解单子叶植物特征""理解双子叶植物特征""理解植物的药用价值""理解植物文化""理解植物培育"和"理解植物分布"。

　　再次，学习者根据自己的学习目标，选择相应内容进行学习。学习者 A 选择了"理解单子叶植物特征"这个学习目标，学习者 B 选择了"理解植物的药用价值"这个学习目标，从而系统地获取到学习者当前的学习需求情境，并分别为他们提供适合的学习资源。

　　然后，在学习元平台多重目标支持的学习资源支持下，系统利用学习资源中的资源情境信息与感知到的泛在学习情境进行匹配，获得与当前泛在学习情境匹配的资源情境。然后，结合学习资源中的关联信息为学习者 A 筛选植物园中能够支持"理解单子叶植物特征"这一学习目标的学习资源，而为学习者 B 筛选出植物园中能够支持"理解植物的药用价值"这一学习目标的学习资源。

　　最后，学习者 A 和学习者 B 在系统引导下，进入植物园找到目标植物边观察边学习。

第四节　协同知识建构无缝学习空间研究

一、　无缝学习空间

　　随着泛计算与物联网技术的发展，信息空间与物理空间将无缝融合，形成虚实结合、无处不在的信息空间，这使得构建无缝学习空间成为可能。无缝学习空间是一种能够打破时间和空间的限制，感知学习者真实学习情境，将正式学习与非正式学习相联结、跨越个人学习与社群学习、衔接真实学习与网络学习的学习空间。[①]

　　近年来，有许多专家和学者开展了对无缝学习空间的研究，并尝试构建一个无缝学习空间，利用情境感知技术，感知位置或标记信息来提取无缝学习空间中设置的资源。如有的研究者在蝴蝶园中建立了一个无缝学习空间，学生进入蝴蝶园中利用移动设备感知身边教师已经放置好的射频识别（RFID）标签，并根据标签的数字化信息指引找到目标蝴蝶，学习关于该蝴蝶的内容。在该无缝学习空间中，空间的建立和学习内容都是教师根据教学目标创建的，学生只是将数字化学习资源与真实情境相结合。[②] 还有的研究者基于无线网络、移动设备、感知技术在初中计算机组

---

　　① Tak-Wai Chan，J. Roschelle J，S. Hsi，et al.，"One-to-One Technology-Enhanced Learning：An Opportunity for Global Research Collaboration，"Research and Practice in Technology Enhanced Learning，1(1)，2006.

　　② Hui-Chun Chu，Gwo-Jen Hwana ＆ Chin-Chuag Tsai，"A Knowledge Engineering Approach to Developing Mind Tools for Context-Aware Ubiquitous Learning，"Computers ＆ Education，54(1)，2010.

装课程中构建了一个情境感知的无缝学习空间。该空间以 RFID 标签为引导，学生通过移动设备感知计算机各组件上的 RFID 标签来获取计算机组装的原理，并进行实际操作。[①]

但是，在众多研究中，无缝学习空间都是教师或者研究者预设好的，学生只是在真实情境中通过位置识别技术，如快速响应(QR)、RFID、近距离通信(NFC)来获取所处的地理位置或其他标记信息，然后学习系统为其推送适合的学习资源，学生浏览学习资源、完成练习来实现无缝学习。在这种无缝学习方式中，虽然能够通过技术促进学习知识与学习情境的关联，但学习模式仍然是一种呈现教师预设内容，学生接受知识传递的过程，情境仅仅是起到提示作用，学习者并没有真正跟情境深入交互，没有在情境和学习知识之间建立深刻的联系。

二、 协同知识建构理论

协同知识建构理论认为学习者的学习过程不是简单的知识传递的过程，而是一个意义建构的过程，是学习者通过新旧经验相互作用来形成、丰富和调整自己经验结构的过程。教学并不是把知识经验从外部装到学生的头脑中，而是要引导学生从原有的经验出发，建构起新的经验。如何设计一个学习者能够参与、主动构建的知识空间，让学习者通过问题情境引导，与学习伙伴进行会话、协作，完成有意义建构的学习过程，则是一个值得探索的方向。

有研究者就对小组协同知识建构过程中学习活动的设计进行了研究。[②] 在本研究中，教师对学生进行分组，4～5 人一组，并布置学习任务。然后，学生以小组协同方式，收集任务解决办法，并通过组内讨论给出最终答案。最后，教师针对每组提交的答案给出反馈意见和指导。还有研究者对移动学习环境下，学生协同知识建构的系统进行了研究，发现协同知识建构有利于学习过程中学生个人经验的分享、小组成员的交流，并将个人隐性知识转化为显性知识，帮助学生进行更好的学习。[③]

因此，协同知识建构的优点是学生可以参与到知识空间的构建过程中，并且协同知识建构的方式大多采用小组协同的方式。首先，教师根据教学目标对学生进行随机分组，保证各小组学生的水平相当。其次，教师给出学习任务，并激励学生积极参与活动。然后，学生在教师的问题引导下通过组内交流、共享，在个人已有知识经验的基础上创建新的知识。最后，教师根据建构过程中学生遇到的问题进行总结和学习内容的提炼。

---

① Ching-Kun Hsu，Gwo-Jen Hwang.，"A Context-Aware Ubiquitous Learning Approach for Providing Instant Learning Support in Personal Computer Assembly Activities,"Interactive Learning Environments，22 (6)，2014.

② R. M. Mayordomo & J. Onrubia，"Work Coordination and Collaborative Knowledge Construction in a Small Group Collaborative Virtual Task,"The Internet and Higher Education，2015(25).

③ N. Baloian & G. Zurita，"Ubiquitous Mobile Knowledge Construction in Collaborative Learning Environments,"Sensors，12(12)，2012.

三、 基于学习元平台的协同知识建构

与传统无缝学习方式不同，本研究将协同知识建构引入无缝学习中，并提出了协同知识建构无缝学习空间的学习方式。在该学习方式中，学习内容不再是教师提前预设的，而是学生通过协同知识建构方式自己创建。早在很多年前，就有研究者将协同知识建构应用到了数字化学习环境中，并且通过实验验证了这种学习方式对学生的学习效果和学习态度都具有促进和提升作用。①

基于学习元平台的协同知识建构过程如图 9-25 所示。学习元平台中的学习资源都是以学习元为最小单位进行组织。由于平台具有开放性，所以平台中的学习元不仅允许教师创建，也允许学生创建。在学习过程中，学习元不是固定不变的，而是可进化发展的。无论是教师还是学生，都可通过学习元中"编辑全文"和"编辑本段"的功能对学习元内容进行修改和完善（如图 9-26 所示）。在协同编辑过程中，修改者不仅要完成学习元内容的修改，还要详细填写每一次修改的原因。学习元的每一次修改都会形成一个新的版本。最后，通过所有用户（教师和学生）对学习元的编辑，学习元形成终极版本，并且在学习元版本进化过程中，学习元后台会自动记录下历史版本的进化过程，便于用户对版本之间的信息进行对比和查看。

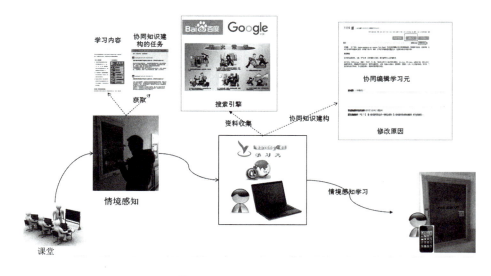

图 9-25　基于学习元平台的协同知识建构过程

另外，每一个学习元都可以自动生成相应的二维码。学习者可以在真实情境中借助学习元客户端扫描二维码来学习平台中的资源。

---

① K. Kreijns P. A. Kirschner，W. Jochems，"Identifying the Pitfalls for Social Interaction in Computer-Supported Collaborative Learning Environments：A Review of the Research，"Computers in Human Behavior，19(3)，2003.

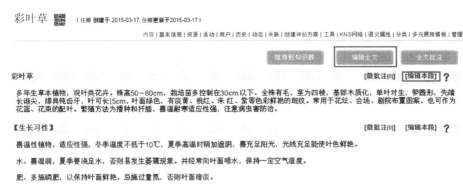

彩叶草

（任娜 创建于 2015-03-17，任娜更新于2015-03-17）

内容|基本信息|资源|活动|用户|历史|动态|关联|创建评价方案|工具|KNS网络|语义属性|分类|多元展现模板|管理

推荐到知识群　　编辑全文　　全文批注

彩叶草　　　　　　　　　　　　　　　　　　　　　　　　　　　[微批注(0)] [编辑本段] ?

多年生草本植物，观叶类花卉。株高50～80cm，栽培苗多控制在30cm以下。全株有毛，茎为四棱，基部木质化，单叶对生，卵圆形，先端长渐尖，缘具钝齿牙，叶可长15cm，叶面绿色，有淡黄、桃红、朱红、紫等色彩鲜艳的斑纹。常用于花坛、会场、剧院布置图案，也可作为花篮、花束的配叶。繁殖方法为播种和扦插，喜温耐寒适应性强，注意病虫害防治。

【生长习性】　　　　　　　　　　　　　　　　　　　　　　　[微批注(0)] [编辑本段] ?

喜温性植物，适应性强，冬季温度不低于10℃，夏季高温时稍加遮阴，喜充足阳光，光线充足能使叶色鲜艳。

水，喜湿润，夏季要浇足水，否则易发生萎蔫现象。并经常向叶面喷水，保持一定空气湿度。

肥，多施磷肥，以保持叶面鲜艳。忌施过量氮，否则叶面暗淡。

土，要求土壤疏松肥沃，一般园土即可。

温，喜温暖，耐寒力较强，生长适温15～25℃，越冬温度10℃左右，降至5℃时易发生冻害。

光，喜阳光，但忌烈日曝晒。

图 9-26　基于学习元平台的协同编辑

四、 协同知识建构无缝学习空间

本书基于学习元平台已有的协同编辑功能进行了协同知识建构无缝学习空间的研究（如图 9-27 所示）。无缝学习空间主要由学习资源、技术和真实情境三部分组成，因此本书以消防设施学习为例进行协同知识建构无缝学习空间。

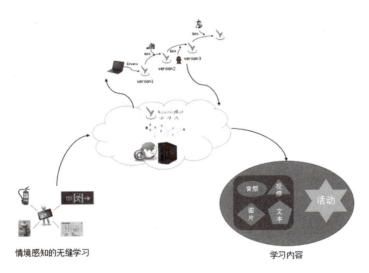

情境感知的无缝学习　　　　　　　　　　学习内容

图 9-27　协同知识建构无缝学习空间

第 1 步：情境感知的移动学习，获取消防基础知识。组内 4 人，每 2 人学习一种消防设施的基本知识，共完成 4 种消防设施的学习。当 4 人完成学习后，教师会给每组一项需要小组成员协作完成的学习任务，以及引导学生探索答案的拓展阅读资料。

第 2 步：协同知识建构无缝学习空间的过程。教师对学生进行随机分组，每组 4～5 人，并给出学习任务。学生再以小组协同方式来完成学习任务，并生成相应的学习元和二维码。在协同知识建构无缝学习空间过程中，学生根据学习任务开始学习教学楼内 4 种消防设施（消防栓、灭火器、疏散知识图和安全出口）的基本知识，并根据任务要求收集相关资料。通过对资料的整理，学生以小组为单位将学习任务的答案以协同知识建构方式发布到学习元平台中，并形成学习元。在学习元协同知识构建过程中，组内其他成员通过学习元平台中协同编辑功能，对他人的内容进行提问、修改、完善，并将修改后的内容展现给组内成员。最后，通过小组成员之间的相互协同形成最终版本的学习元和二维码。

第 3 步：组间相互学习。每组学生继续来到楼道内，以情境感知方式学习其他小组协同知识建构的内容，并对其提出修改建议和学习疑问。

第五节　社会性情境感知无缝学习研究

一、　情境感知的无缝学习

随着移动设备和无线网络的发展，未来将会出现人手一台或多台移动设备的情景，并在该情境中，移动设备逐渐成为生活的必需品。在技术发展的推动下，有研究者提出了无缝学习的概念。无缝学习是指能够将跨越不同情境的学习经验进行无缝融合，如正式与非正式学习的经验、个人与社会学习的经验，以及真实世界与虚拟世界学习的经验。[①] 无缝学习概念提出后，便在教育研究领域中得到普遍应用。还有研究者对无缝学习的特点进行了研究，并基于大量的文献梳理概括出了无缝学习的 10 个特性，即：①联结正式与非正式学习；②联结个人与社群学习；③跨越时间的学习；④跨越地点的学习；⑤泛在化的学习资源；⑥联结真实世界与虚拟世界；⑦适合多终端下的学习；⑧各种学习任务的无缝联结；⑨知识的整合；⑩多种教学策略与学习活动的多种组合。其中，情境作为无缝学习的重要特征得到许多专家和学者的研究。提出了情境感知无缝学习的模型。

例如，有研究者将情境感知无缝学习应用到了博士生的单晶体 X 射线物理仪器操作课程中。在该课程中，情境感知能够准确定位学习者在真实世界中的位置，并为其提供适合学习服务引导学习者掌握实验仪器的使用操作。[②] 还有研究者将情境感知无缝学习应用到了博物馆的学习中。在情境感知无缝学习帮助下，学生的学习不再局限于课堂内，而是能够在真实的场景中，通过移

①　Tak-Wai Chan，J. Roschelle J，S. Hsi，et al.，"One-to-One Technology-Enhanced Learning：An Opportunity for Global Research Collaboration,"Research and Practice in Technology Enhanced Learning，1(1)，2006.

②　Gwo-Jen Hwang，Tzu-Chi Yang，Chin-Chung Tsai，et al.，"A Context-Aware Ubiquitous Learning Environment for Conducting Complex Science Experiments,"Computers & Education，53(2)，2009.

动设备、无线网络和传感技术获取与真实场景一致的学习内容。①

通过上述研究，我们能够发现情境感知无缝学习将真实世界与虚拟世界进行了无缝融合，允许学习者在无缝学习空间中与真实情境的学习目标进行实时交互。学习者可通过移动设备、无线网络以及学习系统与真实情境进行交互，来获取相应的学习内容。

二、 社会化学习理论

随着计算机技术、新媒体技术以及社会性软件的发展，传统的学习方式正发生转变，个人自主学习逐步向群体互动的知识社区转换、自上而下的知识接受逐步向自下而上的群体贡献与创造转变。在信息技术的推动下，学习者也将从原来知识的消费者转变为知识的生产者。学习资源也不再是教师提前预设好的、固定的，而是可持续发展的。在用户（学生和教师）可以参与、共建共享的知识创造模式中，并在知识进化过程中，根据用户对知识进化的贡献度，形成一个与知识网络相对应的社会化网络。②

1971 年，美国心理学家班杜拉曾提出社会学习理论。他的核心观点是个人在认知过程中观察学习和自我调节对引发人的行为具有影响作用，并且人的行为与环境之间是相互作用的，他还强调社会变量是影响个人认知的一个重要因素。③

另外，有研究者开展了社会因素对学习者的学习影响作用的研究。该研究对计算机辅助协作学习中学习同伴对学习者认知的影响作用做了探讨，并发现同伴之间的协作学习对提高学生的学习态度、学习动机和活动参与度具有促进作用。不仅如此，该研究还指出，协作学习过程中同伴之间的交互有利于他们对资源的收集、知识的分享，以及产生新的解决方法。④ 有研究者对知识建构中的领域专家和社会人际网络进行了研究，并发现在学习者个人知识建构过程中，社会网络不仅能够拓展学习者的知识层面，还能在学习者与专家和同伴的交流中获取关于学习的重要信息。⑤ 还有研究者对社会网络进行研究，并发现社会网络提供了信息创造和信息交互的功能。所以，研究者认为它是实现移动学习中协作学习方式的最好方法，然后将其引入到移动学习研究

---

① Chia-Chen Chen & Tien-Chi Huang，"Learning in a U-Museum：Developing a Context-Aware Ubiquitous Learning Environment，"Computers & Education，59(3)，2012.

② 段金菊、余胜泉、吴鹏飞：《社会化学习的研究视角及其演化趋势——基于开放知识社区的分析》，载《远程教育杂志》，2016(3)。

③ A. Bandura，Social Learning Theory，Englewood Cliffs，Prentice Hall，1977.

④ Yao Xiong，HyoJeong So，Yancy Toh，Assessing Learners' Perceived Readiness for Computer-Supported Collaborative Learning（CSCL）：A Study on Initial Development and Validation，"Journal of Computing in Higher Education，27(3)，2015.

⑤ A. Deiglmayr and L. Schalk，"Weak Versus Strong Knowledge Interdependence：A Comparison of Two Rationales for Distributing Information among Learners in Collaborative Learning Settings，"Learning and Instruction，2015(40).

中，通过社会网络实现学习过程中小组同学之间的协作学习。研究最后，作者还发现社会网络对增强学生的认知、提高其学习态度和满意度都具有促进作用。①

三、社会性情境感知无缝学习

基于学习元平台，本研究提出了社会性情境感知无缝学习。在该学习方式中，学习者的认知不再只是来源于已有的知识网络，而是知识网络与社会化网络。即社会性情境感知无缝学习系统通过学习者所处的特定情境为其提供与目标位置相符的数字化学习资源、学习任务，以及社会人际网络。社会性情境感知无缝学习过程如图 9-28 所示。

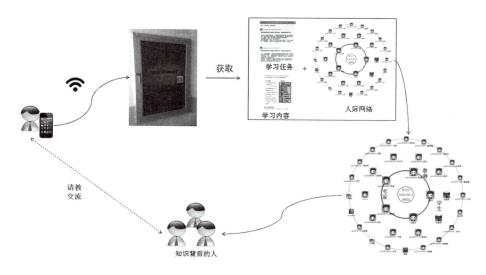

图 9-28　社会性情境感知无缝学习过程

在学习元平台社区中，学习资源不再是固定的，而是可持续发展的。所有用户既是资源的创建者，又是资源的学习者。因此，在学习元平台中，用户可以对任何资源进行创建、修改和完善等操作，并且在资源进化过程中，平台会根据用户对资源的贡献度，形成一个社会化的人际网络。该人际网络是由以资源为中心的同心圆组成。其中，根据用户距离圆心的距离判定其对资源的贡献度。当用户离圆心很近时，就说明该用户对资源的贡献度非常大，算是领域专家；当用户离圆心很远时，就说明该用户对资源的贡献度很小，会是领域中的学习者。

作为开放的学习社区，学习元平台还为用户提供交互、分享、讨论的功能。通过人际网络，用户之间可以进行提问答疑和交流。学习者点击人际网络中的用户头像，可以与某用户进行在线交流。例如，当学习者选择与在线专家、教师交流时，可以向他们咨询学习中遇到的困惑。专家

---

① Yi-Wen Liao，Yueh-Min Huang，Hsin-Chin Chen，et al.，"Exploring the Antecedents of Collaborative Learning Performance over Social Networking Sites in a Ubiquitous Learning Context," Computers in Human Behavior，2015(43).

和教师会为其解答，并推荐一些学习资料，让其做进一步学习。当学习者选择与在线学习同伴交流时，他们可以通过交互来协同完成学习任务。

在社会性情境感知无缝学习中，知识存在于不同的网络单元中，学习者应当通过与不同人群、不同领域、不同观点和概念之间建立连接，从而进行有意义知识建构的学习。社会性情境感知无缝学习使得学习者可以通过人际网络与内容单元中其他人建立连接，并在学习过程中接受其他人的概念和观点，并及时获取该内容单元的最新动态。该学习方式中，学生不再只是知识的传递者，还是知识的创建者和贡献者。学生通过人际网络既可以与其他人进行同伴之间的协作学习，也可以促进学生对知识的有意义建构。也就是说，在社会性情境感知无缝学习方式中，学生对知识的掌握不仅仅是记忆，而更多是理解和内化，将新旧知识进行无缝融合，转化为自我认知的一部分。

第十章

基于学习元平台的基础教育教学研究

学习元平台具有知识创建、知识内容协同编辑、知识内容进化版本对比、全文批注、段落微批注、资源评价、语义信息管理、资源语义关联、学习活动管理、知识网络导航、人际网络构建与分享、标签语义标注、语义搜索、社区学习与交互等核心功能点，可以对各种可促成深度学习发生的行为交互提供有效支持。

学习元平台提供基于过程性信息的评价服务。该服务为课程开发者提供评价方案设计工具。开发者可针对课程设置一定的评价方案，系统根据评价方案，结合不同学习者在课程实施过程中的学习过程信息，可以对每个学习者的学习过程以及整体学习情况进行评估，给出评价结果并反馈给课程开发者和学习者，从而实现基于过程的可视化评价。学习者在学习过程中也可随时查看对自身的评价信息，了解自己的学习情况，以便适当地调整学习策略，更好地实现个性化学习与适应性学习。

学习元可以实现个人和组织两个层面的知识管理。个体用户可以基于学习元平台建设个人知识库，将自己建设的、协作的、感兴趣的所有知识都纳入个人知识空间中，便于集中管理和维护，同时也可以通过与好友分享，实现知识的传递和分享，并在使用过程中建立和完善个人的知识网络、人际网络。组织机构可以创建不同的知识群，鼓励组织成员将工作中遇到的问题、解决的思路等宝贵的一线实践经验做成学习元，并在组织内部共享传递，促进隐性知识与显性知识的相互转换，最终提高组织整体绩效。

区别于传统的学习管理系统，学习元平台除了具备资源管理、讨论交流、测试、活动设计、在线评价、学习档案袋等常规教学支持功能外，还融入更多社会性学习特征，关注知识网络和人际网络的构建，能够承担各级各类学校的网络教学任务，可以很好地支持基层教育领域的各种创新教学的实施。

第一节　基于学习元平台的深度阅读研究'

随着信息技术与课程整合以及语文新课改的不断推进，以计算机、网络技术为核心的信息技术在教育领域发挥着日渐深刻的影响，信息技术环境下尤其是网络环境下的课堂阅读教学成为语文教学改革的焦点之一，多媒体网络环境越来越广泛地介入并深入到课堂中，为阅读教学提供了良好的支持。但与此同时，网络带来的快餐式阅读、替代性阅读等课堂浅阅读现象却愈发严重，不少教师开始惊呼：长期的网络交互让孩子们的情感淡漠了，走马观花的课堂阅读让孩子们越来越"不知道品味""不懂得鉴赏"了，过多的网络资源让孩子们越来越不愿意思考了。

　　网络环境一方面极大地丰富了语文阅读教学的内容和方式，拓宽了广度，但另一方面却在无形中削弱了语文阅读教学的深度，使得长期存在的"高耗低效"问题愈发凸显出来，故提升网络环境下语文课堂阅读教学的深度成为问题解决的关键。那么，什么样的阅读教学才是深度阅读教学？网络环境下该如何实现深度阅读教学？

　　阅读过程是学生利用已有知识、经验与文本进行多层次互动和意义建构的过程。阅读水平的发展受到学生的内部认知因素（阅读情感、阅读策略等）以及学生所处的课堂环境（包括教师、其他学生、课本、技术工具等构成的系统环境）的影响。教师作为课堂教学的主导者，需要为学生提供资源和工具，设计与学习相关的活动，引导学生亲历阅读发现的过程。技术的生态观认为，在信息生态系统中起核心作用的不是先进的技术，而是在一定技术支持下的人的活动。网络环境下的深度阅读策略体系是要充分发挥网络环境的优势，着力于促进全体学生高效地完成审美层次的阅读，并力求达到创造层次。在各种新型技术支持不断涌现的情况下，选择一种既符合深度阅读的发生机制，又能优化学习资源、学习评价方式等的技术支持是关键。

　　学习元平台能够为学生的思维发展、认知目标落实以及情感深化提供有力的支持。基于学习元平台的阅读教学以实现学生的深度阅读为目标，具备有效促进认知深化、提供丰富的学习资源、激发认知投入、创设个性化学习情境、支持自主和协作学习等方面的优势，支持学生在课堂阅读教学中的全员、高效和深度审美，促进高层次思维品质的形成。学习元平台为学生的阅读感知、阅读审美、阅读创造等提供丰富的资源、便捷的交流平台和过程性的支持，促进阅读层次的循环渐进发展。在该过程中，按照阅读活动的进程，以及阅读理解的要素和对象（即语篇本身），课堂阅读教学水平的发展包括知识、审美和应用三个逐层递进的阶段（如图 10-1 所示）。

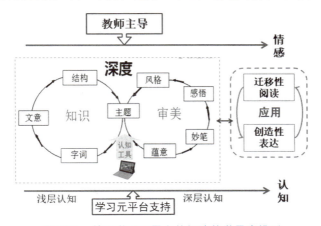

图 10-1　基于学习元平台的阅读教学层次模型

一、知识

知识贯穿于阅读教学的各个阶段，但在此处，知识是特指对课文的字词、文意、结构、主题等事实层面信息的感知与理解，这是课文理解的知识性目标，也是阅读教学的初级目标，是学生对文本的初步整体感知，属于浅层认知加工阶段。

学习元平台能为促进学生对字词、文意、主题等方面的理解提供支持和帮助。例如在学习元中教师通过设计多元格式的资源（视频、音频、PPT、Word 等），可以轻松地创设情境、激发学生兴趣、突破认知重难点（呈现展示课文插图、背景音乐、学习提示、补充资料等）；教师通过丰富、灵活的学习活动便捷地组织课堂，设计有针对性的与文本内容密切结合的任务，如在线交流、头脑风暴、投票调查等；学习元平台提供的评估与测试功能可以迅速检测全班学生的阅读理解情况，通过设计评价方案，可以记录学生学习的过程性信息并自动生成评价结果，大幅度提高评价的效率，节省教师的教学时间。如在进行《凉州词》课文的教学当中，教师在把课文的背景知识以及相关图片、视频等上传到学习元上，引导学生以自己喜欢的方式对上课主题有初步的了解（如图 10-2 所示）。

图 10-2 《凉州词》的学习资源

对课文脉络结构来说，正确把握和准确梳理是学生整体感知与理解文本的关键，也是学生审美的起点。学习元平台上的概念图、知识图谱等可视化工具以其可视化、条理清晰、层次分明等特点，成为发展学生整体阅读能力、不断重构阅读认知图式的重要手段，为学生学会阅读、深入阅读提供了脚手架。利用概念图，可以帮助学生抓住课文中的主要概念和次要概念，清楚地整理出整篇课文的整体结构，增加思考的灵活度，并能有系统、有结构地增进对课文的理解。例如教师在教授《富饶的西沙群岛》一课时，就可以引导学生利用概念图对课文的结构脉络和重难点进行分析（如图 10-3 所示）。在构建概念图的过程中，学生可以很快地分清文章的重难点，抓住文章的整体结构，其分析概括能力、逻辑思维能力也会有了相应提升。

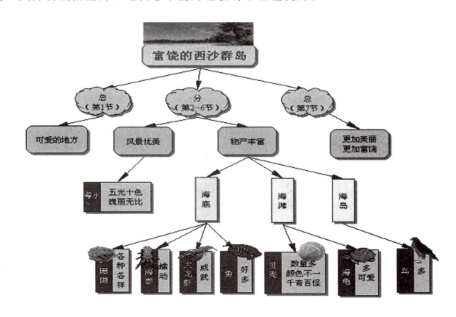

图 10-3　学生制作的《富饶的西沙群岛》概念图

二、　审美

语文教学本身就是审美的过程，新课标指出，阅读教学"应引导学生钻研文本，在主动积极的思维和情感活动中，加深理解和体验，有所感悟和思考，受到情感熏陶，获得思想启迪，享受审美乐趣"。审美是读者对文章形式和内容进行鉴赏、评价、体悟从而形成自己独特理解的过程，是学生充分调动已有认知结构和策略，运用阅读策略进行比较、推理、概括、想象、联想等思维活动的过程。对妙笔的审美，就是对文章中运用精妙的字、词、句、段进行欣赏和评价，领悟"每句、每段或全文的好处所在"。对文章蕴意的审美，就是通过词、句、段或篇中的品味、感悟，想象作者脑中景、心中情、胸中境、笔中意，揣摩作者的内心世界，体悟作者的深邃思想，还原作者的思维过程，从而感悟到蕴含在词、句、段、篇背后的意境，达到身临其境、神会其中、与作者心灵相感通的欣赏境界。感悟，就是受到感动而醒悟，是在某种事物的触发下，经过想象、联想而达到对其相似事例的沟通与升华，是认识上的一种飞跃。[①] 写作风格在一定程度上可以体现出作者的性格。阅读教学需要引导学生通过对文章妙笔、蕴意的体会，对文章所要表达的情感、哲理的深刻感悟，感受和理解作者的写作风格，进而感受作者的性格和情感；反过来，对作者写作风格和性格的了解，能帮助学生更深入地体会作者文字中所蕴含的意义、作者胸中所饱含的情感和哲理。

为了达到审美层次的目标，学习元平台为阅读学习提供了技术支持，以实现深度阅读。在阅读教学中可以鼓励学生基于学习元平台进行信息搜索和探究，这不仅能培养学生的浏览、快速略读、跳读等阅读技能，更能充分地将课本内容、课外知识、现代信息有机融合，扩充个体信息容量，深化学生对教学内容的理解，促进主体充分参与，使学生真正成为学习主人。如在《滕王阁序》的教学中，教师为学生提供了相关的学习资源，让学生在课前完成常识性知识的学习和检测、自主观看学习视频等，然后引导学生通过深入阅读，感受文中自己喜欢的语句，并分析不同语句表达了怎样不同的情感，以达到渲染气氛、激发学生阅读兴趣的目的（如图10-4所示）。课后教师还可以让学生收集有关滕王阁的信息资料，以作品或者其他形式发布到学习元平台，从而促进阅读的课外延伸。

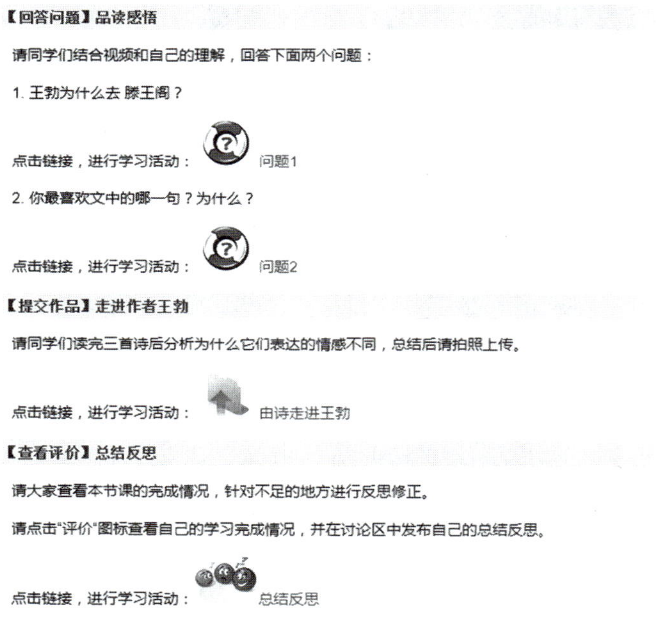

【回答问题】品读感悟

请同学们结合视频和自己的理解，回答下面两个问题：

1. 王勃为什么去滕王阁？

点击链接，进行学习活动： 问题1

2. 你最喜欢文中的哪一句？为什么？

点击链接，进行学习活动： 问题2

【提交作品】走进作者王勃

请同学们读完三首诗后分析为什么它们表达的情感不同，总结后请拍照上传。

点击链接，进行学习活动：由诗走进王勃

【查看评价】总结反思

请大家查看本节课的完成情况，针对不足的地方进行反思修正。

请点击"评价"图标查看自己的学习完成情况，并在讨论区中发布自己的总结反思。

点击链接，进行学习活动：总结反思

图 10-4　关于《滕王阁序》的深度阅读指导

课堂阅读教学是一项群体性的阅读活动，课堂深度阅读教学过程是师生、生生、生本之间进行深度对话的过程，对话的深度和效果决定了阅读教学的效果，教师可以利用学习元平台的合作

---

① 　王云峰：《近二十年阅读能力研究与阅读教学模式的发展》，载《中学语文教学参考》，1999(6)。

和协同阅读工具，促进深度对话、群体审美。学习元平台能够为语文阅读教学提供合作、对话、协同等学习形式，在线交流、评论、辩论活动、同伴互评等多种师生和生生的交流形式，能够保证学生在不同有意思的情景当中跟若干对象进行针对文本理解的交流，实现阅读感悟的群体共享。利用学习元平台中的"编辑本段"功能，可以实现全班学生对文本妙笔、蕴意的及时批注、摘录和评论（如图 10-5 所示），并通过把学习元推荐到相关的知识群跟别的学习者分享，实现全班高效地阅读体验交流，进而深化阅读的感悟。

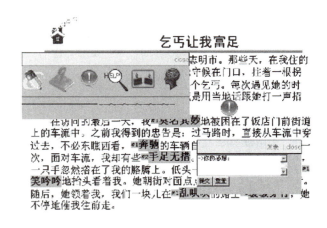

图 10-5　学生在《我最好的老师》拓展写作环节对文本的批注

三、　应用

"全程阅读"观认为，阅读不仅仅是"阅读语言""理解语言"的过程，更是与"披文得意""运思结合"两个阶段相结合的过程。"披文得意"只是完成了阅读的一半，更重要的是"运思结合"，是学以致用。应用是阅读教学的高级阶段，也是阅读的终极目标。阅读教学不仅仅要走进作品、理解作品、获得感悟，更需要通过应用提升学生的阅读能力和创新能力。应用是为了深化课文教学的认知目标和情感目标，是运用课文阅读过程中习得的知识、技能和获得的情志感受等进行迁移性阅读和创造性表达的过程。

阅读之后的创作与表达，是认知的进一步深化，是创造性阅读的体现。学习元平台为不同形式的创作与表达提供了便捷的工具，如微视频、概念图、知识图谱等可以帮助学生整合、内化其阅读感悟和收获，并以个性化、多媒体的方式予以丰富和表达，这有利于提升学生创造性阅读的兴趣，有利于课堂阅读教学的深化。在阅读教学的过程中，学习元平台可以为教学提供丰富的资源、便捷的交流平台、个性化的学习支持、过程性记录与监控等，促使语文阅读教学在教学内容、方法、组织形式等方面产生了一系列的变革，拓宽了阅读教学的广度，也提升了课堂阅读教学中学生的参与度（如图 10-6 所示）。

实时教学监控区		
学生阅读列表		
姓名		阅读篇数
林子熙		25
林子熙拓展阅读		24
		2
文章标题	开始时间　　阅读时间	3
资料城	2009-9-3 9:52:07　1.33 分	2
资料城	2009-9-3 9:53:34　26.00 秒	24
资料城	2009-9-3 14:03:44　2.27 分	9
无标题文档	2009-9-3 14:07:09　1.05 分	5
无标题文档	2009-9-3 14:08:15　11.00 秒	4
无标题文档	2009-9-3 14:08:28　25.00 秒	12

图 10-6　学生拓展阅读实时监控

第二节　基于学习元平台的师生共读模型的构建与实践

阅读一直是小学语文教学的核心内容，阅读能力是学生语文素养的关键要素，也是学习其他学科的基础。在阅读过程中，学生不仅仅能运用语言文字获取信息，更重要的是能借由阅读认识世界、发展自我、启迪思维、获得独特的审美体验。在中小学阶段引导学生多读书、多积累，培养良好的阅读习惯，提高阅读兴趣，对未来的学习和终身的发展都有至关重要的影响。随着人们对阅读的重视，阅读教学也开始从只关注课堂和课文，逐步扩展到课外和整本书；从只关注个性品读，逐步过渡到兼顾个性感悟和群体协同知识建构。分布式认知理论认为，人的认知活动不仅仅是以个体的形式开展，而是发生在个体、群体和人工制品的共同作用过程中，强调交流沟通和共享。[①]

"师生共读"是指教师与学生一起有计划、有组织地共同阅读整本经典儿童文学作品并开展各种阅读活动，以促进自身和群体知识建构的过程。学习元平台能够有效实现"师生共读"的目的，它关注资源在使用过程中的生命历程以及积累的学习智慧。学习元采用开放的资源结构，允许多用户协同编辑内容，提供完备的版本控制技术，展现资源进化的整个历程。基于本体的资源组织，能够实现资源的语义化描述和管理，能够实现社会知识网络的动态生成与共享。

在基于学习元平台的师生共读研究和实践中，教师和学生可以协同构建作者、文学背景、拓展阅读等与书目有关的阅读资源，其技术支持的泛在学习环境为师生提供了无时、无处不在的交流讨论平台，将阅读拓展到课堂以外的场景中。最重要的是，师生共读过程中要求学生对文本进行自主阅读，形成个性化体验，学习元平台的功能能够提供其思考、表达自我的功能和环境，同时，教师也可适时了解学生的阅读情况，在必要时予以鼓励、引导或者督促。

---

① 　余胜泉、杨现民、程罡：《泛在学习环境中的学习资源设计与共享》，载《开放教育研究》，2009(1)。

基于学习元平台的师生共读模型①包括共同初读、个性化细读、群体研读、反思回读四个环节，各环节的具体做法如图 10-7 所示。

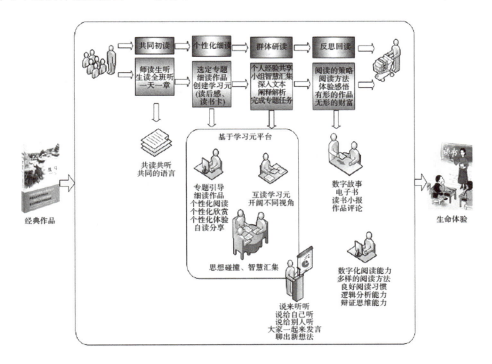

图 10-7 基于学习元平台的师生共读模型

一、 共同初读

共同初读环节包括两个小步骤——教师导读与共听共读。教师导读旨在开启学生阅读期待和兴趣，6～7 课时，教师通过讲述故事、播放图像短片、设置悬念、描述作品中角色形象等方式进行导读，并引导学生以浏览、翻阅等方式，快速把握故事的大概内容。共读共听是教师和学生一起，每天固定 20～30 分钟的阅读时间（如早读、午自习等时间），由一人朗读（或师或生），其他人听的方式完成选定书目的初次阅读。

例如《动物远征队》共有三十多章，教师和学生用了近三十天的时间，以教师读学生听或者一个或几个学生轮流读其他学生听的方式初读全书，打造了温馨、投入的阅读氛围和阅读环境。在阅读《动物远征队》的过程中，教师有选择地带领学生对一些章节进行简单的讨论，并布置了一些小任务，如绘制故事情节图、绘制远征路线图等，以此将学生脑海中对作品内容的初步构想外化出来。这些作品由学生传到学习元平台，学生之间可以互相浏览、点评和交流，为延续作品的深入阅读提供了共读环境。这种共同初读的方式，不仅降低了阅读的难度，减少了学生

---

① 吴娟、刘旭、王金荣：《基于学习元平台的师生共读模型的构建与实践》，载《中国电化教育》，2014（7）。

的阅读恐惧感，同时也为其后续的自主阅读扫除障碍，打下了情感基础和认知基础。学习元平台中的自主性分享，为学生提供了展示自我的舞台，从他们的作品中也可窥见学生对作品的理解程度（如图10-8所示）。

图 10-8　学生画的《动物远征队》里的狐狸

二、 个性化细读

在这一环节中，教师通过设计阅读专题引导学生以不同的视角审视文本，独立自主地对整本书进行再次阅读、思考与品味，以形成个性化体验。该过程持续两周左右的时间，教师可以选择对同一专题感兴趣的学生编组。经典的儿童文学作品的阅读角度具有多样性，教师可以有针对性地选择学生感兴趣的、能引发深度思考的、诠释性的、有创意的、开放的、适合儿童的有价值话题，检验学生对作品的整体理解，引起认知冲突，引导学生深入作品精神内涵，联结学生的情感和实际生活世界。[①] 在个性化细读的过程中，学生可以随时在学习元平台上记录自己的阅读思考、感悟和疑惑，教师可以在网上实时了解学生的阅读进程和阅读中的感受、困惑，并留言鼓励、引导或者提醒。在共同初读把握书籍大体内容的情况下，学生再次深入文本，并以教师设计的阅读专题为抓手，深度理解、挖掘文本意义及潜藏于文本背后的情感、道德、价值等，从而形成自己的独特体验，提高阅读能力，培养客观的、批判性的思维能力。

例如在阅读《动物远征队》时，教师可以在学习元平台上发布"精神品质""人与自然""团队意识""角色讨论""写法"五个阅读思考专题，每个专题下设多个子问题作为促进学生思考的支架。

---

① 张学青：《点亮阅读之灯——师生共读儿童文学作品的实践》，载《人民教育》，2009(9)。

学生根据自身兴趣，自主选择专题并再次或多次走入原著的文本，从特定专题的视角自主、深入地阅读作品，并完成专题下设的子任务，将所思所感实时发布在学习元平台上。学习元平台提供了修改版本的记录和对比功能，教师可以通过查看学生所建学习元的历史版本了解学生的阅读进程，而各版本的学习元可进行两两对比，通过对比呈现出学生思维逐渐拓宽、理解逐渐加深的历程。

三、 群体研读

群体研读包括两个步骤：一是学习元互访，组内学生共同完成专题任务，师生以留言的方式评论、交流；二是全班性的读书交流会，师生在课堂上共享读书体验，交流思想感悟。在学生对作品形成个性化理解和体验的基础上，群体内部沟通协作，通过线上线下、课外课内的交流研讨，实现对作品更深层次、更全面的理解与体验，完成"对文本的超越，甚至是灵魂的唤醒、精神的重塑、思想的升华"①，这一过程大概用1～2课时。群体研读是对个性化细读的拓展与提升，在强化"阅读自主""阅读个性"的同时，通过学生群体间的"合作性阅读"，通过明确的阅读分工和互补的阅读心得交流，来达到阅读学习共同的目标指向。实际上，每个学生都有其看待、赏析作品的视角，而单个个体的视角一般又都是不全面的，因此在个性化细读后，每个学生都在形成自己理解体验的基础上开展群体性的研读，能有效地提升个体对文本更为全面的赏析体验，而个体之间情感的共鸣、观点的碰撞又能激荡出更多的思想火花，从而激发学生持续的阅读兴趣。

在学习元平台上，学生完成教师布置的专题思考任务之后，教师可以通过平台自动聚合的功能，按专题分别聚合生成独立的知识群，并引入到班级社区，学生之间可以互相访问，通过编辑、批注、留言的方式交流阅读体验与感悟。通过查看学生的"学习空间"和"知识地图"，教师可以及时了解学生的互访情况。通过查看特定学习元的用户，学生可以了解其他人对该学习元的学习情况。

四、 反思回读

在个体自主细读品味、群体交流赏析后，再次回归个体与文本的亲密接触。这一次的阅读像故友重逢，历经时间依旧熟悉却又能品出新意，在更开阔的视角中将文本与生活和自身联系起来，升华原有的体验。另外在反思回读阶段，学生还需要总结整个阅读过程中的收获，包括阅读方法、阅读习惯、从书籍中获得的知识和情感体验，形成多样化的阅读成果，并利用学习元保存和共享。反思回读阶段对学生个体升华阅读体验、外化阅读收获有非常重要的作用，回读、反思也是良好的阅读习惯，同时又能提升学生阅读过程中联结运用的能力，是师生共读活动必不可少的环节。

---

① 唐丽娟：《沐浴书香　幸福阅读——谈如何经营班级读书会》，载《读与写（教育教学刊）》，2010(2)。

在进行反思回读的过程中，教师可以引导学生回顾阅读的整个过程，总结阅读过程中的所获所得，并联系自身实际，升华阅读体验，最终形成个性化、多元化的阅读成果。如在《动物远征队》的反思回读阶段，有的学生以画路线图的方式串联动物远征队行进途中的各个历险故事，有的以读后感的方式表达整本书的阅读体验和收获，学生的学习成果在学习元平台中展示，学生互相欣赏、互相点评。在此过程中，学生一方面可以对小说的故事、人物、特点再次回味，另一方面也可在借鉴同伴优秀经验的基础上，进一步修正自己的阅读方法和成果的呈现方式。

实践证明，基于学习元平台的师生共读模型对提高学生阅读兴趣尤其是学生的阅读自主性，帮助学生建立良好的阅读习惯，提高学生提取信息、整体感知、推断解释、评价鉴赏等方面的阅读力有显著的促进作用。

第三节　基于学习元平台的移动课程 APP 生成器研究

随着智能移动终端和无线网络的普及和全覆盖，移动 APP 成为人们网络生活和在线学习的必备工具。移动 APP 因其便捷性、个性化、智能性、良好的交互性等特点，使得将其应用到教学和学习中成为一种必然趋势。目前诸多研究显示，使用 APP 作为学生学习的技术工具基础的相关研究成为课堂教学研究的热点和焦点，探索泛在学习环境下的移动学习模式，培养学生有逻辑的、缜密的、批判的高阶思维能力，解决复杂的、多学科的开放性问题的能力，深度人际交互过程中沟通、协商与协作的能力，创新地利用知识、信息和机会的能力等 21 世纪人才必备能力成为相关研究的目标。同时，2011 年版的学科新课标提到，教学要面向全体学生，关注学习者的不同特点和个体差异，强调学习的过程，重视学习的实践性和应用性，全面提高综合人文素养，故对于中小学利用 APP 进行教学和学习的过程来说，除了学习的广度外，更应强调学习的深度。

联通主义理论认为，学习者的学习不是个人的内化活动，而是利用新的学习工具迅速改变知识，持续获取新信息，保持个人与其他节点联系、畅通的过程。[①] 学习元平台的移动课程 APP 生成器采用"学习内容＋学习活动"的设计模式，将学习活动嵌入学习内容之中，通过学习活动与学习内容的深度整合，实现了学与教的角色转换、协作知识建构的交互共享、知识与经验的有机整合、巩固与拓展的无缝衔接，符合"泛计算"和"情景感知"等移动学习发展的新方向，切实促进了参与学习过程、获取学习经验方式的根本性变革。同时，对于教师来说，由于其信息技术水平的限制，很难能够做到独立开发基于移动终端的移动课程，而移动课程 APP 生成器帮助教师成为移动课程的开发者，摆脱技术的限制。教师只需要在学习元平台的网页端进行备课，并利用该工具做一些展示页面的布局和学习活动设计，然后利用移动课程 APP 生成器将课程同步到移动设

---

① 张乐乐、黄如民：《联通主义视域下的移动学习环境设计》，载《现代教育技术》，2013(2)。

备客户端，就可以展开移动课程的教学；学生只需要订阅教师发布的课程，就可以在移动设备上展开自主协作学习、参与课程活动、提交课程作品等学习活动。

教师在备课的环节，不仅需要为学习者提供学习内容，更需要设计配合学习内容的学习活动，将学习内容和学习活动有机地整合在一起，实现学习与实践的无缝融合，实现学生参与学习活动方式的多样化。同时结合微课程中基于目录树的课程大纲组织形式，将移动课程通过良好的结构进行组织与呈现，帮助学生建构和完善自己的知识体系。

为了避免在线学习给学习者带来的孤独感、隔离感，移动课程 APP 生成器中的人际交互组件通过较为丰富的人际交互功能，构建紧密联系的在线人际学习圈，增强师生、生生之间的在线联系，构建网络虚拟学习空间，保证学习过程的顺利开展。

教师不仅需要在课程结束后了解学习者的最终学习效果，更需要在课程实施过程中即时了解学习者的学习状态和学习效果，即对学习者进行学习全过程的形成性、个性化评价，以便对其进行个性化辅导或者学习提醒和督促。移动课程 APP 生成器可以对学习者学习全过程的数据进行采集，即学生的操作行为随着学习过程以行为编码的方式进行记录，解析后生成个性化评价结果反馈给教师和学习者，以便开展个性化辅导和学习反思。

具体来说，利用移动课程 APP 生成器进行备课教学、参与学习活动主要包含在线创建微课程、生成和发布课程、订阅和学习三个步骤（如图 10-9 所示）。

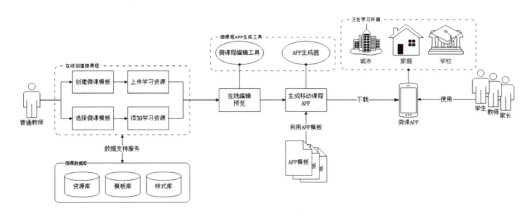

图 10-9　移动课程 APP 生成器模型

一、　在线创建微课程

为减轻教师在备课环节的技术负担，使得教师能够将全部精力放在课程内容、学习资源、学习活动等支持和促进学生学习过程深度参与的设计中去，移动课程 APP 生成器提供了丰富的课程管理功能模块。教师可以使用微课数据库中已有的模板、样式和资源，并在选定模板中添加教学所用的学习资源，也可以根据教学风格、学生特点、教学内容的不同，自主创建教学模板，并上传所需的各种形式的学习资源。

在学习内容的界面中，教师可以发布个性化阅读的学习活动，引导学生在自学完相关资源后，将自己的学习成果上传至学习元平台。

二、 生成和发布课程

教师在设计好课程内容和学习活动后，根据学习内容选择 APP 学习时呈现的效果模板，以符合所学内容的特点和风格。移动课程 APP 生成器提供了多种模板支持，选择适当的模板后，教师可以以课程网址、课程名称搜索或者二维码等方式发布课程，供学生以多种方式订阅课程。

三、 订阅和学习

学生订阅课程后，就可以开始学习了。与其他学习 APP 只有成绩反馈、师生或者生机的单向反馈不同，学习元移动课程 APP 生成器提供了基于学生学习全过程的个性化评价设计方案及建构社会知识网络对学习提供基于人力资源的支持方式。

新课标强调要给予学生多元化的评价，日常教学要以形成性评价为主，评价学生的综合能力发展水平，关注学生学习过程中的表现和进步，并通过评价激发学生的学习兴趣，促进学生自主学习能力、思维能力、跨文化意识和健康人格的发展。对于网络学习，发展性评价的数据来源更加多样，学生的认知投入、学习交互、对知识的贡献等都可以成为评价的不同方面。在学习元平台中，对学生的学习评价可以从学习态度、学习活动、资源工具、评价反馈等多种维度开展，还可以根据不同的学习者特点进行分层评价，即对处于不同学习水平的学习者设计不同的评价方案（如图 10-10 所示）。

评价方案　　　　　　　　　　　　　　　　　　　📁查看学习者列表　📝修改方案　📄返回学习元

合格分:80 0

评价模块	模块权重	评价项目
学习时间	10.0%	累计学习时间不少于15分钟
投票调查	40.0%	请投票
在线交流	40.0%	分享
发表评论	10.0%	对学习元进行评论

图 10-10　学习元评价方案

评价方案设定后，学习元平台可以随时采集行为交互数据，自动生成学习成绩。在学习过程中，教师和学生随时可以通过点击"查看学习者列表"来了解学生或者自己的学习进度，及时调整教学和学习的策略。教师也可以设置手动输入的主观评价分数（如图 10-11 所示）。学生的线上学习成绩与其他线下成绩共同构成了学习过程的形成性评价，真正实现了线上和线下相融合的、体现学生发展情况的过程性个性化评价。

🖱 课堂汇报	13.0%	文献阅读心得汇报	100.0%

图 10-11　主观评价分数

　　在网络环境下，学生的在线学习可以通过观看教学视频、完成检测等方式进行，并且将课前不能自主解决的问题带到课堂上由教师进行讲解。但是学生的学习是个性化的，自学过程中产生的问题也是具有差异性的，教师不可能完全一对一地解决所有学生提出的每一个问题，而只能根据问题提出人数的多少，解决部分共性的问题，对于个性化问题只能在课后再找单独的时间个别解决。于是，未能真正解决的问题长期积攒并遗留下来，而长时间的问题积累则是形成学习分化的主要原因之一。

　　在基于学习元移动课程 APP 生成器的学习过程中，学生观看教学视频并完成教师设计的各种在线学习活动的同时，能够找到与之具有相同兴趣的学习伙伴或者能够给予自己指导的专家（如图 10-12 所示），在与他们的一对一甚至是多对一的交流过程中，构建具有相同话题或者能够促进深度交流的社会知识网络，以获取自己所需的知识和经验。学生的这一自我反思总结、学习成果分享、深度个性化人际交互的过程，形成了学习共同体，建构了个体社会知识网络，也使学生在交互的过程中提高了学习效率，弥补了由于个性化差异带来的学习鸿沟。这种知识内容、学习活动、人际交互三者深度融合的学习方式，能够避免浅层的在线学习，发展符合学习者个性特点的学习策略，提高学习者的主动认知投入。

图 10-12　学生与专家或同伴在社会知识网络中深度交互

第四节 基于学习元微视频的 JiTT 教学实践研究

随着信息技术教育在基础教育阶段的全国性普及，随着软硬件环境在中小学校园的布设，很多学校具备了开展网络学习的相关技术和硬件基础，既为打破传统以"课堂"为中心的教学模式、实现教育现代化提供了环境条件，也为构建基于网络和多媒体的个性化学习方式提供了实施基础。然而目前的中小学网络学习课程中，虽然教师能够通过创设一定的问题情境或布置相关的学习任务，让学生自主探究或者同伴协作解决问题，在某种程度上体现了以学生为主体的教学理念，但是其实施的主要方式仍然属于被动参与式，学生如果不能将所学的知识在常态化环境下进行应用和巩固实践，则很容易出现课上记住、课后遗忘的现象。故如何打破原有偏重课堂示范演示教学模式的束缚，充分发挥多媒体资源以及网络的优势，构建新型的教学模式，从而充分调动学生的学习主动性，满足学生个性化学习的需求，成为基础教育信息技术课程教学亟待解决的问题。

网络的普及使得面对面的课堂学习（face-to-face）与在线学习（online learning 或 e-learning）两种方式可以有机地整合起来形成混合式学习（blended Learning）[1]，同时教师可以将对学生的指导和帮助延伸到课外，大大拓展了与学生交流的时间和空间，提高了学生的学习效率和效果[2]。在体现混合式学习理念的教学模式中，适时教学（just-in-time teaching，JiTT）是一种有效、易操作的教学策略和模式，它是建立在"基于网络的学习任务"（web-based study assignment）和"学习者的主动学习课堂"（active learner classroom）二者交互作用基础上的一种教与学的策略。[3] 具体而言，就是在课前，教师通过网络平台发布学习任务，学生通过网络预习相关学习内容，并就指定预习内容提交学习反馈，教师再据此调整课堂面对面的教学活动，使课堂内容更切合学生的学习需求。在课上，教师作为课程活动的设计者和学生学习的指导者，学生则通过参与教师组织的讨论、辩论、实验或实际的动手操作等活动，提高学习兴趣和学习效率。

同时，在移动互联网时代，为学生提供的学习内容还应该考虑人们碎片式的学习方式，故以结构化、片段化教学微视频的方式将课堂内容以知识点为单位进行组织，有利于学生的理解与记忆，有利于学生的学习活动在反思调控下的顺利开展，有利于学生利用碎片化时间开展泛在学习，从而提高学习活动质量。[4] 基于微视频的 JiTT 教学[5]能够很好地发挥学生的主动性，体现以学生为主

---

① 李克东、赵建华：《混合学习的原理与应用模式》，载《电化教育研究》，2004(7)。

② 余胜泉、路秋丽、陈声健：《网络环境下的混合式教学——一种新的教学模式》，载《中国大学教学》，2005(10)。

③ 何克抗、刘春萱：《信息技术与课程整合的教学模式研究之六——"适时教学（JiTT）"模式》，载《现代教育技术》，2008(12)。

④ 沈夏林、周跃良：《论开放课程视频的学习交互设计》，载《电化教育研究》，2012(2)。

⑤ 王冰洁、陈玲、汪晓凤：《基于微视频的 JiTT 教学实践研究——以学习元平台为例》，载《现代教育技术》，2013(7)。

体的自主学习。JiTT 教学配合以合适的移动学习环境，利用技术和网络环境支持学生的有意义学习，并对学生参与的活动提供有效支持，可以促进学生对微视频的意义建构和深层次交互。

学习元平台因其具有生成性、开放性、联通性、可进行发展、微型化等基本特征，可以实现学习者群体智慧的共享和学习工具的共享，是泛在学习实现的基石。[①] 学习元相关功能模块及其教学支撑作用如表 10-1 所示。

表 10-1　学习元相关功能模块及其教学支撑作用

学习元功能模块	作用
公告	以群发邮件方式课前提醒学习内容的发布和更新
学习元创建、协同编辑	以统一界面发布课时微视频相关活动说明，通过协同编辑功能支持师生对资源的不断优化和进化
对学习元的微批注、评论	支持学生针对各个微视频开展微批注、评论和评价，促进学生对学习内容的建构
学习内容与学习活动整合性设计	支持学生学习微视频后开展讨论等活动，促进学生间、师生间深层次交互
学生作品的发布和分享	支持学生课上开展学生作品发布和评价； 支持将学生的优秀作品作为教学资源的素材来源，实现教学资源的共建共生
在线自测	支持学生学习微视频或者课后学习完毕进行自测和自我巩固
个性化教学资源的推荐	支持教师开展个别化指导，将相关学习资源推送给指定的学生

在中小学课程的教学和学习过程中，基于学习元微视频的 JiTT 教学包括课前教学微视频的设计与开发、课前基于微视频的学习和交互、基于学习元的课堂教学以及课后评价和小结四个主要阶段（如图 10-13 所示）。

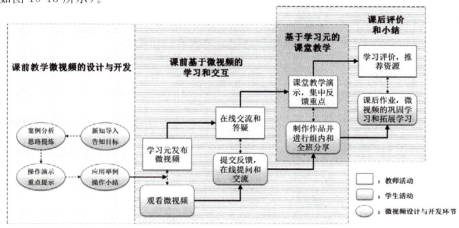

图 10-13　基于学习元微视频 JiTT 教学模式

① 余胜泉、杨现民、程罡：《泛在学习环境中的学习资源设计与共享——"学习元"的理念与结构》，载《开放教育研究》，2009(1)。

一、 课前教学微视频的设计与开发

为了适应碎片化学习的需求，基于微视频的学习以其短小精悍、直入主题、高度精练等特点受到教师和学生的青睐，而开展这类方式的学习，微视频的制作思路和内容质量至关重要，尤其对于中小学生来说，视频的时长、内容的规划、呈现的方式等更是影响学生学习探索兴趣及热情、对学习内容自主建构的程度、协作交流的效果的主要因素。这一阶段包含如下四个环节。

(1)新知导入，告知目标。在每段微视频的起始，告知本段微视频的主要目标(如图 10-14 所示)，并简要说明本段微视频和学生已学内容的联系、在整个知识脉络中的地位及其作用等，以帮助学生建立新、旧知识间的联系，并针对新学习的内容建立心理倾向。

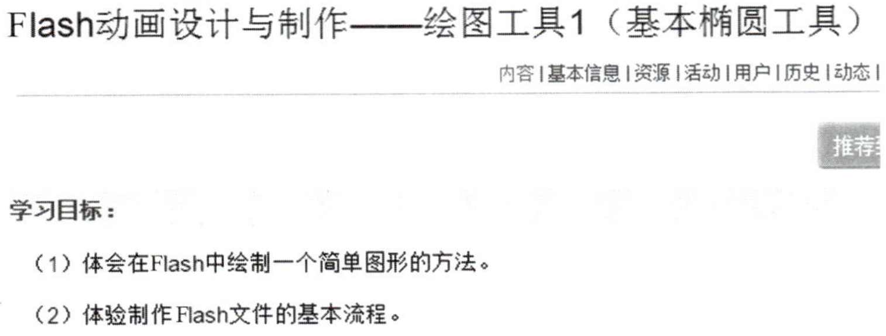

Flash动画设计与制作——绘图工具1（基本椭圆工具）

内容 | 基本信息 | 资源 | 活动 | 用户 | 历史 | 动态 |

推荐

学习目标：
（1）体会在Flash中绘制一个简单图形的方法。
（2）体验制作Flash文件的基本流程。

图 10-14　学习目标

(2)案例分析，思路提炼。每段微视频需要选取典型案例进行分析，先说明设计、制作思路，以帮助学生整体理解、领会案例的设计思想和操作要点(如图 10-15 所示)。学生在有明确方向的指引下开展操作练习，可以避免自主观摩学习过程中深陷到琐碎的技术操作环节中。

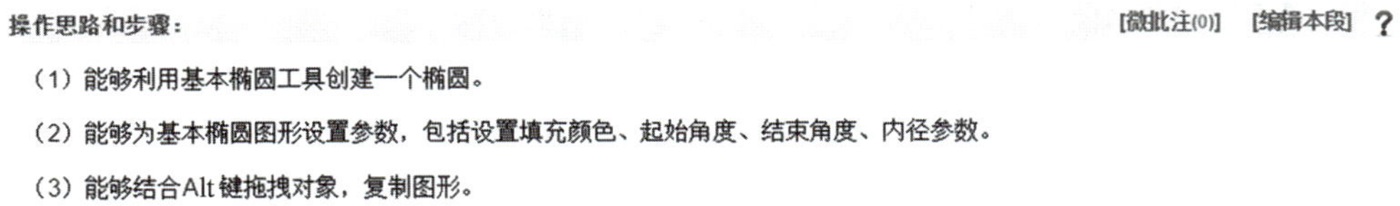

操作思路和步骤：　　　　　　　　　　　　　　　　[微批注(0)]　[编辑本段]　？
（1）能够利用基本椭圆工具创建一个椭圆。
（2）能够为基本椭圆图形设置参数，包括设置填充颜色、起始角度、结束角度、内径参数。
（3）能够结合Alt键拖拽对象，复制图形。

图 10-15　制作思路

(3)操作演示，重点提示。按照设计的思路，结合实例进行操作演示，在讲解过程中，要提示学习的重难点、易混淆点等(如图 10-16 所示)。

(4)应用举例，操作小结。结合更多相关案例不断重复、强调应掌握的知识技能，同时对本段微视频的操作要点进行简单梳理和小结，引导学生回顾和提炼主要操作点。

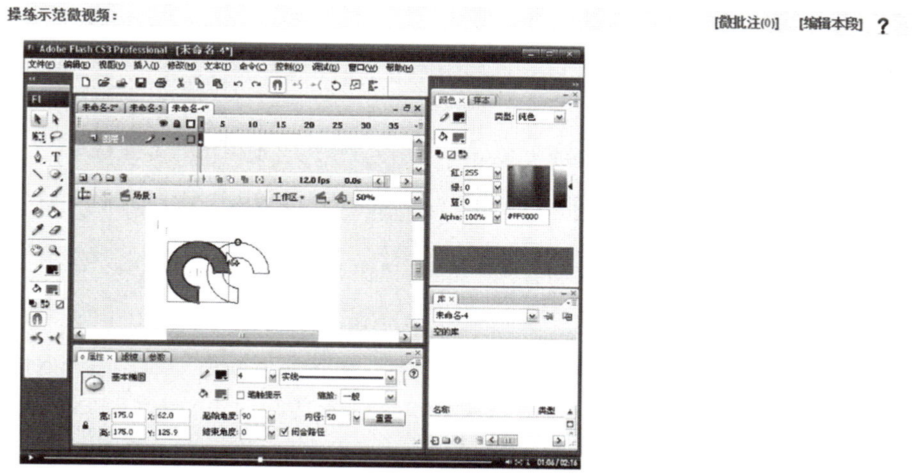

操练示范微视频:

图 10-16 操作演示

二、 课前基于微视频的学习和交互

教师制作完微视频之后，需要在学习元平台上以设置课前学习的方式进行发布，在这一环节，不仅需要上传微视频以供学生观看，更要设计相关的学习活动，促进学生对学习内容进行知识的初步自主建构。

为了提高课前学生自主学习的效果，满足学生的个性化需求，教师还需要为学生提供交互的空间和个性化服务，即引导学生对微视频进行批注和点评，提出自己在学习过程中产生的疑问，教师则针对学生的问题进行及时反馈并与其进行一对一的交流。如果教师发现学生缺乏相关学习基础，还需要根据其个性化需求个别推送相关基础性或者拓展性的学习资源。

三、 基于学习元平台的课堂教学

经过课前的教学和学习，学生已经对所学内容有了一定的了解，教师也对学生的学习情况有了全盘的把握。在课堂教学环节，教师可以讲授课前学习中产生的共性问题，更重要的是引导学生对学习内容进行迁移和拓展应用，即针对相关操作要点开展作品创作，并进行全班分享和交流。

教师的示范和讲解帮助学生进一步内化、理解相关技术操作要点，固化、修正了相关知识的个体建构；学生作品的独立创作体现了对知识的外化和实践化的过程；而在全班进行分享和点评，则实现了知识的群体分享和协同建构，进而促进了学生个体知识的建构和发展。其中，学生在线优秀作品自身则已成为学生学习内容的一部分，已经进化为教学资源的一部分，体现了教学资源的师生共建。

四、 课后评价和小结

课程结束后，根据相关主题需要，学生在学习元平台上完成在线测试以巩固所学内容。对于还存在问题的部分，学生可以继续观看微视频进行重复巩固学习。

学习元平台提供了过程性的个性化评价方式，教师可以通过设置不同的评价方案对学生的学习全过程开展全方位、个性化的跟踪指导（如图 10-17 所示）。对学生的个性化评价不仅仅是为了记录学习成绩，更重要的是教师根据学生课上的表现、学生的网络互动等进行持续个性化指导，提供拓展学习资源，引导学生将所学内容进行拓展迁移，使得课前和课堂学习能够有所延伸，培养学生的转化创新意识和能力。

图 10-17　设计全过程的学习评价方案

第五节　基于学习元平台的翻转课堂教学模式研究

近年来，"翻转课堂"（flipped classroom）的研究和实践切实有效地改变了以教为中心的传统教学，通过对时间的重新规划、对知识传授和内化过程的重新设计、对师生角色的重新认识，促进教育范式发生了本质改变。翻转课堂重点关注学生的先验知识，其活动设计促进了学习的迁移，并且为学习提供了实时的、连续的形成性评价，以帮助学生反思学习过程等。① 然而，当前翻转课堂存在的主要问题是过于重视学生在课前自学质疑、课上问题解决的学习效果，却忽视了学生在与同伴交互过程中个体以及群体建构的知识，忽视了学生在社会网络的发展过程中积累的知识和经验，忽视了学生在学习资源进化历程中的贡献。

劳瑞拉德（Laurillard）提出学生的学习不仅是从教师示范、提问等方式中获得的，更重要的是在与同伴的交流沟通、实践分享的过程中实现的。② 知识建构理论认为培养学生知识创造能力的最直接的途径，不是通过设计学习任务或活动让学生掌握领域知识、获得特定技能，而是把传统的以知识掌握和技能培养为目标的学习转变为以发展学生社区内的公共知识为目标的知识建构。斯卡尔达马利亚（Scardamalia）指出，在具体的教学实践中，教师应保证每个学生的观点都得到理解和重视，每个学生都能参与到知识建构中来。③

基于学习元平台的翻转课堂教学模式的研究，通过能够引发深度学习的网络课程设计，引导学生在真实的情境和丰富的活动中，在社会知识网络的形成发展和协作知识建构的过程中，在与学习内容的深层次互动中，在协同创作与分享的对话交互过程中，有批判、有创造地形成学习经验和智慧，实现真正的有意义的学习。

学习元平台中的学习资源不是一经创建就固定不变的，它具有生成性、进化性等特点。平台允许用户对学习内容进行协同编辑，利用群体智慧促进学习资源的成长，同时通过智能控制技术结合人工审核的技术保证资源既能充分吸取群体智慧又能吸收有意义内容，实现对学习资源内容进化的有序控制。学习元平台不仅实现了学习资源的进化，还为学习内容附加了社会知识网络属性。社会知识网络是由知识和人共同构成的网络，是在人与知识的深度互动过程中构建起来的，随着学习者之间的不断交互，便会逐渐形成一个具有相同学习兴趣和爱好、交往频繁的认知网络。学习者通过社会知识网络不仅能获取所需要的物化资源，还能找到相应的人力资源，通过查找领域权威专家或适合的学习伙伴，从而从他们身上获取知识和智慧，以此促进学习者的深度学习。

基于学习元平台的翻转课堂教学模式可以分为课前、课中、课后三个环节，每个环节包含个体、群体或者双重知识建构的过程（如图 10-18 所示）。④ 翻转课堂的课程设计借鉴了翻转课堂的

---

① Bransford，J. D. Brown，A. L. Cocking，et al.，*How People Learn：Brain，Mind，Experience，and School*，Washington D. C.，National Academies Press，2000.

② D. Laurillard，*Teaching as a Design Science：Building Pedagogical Patterns for Learning and Technology*，New York，Routledge，2012，pp. 44-64.

③ M. Scardamalia，"Collective Cognitive Responsibility for the Advancement of Knowledge，" in B. Smith，*Liberal Education in a Knowledge Society*，Chicago，Open Court，2002，p. 97.

④ 崔京菁、马宁、余胜泉：《基于社会认知网络的翻转课堂教学模式研究》，载《现代教育技术》，2016(11)。

教学思路，通过移动设备、学习平台与教学的深度融合，突出了网络学习过程中物化资源背后的"人"的贡献，真正实现了师生角色的转变，延伸了课堂教学的时间与空间，实现了线上线下、课堂内外、校园内外等各类融合，实现了学生的深度学习，促进了学生综合素质与能力的发展，促进了学生高阶思维能力的深度培养。

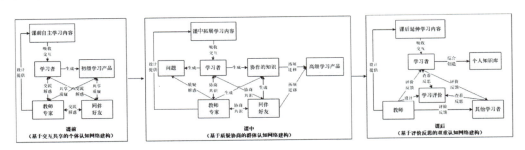

图 10-18　翻转课堂教学模式

一、课前：基于交互共享的个体知识建构

课前的自主学习，是学生个体知识建构的过程。课前教师不仅要为学生提供学习视频或者探究资源（如图 10-19 所示），更重要的是为学生搭建与教师、专家以及与其他学习同伴相互交流的平台，即通过设置丰富的学习活动引导学生自主建构知识，生成初级学习产品，或者帮助其他同伴解决学习过程中产生的问题（如图 10-20 所示）。

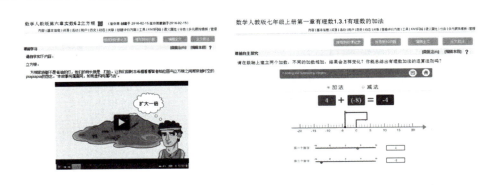

图 10-19　课前学习视频和探究学习资源

图 10-20　课前学习活动

二、 课中： 基于协商迁移的群体知识建构

课中的学习阶段是学生交流、协商、质疑、解惑的过程，是促进成果转化、促进知识拓展迁移的过程。教师在这一阶段，以设计不断深入主题、达成更高要求的螺旋式上升的问题为主线，引导学生与教师、与学习同伴展开协商对话，对生成的新知或解决问题的策略达成共识（如图 10-21、图 10-22 所示）；教师还需要为学生提供适当的拓展学习材料（如图 10-23 所示），引导学生运用生成的知识、形成的经验解决新问题，最终形成高级学习产品，达到对所学知识的深层次理解，提高应用知识解决实际问题的能力，培养高阶思维能力的目的。

图 10-21　课中相互质疑解惑的协商对话活动

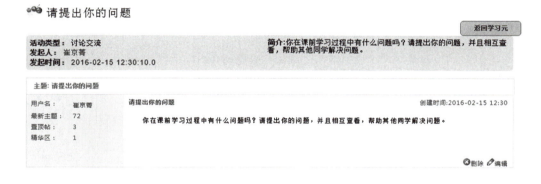

图 10-22　协商对话活动的具体要求

三、 课后： 基于评价创新的双重知识建构

课后的学习阶段是群体互相评价、个体自我反思的阶段，是数学建模的实际运用阶段，是个体和群体知识建构走向完善和成熟的阶段。教师不仅要根据学生的学习特点为学生推送个性化学习实践要求（如图 10-24 所示），还需要设置基于网络学习的综合评价方案（如图 10-25 所示），引导学生开展和接受多维度的评价（如图 10-26 所示），并根据教师、同伴的评价反思、完善自己的知识结构，以促进个体元认知的发展，促进个人知识库的生成和创造，最终促进社会知识的共享。

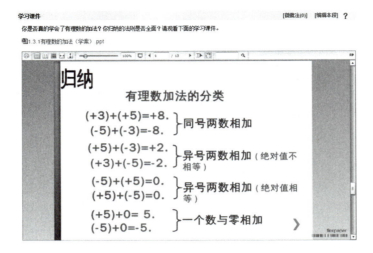

图 10-23　课中教师为学生提供的拓展阅读材料

温馨提示

4月1日星期一上交作业中应包含的内容：

必做：1.四幅函数图象：$y=\dfrac{6}{x}$, $y=-\dfrac{6}{x}$, $y=\dfrac{3}{x}$ 和 $y=-\dfrac{3}{x}$

2.自学反馈中的问题1、问题2.

选做：拓展探究中的四个问题，教师根据同学们的回答情况给予酌情加分，希望学有余力的同学能够尽量完成。

发布作业

图 10-24　个性化学习实践要求

图 10-25　基于网络学习的综合评价方案

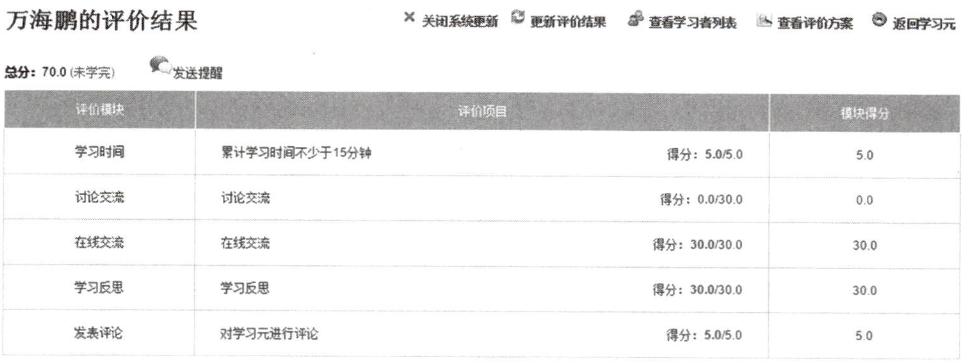
万海鹏的评价结果 ✕关闭系统更新 更新评价结果 查看学习者列表 查看评价方案 返回学习元

总分：70.0 (未学完) 发送提醒

评价模块	评价项目		模块得分
学习时间	累计学习时间不少于15分钟	得分：5.0/5.0	5.0
讨论交流	讨论交流	得分：0.0/30.0	0.0
在线交流	在线交流	得分：30.0/30.0	30.0
学习反思	学习反思	得分：30.0/30.0	30.0
发表评论	对学习元进行评论	得分：5.0/5.0	5.0

图 10-26　某个学生的网络学习评价结果

第六节　基于学习元平台的英语移动学习研究

近年来，随着移动技术的发展和普及，智能手机、平板电脑等手持式移动设备让人们能在任何时间或地点，及时地获取、处理和分享信息，为实现人类终身学习提供了可能。在教育教学领域，如何利用手持式移动设备更好地开展教育教学交互活动已成为 21 世纪国内外教育界研究的前沿和探讨的热点。移动学习就是在这种大背景下兴起的一个概念，它是指学习者在自己需要学习的任何时间、任何地点通过移动设备(如智能手机、平板电脑等)和无线通信网络获取学习资源，与他人进行交流和协作，实现个人与社会知识建构的过程。目前移动学习的研究热点主要集中于移动设备的情境感知和无缝学习空间的设计。①

为了更好地将无限丰富和多种格式的资源带给学习者，令其能够掌握移动学习的要领，领悟移动学习的真谛，避免出现海量学习资源带来的选择性困难和低效学习等问题，也为了更好地指导学习者通过自我管理、自我导学、自我监控，将更多精力投入到有意义的学习过程中去，避免出现在线学习方向性迷失、学习浅层化等问题，学习元课程 APP 的基本功能既能够支持用户移动性，又能优化学习资源、提供适当的学习评价方案、支持有效的学习活动等，是解决在线学习问题，实现高效、深度学习的有力支撑。学习元课程 APP 的基本单位是由多个学习元组成的知识群，学生和教师通过资源检索并分享、互相交流等形式可以共同形成针对某个主题的知识群，从而建构独特的、共享的知识库；教师通过与内容相结合的活动设计布置学习任务，并通过个性化的评价方案了解学生的学习进度；在线交流、评论、投票、点赞、学习元协同编辑等功能则支持师生、生生以多样的方式完成交际活动。基于学习元平台的英语移动学习模式②是实现高效的、深度的、以交际为中心的语言学习的创新模式(如图 10-27 所示)。

---

① 余胜泉：《从知识传递到认知建构、再到情境认知——三代移动学习的发展与展望》，载《中国电化教育》，2007(6)。

② 徐薇：《基于学习元和元认知的英语远程智慧学习》，载《远程教育杂志》，2014(3)。

图 10-27　基于学习元平台的英语移动学习模式

在学习过程中，学习者通过移动互联智能终端，无缝接入泛在学习资源，快捷提取所需的知识信息，然后通过适合自身学习特征的支持服务完善学习的自主权，将学习注意力和心理优势投入到提升学习价值的活动中，即参与问题定义、形成解决方案、采取有效行动等，不断发展学习者应对复杂情境和问题的智慧能力。基于学习元平台的英语移动学习模式包含自联、语联、耦联、聚联、桥联和智联六个环节。

一、 自联——拓展个性化学习的自由度

在移动学习环境中，最普遍和最主要的交互形式是学习者与学习资源间的交互，要满足学习者无时无刻不在增长的学习需求，就必须有丰富而有效的学习资源作为保障。学习元平台通过接收学习者发送的生成性信息，借助语义分析功能分析不同学习者的学习需求，通过自动查找、内容匹配、聚合推送等方式，将具有相同或适应主题的学习元资源聚合生成基于主题的知识群并呈现在学习者面前，从而满足学习者的个性化需求（如图 10-28 所示）。在学习元平台，学习者不仅

图 10-28　某一学习者基于相同主题的个性化学习内容

是学习资源的接受者，同时也是学习资源的建设者，学习者可以通过创建学习元并将其引入到相关主题的知识群中以扩充学习资源，这体现了汇聚集体力量的共建共享原则，真正实现了师生角色的有效互换。

二、 语联——实现基于语义的双向反馈学习

在学习者的个性化学习之后，需要将个性化知识网络进行联结，即将所学知识在现实生活的真实场景中进行应用，通过语义与真实生活的桥接（如图 10-29 所示），使学习资源完成生活化改造，实现基于语义的资源自然聚合，实现块状的学习结构联结。在深入探索学习问题的发现、提出和解决的过程中形成的双向反馈，可以促使学习者多角度观察和全面反思，固化有关认知策略的知识，使学习者开展有意识的、主动的学习，并自觉地将目标方法和动作行为进行比较，促进自我监控的发生。

图 10-29　学习者提交自己录制的语音并互相点评

三、 耦联——搭建四维社会化学习网络

现代网络教育学习存在四个网络，即资源网络、交互网络、人际网络和社会知识网络。资源网络是在学习元基础上形成的内容系统，交互网络是整个学习网络系统的交换系统，人际网络是由学习者构建起来的关系网络，社会知识网络是在学习基础上实现的更高层次的能力拓展（如图10-30 所示）。网络环境下英语学习师生和生生之间的交互，最主要是通过网络，包括有线网、无

线网、局域网，通过在线学习平台、网络课程平台、移动学习平台以及在电子邮件、QQ群、微博等集成的学习模块进行交流。学习者使用各种实时和非实时的交互工具发起与学习内容相关的行为，教师则与之响应完成作业批改、在线答疑、课程讨论以及案例练习等形式的交互，完成各项教学环节；而更为广阔的响应对象是庞大的同学群和社会服务群，他们虽然提供的可能是非主流的教学沟通渠道，但可能却是有效学习的重要来源。

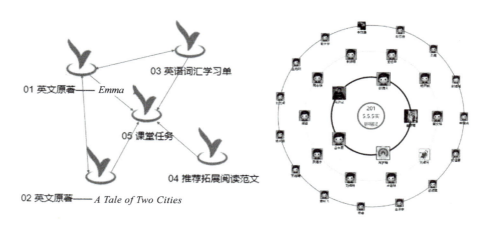

图 10-30　某一英语课程的资源网络和人际网络

四、　聚联——构建情境化自信学习环境

在线学习环境中的学习者，需要通过实时和个性化的学习评价，来不断自我反思、自我调整、自我激励。教师应深入到学习者的学习环境中，提供有效的支持，解决存在的疑难和困惑，指导学生综合地、延续性地评价学习，帮助学生以形成性和总结性的方式去探查他们是否正在接近他们的学习目标。① 学生也应主动地掌握切实可行的自评方法，以及支持评价标准的认知规律，明晰学习停滞和挫折是语言学习的客观性和必然性，这将有助于克服学习焦虑，提升语言学习信心和成就感。

在学习元平台中，通过教师提前设置的评价方案（如图 10-31 所示），采集学习者学习全过程

评价方案　　　　　　　　　　　　　　　　　　　　　　🔖查看学习者列表　📝修改方案　◎返回知识群

合格分:60.0

评价模块	模块权重	评价项目	
学习元学习	100.0%	01英文原著—— *Emma*	20.0%
		02英文原著—— *Tale of Two Cities*	20.0%
		03英语词汇学习单	20.0%
		05课堂任务	40.0%

图 10-31　某一英语课程的评价方案

---

①　任春梅：《信息技术环境下的教学课程多元学习评价体系构建》，载《情报科学》，2012(1)。

的数据，如看视频和听音频的时长、提交学习反思或者整理学习心得的内容、参与学习活动的程度、提交的学习作品质量等，以平台自动生成分数和教师手动添加分数的方式，促进和激励学习者元认知能力的发展，以提升学习者的自信心、领悟力和创造力。

五、桥联——实施有针对性的计划学习

学习元中的学习资源不是静止不变的，而是具有可重用特性的，可以实现自我进化发展的微型化、智能型的数字化学习资源。通过学习元，学习者可以了解到学习内容的使用历史记录、学习内容的关联内容、学习内容的评估记录、学习内容的编辑更新记录、学习内容附加的学习活动、学习内容附加的学习工具等(如图 10-32 所示)，通过学习的交互记录，学习者可以获得最适合自己的内容，真正实现按需、有针对性地学习。另外，学习者还可以通过学习元的服务接口，访问学习服务，与正在学习本内容的学习者、编辑制作本学习内容的不同专家等产生联系，形成学习圈子，从多处获取高级智慧，真正实现有计划的学习。

2014-1-15 10:08	查看	xj24dongxiaomei		不够全面	接受	自动审核	该学习元被设置成所有用户的编辑均自动通过
2014-1-15 10:07	查看	zlsx许万枝		提交建议	接受	自动审核	该学习元被设置成所有用户的编辑均自动通过
2014-1-15 10:03	查看	xj24dongxiaomei		目标粗糙	接受	自动审核	该学习元被设置成所有用户的编辑均自动通过
2014-1-15 10:00	查看	崇文陈镝镝		无	接受	自动审核	该学习元被设置成所有用户的编辑均自动通过
2014-1-15 9:45	查看	辛翼		修改内容;	接受	自动审核	该学习元被设置成所有用户的编辑均自动通过
2014-1-15 9:44	查看	辛翼		修改内容;	接受	自动审核	该学习元被设置成所有用户的编辑均自动通过
2014-1-15 9:37	查看	丁萍	ns白芒小学陆丹	修改内容;	接受	手动审核	新加内容和语义基因的的语义差异较大，建议拒绝
2014-1-14 21:04	查看	崔京菁		添加内容;	接受	自动审核	高可信用户的可靠操作
2014-1-14 16:55	查看	崔京菁		插入图片;	接受	自动审核	高可信用户的可靠操作
2014-1-14 16:47	查看	崔京菁		修改内容;	接受	自动审核	高可信用户的可靠操作
2014-1-14 16:46	查看	崔京菁		插入图片;	接受	自动审核	高可信用户的可靠操作

图 10-32　某一英语课程修订历史版本说明

六、智联——完成过程学习的情境认知

学习元是无缝学习空间重要构成要素，它嵌入到各种泛计算设备中，通过无处不在的技术链接不同情境下的学习元与附着其上的学习活动与人际网络，学习者身处其中，构成了一个开放的、多样的、可持续进化的学习生态系统。系统中的各个要素与环境相互作用，和谐共处，维持着动态的平衡，构成无处不在的人类智慧与认知网络。学习空间中的知识都是以问题情境为核心来组织的，学习可以融入学习者的日常生活中(如图 10-33 所示)。学习者所遇到的问题或所需的知识可以以自然有效的方式呈现出来。学习是否能够有效地发生，取决于各项情境问题解决能力，其学习的成果也与真实的生活体验相一致。

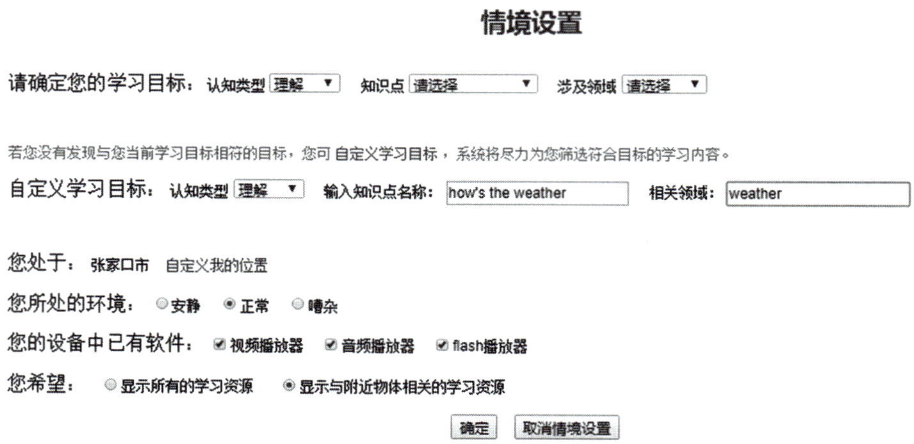

情境设置

请确定您的学习目标：认知类型 理解 ▼　知识点 请选择 ▼　涉及领域 请选择 ▼

若您没有发现与您当前学习目标相符的目标，您可 自定义学习目标，系统将尽力为您筛选符合目标的学习内容。

自定义学习目标：认知类型 理解 ▼　输入知识点名称：how's the weather　相关领域：weather

您处于：张家口市 自定义我的位置
您所处的环境：　○安静　●正常　○嘈杂
您的设备中已有软件：☑视频播放器　☑音频播放器　☑flash播放器
您希望：　○显示所有的学习资源　●显示与附近物体相关的学习资源

确定　取消情境设置

图 10-33　某一英语课程的情境设置

第七节 基于学习元平台的远程协作学习研究

随着泛计算与物联网技术的发展，信息空间与物理空间将无缝融合，形成虚实结合、无处不在的信息空间，这使得构建远程学习空间成为可能。目前有很多关于建构和实践无缝远程学习的研究，然而这些研究虽然能够通过技术促进学习知识与学习情境的关联，但学习模式仍然是一种呈现教师预设内容，学生接受知识传递的过程，在这种学习过程中，情境仅仅是起到提示作用，学习者并没有与情境做到深入交互，没有在情境和学习知识之间建立深刻的联系。建构主义理论认为学习者的学习过程不是简单的知识传递的过程，而是一个意义建构的过程，是学习者通过新旧经验相互作用来形成、丰富和调整自己经验结构的过程。教学并不是把知识经验从外部装到学生的头脑中，而是要引导学生从原有的经验出发，建构起新的经验。设计一个学习者能够参与、主动构建的知识空间，让学习者通过问题情境引导，与学习伙伴进行会话、协作，完成有意义建构的学习过程，是远程学习的主要发展方向。然而目前的远程学习只是实现了数字化学习资源与真实情境的结合，对学生而言，这样的远程学习方式还是一种以教师教为主的学习方式，学生只是利用新技术进行学习。对于教师来说，在传统教学中，教师只需要准备学习资源并将其教授给学生即可，但是在远程学习中，教师不仅要准备学习资源，还要考虑资源适合的情境，并且根据不同情境设置不同的资源以满足情境中学生个体的差异性，这无疑在很大程度上增加了教师的工作量。

协同知识建构理论认为，学生应该以小组形式参与知识空间的构建。学生在教师设置的问题引导下通过组内交流、共享，在个人已有知识经验基础上创建新的知识，这样的学习方式不仅能够鼓励学生积极地参与到小组讨论中，还有利于提升学生学习的积极性和主动性，有利于学习过程中学生个人经验的分享、小组成员的交流，有利于将个人隐性知识转化为显性知识。学习元平台能够满足泛在学习对学习资源生成与进化、智能与适应等多方面需求，支持教师和学习者在平台中根据主题或者情境创建资源，并且创建的资源可以无限进化和发展，创建者、协作者均可通过协同编辑的功能对其内容进行修改和完善，这体现了师生角色的转变，体现了以学生为主体的教学理念。同时，学习元平台的社会知识网络为远程协作提供了人际交互的支持。在学习元中，学习元的用户可以通过查看与该学习内容相关的所有用户对内容的贡献度，获得所需的专家、学习同伴的支持与帮助。

具体来说，基于学习元平台的远程协作学习可以分为收集学习材料、创建学习内容、开展学习活动和评价反思四个环节（如图 10-34 所示）。在这一过程中，教师不再是唯一的内容创建者和知识传授者，学生将参与构建远程学习空间和内容的全过程。

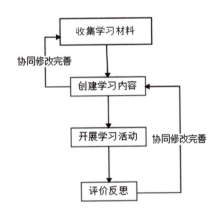

图 10-34　基于学习元平台的远程协作学习模式

一、 收集学习材料

在学习开始之前，学生需要针对所学主题、内容和情境进行学习规划设计，创建学习所需的资源，即学生通过协同知识建构方式自己创设学习资源及其呈现形式。在这一环节中，学生以小组协作的形式调用已有知识经验基础，查找新知识所需的前序知识，将已学的资料和需要学习的知识进行统筹规划，通过小组讨论、知识分享来创建与本部分所学知识相关的学习资源。

在收集学习材料的过程中，学生直接需要通过交流达成共识。在远程交流的过程中，学生不仅可以提升语言的实际运用能力，还能提升文化素养以及跨文化交际、社会交际等多种能力。

二、 创建学习内容

在远程协作学习中，教师不再是提供学习资源、设计学习活动、开展学习检测的唯一来源和标准，学生将以小组为单位进行远程在线学习知识空间的创建和协同编辑，即资源、内容及呈现形式由师生共同完成，更多的是在学生自主创建和小组协作交流、互相补充完善的过程中完成的。如在"大型建筑物室内植物配置"的学习活动中，每个学习小组先通过讨论设定一个学习主题，如小组自我介绍、学过的植物介绍、植物栽培技术介绍等；然后，每组一名学生在学习元平台中创建一个符合自己小组主题的学习元，并且将所学内容、资源等上传到这个学习元中，组内其他成员则对该学习元的内容进行修改和完善，以协同编辑的方式生成较为成熟的网络学习资源，以供他人学习和交流分享。

知识空间的内容和资源创建完成后，学习元平台将就此学习元生成相应的二维码，根据学习内容和资源涉及的不同位置和情境，学生将二维码贴到相应位置，其他学生在达到此处后，通过学习元平台的客户端扫描二维码来学习其他小组创建的学习元内容。

三、 开展学习活动

远程协作学习活动需要学生携带移动设备，在真实情境中通过移动设备上的感知应用获取目标学习物的学习内容和学习任务，即通过扫描二维码的方式进入相应的学习元进行学习，获取协同知识建构的任务。

在学习过程中，通过不断将学习目标物与学习资源相联系，学习者参与相关的在线学习活动，完成协同知识建构的任务，达到建构个人知识体系的目的。同时，学生对学习元中提供的学习资源进行远程在线协同协作，以学习元平台提供的微批注、编辑本段、评论等方式与资源创建者开展远程交流讨论，达到修改完善内容、丰富数字资源、相互分享点评的远程深度协作学习效果。在这种学习方式中，学生在自己已有的知识经验基础上，通过小组之间的知识分享、交流、讨论，对新、旧知识经验进行有意义建构并协作创造出更完善的知识体系，这使得学生与知识之间、师生之间以及生生之间有了深度交互，提高了学生的学习兴趣和主动性，促进了真正有效的远程在线深度学习的实现。

四、 评价反思

具体的学习活动完成后，需要学生对自主学习和协作学习阶段的学习经验、学习成果、交流过程、互动内容等根据教师在学习元上预设的评价方案进行反思，不断修改、调整和完善创建提交的学习内容和学习材料，以促进学习元知识内容的不断进化和生长，实现人与人之间、人与知识之间的智慧的生成。

第十一章
基于学习元平台的网络教研研究

区域性的合作教研是提升区域整体教学质量的关键途径。学习元平台具有一些特别适合群体教研活动的设计，如群体协同建构深度学习的知识进化技术，实现教师教研中的主体参与、知识分享与汇聚；群体众包技术，用于汇聚学习群体的智慧，并实现学习群体的有序协同；内容协同编辑与版本控制技术，是要在现有 Wiki 技术基础上进行适应性改进，以保证普通用户可以对同一份学习资源内容进行协同编辑，并通过灵活的版本控制来保证资源的安全性。

学习元支持 Web 2.0 理念指导下的共建共享资源建设模式，任何注册用户都可以参与到资源的协同创作中。学校教育中，教师可以和学生一起创建网络课程，学习的所有过程性信息都将自动保存，最终可以生成符合 SCORM 规范的标准课程。教师之间也可以通过协作，建设校本资源库。教师可以针对同一篇课文集体设计教案，通过不断地迭代积累形成关于特定学科的教学资源库和教研资源库。学校开展校本培训时，学校可以发挥全体教师的集体智慧，鼓励普通教师参与到培训资源的制作中，实现"做中学""做中训"，同时在培训过程中发挥内部员工自身的力量构建最适合学校的教师发展资源库。

学习元不仅仅是一个资源平台，除了丰富的资源外，平台还提供了丰富的学习活动库和各种学习小工具。通过设计丰富的学习活动，吸引组织成员主动参与到学习中来。通过学习社区聚合组织人脉和智慧，促进成员之间的协作交流。另外，还可以将与组织学习、工作紧密相关的工具上传到学习元平台。组织成员遇到问题时，可以通过及时交流或借助专门的学习工具解决难题。

通过学习元平台，教师之间可以相互分享教学的经验。教研组成员将自己的经验、困惑、问题做成学习元发布在知识群中，其他组员可进行学习、问题解答等。组员在日常工作中遇到类似的问题时可借鉴他人的经验，新成员入组后也可通过学习前人的经验快速成长。教研主任可以设定几个教研主题的知识群，将相关学科教师邀请为协作者，通过集体的力量寻求教学研究的突破点。还可以为不同学科建立学习社区，鼓励同学科教师网上分享教学资源，交流教学过程中的知识和经验。基于学习元平台，还可以开展教师混合式培训模式研究、教师群体实践知识分享模式研究以及基于学习元平台的精准教研等创新形态的网络教研活动。

第一节　基于学习元平台的区域网络协同备课模式研究

对于中小学教师而言，课堂教学是其核心教学任务，同一个区域的教师会使用同样的教材实施教学，在备课环节，同年级教师需要达成同样的教学目标、收集相同主题的教学资源、解决相类似的教学问题等，往往有着很多相同的研讨诉求。因此，围绕教学设计方案开展区域网络协同备课活动，能够解决教师的教学实践问题，提升教师的教学设计技能，具有很强的实践意义。

一、　区域网络协同备课模式构建

由于学习元平台支持协同备课中各种教学资源的上传、分享和个性化推荐，能实现小组讨论、投票、作品分享等学习活动的设计，能够让参与协作的不同主体对同一份方案进行协同编辑（对方案内容进行群体修订）、评论（对方案整体进行评论和打分）和微批注（针对方案的某个部分提供支持、批判、提问、解释、补充批注）。每次对方案的协同编辑都会保留相应版本，两份方案版本差异的部分还可以直接以修订方式进行对比呈现，进而有助于教师反思其教学设计的演化过程。

本研究将知识协同建构理论引入到区域网络协同备课活动中，借助学习元所提供的协同编辑、微批注、评论等功能，按照知识的外化、协作知识的建构和社会化、知识的实践化以及知识的内化和组合化过程，归纳出基于学习元平台的区域网络协同备课的一般模式（如图 11-1 所示），梳理了基于学习元平台的协同备课的七个基本环节，并提出了技术、认知、内容和群体动力这四方面的支持策略。

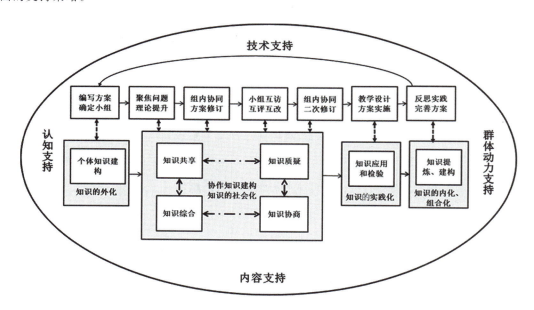

图 11-1　基于学习元平台的区域网络协同备课模式

资料来源：陈玲、张俊、汪晓风等：《面向知识建构的教师区域网络协同备课模式研究——一项基于学习元平台的实践探索》，载《教师教育研究》，2013(6)。

二、 区域网络协同备课环节说明

(一)编写方案，确定小组

参与备课的教师在线提交体现个体知识建构的教学设计方案，形成相应的协同备课知识群，这体现了教师对相关教学设计知识的外化和显现化过程。在此基础上，协同备课组织者根据参与教师所在年级及学校等，初步确定区域备课协同小组，并发布相关协同备课开展的指导材料。

(二)聚焦问题，理论提升

协同备课组织者诊断教师教学设计中的共性问题，确定本次协同备课的教研主题，并在线推送学习资源和材料，让教师进行拓展理论学习，并以微批注或评论方式分享各自的阅读心得。在此过程中，教师个体通过跟学习材料之间的交互，为后期的网络协同备课提供知识储备。

(三)组内协同，方案修订

阅读文献后，同组教师通过协同编辑、微批注和评论等方式开展协同备课，在协同过程中，不仅要注意提出可操作性的修改建议，同时需阐明建议背后的设计依据，从而能够实现不同教学思想、教学策略的分享、比较、碰撞和协商，实现教师教学设计群体知识的分享和进化。

(四)小组互访，互评互改

组内协同完毕后，不同组间对彼此协同方案进行评论、提出质疑，或者分享自己的意见等。这样既使得教师个体能够跟多种教研资源和不同教研群体交互，进而促进其个体知识的进化和发展，同时也推动了群体知识的发展。

(五)组内协同，二次修订

根据组间交互过程中产生和形成的新的见解和观点，各小组回到组内重新审视自己的修改意见，并通过协同编辑方式做出进一步的修订。通过上述的组内协同、组际互访和组内二次协同，体现了知识的共享、质疑、协商和综合。

(六)教学设计方案实施

完成了设计方案的在线协同建构环节，接下来需要将其应用在教学实践中。教师根据协同教学设计方案进行执教，同一小组的教师互相进行教学现场课观摩，在观摩的基础上开展评课。通过知识的实践化，反过来可以进一步修正理论知识，从而实现理论和实践知识的互补。

(七)反思实践，完善方案

教师参考小组观摩建议，反思教学设计预设和生成的差异及原因，进一步完善方案，以教学反思的形式提交到学习元平台。通过对协同备课过程的反思和梳理，进行知识的提炼和收敛，在实现教师个体知识的内化和组合化基础上，为后续协同备课活动提出了新需求、新主题。

基于学习元平台的区域网络协同备课模式对教师的教研、课堂教学等方面均提供了支持与辅助，体现了网络教研与教学实践的有机融合、人力资源和物力资源的有效聚合及个体知识和群体知识的协同进化，其四维度的支持策略体系保障了协同备课活动的顺利开展。

第二节　基于学习元平台的教师混合式培训模式研究

2014年以来，北京师范大学现代教育技术研究所主持的"基础教育跨越式发展创新试验研究"项目已连续五年面向全国中小学语文和英语骨干教师开展基于学习元平台的混合式培训活动，每期培训班都由来自全国十几个省份的教师组成。骨干教师培训注重教师的群体协同与建构，注重教师个性化的体验与参与。

一、教师混合式培训模式构建

本研究在借鉴斯塔尔知识建构模型，结合教师实践性知识发展的特点，以Web 2.0技术和理念为支持，以面向过程、任务驱动、注重教师个性化体验为导向，建构了以协同知识建构为核心的教师混合式培训模式（如图11-2所示）。

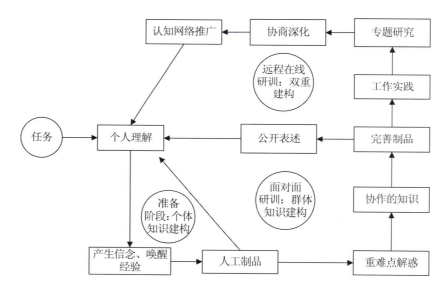

图11-2　基于学习元平台的教师混合式培训模式

资料来源：马宁、吴焕庆、崔京菁：《以协同知识建构为核心的教师混合式研训模型研究》，载《教师教育研究》，2017(3)。

二、教师混合式培训环节说明

（一）准备阶段：以产生信念、经验唤醒为主的个体知识建构

在准备阶段，学习者在阅读培训目标、任务与安排后，会对培训形式、结果有初步理解与建

构，产生培训的信念，根据相关信息唤醒已有的实践经验，同时按照培训要求完成一份与培训紧密相关的人工制品，如一份教学设计方案、一个教学软件、一个教学微视频或微课等。在上述活动中，主要以个体知识建构为主。

（二）面对面培训阶段：以讨论、协商为主的群体知识建构

面对面培训阶段是个体知识建构与群体认知建构并存的阶段。学习者可以聆听专家讲座、有针对性地深化学习内容，吸收新知识，解决疑难点与困惑，进行个体知识建构。在此基础上，学习者还可以在协作学习平台上分享准备阶段的人工制品，在群组内以及整个培训共同体内分享各自的实践经验与智慧，在组内讨论、修改各自的人工制品，在班级内公开表述本组的优秀成果与观点。在面对面培训阶段，学习者在讨论、协商的过程中深化对知识的理解，在修改、完善制品的过程中促进能力的提升。

（三）远程在线培训阶段：以实践创作、应用、反思为主的双重建构

远程在线培训阶段也是个体知识建构与群体知识建构并存的阶段。在面对面培训阶段后，学习者已经有了更完善的人工制品，同时通过个体知识建构与群体知识建构深化了相关知识与能力。在此基础上，学习者可以在实践领域中应用自己的人工制品，并在实践场所中不断反思、与同行交流，在个体知识与群体知识的双重建构、螺旋上升中不断提升自己的知识与能力。

第三节　基于 SECI 模型的教师培训活动设计与应用研究

在信息化时代，随着云计算、大数据、学习分析等技术的发展，教育系统内的诸多要素，如教学媒体、教学内容以及学生自身均已发生重大变化。对于教师而言，原有的知识结构、专业素养已不能适应新时代的发展要求，需要不断地学习以促进自身专业发展。在教师专业发展的众多活动中，培训是快速提升教师实践性知识的重要途径。为了发挥培训在教师专业发展中的重要作用，《国家中长期教育改革和发展规划纲要（2010—2020 年）》明确提出要"提高教师业务水平。完善培养培训体系，做好培养培训规划，优化队伍结构，提高教师专业水平和教学能力"。依据这一要求，为进一步增强教师培训效果，全面提高教师队伍素质，教育部、财政部决定从 2010 年起实施"中小学教师国家级培训计划"（以下简称"国培计划"）。"国培计划"通过创新培训机制，采取骨干教师脱产研修、集中培训和大规模教师远程培训相结合等方式，极大地提高了中小学教师的专业素养和学科教学质量。尽管如此，在培训中也存在忽视学员参训积极性、课程设计缺少逻辑等导致高耗低效的问题[①]；培训内容与活动缺乏针对性，忽视教师实践性知识发展的特点（情

---

① 解书、马云鹏：《"任务驱动式"教师高端培训模式的实践探索》，载《教育研究》，2014(12)。

境性、默会性、行动性)[①]。

为解决教师培训中存在的典型问题，本研究在注重面对面互动交流活动设计的基础上，还将利用学习元平台开展基于网络的在线交互活动。学习元平台具有支持知识协同建构、资源共建共享，实现学习内容与学习活动的无缝融合，社会知识网络分享，学习资源的不断进化与发展等特色功能。联通主义学习理论认为学习就是连接的过程，学习元平台能够建立专家与教师、教师与教师之间的连接，为隐性知识与显性知识间的相互转化提供了强大的人际网络、多样化的交互活动、丰富的案例、知识持续建构与及时评价反馈的机会，为构建体验参与式、情境化的教师培训活动提供了较好的网络环境。[②]

一、 基于 SECI 模型的教师培训活动设计

新知识是通过隐性知识与显性知识之间的相互作用创造出来的，基于 SECI 模型的教师培训活动流程如图 11-3 所示。下面将依据知识转化的四个子过程简要阐述培训活动的设计。

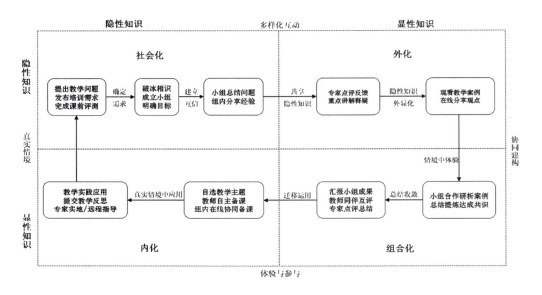

图 11-3　基于 SECI 模型的教师培训活动设计

资料来源：王阿习、陈玲、余胜泉：《基于 SECI 模型的教师培训活动设计与应用研究——以"跨越式项目全国中小学语文和英语骨干教师培训"为例》，载《中国电化教育》，2016(10)。

本研究为解决教师集中培训中存在的脱离教学实践、参与度低、评价反馈不及时等问题，设计了基于 SECI 模型的教师培训活动。通过设计案例研析、教学实践应用等活动，将真实的教学

---

① 陈向明：《对教师实践性知识构成要素的探讨》，载《教育研究》，2009(10)。

② 王阿习、陈玲、余胜泉：《基于 SECI 模型的教师培训活动设计与应用研究——以"跨越式项目全国中小学语文和英语骨干教师培训"为例》，载《中国电化教育》，2016(10)。

情境引入到教师培训中。这种注重联系真实情境的活动设计方式遵循了 SECI 模型所提倡的观点：知识是同状态、情境、空间密切相关的，是在个体与情境发生关联的动态中建构的。① 情境学习理论也认为学习不仅是个体在情境中建构意义的过程，更是在一定的社会文化背景下，通过社会性的、实践性的、以资源工具为中介的参与过程。因此，教师培训活动的设计，需要着重考虑将知识与教师的教学实践建立联系，在培训中创设真实的情境，引入丰富的教学案例，学习者通过观摩、分析案例，能够反思自己的教学实践并完成知识的迁移运用。下面简要介绍各个活动的实施方式。

二、 教师培训活动环节说明

(一)知识的社会化：建立教师学习共同体，促进隐性知识的共享

知识的社会化是教师之间彼此共享隐性知识的过程，在设计教师培训活动时，首先需要明确教师教学中存在的问题，以及教师对培训的需求。然后，通过建立教师学习共同体，鼓励教师之间互相交流、分享彼此的教学经验，以促进隐性知识的共享。

1. 分析学情，确定培训需求

本研究使用的学习元平台可以设计讨论交流、SWOT 分析、画概念图、练习测试等学习活动，因此可以设计三个在线活动："提出教学问题""调查培训需求""完成课前评测"。学习元平台能够智能分析教师参与学习活动情况，并能够及时将评价结果反馈给学习者。培训师可以通过分析教师在学习元平台中提交的教学设计、课件等，分析学情，确定教师教学中存在的典型问题。除此之外，培训师还可以借助即时聊天工具(微信、QQ)，调查培训需求。

2. 破冰相识，建立教师学习共同体，组内总结问题分享经验

为实现隐性知识的共享，首先需要教师之间建立互信，形成一个具有共同的价值追求的学习共同体。在设计教师培训活动时，可以根据认知风格、所属区域等进行分组。由于共同体中的教师来自不同的学校，甚至不同的区域，这些各异的经验背景本身就是一种宝贵的学习资源。其次，为了完成共同的学习任务，教师之间会进行"头脑风暴"，总结教学问题，在小组内分享教学经验。最后，教师通过观察、模仿专家、同伴的行为，并结合亲身实践可以实现隐性知识的共享，完成隐性知识的社会化。

(二)知识的外化：设计多样化的互动交流活动，促进隐性知识外显化

知识的外化是通过类比、隐喻和模型等方式实现深度沟通，是知识建构的关键。在本环节，培训师通过分析点评真实的教学案例，将自身的隐性知识外显化。通过培训师的讲解示范，教师

---

① 王陆：《教师在线实践社区的知识共享与知识创新的机理分析》，载《电化教育研究》，2015(5)。

对新的知识有了初步的感知，具体如何将新知融会贯通，还需要教师在真实的情境中体验，以促进自身隐性知识的外化。

1. 培训专家点评反馈，重点讲解释疑

培训师可以使用比喻、类比或分析案例等形式将隐性知识外显化。首先，培训师需要根据各小组梳理的教学问题，与教师们开展充分深入的互动，讨论解决问题的方法，并推送有针对性的学习资源。其次，为学习者提供丰富的对话机会，如与专家讨论、与小组内同伴合作、组间同伴互评等。因为教学对话是知识建构的基本途径，所以这种设计方式有利于观点的持续改进与社会知识的协同建构，能够促进专家与同伴隐性知识外化为显性知识。

2. 观看教学案例，在线分享观点

亲身实践参与是教师实践性知识发展的重要途径。为此，在本环节将为教师提供多样化的教学案例包，力争为学习者创设较为真实的体验情境。教师通过观看教学案例，使用所学知识分析案例的优缺点，并以语言文字的形式表达出来，最后形成新的显性知识。另外，教师还需将自己的观点发布到学习元平台，以便于不同的学习者之间进行共享，同时也为后续的小组合作学习有序开展奠定坚实的基础。

(三)知识的组合化：建立新旧知识之间的联系，实现显性知识的协同建构

知识的组合化主要通过语言、文字、符号等将新的显性知识与学习者已有的显性知识建立联系，在这个过程中，教师小组内部之间的积极合作、持续对话必不可少。

1. 小组合作研析案例，总结提炼达成共识

学习者以小组为单位进行合作学习，来自不同区域的教师具有各自不同的经验，对同一问题具有不同的观察视角，能极大地拓宽解决问题的广度，增加解决问题的深度。教师通过合作研析案例，共享彼此的智慧，在质疑、协商中建立新旧知识之间的联系，实现显性知识的协同建构。

2. 汇报小组成果，开展多元化评价，为隐性知识与显性知识的转化提供及时反馈

小组学习成果是体现学习者能否理解并创造性地应用新知识的重要形式。为了能够及时展示小组学习成果，在本环节引入了"QQ群上墙"这种新的即时呈现技术(如图11-4所示)。实践表明，以"QQ群上墙"的方式展示小组成果，能够极大地激发教师的学习兴趣，提高教师的参与度。在成果展示的基础上，开展多元化评价。本研究建立了专家、教师、同伴与计算机共同参与的多元化评价主体；采用了过程性评价与总结性评价相结合的评价方式，以便于培训师及时调整培训内容，有针对性地进行指导，从而实现全面、个性化的评价培训效果。

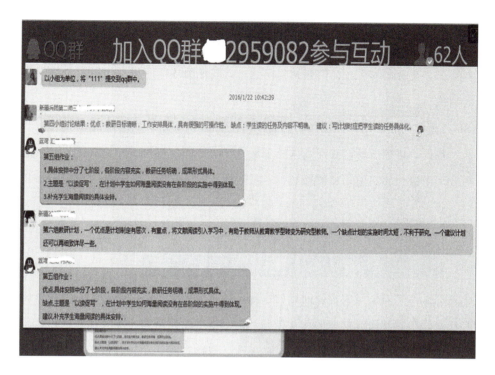

图 11-4　以"QQ 群上墙"的方式展示学习成果

(四)知识的内化：在真实的教学情境中体验参与，为显性知识与隐性知识的相互转化创造条件

教师知识的创生，主要是在学校中通过复杂的教学实践问题的解决来实现的。[①] 因此，本环节活动设计的目的是帮助教师在真实的教学情境中迁移运用，最终完成知识的内化。

1. 自选教学主题，开展自主备课，组内在线协同备课

首先，教师围绕培训目标自选主题，撰写教学设计方案，完成自主备课，并将教学设计推送到协同备课的知识群中。其次，教师在小组内开展协同备课，以编辑本段、微批注、添加评论等形式进行同伴互评。此时，培训师需要明确同伴互评的原则与活动任务，从而减少无效的、浅层次的备课行为，引导教师深度参与协同备课活动。[②] 教师通过撰写教学设计方案实现了个体隐性知识的外在化，教师群体通过参与小组协同备课活动，既能够实现教师个体知识的分享、质疑、协商和总结提升，同时也能够促进教师间社会知识的分享与建构。

2. 教学实践、反思，促进知识的内化与迁移运用

回归课堂，在真实的教学情境中实践，并根据实践情况撰写教学反思。此活动既能够为教师

---

① 钟启泉：《从 SECI 理论看教师专业发展的特质》，载《全球教育展望》，2008(2)。
② 陈玲、张俊、汪晓凤等：《面向知识建构的教师区域网络协同备课模式研究——一项基于学习元平台的实践探索》，载《教师教育研究》，2013(6)。

迁移运用新知创设真实的情境，又能够体现教师参与培训的效果，为后续培训活动的改进优化创造条件。在这整个过程中，专家或培训师需要全程指导，可以是线上指导，也可以是实地指导，或者是二者结合，及时地解决教师们遇到的问题，为其提供持续的帮助，以便于教师快速地吸收内化所学的知识。

基于 SECI 模型的教师培训活动紧密结合学习者的发展需求，具有针对性强、内容丰富、理论联系实践等特点；培训活动形式注重体验参与、互动多样、评价多元、反馈及时，既能够及时地解决教师教学中遇到的问题，又能够通过专家引领、同伴互助，获得持续增加教师实践性知识的机会。

第四节　基于作品诊断的教师个性化培训模式研究

个性化培训是基于对学员需求及问题的了解，针对性地给出解决方案。一线教师撰写的教学设计方案是反映教师教学设计能力的重要指标，是网络个性化培训的重要抓手。以教师的教学设计方案为培训入口，诊断其存在的问题，对症下药，即针对问题设计并推送培训内容与活动，帮助教师解决实际工作情境中的问题。情境学习理论认为知识存在于个人和群体的活动中，随着个人参与到新的情境中并在新情境中进行活动，强调在真实的情境中通过完成真实的任务来获得知识与技能。设计者必须选择复杂的、真实的情境，从而使学习者有机会生成问题、提出各种假设，并在解决结构不良的真实问题的过程中获取丰富的资源。同时，该情境还需要能提供其他丰富的例证或类似问题使学习者产生概括化与迁移能力。在基于教学设计方案诊断的网络个性化培训中要立足于真实的学习情境，即教师提交的教学设计方案。培训来源于教学设计中暴露出的问题，逼真的问题讨论为学习者提供了会话空间；实践运用为完整的意义建构和知识迁移应用提供了有效的保障。培训者基于诊断出的问题设计对应的培训内容与活动，在实践过程中不断进化完善内容库与活动库。在培训中整合学习内容与活动方式，教师可以基于学习内容开展交互，实现知识增长与能力提升。

一、　教师个性化培训模式构建

依据情境学习理论，借鉴系统化培训的模型，强调 1∶1 的交互，建立学习者与培训者之间的导师关系，本研究构建了基于教学设计方案诊断的网络个性化培训模式(如图 11-5 所示)，包含对象分析、个性化诊断、个性化推荐、个性化评价四个阶段。对象分析只需要在学员第一次参与该培训时进行，作为培训的初始阶段。在对象分析之后，正式进入基于教学设计方案诊断的网络个性化培训，包括个性化诊断、个性化推荐、个性化评价三个阶段，这三个阶段可以循环进行。

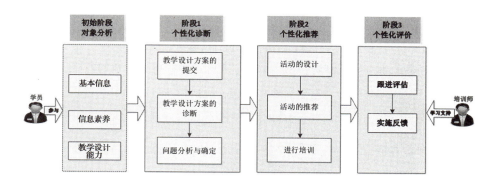

图 11-5 基于教学设计方案诊断的网络个性化培训的模式

资料来源：李洁、马宁：《基于教学设计方案诊断的网络个性化培训模式研究》，载《中国电化教育》，2014(1)。

二、 教师个性化培训环节说明

（一）对象分析阶段

对象分析是基于教学设计方案诊断的网络个性化培训的初始环节。对象分析是为了更好地了解每位学员，以便有针对性地开展培训，主要通过问卷、访谈的方式收集受训教师的基本信息、信息素养、教学设计能力三方面信息，为学员建立电子档案袋，确定受训教师的入门技能。

（二）个性化诊断阶段

个性化诊断阶段是合理定位培训目标、培训内容的重要前提，也是培训效果的重要保障。首先要求受训教师提交一份完整的教学设计方案，包括教学概述、教学目标、学习者分析、教学重难点分析、教学资源、教学策略、教学过程分析等内容。

诊断是分析期望状态与现实状态之间的差距，找到问题症结及造成这种问题的原因。诊断框架的指标是与教学设计模块相对应的，每个维度中给出优秀教学方案的标准，即期望状态，以教师的教学设计方案作为现实状态，将其两者进行比较找出差距，确定存在的问题。为了能更好地实现个性化推荐，培训师要与受训教师进行沟通，分析与确定问题。问题确定后，将其存入到预先建立到问题库中，在培训过程中，不断发现问题，补充、完善该问题库。

（三）个性化推荐阶段

个性化推荐是个性化培训的核心环节。该阶段的整体思路是从学员的问题出发，判断是否已存在解决该问题的学习内容与学习活动，如果存在直接进入内容库和活动库中筛选整合相关培训推荐给学员。如果不存在相关资源，则要针对问题设计学习内容和学习活动，然后在对应库中存储后整合推荐给学员。

学习内容的设计是从学员存在的问题出发的，采用知识点的方式来进行设计。为了能有效地进行碎片化学习，学习内容的容量要小而精，对诊断出的问题要有针对性的解答。内容设计还需要考虑呈现方式，本研究打破图文的单一模式，以多元化的方式呈现培训内容，主要采用视频、文本、幻灯片、课例等呈现方式，有效帮助学员学习相关内容，解决存在的问题。

学习活动的设计是为了帮助学员在培训中与内容、培训师及其他学员进行有效交互，采用活动序列组合的方式进行设计。在每个知识点内容学习中设置一系列的交互活动，即为培训活动序列。每一个活动序列包含情境导入、学习活动区、学习互动区、实战演练四个模块。为了更加有针对性地设计活动，将教师面临的教学设计问题归类成理论模式类、方法策略类、操作技术类，依据不同类型设计相应的活动序列（如图11-6所示）。培训师可以根据学习内容及交互需求，灵活组合多种活动方式支持培训活动的开展。

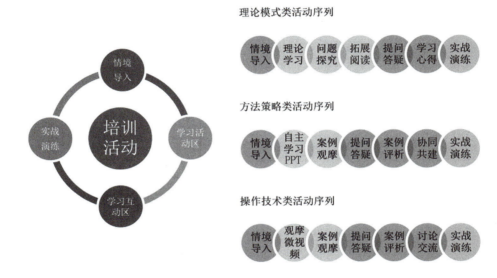

图 11-6　个性化培训活动的序列

每个培训包含学习内容和学习活动，培训包小型化、离散化，是一个独立的单元，能够进行动态生成，便于更好地筛选、改编以及整体进行个性化推荐。同时可以通过主题进行聚合，实现整体与离散相统一，便于构建完整的知识体系，即设计好的内容与活动统一存储在相应的库中，以便问题库与内容库、活动库的匹配。

培训内容与活动的推荐以问题解决为目的，由培训师手动将培训链接推送给学员。培训推荐给学员后，由学员自主进行学习，由"知"向"行"转换，由知识向能力有效迁移。在培训实施过程中，要针对实际情况对培训进行适当的调整，对学员做好学习支持服务，实现学习的交互。

（四）个性化评价阶段

个性化评价阶段不仅要评价学员的学习效果，也要评价培训方案与过程的合理性。在评估学员表现时，整合多种评价方式。首先，利用学习元平台自带的评价功能评估学员的参与情况，主要从三个维度来设置：第一是学习时间，即是否达到规定的时间；第二是学习活动的交互，即是否参与了相应的活动；第三是内容交互方面，即是否基于培训活动的学习内容编辑修改了自己的教学设计方案。其次，培训师根据学员交互的内容做出一个判断，以弥补平台不能基于内容做出自动评价的不足。同时强调评价主体的多元化，培训师作为主要的评价者，可邀请受训教师所在学校的领导、同事参与评价。

实施反馈环节就是对培训方案的评估，学员成为评价主体，让学员回答"活动推荐是否有针对性""培训活动是否有效""是否喜欢本学习内容"等问题。为了能充分调动一线教师的能动地位，更好地改进培训，还让学员针对培训活动的内容与形式，提出自己的建议。

第五节　基于学习元平台的教师群体实践知识分享模式研究

为了更好地促进教师群体实践知识的分享，增加教师在网络教研过程中知识建构的深度，本研究构建了基于学习元平台的教师群体实践知识分享模式，并充分考虑到教师集体责任感的建立、知识增长与扩散、人际交互规律等要素对教师分享实践知识的影响。

一、 教师群体实践知识分享模式构建

教师群体实践知识分享强调真实的观点、现实的问题，关注思想的持续进化，同时注重集体知识增长与个体知识增长的相互促进，体现去中心化原则。以分享教师的实践性知识为目标，本研究从教师的实践出发，形成了区域网络教研的基本模式，即"提交方案，上课实施""创建分享，自我诊断""群体分享，问题讨论""总结收敛，集体交流""反思收获，确定计划"五步（如图11-7所示）。

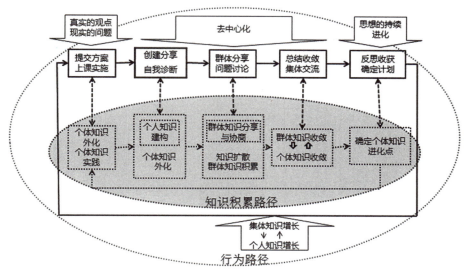

图 11-7　基于学习元平台的教师群体实践知识分享模式

二、 教师群体实践知识分享环节说明

（一）提交方案，上课实施

参与区域网络教研的教师需要提交一份教学设计方案至学习元平台，将个体的实践性知识外化，并依此方案进行实践。实践过程中发现学习点，以此作为整轮教研的出发点。对教师提交的教学设计方案及进行的实践，组织者可帮助其发现其中有价值的片段，提醒教师进行日后的积累与分享。

（二）创建分享，自我诊断

教师的实践性知识是运用默会知识的"潜在知识"[1][2]，而让教师在实践中寻找学习点并将其分享，是将这种"默会知识"进行外化。野中郁次郎（Nonaka）等在 SECI 知识转化模型中提出知识外化的目的是对隐性知识进行清楚表述并将其转化为易懂的形式，促进个人的隐性知识向群体的显性知识转化。在区域网络教研中，组织者提供分享形式，以便教师能够更清晰地梳理自己的"默会知识"，分享形式包括片段描述、分享理由、适用范围（以方便其他教师借鉴使用）。其中，为使其他教师更加直观了解真实情境，片段描述包括文本与 PPT 的形式，如有提交教学设计可提供教学设计的链接。在实践性知识的外化过程中，教师需要对自身的实践进行一定的思考，对"默会知识"再加工，进行个体知识的建构。

在实践性知识的外化分享后，教师需要反思课堂实施的效果以及教学中的困惑与问题，进行自我诊断。林崇德等人认为，教师实践性知识来自教师教学实践的积累[3]，这种知识只能通过教师自身实践与反思来进行自发展。可见，反思促进了知识的自发展。

（三）群体分享，问题讨论

此阶段中，教师间通过互相查看使知识在群体中得到了扩散，同时，随着个体知识的增多，群体知识不断积累，并通过教师分享感悟或互相讨论进行群体知识的分享与协商，在协商中加深对知识的理解、完善、扩大原有群体知识与个体知识。协作知识建构视角下的网络教研是一个循序渐进的过程，学习的发生是通过协作得以实现的。个体的知识是在群体知识的积累过程中，通过个体的认知建构、群体间的协商而建构的。而个体知识的不断积累同时促进群体知识的增长。

（四）总结收敛，集体交流

在进行一轮的分享后，组织者进行群体知识的收敛，进行群体知识的组合化，通过整理、归

---

① ［日］佐藤学：《课程与教师》，302 页，北京，教育科学出版社，2003。

② 朱宁波、张丽：《国内外教师实践性知识研究述评》，载《辽宁师范大学学报（社会科学版）》，2007（3）。

③ 林崇德、申继亮、辛涛：《教师素质的构成及其培养途径》，载《中国教育学刊》，1996（4）。

类、总结等途径将其转化为更系统的新的显性知识。组织者将一轮的集体分享与问题进行收敛并分享，并组织面对面集体交流，分享所获，同时引导教师对未解决的共性问题展开集体讨论。

在收敛的学习元中，教师可以更直观地访问想学习的任一学习元进行知识的积累，同时在群体的协商分享过程中解决自身的困惑。

（五）反思收获，确定计划

明确知道了什么、问题和挑战是什么可以促进寻找新的信息产生新的想法，进一步导致新的问题及在更抽象水平的重新定义，继而扩展需要知道的更大空间。① 每一轮的网络教研后，教师对所学所获所困进行概念图的收敛，让教师了解自己已"知道了什么"。在收敛后，教师反思本轮教研的收获以及下一步要解决的问题，确定下一轮的主题，以保障每一位教师思想的持续进化。

第六节　基于学习元平台的精准教研

大数据时代的到来，使得数字、数据、图表等充斥着我们的生活，人们越来越关注数据的价值，关注获取数据、分析数据的能力。基于数据的决策主导着包括教育在内的多个领域，为教师专业发展带来的重大改变是使教师教研更加个性化。通过教学平台、教研平台以及管理平台的有效对接，能够实现各系统内的数据共享，汇聚教师教研过程中产生的全部信息和数据，实现教研模式从零散问题式的研究转向系统性研究。同时，借助网络平台中丰富的数据记录方式和手段，能够更为方便地保存和管理教师教研的相关数据，以便后续为教师专业发展提供持续的支持，且通过对数据进行深入的挖掘和分析，能够描绘出每位教师的个性化特征，并有助于确定教研主题和内容，真正解决现实教学中存在的问题，实现教师的精准教研。

精准教研，关键在于通过分析教研过程数据，诊断出个性化问题，提供个性化教学问题的指导服务。精准教研更需要契合个体实际需求，打破传统教研时空差距造成的障碍。实践中，我们将构建基于教师教学技能定向诊断的精准教研模式，把教研数据记录、分析、诊断渗透到备课、上课、听课、评课、反思的全过程，实现一种具有发展性、可进化特征的无缝教研。教研组织者可借助备课工具、听课工具等的数据记录和分析功能，诊断教师在听课、评课和反思等各个环节存在的问题，并根据诊断结果优化新的备课方案，开展进一步的诊断研究和教师培训工作。

一、精准教研环境搭建

基于北京师范大学教育技术学院自主开发的学习元平台，本研究构建了精准教研模式。此模

---

① Jianwei Zhang, Marlene Scardamalia, Mary Lamon, et al., "Socio-Cognitive Dynamics of Knowledge Building in the Work of 9-and 10-Year-Olds," Education Technology Research & Development, 2007(55).

式以"学习元＋备课大师＋听课大师＋vClass教学平台"为教研环境（如图11-8所示），实现教师备课、上课、听评课及网络学习和交流数据的汇聚和贯通，并在学习元上提供适合教师个性化学习的资源，在对教师进行基于个人数据分析的基础上实现内容、活动和人力资源的推荐，主要分为"精准备课""精准听课""精准反思"和"精准学习"四个环节。

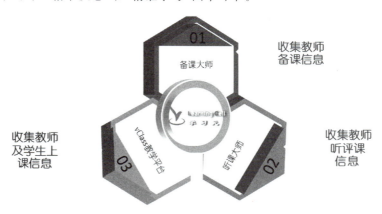

图 11-8　基于学习元平台的精准教研环境搭建

本研究将利用学习元平台开展网络教研环境和区域性网络研修共同体的建设。通过网络开展区校协同教研，实施跨时空的教学研究活动，构筑无校界的学科组、教研组，建立覆盖全区所有教师的虚拟教研团队，使得教师能够及时快捷地获得同伴、教研员以及教学专家的帮助。同时吸纳区校交流范围之外的城域网资源，形成互助、合作、便捷的研修模式和创新发展的学习共同体，为每一位教师的发展服务，构建教师教育的立体化生态环境。

二、 精准教研环节说明

（一）精准备课

"精准备课"环节主要要求教师通过对vClass或其他教学平台中学生学习过程数据的分析，精确定位学情及教学目标，自主撰写教学设计并提交到学习元平台，并借助学习元平台中的评论、编辑段落以及微批注等功能，与其他教师开展基于学习元平台的协同备课，实现集体知识的共享。

此外，教师还可以基于备课大师APP开展随时随地的移动备课，充分利用碎片化的时间。同时，教师在完成备课方案后可以将其中的学习活动无缝推送到vClass平台支持学生的学习活动的开展，节省教师重复创建学习活动的时间。

（二）精准听课

对于教师发展来说，教师自身的专业知识、反思能力，教师之间的同伴互助、协作交流等，是深入研究教学中的实际问题，改善教学方式和策略，提高教师教学和研究能力的基础和主要渠道，而听评课活动无疑是促进教师成长、教研深入、团队发展的有效方式之一。对于参与听评课活动的教师来说，根据课堂实践教师的教学内容、学生的课堂生成等往往会产生一闪而过的、有反思价值的、生成性的内容或者改善建议，从而促进课堂实践教师的教学水平提升，这也是影响教师听评课交流协作效果的关键。然而在现实的听评课活动中，随意的听课纪律、不合理的公开课环境、没有统一的评价体系、听评课教师不够充足的理论修养与教学能力等，无不影响着公开课或者研讨课的实际效果。为此，本研究从教学关注，即教师的视角出发，通过移动教研工具的开发和使用，激发教师个体对课堂教学过程的敏锐洞察和有意注意，并以此作为个人"教学关注"的证据起点，通过外显与共享体现"教学关注"的相关证据，实现个体间基于个人"教学关注"的对比与交流，促进教师教学关注水平的提高，引导教师在自身的课堂教学过程中或者其他的教学环境中进行主动建构和参与。

听课大师实现了听评课活动对学习情境的需求，它是一种富媒体记录方式，摆脱了传统文本纸质记录的局限，通过提供听课过程中记录者采集的图片、音频和视频等富媒体，全方位展现课堂实践知识的渠道。对于采集到的富媒体信息，听课大师通过时间、文本及编码工具的参与，进行自动量化分析，能够快速量化透视课堂的特点。听课大师体现了多人协同积累的成果，通过多人参与或者一人听课信息的积累，汇聚参与活动众人的智慧，快速呈现关注热点及问题，帮助课堂实践者深度反思，以更好地展示自身上课特点和风格，改善教学不足，提高课堂效率。

听课大师 APP 是教师协同听评课的系统，为教师提供多种模板以收集听课信息并进行编码，在文本、图片、视频、音频等方式结构化呈现课堂教学过程的同时，听课者还可以基于学习元推送的该课备课方案以及从 vClass 平台采集的学生课题活动数据（测试、讨论、写作等）进行协同批注，不需要再重复记录上课教师的教学环节。基于听课大师的听评课活动流程如图 11-9 所示。

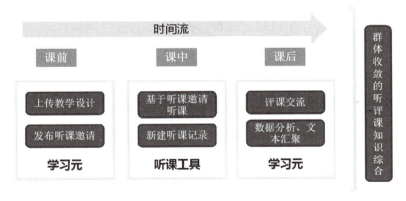

图 11-9　基于听课大师的听评课活动流程

听课大师 APP 能够将教师通过移动端记录的个人听课记录同步汇聚到学习元平台中，并支持从多个维度对听课内容进行编码和分析，以及多人听课记录的汇聚和比较分析，形成对课堂的精准观察和诊断（如图 11-10 所示）。

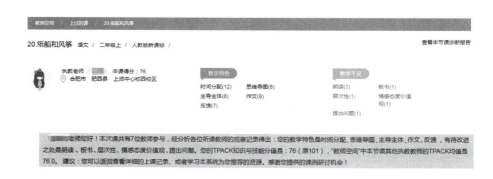

图 11-10　基于学习元平台与听课大师的教师教学名片自动生成

（三）精准反思

"精准反思"环节鼓励教师基于不同维度信息开展深入反思，包括备课方案、学生学习过程与结果信息、同行评课信息、专家点评以及个人教学视频等，并且要开展持续性的反思，注重结合之前存在的问题以及具体的教学环节开展反思，并就教学闪光点进行群体共享。

（四）精准学习

"精准学习"环节强调教师的个性化学习，根据同行对课堂的观察诊断、专家建议以及教师的自我反思等相关数据，鼓励教师进行有针对性的个性化精准学习和提升（如图 11-11 所示）。

图 11-11　智能推荐个性化学习资源

第七节　基于学习元平台的区域教育信息化推进模式研究

为顺利推进各区域教育信息化，促进区域教育质量优质、均衡发展，北京师范大学现代教育技术研究所自 2000 年起在全国 40 多个区域开展了"基础教育跨越式发展创新试验研究"。该课题旨在促进学生个性化成长，促进教师专业发展，促进学校品质提升。为实现上述目标，北师大课题组、区域教育局和各课题学校三方协同构建了以"总课题组—教育局—各课题学校"为核心的三级课题管理与推进模式，建立了充满活力、务实、合作的教师学习共同体。

一、 区域教育信息化推进模式构建

在加快建设优质教育资源、促进教育公平的国家教育发展战略背景下，为构建线上与线下相结合的教师培训模式，本研究在深入一线课堂开展实践指导基础上，主要采用网络协同教研方式，帮助教师将培训获得的理论和技术内化为相应教学和教研能力，协助对口帮扶区域构建适合自身发展的教学案例库、资源库和教研资源库等，让当地教师的教学经验和智慧在虚拟网络中高效率地共享和进化，推动当地形成优质、公平、开放的教育服务新生态。

通过三年的课题指导与实施，在北京师范大学现代教育技术研究所的系统支持下，逐步实现课题从核心学校到整个区域所有学校的整体可持续推广，整个区域形成当地教育行政部门、核心示范课题学校领导和学科老师、周边课题学校领导和学科教师等各级课题实施人员的结构体系（如图 11-12 所示）。

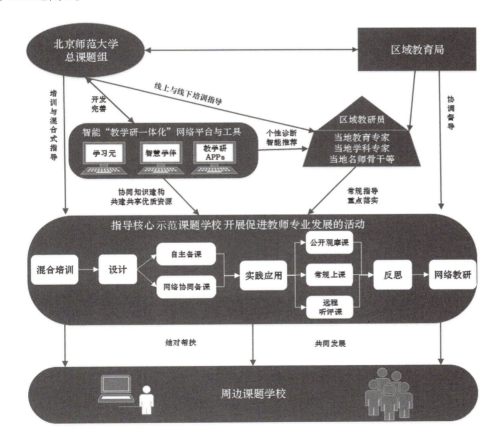

图 11-12　基于学习元平台的区域教育信息化推进模式

为了保障课题研究的正常开展和实际效果，课题组构建了一套管理与支持服务机制，包括课题指导、网络服务、资源提供、管理评价。在课题指导层面，课题组的组建和指导模式，由总课题组指定课题负责人来负责区域内课题的总体设计和指导，建立教学指导小组、技术支持小组、教师培训小组、联络小组来分别负责教学辅导、技术服务、教师培训和沟通联络。

二、 区域教育信息化推进模式的环节说明

（一）确定课题实施团队，构建促进教师专业可持续发展的指导模式

通过实地调研，在各学区确立 2～3 所核心示范课题学校，建立当地教育行政部门、当地教育专家、第一批核心示范课题学校的项目实施人员的结构体系。通过基于学习元等智能网络学习平台的体验式培训、实地观摩课、网络培训、网络指导和教研等活动，使得课题在核心示范课题学校生根发芽，各核心示范课题学校教师掌握课题教学理念和方法，特别是后续从事课题推进的指导人员能够逐步掌握课题培训模式、网络教研指导模式以及课题推广模式，为课题辐射推广做好铺垫。

（二）促进核心示范课题学校与周边课题校结对帮扶、优势互补、协同发展

在前期工作基础上，确定一个示范学区，结合北京师范大学现代教育技术研究所提供的学习元平台、服务系统以及集体培训、公开课指导和基于学习元平台的网络协同教研等活动，帮助当地课题实施机构形成一定的激励措施和评价机制，以当地教研部门或当地教育专家、学科专家为主要指导力量，在前期 2～3 所核心示范课题学校基础上，对整个区域进行片区划分，共确立 10 所左右核心示范试验学校。对核心示范试验学校进行常规的教学指导、培训和网络教研，使核心示范试验学校的课题实施模式、核心教师的优秀教学专业技能在当地产生辐射作用，以结队帮扶等方式带动周边其他学校将先进的教学理念转化为教学实践，更广泛地促进区域课堂教学质量的提高，从而形成以核心示范区带动周边校区协同发展的课题推进模式。

项目团队发表的相关研究成果

[1]余胜泉、俞晖：《可共享内容对象参考模型研究》，载《现代远程教育研究》，2003(1)。

[2]余胜泉、朱凌云：《〈教育资源建设技术规范〉体系结构与应用模式》，载《中国电化教育》，2003(3)。

[3]余胜泉、朱凌云、曹晓明：《教育资源管理的新发展》，载《中国电化教育》，2003(9)。

[4]余胜泉：《从知识传递到认知建构、再到情境认知——三代移动学习的发展与展望》，载《中国电化教育》，2007(6)。

[5]余胜泉、杨现民：《辨析"积件""学习对象"与"学习活动"——教育资源共享的新方向》，载《中国电化教育》，2007(12)。

[6]余胜泉、杨现民、程罡：《泛在学习环境中的学习资源设计与共享——"学习元"的理念与结构》，载《开放教育研究》，2009(1)。

[7]程罡、余胜泉、杨现民：《"学习元"运行环境的设计与实现》，载《开放教育研究》，2009(2)。

[8]刘军、余胜泉：《移动英语学习资源包的设计和应用研究》，载《中国电化教育》，2009(5)。

[9]程罡、徐瑾、余胜泉：《学习资源标准的新发展与学习资源的发展趋势》，载《远程教育杂志》，2009(4)。

[10]袁华莉、余胜泉：《网络环境下语文深度阅读教学研究》，载《中国电化教育》，2010(7)。

[11]杨现民、余胜泉：《泛在学习环境下的学习资源信息模型构建》，载《中国电化教育》，2010(9)。

[12]杨现民、余胜泉、王志军：《学习元与学习对象的多维比较研究——学习资源聚合模型发展新趋势》，载《开放教育研究》，2010(6)。

[13]谭霓、余胜泉、吕啸：《网络课程的内容进化机制设计与技术实现》，载《远程教育杂志》，2011(1)。

[14]吕啸、余胜泉、谭霓：《基于发展性评价理念的网络教学平台学习评价系统设计》，载《电化教育研究》，2011(2)。

[15]陈敏、余胜泉、杨现民等：《泛在学习的内容个性化推荐模型设计——以"学习元"平台

为例》，载《现代教育技术》，2011(6)。

[16]杨现民、余胜泉：《泛在学习环境下的学习资源进化模型构建》，载《中国电化教育》，2011(9)。

[17]余胜泉、陈敏：《泛在学习资源建设的特征与趋势——以学习元资源模型为例》，载《现代远程教育研究》，2011(6)。

[18]刘军、邱勤、余胜泉等：《无缝学习空间的技术、资源与学习创新——2011 年第十届mLearn 世界会议述评》，载《开放教育研究》，2011(6)。

[19]高辉、程罡、余胜泉等：《泛在学习资源在移动终端上的自适应呈现模型设计》，载《中国电化教育》，2012(4)。

[20]杨现民、余胜泉、张芳：《学习资源动态语义关联的设计与实现》，载《中国电化教育》，2013(1)。

[21]杨现民、程罡、余胜泉：《学习元平台的设计及其应用场景分析》，载《电化教育研究》，2013(3)。

[22]丁杰、蔡苏、江丰光等：《科学、技术、工程与数学教育创新与跨学科研究——第二届STEM 国际教育大会述评》，载《开放教育研究》，2013(2)。

[23]陈敏、余胜泉：《基于学习元平台的开放共享课设计与应用研究——以"教育技术新发展"课程教学为例》，载《开放教育研究》，2013(2)。

[24]陈玲、刘禹、余胜泉：《教师区域网络协同备课效果研究——基于文本内容分析的视角》，载《现代教育技术》，2013(4)。

[25]陈玲、王冰洁、刘禹：《教师区域网络协同备课中的社会网络分析》，载《远程教育杂志》，2013(3)。

[26]王冰洁、陈玲、汪晓凤：《基于微视频的 JiTT 教学实践研究——以学习元平台为例》，载《现代教育技术》，2013(7)。

[27]程薇、杨现民、余胜泉：《基于知识生成的工作场所学习》，载《现代远程教育研究》，2013(4)。

[28]段金菊、余胜泉：《学习科学视域下的 e-learning 深度学习研究》，载《远程教育杂志》，2013(4)。

[29]杨现民、余胜泉：《生成性学习资源进化评价指标设计》，载《开放教育研究》，2013(4)。

[30]杨现民、余胜泉：《开放环境下学习资源内容进化的智能控制研究》，载《电化教育研究》，2013(9)。

[31]杨现民、余胜泉：《学习资源语义特征自动提取研究》，载《中国电化教育》，2013(11)。

[32]陈玲、张俊、汪晓凤等：《面向知识建构的教师区域网络协同备课模式研究——一项基于学习元平台的实践探索》，载《教师教育研究》，2013(6)。

[33]郑庆思、杨现民、余胜泉：《泛在学习环境下学习资源的聚合研究》，载《现代教育技术》，2013(12)。

[34]余胜泉：《学习资源建设发展大趋势（上）》，载《中国教育信息化》，2014(1)。

[35]杨现民、余胜泉：《学习元平台的语义技术架构及其应用》，载《现代远程教育研究》，2014(1)。

[36]杨现民：《泛在学习资源动态语义聚合研究》，载《电化教育研究》，2014(2)。

[37]余胜泉、陈敏：《基于学习元平台的微课设计》，载《开放教育研究》，2014(1)。

[38]余胜泉：《学习资源建设发展大趋势（下）》，载《中国教育信息化》，2014(3)。

[39]唐瑶、余胜泉、杨现民：《基于学习元平台的教育内容策展工具设计与实现》，载《中国电化教育》，2014(4)。

[40]杨丽娜：《数字学习资源的个性化推荐效果提升研究——以学习元平台资源推荐设计为例》，载《现代教育技术》，2014(6)。

[41]余胜泉、万海鹏：《支持课程大规模开放的学习技术》，载《中国电化教育》，2014(7)。

[42]吴娟、刘旭、王金荣：《基于学习元平台的师生共读模型的构建与实践》，载《中国电化教育》，2014(7)。

[43]张婧婧、郑勤华、陈丽等：《开放教育资源共享行为及其影响因素的实证研究——以"学习元"为例》，载《中国电化教育》，2014(8)。

[44]吴焕庆、余胜泉、马宁：《教师 TPACK 协同建构模型的构建及应用研究》，载《中国电化教育》，2014(9)。

[45]杨丽娜、魏永红：《情境化的泛在学习资源智能推荐研究》，载《电化教育研究》，2014(10)。

[46]汪晓凤、陈玲、余胜泉：《基于实践性知识创生的网络教研实证研究》，载《中国电化教育》，2014(10)。

[47]袁磊、侯丽娜：《基于 LCS 的教师区域协同教研模型设计与应用研究》，载《现代远距离教育》，2014(6)。

[48]杨现民：《泛在学习环境下的学习资源有序进化研究》，载《电化教育研究》，2015(1)。

[49]钟伟、吴娟、陈露：《基于学习元平台的师生共读活动之社会网络分析和内容分析》，载《现代远距离教育》，2015(1)。

[50]丁国柱、余胜泉：《基于本体学习算法的学科本体辅助构建研究——以学习元平台语文

学科知识本体的构建为例》，载《中国电化教育》，2015(3)。

[51]李富芸、谢志昆：《基于"学习活动的混合式学习"模式的研究——以"学习元"平台应用为例》，载《海南师范大学学报(自然科学版)》，2015(1)。

[52]陈敏、余胜泉：《泛在学习环境下感知学习过程情境的推荐系统设计》，载《电化教育研究》，2015(4)。

[53]万海鹏、李威、余胜泉：《大规模开放课程的知识地图分析——以学习元平台为例》，载《中国电化教育》，2015(5)。

[54]祁芸、张士辉、段金菊：《基于学习元平台的大学翻转课堂教学设计》，载《高等工程教育研究》，2015(3)。

[55]余胜泉、万海鹏、崔京菁：《基于学习元平台的生成性课程设计与实施》，载《中国电化教育》，2015(6)。

[56]吴鹏飞、余胜泉：《语义网教育应用研究新进展：关联数据视角》，载《电化教育研究》，2015(7)。

[57]郭晓珊、刘进英：《基于学习元平台的高校混合式学习模式设计与应用——以"教育资源开发理论与实践"课程为例》，载《重庆高教研究》，2015(4)。

[58]杨现民：《开放知识社区中学习资源进化现状与问题分析——以学习元平台为例》，载《中国电化教育》，2015(11)。

[59]吴鹏飞、余胜泉：《学习资源语义关联关系及其可视化研究》，载《中国电化教育》，2015(12)。

[60]吴鹏飞、余胜泉、丁国柱等：《学习语义关联数据构建研究与实践》，载《电化教育研究》，2016(3)。

[61]胥碧、余胜泉：《基于学习元平台的大学生深度学习研究——以"摄影技术与艺术"课程为例》，载《现代教育技术》，2016(4)。

[62]段金菊、余胜泉、吴鹏飞：《社会化学习的研究视角及其演化趋势——基于开放知识社区的分析》，载《远程教育杂志》，2016(3)。

[63]陈敏、杨现民：《泛在学习环境下基于过程性信息的个性化学习评价系统的设计与实现》，载《中国电化教育》，2016(6)。

[64]陈玲、汪晓凤、余胜泉：《如何促进混合式教研中多维、深层次网络对话——一项基于学习元的案例研究》，载《中国电化教育》，2016(6)。

[65]段金菊、余胜泉：《基于社会性知识网络的学习模型构建》，载《现代远程教育研究》，2016(4)。

[66]丁国柱、余胜泉、潘升：《学习资源的语义众包标注系统设计》，载《中国电化教育》，2016(9)。

[67]王阿习、陈玲、余胜泉：《基于 SECI 模型的教师培训活动设计与应用研究——以"跨越式项目全国中小学语文和英语骨干教师培训"为例》，载《中国电化教育》，2016(10)。

[68]崔京菁、马宁、余胜泉：《基于社会认知网络的翻转课堂教学模式研究》，载《现代教育技术》，2016(11)。

[69]陈然、杨成、许玲：《基于学习元平台的大学生在线学习参与度分析——以专业英语翻译课程为例》，载《广东开放大学学报》，2017(2)。

[70]王琦、余胜泉：《作业社会化批阅工具的设计、开发与评估》，载《开放教育研究》，2017(3)。

[71]吴焕庆：《"互联网＋"下翻转课堂中的知识建构研究》，载《中国电化教育》，2017(8)。

[72]万海鹏、余胜泉：《基于学习元平台的学习知识地图构建》，载《电化教育研究》，2017(9)。

[73]胡海斌、丁国柱、吴鹏飞：《基于学习元平台的课程知识本体的构建与应用——以"教育技术新发展"课程为例》，载《电化教育研究》，2017(10)。

[74]吴焕庆：《以协同知识建构为核心的教师 TPACK 提升路径研究——一项基于设计的研究》，载《电化教育研究》，2017(10)。

[75]余胜泉、段金菊、崔京菁：《基于学习元的双螺旋深度学习模型》，载《现代远程教育研究》，2017(6)。

[76]马宁、何俊杰、赵飞龙等：《基于知识地图的新手教师微培训的个案研究》，载《教师教育研究》，2018(1)。

[77]王琦、周紫云、丁国柱等：《本体可视化构建与进化系统的设计和架构》，载《电化教育研究》，2018(2)。

[78]汪晓凤、王琦、李智妍：《基于在线同伴互评的数字故事教学应用》，载《电化教育研究》，2018(2)。

[79]徐刘杰、余胜泉、郭瑞：《泛在学习资源进化的动力模型构建》，载《电化教育研究》，2018(4)。

[80]Shengquan Yu，Xianmin Yang，Gang Cheng，et al.，"From Learning Object to Learning Cell：A Resource Organization Model for Ubiquitous Learning,"Educational Technology & Society，18(2)，2015.

[81]Xianmin Yang，Qin Qiu，Shenqguan Yu，et al.，"Designing a Trust Evaluation Model

for Open-Knowledge Communities,"British Journal of Educational Technology，45(5)，2014.

［82］Pengfei Wu & Shengquan Yu，"Design of a Novel Intelligent Framework for Finding Experts and Learning Peers in Open Knowledge Communities,"Transactions on Future Intelligent Educational Environments，1(2)，2015.

［83］Xianmin Yang & Shengquan Yu，"Designing a Resource Evolution Support System for Open Knowledge Communities,"Educational Technology & Society，18(4)，2015.

［84］Xianmin Yang，Xiaoshan Guo & Shengquan Yu，"Student‐Generated Content in College Teaching：Content Quality，Behavioral Pattern and Learning Performance,"Journal of Computer Assisted Learning，32(1)，2016.

［85］Min Chen，Fengkuang Chiang，Yana Jiang，et al.，"A Context-Adaptive Teacher Training Model in a Ubiquitous Learning Environment,"Interactive Learning Environments，25(1)，2017.

［86］Min Chen，Shengquan Yu & Fengkuang Chiang，"A Dynamic Ubiquitous Learning Resource Model with Context and Its Effects on Ubiquitous Learning,"Interactive Learning Environments，25(1)，2017.

［87］Pengfei Wu，Shengquan Yu & Dan Wang，"Using a Learner-Topic Model for Mining Learner Interests in Open Learning Environments,"Educational Technology & Society，21(2)，2018.

［88］Pengfei Wu，Shengquan Yu，Na Ren，et al.，"Development of a Visual e-learning System for Supporting the Semantic Organization and Utilization of Open Learning Content,"Multimedia Tools and Applications，77(13)，2018.